法哲学与法社会学论丛

Archives for Legal Philosophy and Sociology of Law
Archiv für Rechtsphilosophie und Rechtssoziologie

图书在版编目(CIP)数据

法哲学与法社会学论丛·二〇〇八年第一期(总第十三期)/郑永流主编.
—北京:北京大学出版社,2008.9
ISBN 978-7-301-14293-6

Ⅰ.法… Ⅱ.郑… Ⅲ.①法哲学-文集 ②社会法学-文集
Ⅳ.D90-53

中国版本图书馆 CIP 数据核字(2008)第 149682 号

书　　　名:法哲学与法社会学论丛·二〇〇八年第一期(总第十三期)
著作责任者:郑永流　主编
责 任 编 辑:白丽丽
标 准 书 号:ISBN 978-7-301-14293-6/D·2144
出 版 发 行:北京大学出版社
地　　　址:北京市海淀区成府路 205 号　100871
网　　　址:http://www.pup.cn
电　　　话:邮购部 62752015　发行部 62750672　编辑部 62752027
　　　　　　出版部 62754962
电 子 邮 箱:law@pup.pku.edu.cn
印　刷　者:北京宏伟双华印刷有限公司
经　销　者:新华书店
　　　　　　730 毫米×980 毫米　16 开本　17.5 印张　309 千字
　　　　　　2008 年 9 月第 1 版　2008 年 9 月第 1 次印刷
定　　　价:32.00 元

目　　录

主题研讨:法律论证理论

法哲学

法社会学

综述

CONTENTS

Section 1

主题研讨：法律论证理论

法律规则与法律原则*

〔德〕罗伯特·阿列克西 著　张青波** 译

在法的领域中的众多区分里，有一些具有根本的意义。它们包括主观权利和客观规范之分、主要规范和次要规范之别以及一般（普遍）规范和个别规范的差别。规则和原则之间的不同至少也同样重要。

规则和原则的差别，在德国主要是约瑟夫·埃塞尔在1956年初次出版的《原则与规范》一书中进行了详尽的探讨。[1] 对这一区别及其对几乎所有法律理论问题的重要性，还是由罗纳德·德沃金阐发，才激起了广泛的国际讨论，在

---

* 本文原载于：*Archiv für Rechts-und Sozialphilosophie*, Beiheft NF 25 (1985), S. 13—29。后收入：R. Alexy/H.-J. Koch/L. Kuhlen/H. Rüßmann, *Elemente einer juristischen Begründungslehre*, Baden-Baden 2003, S. 217—233.

** 张青波，德国美因河畔法兰克福大学法学院博士生。

〔1〕 J. Esser, *Grundsatz und Norm in der richterlichen Fortbildung des Privatrechts*, 3. Aufl., Tübingen 1974. 在循着埃塞尔所指出道路的人中有，K. Larenz, *Methodenlehre der Rechtswissenschaft*, 5. Aufl., Berlin/Heidelberg/New York/Tokyo 1983, S. 456 ff.; ders., *Richtiges Recht*, München 1979, S. 23 ff.; C.-W. Canaris, *Systemdenken und Systembegriff in der Jurisprudenz*, 2. Aufl., Berlin 1983, S. 52 ff. 和 D. C. Göldner, *Verfassungsprinzip und Privatrechtsnorm in der verfassungskonformen Auslegung und Rechtsfortbildung*, Berlin 1969, S. 23 ff.

1967 年发表的论文《规则模式》[2]中,他让这一区别成为"对实证主义总攻"的基础。[3]

下面将首先考察几个迄今所作的区分,主要是考察德沃金所作的区分。可以看出,他的标准并未触及规则与原则差别的核心,因此,我将提出一个新的标准。第二步将说明这里所建议的区分,对于法体系理论和法律论证理论带来的一些结论。[4]

一、规则和原则的差别

(一) 区分标准和区分种类

既可以把规则看做规范,也可以把原则看做规范。如果这样的话,该区分就是在规范之内的区分。已有的区分标准数量众多,种类多样。[5] 最经常提到的是普遍性标准。[6] 据此,原则是普遍性相对较高的规范,而规则是普遍性相对较低的规范。[7] 一条授予任何人自由选择职业权利的规范,具有相对较高的普遍性;一条给予任何经核准的药师在任何地方经营药店的权利的规范,具有相对较低的普遍性。其他标准是"适用案件的确定性"[8]、产生方式如"创

---

〔2〕 R. Dworkin, "The Model of Rules", in: *University of Chicago Law Review* 35(1967), S. 14—46; 以"The Model of Rules I"为题目重印在 ders., *Taking Rights Seriously*, 2. Aufl., London 1978, S. 15—45。下面将只援引这一重印本。另外以"Is Law a System of Rules?"为题目的重印在 R. S. Summers (Hg.), *Essays in Legal Philosophy*, Oxford 1970, S. 25—60; G. Hughes (Hg.), *Law, Reason and Justice*, New York 1969, S. 3—43; R. Dworkin (Hg.), *The Philosophy of Law*, Oxford 1977, S. 38—65.

〔3〕 Dworkin(1978), S. 22.

〔4〕 这里所要说的,构成了对作者在下文中初次说明的理念的精确化和深化:R. Alexy, "Die logische Analyse juristischer Entscheidungen", in: *ARSP*, *Beiheft N. F.* 14(1980), S. 181—212; ders., "Zum Begriff des Rechtsprinzips", in: *Rechtstheorie*, *Beiheft* (1979), S. 59—87。也可参见 R. Alexy, *Theorie der Grundrechte*, Baden-Baden, 1985, Kap. 3.

〔5〕 另外,术语也波动不定。经常不是将规则和原则(Prinzip),而是将规范和原则或者规范和原则(Grundsatz)对立起来。

〔6〕 参见如 J. Raz, "Legal Principles and the Limits of Law", in: *The Yale Law Journal* 81(1972), S. 838; G. C. Christie, "The Models of Principles", in: *Duke Law Journal* 1968, S. 669; G. Hughes, "Rules, Policy and Decision Making", in: *The Yale Law Journal* 77 (1968), S. 419; A. Simonius, "Über Bedeutung, Herkunft und Wandlung der Grundsätze des Privatrechts", in: *Zeitschrift für Schweizerische Recht*, N. F. 71 (1952), S. 239.

〔7〕 对普遍性的概念,参见 R. M. Hare, *Freedom and Reason*, Oxford 1963, S. 39 f.; ders., "Principles", in: *Proceedings of Aristotelian Society* 73(1972/73), S. 2 f.

〔8〕 Esser(1974), S. 51; Larenz(1979), S. 3. 也参见 H. T. Klami, *Legal Heuristics*, Vammala 1982, S. 31 ff.

造”和“自生”的规范间的不同[9]、评价内涵的明确性[10]、与法理念[11]或最高法(obersten Rechtsgesetz)[12]的关联、对法秩序的意义。[13] 此外,原则和规则还可以这样来区别,即是规则的理由还是规则本身[14],以及,涉及了论证规范还是行为规范。[15] 以这些标准为基础,规则和原则的差别,可能得出完全不同的命题。这里将简单提三个命题。第一个命题说,任何把规范分为两类——规则规范和原则规范——的尝试,鉴于实际上出现的多样性,都是失败的。列举的标准几乎可以任意地相互组合。另外,就各个标准来看,它们所区分的,自身又有多种形式。[16] 因此,目光应该放到这种规范内部存在的大量共同性和差异性、相似性和不相似性之上,相对于把规范分为两种,规范可以更好地借助维特根斯坦的家族相似性概念[17]来把握。这种可以称为“家族相似性命题”的观点,虽可这样来反驳,也就是指明成功地区分为两类是可能的,但这种观点所拥有的意义是,指出了被加以区分的东西所具有的多样性和相互的联系。主张第二个命题的人虽然承认,规范可以重要的方式划分为规则和原则,但同时也主张,区别只是程度上的。这可以称为“弱区分命题”。相比之下,主张“强区分命题”的人认为,规则和原则之间有重要的质的差别。强区分命题最充分发展的版本由德沃金提出。[18] 这里要指出,强区分命题是合适的,但德沃金的标准一方面显示了一系列的不精确,另一方面虽然引向但并未直接涉及决定性的要

[9] S.I. Shuman, “Justification of Judicial Decisions”, in: Essays in Honour of Hans Kelsen, *The California Law Review* 59(1971), S.723,729; T. Eckhoff, “Guiding Standards in Legal Reasoning”, in: *Current Legal Problems* 29(1976), S.209 f.

[10] Canaris(1983), S.50.

[11] Larenz(1983), S.207,410.

[12] H.J. Wolff, “Rechtsgrundsätze und Verfassunggestaltende Entscheidungen als Rechtsquellen”, in: O. Bachof, M. Drath, O. Gönnenwein, E. Walz(Hg.), *Festschrift f. W. Jellinek*, München 1955, S.37 ff.

[13] Larenz (1983), S.464; A. Peczenik, “Principles of Law”, in: *Rechtstheorie* 2 (1971), S.30;另外参见 S. Wronkowska, M. Zielinski, Z. Ziembiński, “Rechtsprinzipien. Grundlegende Probleme”, in: dies., *Zasady Prawa*, Warschau 1974, S.226.

[14] Esser(1974), S.51:“原则……并非‘指示’本身,而是指示的原因、标准和证成”; Larenz(1979), S.24 f.; Raz(1972), S.839; N. MacCormick, “‘Principles’ of Law”, in: *Jur. Review* 19(1974), S.222; ders., *Legal Reasoning and Legal Theory*, Oxford 1978, S.152 ff.

[15] H. Gross, “Standards as Law”, in: *Annual Survey of American Law* 1968/69, S.578.

[16] 如埃塞尔就区分了公理性、修辞性、教义学性、内在的和启发性法律原则,以及法原则、构造和评价原则[Esser(1974), S.47 f., 73 ff., 90, 156]。佩策尼克将原则分为:(1)“逻辑原则或‘法则’”,(2)“审判原则”,(3)“部分逻辑”,(4)“工具式表述的法律原则”,(5)“类似工具式表述的”法律原则以及(6)“所有其他原则”(Peczenik(1971), S.17 ff.)。

[17] L. Wittgenstein, *Philosophische Untersuchungen*, in: Schriften Bd.1, Frankfurt/M, § §66, 67.

[18] 埃塞尔也主张强区分命题。他这样强调:区分是一个“质”的事情[Esser(1974), S.95]。

点。接着要提出的标准不仅为德沃金标准的合适性,而且为所提到的众多其他标准的相对合适性,提供了解说,而且,它也构成了评估相关结论的基础(如果既有规则也有原则,是法秩序的组成部分的话)。

(二) 德沃金的区分

德沃金的区分命题由两个部分组成。第一部分说,规则能以全有或全无的方式适用,相反,原则却不能。如果满足了一条规则的行为构成,就只有两种可能性。或者规则有效,那么法效果必须被接受,或者规则无效,那么规则对裁判毫无贡献。[19] 一条规则可能会有例外,不影响它全有或全无的特征。[20] 这种例外是规则的一部分,对规则的完全表述必须包含这种例外。例外可能是大量的,理论上至少也总是可能将它们完全列举出来。[21] 相反,原则,即使根据其表述能够适用于某案,但也无法绝对地确定裁判[22],而只是包含了支持或说明一种或另一种裁判的理由。[23] 在具体案件中其他原则可能优先于这些原则。一条原则在其中被抑制的案件——德沃金称之为"反例"——不能被看做是例外。不可能用一种表述来概括反例,以至于可以像规则那样,以全有或全无的方式适用原则。不同于规则的例外,反例之于原则在理论上也不能列举。[24]

德沃金区分命题的第一部分暗含了第二部分。据此,原则有一个规则所没有的维度:在原则冲突时,分量的维度。[25] 如果两个原则冲突,具相对较大分量的原则起决定作用,而具相对较小分量的原则不会因此无效。在另一个冲突的情况中,分量可能会倒过来分配。相比之下,在规则冲突时,例如,如果一条规则要求什么,另一条规则禁止同样的事情,而前一条规则没有规定对后一条规则的例外,总是至少有一条规则无效。如何来决定何者有效,无关紧要。这可以根据一条规则,如"后法先于前法",或者根据哪一条规则由更重要的原则支持来决定。[26] 关键是,这个决定是关于效力的决定,这意味着,不同于后退的原则,无效的规则被法秩序抛弃了。

全有或全无标准与例外的可列举性命题共进退。对于完全的例外清单可

〔19〕 Dworkin(1978), S. 24.

〔20〕 Dworkin(1978), S. 25.

〔21〕 Ebd.

〔22〕 Ebd.

〔23〕 Dworkin(1978), S. 26.

〔24〕 Dworkin(1978), S. 25.

〔25〕 Dworkin(1978), S. 26.

〔26〕 Dworkin(1978), S. 27.

以两种方式理解：(1) 直到一定时点由立法和司法所作出的所有例外的清单和(2) 一个清单，除此之外还包括了所有未来能作出的例外。当法院考虑是否应作出一个新的例外并认为迄今所作出的例外没有一个与此相关时，第一种清单对法院就不大有用。这个清单只有在作出新的例外是禁止的，或者追求合理裁判从来不必要的时候，才能产生一个裁判。然而，既不能以前一种，也不能以后一种假设为出发点。为了获得合理裁判可能必须规定新的例外条款，这是因为人展望未来情况的有限能力。相比之下，可以设想一个法制度，其中禁止法官添加新的例外条款。德沃金所针对的现代法秩序[27]，却没有包含这样的禁令。此外还有一个系统的考虑。如果原则属于法秩序并且如果不存在添加新的例外条款的严格禁令，那么就可能根据原则而规定规则的例外。如果原则不适用的案件（反例）不能列举，原则适用的案件也不能列举。那么，规则的例外正是适用的原则案件，也不能列举。但这意味着，第二种清单，也就是包括所有未来例外的清单，不能被拟定出来。这样，全有或全无标准就不能以其简单且严格的形式来维持，因为原则不能以全有或全无的方式适用。但要是原则真能以全有或全无的方式适用的话，这个标准就不适宜于区分了。

不同于全有或全无命题，冲突理论——它以一个下面还要做的判断为前提——是一个可用的区分标准。另外，它也直接导向决定性要点。对此的说明应该引用联邦德国宪法法院的两个裁判。第一个涉及联邦法和州法规范的冲突。[28] 联邦法规范允许商店在工作日从 7 点开到 19 点，州法规范却禁止周三 13 点以后的营业。通过宣布州法无效，法院根据冲突规范——“联邦法击破州法”（《基本法》第 31 条）裁判了这一案件。这是一个规则冲突的典型案件。这两条规范相互矛盾。一条许可另一条所禁止的。如果二者都有效，则周三下午的营业既是允许的又是禁止的。矛盾按如下办法来消除：一条规范被宣布无效，也就是没有效力并因此由法秩序所抛弃。

在裁定对一名被告人——他有中风和心肌梗塞的危险——适用主审程序时，法院的作为完全不同。[29] 冲突的规范，一边是来自《基本法》第 2 条第 2 款第 1 句，它授予个人对生命和身体完整性的基本权，另一边是法治国原则，该原则课予国家以义务，保障功能适当的刑事司法。[30] 如果只存在基本权，那么进

〔27〕 参见如 BGHZ24, 153; 59, 236, 以及 H. Brandenburg 的总结, *Die teleologische Reduktion*, Göttingen 1983.

〔28〕 BVerfGE 1, 283(292 ff.).

〔29〕 BVerfGE 51, 324.

〔30〕 法治国原则对这一义务的证立，不是完全清楚的，参见 BVerfGE 51, 324(343).

行危及被告人生命和健康的主审,很容易就在禁止之列。如果只存在国家确保功能适当的司法义务,那么就很容易要求或至少许可审判。法院本可以这样来裁判案件,就是它从法秩序中或者废除该基本权或者废除该义务。要是它这么做了,它就把两条有关规范的冲突看做是矛盾的,也就是规则的冲突了。然而,法院的处置是完全不同的。它提到的不是两条规范间的矛盾,而是紧张状态,并强调,没有一条规范"完全优先于另一条规范"[31],要是一条规范像在规则冲突中那样被宣布为无效的话,才真是这样。本案更多要通过权衡来解决,在此应取决于是否"面临侵犯的被告人利益,从根本上说在具体案件中明显地重于国家措施所要保护的利益"[32]。

在这两条规范中间,联邦宪法法院看到了一个紧张状态,这一状态显示出了所有在德沃金看来原则的标志性特征。没有一条规范就其自身来说,绝对地决定了法效果。二者都构成了支持或反对,但并未明确要求一定裁判的理由。在具体案件中可能给二者之一以优先,而没有宣布另一条无效并将其从法秩序中摒弃。在另一个不同的案件中,优先决定可能完全不同。二者最后也都有德沃金称为权衡维度的东西。因此,根据德沃金的标准,两条规范都应视为原则。

可能提出的异议是,所有这些说法都对,但却并未证成规则和原则的区别。为了正确说明涉及紧张状态的规范,要给它们加上保留条款。[33] 如果这样的话,冲突就解决了,也就正像引入例外条款解决规则冲突那样。这种保留条款可以抽象,也可以具体的。例如,一条抽象的保留条款可能是下面这样的:"如果没有在具体案件中,另一条原则有更大分量。"如果把这样的条款加到涉案的原则中去,实际上就没有冲突了;原则变得和规则一样能够适用。但这样仅仅把问题转移了。权衡被搁到适用带有这样条款的原则中去了。但权衡的对象还是原则。对具体的保留条款也没有很大不同。如果将一条原则优先于另一条原则的条件,作为后者不适用的条件加到后退的原则中去,挑选的就是一条具体的保留条款。这虽然乍一看就像给一条规则加上个例外,然而,仔细看时却有一些根本的不同。对哪一条假如没有(保留)条款就会冲突的规范,加上这样的(保留)条款,取决于规范在具体案件中的分量。故此,加上(保留)条款是权衡的结果。但参与权衡的是没有(保留)条款的原则。[34] 所以,在此,"紧张

〔31〕 BVerfGE 51, 324(345).

〔32〕 BVerfGE 51, 324(346).(着重号由作者所加)

〔33〕 对引入规则和原则中的保留条款,参见 Alexy(1979), S. 71 ff. 保留条款的概念,这里在宽泛的意义上使用。它包括任何导致规范不能适用的条款。

〔34〕 给一条规则加上例外,也是权衡的结果。但这时直接参与权衡的并非无(保留)条款的规则和对立的原则,而是支持无(保留)条款规则的原则和对立的原则。

状态”就仍然是在原则之间存在的一种状态。

尽管德沃金的冲突理论如此合适地包容了以上勾勒的这两个案件,可还是会跳出另一个异议。有些原则虽然可能按照冲突理论和其他原则冲突,但它们和一定法秩序中其他原则的冲突不能由这一理论来解决,而像规则冲突那样,也就是通过宣布某条原则无效来解决。一个例子是一党统治原则。联邦德国的宪法原则无条件地排斥它,这就是说,它在这个法秩序中无效。因此,应像解决规则冲突那样来解决冲突。因此,有人可能会认为,冲突理论不是无限适用的。可是这样下结论太匆忙了。显示出来的只是,在规则冲突和原则冲突涉及了完全不同层面的东西。规则冲突涉及对法秩序的归属,也就是内外的问题。这个问题可能也在原则那里出现。除此之外,在原则那里,除了它们对法秩序的归属,也就是它们的效力确定的时候,还有冲突问题,实务上它比归属问题有大得多的意义。故此,原则冲突和规则冲突应该放到不同范畴的层面上。规则冲突总是涉及内外的问题,而原则冲突总是在法秩序之内发生。但在法秩序之内,冲突理论无限地适用。

对这个判断还要补充上另一个:什么能作为“原则”冲突。根据德沃金,只有能够被援用作个人权利的理由的那些规范才是原则。涉及集体利益的规范,被称为“政策”。[35] 毫无疑问,个人权利和集体利益间的区别是重要的。但至少同样重要的是把握所有可能参与冲突的规范的共性。另外,对此,德沃金也以他的“普遍意义上的原则”概念有所暗示。[36] 因此,所有可能参与上述意义的冲突的规范,都应被称为“原则”。对个人权利和集体利益间的区别,可以放到原则内容区分的框架内考虑。

(三)作为最大化要求的原则

可能有人认为,以这样概括的区分,所有有关原则逻辑结构的重要的东西都已经得到说明了,现在能以此为基础给法律论证和法制度理论得出结论了。但这样得出结论太匆忙了。可能有人问,原则为什么以上述方式冲突?如果追问这个问题,可能就偶然碰到一个深藏的标准,它解释了冲突活动和另外一系列常见的标准。深究这个标准,可以从普遍的要求——尽可能深入地探究问题并尽可能深入和可靠地准备答案——来证成。它也因此是必要的,因为如果不掌握这个深藏的标准——正如上面已经说明的,它构成了规则和原则之别的核心——就不能指望从规则和原则在法秩序中的存在中得出正确结论。

〔35〕 Dworkin(1978), S. 82, 90.

〔36〕 Dworkin(1978), S. 23.

区分规则和原则的决定性要点是，原则要求某种东西以一种相对于法律和事实可能性尽可能高的程度被实现。故此，原则是最大化要求[37]，它们的特征是，它们可以不同程度地被满足，并且对它要求的实现程度不仅依赖事实的可能性，而且依赖法律的可能性。法律可能性的领域由对立原则和规则[38]所确定。

相比之下，规则是这样的规范，它们总是只能或者被满足，或者不被满足。如果一条规则有效，那么要求的就是，精确地做它所要求的，不多也不少。因而规则包含了在事实和法律可能性范围之内的确定性。在此不取决于规则针对的行为方式能否以不同程度实现，即是否存在不同程度的注意。如果要求相对于法律和事实可能性尽可能高的程度的注意，这涉及的就是原则。如果只要求一定程度的注意，涉及的是规则。

原则是最大化的要求，这解释了原则众多其他的特征。首先要提到的是原则冲突的上述方式。这是因为，对立的原则限制了原则实现的法律可能性。第二个重要区别是规则和原则不同的表面优先特征。通过要求精确地做由它所要求的，规则就含有了考虑到对立原则要求的确定性。相比之下，原则通过它不含这样的确定性而被界定。如果一条规则有效、能够适用并且没有例外规定，裁判就确定了。想添上例外的人就要承担论证负担，这一负担指向的不仅是，它的解决办法必须好于由规则所规定的，而且这一解决办法必须要好得足够多，以致它证成了对某些权威性决定的偏离。这是规则有比原则强得多的表面优先特征的理由。根据这一特征，规则构成了法秩序的坚硬部分。越重视受权威决定约束原则，并且越由规则来确定，法秩序就越坚硬。[39] 在此值得强调

---

〔37〕 这一关联中，要求的概念在宽泛意义上使用。在细节上应该区分。这样，言论自由原则在法官视野中，表现为要求那样裁判，使言论自由被最大化。在言论自由权享有人的视野中，对应这一权利的是一个相对国家的权利：在表达言论时，尽可能少地被国家所妨碍，以及表面许可以任意形式表达或不表达一定言论。

〔38〕 在通过规则限制原则实现或满足时，应该区分两种情况：(1) 限制原则 P 的规则 R 严格有效。这意味着，有一条有效效力规则 R′规定，R 优先于 P，无论满足 P 有多重要，而满足 R 多不重要。可以承认，现代法秩序中，至少不是所有规则被这一效力规则所涵盖。(2) R 并非严格有效。这意味着，有一条效力原则 P′有效，它在一定条件下许可，P 优先于 R。这些条件并非在这时就已经能满足：当满足 P 在具体案件中，比满足在内容上支持 R 的原则(P_R)重要时，因为那样就将仅仅对 P 和 P_R 的关系提出问题，而 P′未起作用。P′起了作用，如果对 P 的优先，不仅要求 P 优先于内容上支持 R 的原则 P_R，而且要求 P 优先于PR 连同原则P′——它要求满足规则并在这一意义上形式地支持 R。

〔39〕 对此，关于法秩序必要硬度的争论并非新题目，参见 O. Behrends, "Institutionelles und prinzipielles Denken im römischen Privatrecht", in: *Zeitschrift der Savigny-Stiftung für Rechtsgeschichte*, Romanistische Abteilung 25(1978), S. 187 ff。

的是，不仅规则的约束强度，而且其确定内涵可能也非常不同。含有诸如“合理”、“公正”、“善良风俗”、“可遣责性”以及“诚实信用”这样概念的规则[40]，有极低的确定内涵。仅仅因为含有一个这样的概念，一条规范还不成其为原则。如果有什么不合理、不公正诸如此类的，就得出了这一规范的法效果。这样说来就作出了裁判。裁判者的解释虽然在很大程度上取决于原则；但在这一点上，只有和法制度中普遍出现的较具体的模糊概念程度上的差别。

而且，根据这里建议的区分，大多数上面提到的其他标准也能解释。如果规则是考虑到大多数对立原则要求的确定性的话，那么原则就是规则的理由。原则多数情况下显示了高的抽象度，因为它们还没有涉及事实和规范世界可能性的界限。人们容易找到对一系列其他特征的解释，如特别的产生方式、评价内涵的明确性和法理念的关联以及对法秩序的意义。这里就不对它们作出说明了。

二、法制度和法律论证中的原则

（一）对法制度的从属性

迄今所说明的是两种规范间的区别。在此预设了规则和原则都属于法制度。这一预设可能被质疑。有人可以主张，只有被确定和决定了的规范，也就是只有规则，属于法制度。根据这样的规则模式，法制度仅仅由已作出的裁判和论证过程的确定结论组成。未作出的和未来的裁判和论证过程的理由应该被放到法制度外面。对这一模式可以提出很多异议。[41] 最一般的异议是，这产生了一幅非常简略和不完整的法制度图景。一个重要的具体异议是，这个规则模式不能正确把握在法制度中论证者和裁判者的规范性情境。这样就不应该怀疑存在着法规范，第一它们有原则特征，第二在法律上约束着法律的论证者和裁判者。以一条宪法条款来看，它先授予了一个基本权，然后规定了立法者根据制定法干涉基本权的权力。如果把它看做两条规则，那么基本权就置于立法者的支配下了。如果要防止这个结论，并确保立法者受基本权的约束——这也由《基本法》第 1 条第 3 款为联邦德国明确规定，应该把授予基本权的规范看做原则，它在一定案件中的后退，只有当对立原则证成了这一后退时，才允许。立法者以这样的方式受基本权原则的约束。就原则对法制度的归属性而

---

〔40〕 参见 § 1 TierSchG; § 1 Abs. 7 BBauG; § 138 Abs. 1 BGB; § 240 Abs. 2 StGB; § 242 BGB。

〔41〕 参见如 Dworkin(1978), S. 14 ff。

言，宪法提供了特别显著的例证，因为那里明确规定了众多原则。在法制度中原则随处可见。完全可以普遍地说，一条原则总是这时就属于法制度了：如果至少有一个案件，它能恰当地以其他方式裁判，要是不必遵守这条原则的话。要是一个案件在原则不属于法制度时，能和它属于法制度时不同地适当裁判，就可以谈到法官受原则的约束以及通过这个原则所证立的公民权。* 约束法官并证立公民权的东西，属于法秩序。

原则对法制度的从属性意味着，法制度是个向道德开放的制度。在宪法原则上，这一点最清楚，但也适合于所有法域。借助基本权和一些诸如民主、法治国和社会国的原则，宪法，因此也就是法制度就吸收了近代自然法和理性法最重要的那些原则。[42] 在取向于这些原则的论证那里，法律论证作为普遍实践或道德论证特案的特点，特别清楚。[43] 这样一来，对开篇援引的"对实证主义的总攻"[44]，原则理论就提供了虽然不是唯一的，但也是个合适的起点。

这一进攻的成功当然预设，原则意指的要多于无约束力、法官可以任意运用的视角。不存在这样的理由把在任何方面都没有法律约束力的东西归属到法制度中去。上面虽然说到原则有约束力，但没有说明这能如何进行，并且在多大程度上受原则约束是可能的。以下就来说明。在此要强调，约束并不预设在任何案件精确地确定一个答案。通过原则的约束就已经存在了，如果这个原则在任何案件中排除了些什么。这一排除也可能借着原则迫使一定的论证而发生。[45]

---

* 这两句话意思基本一致，可见作者这里不大可能表述错误，细审其意，似乎是：如果假设某条原则不属于法制度，有关案件同样能以某种方式裁判，这可能是因为对立原则或规则有效所致，这时，某条原则应属于法制度；相反，除了假设某条原则有效之外，有关案件如果不能以其他方式恰当裁判，那么某条原则就有了规则的硬度，这时也就谈不上原则了。——译者注

〔42〕 参见 R. Dreier, *Recht—Moral—Ideologie*, Frankfurt/M. 1981, S. 124; M. Kriele, *Recht und praktische Vernunft*, Göttingen 1979, S. 124。

〔43〕 对于法律论证是普遍实践论证的特案这一命题，参见 R. Alexy, *Theorie der juristischen Argumentation*, Frankfurt/M. 1978, S. 32, 263 ff.; MacCormick (1978), S. 272。

〔44〕 Dworkin (1978), S. 22.

〔45〕 当哈特说，所有的都依赖于，"疑难案件出现时，关于潜在法是什么的同等合理和良好支持的若干解释性假设，将不能获得"(H. L. A. Hart, "Law in the Perspective of Philosophy: 1776—1976", in: *New York University Law Review* 51 (1976), S. 551)，那么这虽然也适用于德沃金的命题——任何案件中有一个唯一正解，但却不适用于这个问题——是否根据原则理论，能够对实证主义发动进攻。原则理论能够是这一进攻的基础，即使它不是在任何案件中都确定了唯一正解。

（二）原则理论

1. 强和弱原则理论

假定可以拟出某种程度上完整的一个法制度的原则清单。就算这样的清单不同于一个相应完整的规则清单，也得不到什么。因为它不涉及各个原则的相对分量或者它们之间的优先关系，它虽会说明什么要被考虑，但不会说明什么优先。它仅仅是个许多视角或论题的目录。当其中对各个原则抽象或具体的分量，也就是抽象或具体的优先关系，加以确定的时候，一个清单才能够说确定了些什么。对法制度（或其一个部分）众多原则的汇编，无论它包含优先关系与否，应称为法制度（或其一个部分）的"原则理论"。一个原则理论对优先关系确定得越多，这个理论就越强。最弱的原则理论仅仅是没有优先关系的汇编；最强的是这样的汇编：它的优先关系清楚地确定了任何案件的裁判。在这两个极端之间可能有不同强度的众多原则理论。

一个尽可能强的原则理论的计划，无疑是极其诱人的。对它的形象经常以如下的措辞形容，如"法秩序内在的价值关联"[46]和"法秩序的意义整体"[47]。较晚近主要是德沃金致力规划一个尽可能强的原则理论方案。他认为一个"最佳的法律理论"是可能的，它包含了那些原则及其相对分量[48]，它们最好地证成了众多先例、实定规范和宪法规定[49]，以它们为基础，在任何案件中总是只有一个答案是正确的。[50] 由于提出最佳法律理论的困难，虽然没有办法在任何案件证明唯一正解[51]，但从中却不能得出不存在通过最佳法律理论最好证成[52]的唯一正解，并且不应该追求它。

因此，德沃金原则理论是一个最强形式的原则理论。这里感兴趣的只是，它的基石既是若干原则，也是原则的相对分量或优先关系。有问题的是，这样一个包含了原则和它们相对分量的理论能是什么样的。

---

〔46〕 Fr. Wieacker, "Zur Topikdiskussion in der zeitgenössischen deutschen Rechtswissenschaft", in: E. v. Caemmerer, J. H. Kaiser, G. Kegel, W. Müller-Freienfels, H. J. Wolff (Hg.), Xenion, Festschrift f. P. J. Zepos, Athen 1973, S. 412.

〔47〕 Larenz (1983), S. 412.

〔48〕 Dworkin (1978), S. 66.

〔49〕 Dworkin (1978), S. 116.

〔50〕 Dworkin (1978), S. 81. ders., No Right Answer?. in: P. M. S. Hacker, J. Raz (Hg.), Law, Morality, and Society, Festschrift f. H. L. A. Hart, Oxford 1977, S. 76 ff.

〔51〕 Dworkin (1978), S. 81.

〔52〕 Dworkin (1977), S. 82.

2. 原则与价值

为了回答这个问题,应对作为最大化要求的原则之结构给予更深入的考察。显而易见,作为最大化要求的原则,与被称为“价值”的东西有很强的相似性。“价值”一语是多义的。〔53〕这里感兴趣的只是它的一种意义,但这种意义对于价值理论却是核心的。据此,价值是比较性评价的标准或比较性价值判断的理由。〔54〕根据新闻自由的评价标准,一种状态 Z_1——其中实现了比 Z_2 更高程度的新闻自由,应被评价为优于 Z_2。如果根据国家对外安全的评价标准,相反判断有效,如果应该回答的问题是,在考虑了这两个标准后,何种状态较好,其中就存在价值冲突需要解决。一个新闻自由和对外安全之间的冲突,正如它当时在联邦德国宪法法院明确判决〔55〕中要解决的,因此既可描述为原则冲突,又可表达为价值冲突。〔56〕

区别在于,针对原则冲突的解决,回答的问题是,什么是确定地应该的,而解决价值冲突回答的是,什么是确定地较好的。原则冲突和价值冲突可以看做是同一个东西,只是一个以道义逻辑为表象,另一个以价值论为外貌。〔57〕这就澄清了,价值的等级次序问题对应了原则间的优先关系问题。即使道义逻辑的措辞更适合法律的观察方式——它最终的参考点,具体的法的应然判断〔58〕是个对什么是应该的判断,而不是对什么是好的判断。认识这一对应,也是有意义的。一方面,价值等级次序问题也是具有优先关系的原则理论问题;另一方面,这一对应也澄清了,原则给明显有道义逻辑特征的规则添加了一个层面,这个层面在其道义逻辑的形式后面有价值论的特征。借此,法制度既包含了道义逻辑的因素,又包含了价值论的因素。

---

〔53〕参见如 W. K. Frankena, “Value and Valution”, in: P. Edwards(Hg.), *The Encyclopedia of Philosophy*, Bd. 7, New York/London 1967, S. 229 ff. m. z. w. N.; R. Lautmann, *Wert und Norm*, 2. Aufl., Opladen 1971; Chr. Weinberger, O. Weinberger, *Ligik*, *Semantik*, *Hermeneutik*, München 1979, S. 148 ff。

〔54〕参见 Fr. v. Kutschera, *Einführung in die Logik der Normen*, *Werte und Entscheidungen*, Freiburg/München 1973, S. 85 ff。

〔55〕BVerfGE 20, 162.

〔56〕具有说明性的是,法院在这个裁判中既谈到作为价值的新闻自由,又谈到“新闻自由原则(Grundsatz)”,以此意指新闻自由原则(Prinzip);参见 BverfGE 20, 162(172, 218)。

〔57〕对区分道义逻辑和价值论的概念以及它们的关系,参见 G. H. v. Wright, *The Logic of Preference*, Edinburgh 1963, S. 7; ders., *The Varieties of Goodness*, London 1963, S. 6 f., 156 f。

〔58〕对这一概念参见 K. Engisch, *Logische Studien zur Gesetzesanwendung*, 3. Aufl., Heidelberg 1963, S. 3 ff。

3. 硬和软的秩序

对法律上重要价值的等级次序问题经常有说明。[59] 在此已经显示出来的是,一个以主体间可以检验的方式在任何案件中就只得到一个结论的秩序——一个这样的秩序应被称为"硬秩序"——是不可能的。如果硬秩序不可能,最强形式的原则理论也不可能。假设一个案件,其中新闻自由和对外安全冲突。两个价值可以用数值刻度或等级刻度定位。如果把它们放在0到1的数值刻度上,例如给新闻自由0.4,给对外安全0.6的值,如果仅仅取决于这一抽象的秩序,案件就这样来裁判:对外安全有更高价值而优先。相应的也可以适用于一个等级刻度之上的秩序,其中对外安全比新闻自由放的位阶更高。这种抽象秩序的结果是,一个价值或原则在冲突案件中总是优先于其他原则或价值。这种价值或原则就这样具有了规则的特点。如果不仅考虑价值的抽象位阶,也考虑其实现强度,就可以避免这一结果。但在此,只有当以主体间无可反驳的方式在数值刻度上既标定抽象位阶,又标定实现强度时,才能满足硬秩序的要求。然而对于是否存在一个既标定抽象位阶,又标定实现强度的方案——不仅仅是说明具体案件中裁判者各种各样的优先决定——是需要质疑的。

在法律上有重要价值的一个硬秩序——它将允许对任何裁判进行主体间不可反驳的运算——是不可能的,当然并不是说具有优先关系的软价值秩序或软原则理论也是不可能的。低于最高、但高于最低强度的原则理论的软秩序,是由此界定的:它们虽未确定结论,但影响了结论。然而,只有当精确化了影响的概念时,谈到软秩序才有意义。这可能显示出,为此相对于规则层面和原则层面,必须有一个新的理论。它的必要性来自于下面要提出的软秩序模式,由三个因素组成:(1) 优先条件体系;(2) 权衡法则;(3) 表面优先体系。

4. 软秩序模式

为说明这个模式,值得看看联邦德国宪法法院的莱巴赫判决。[60] 那个判决中涉及德国电视二台播放的一部纪录片。这部纪录片的内容是一起严重的刑事犯罪——所谓的莱巴赫的多名士兵谋杀案,其中一个卫队的四名熟睡的士兵被杀,而另一个受伤,武器与弹药也被盗走。原告因为对谋杀犯罪的帮助被处以6年自由刑,眼看要释放了。他反对这部纪录片一开始就把他真名实姓地

〔59〕 不需要参见很多文献,而只参见 B. Schlink, *Abwägung im Verfassungsrecht*, Berlin 1976, S. 128 ff., 154 ff.; J. M. Steiner, "Judicial Diskretion and the Concept of law," in: *Cambrige Law Journal* 35 (1976), S. 152 ff.

〔60〕 BverfGE 35, 202.

以照片形式展示出来，随后又让一个演员扮演他。

(1) 优先条件

法院的结论是，播放是不允许的。其证立分为三步。第一步它确定了，正如上面描述的案件一样，一个"紧张状态"，也就是在《基本法》第2条第1款连同第1条第1款中对人格的保护，与按照《基本法》第5条第1款第2句电台的报道自由之间的紧张状态。[61] 前者标为P_1，后者标为P_2。法院强调，既非P_1，也非P_2"能够主张本原则优先"。[62] 因此，它拒绝了两个原则之间抽象和无条件的优先关系，并且强调，本案应以"个案中的利益衡量"来解决。[63] 这显示出以原则冲突为出发点。第二步的结论是，在对犯罪行为及时报道的案件中，报道(P_2)"一般享有优先"。[64] 以此就规定了一个有条件的表面优先关系。在对犯罪行为报道的及时性的条件C_1之下，P_2应一般，也就是原则上或表面上优先于P_1。这种表面优先关系下面还要探讨。法院在第三步裁判，"一个重复、不再由及时的信息利益所涵盖的、对严重犯罪的电视报道无论如何是不允许的，如果它危害了犯罪人的再社会化"[65]。在此就确定了条件，在这种条件C_2之下，P_1明确优先于P_2。法院因此就决定了一个有条件的明确优先关系。这种有条件的优先语句有趣的是，它隐含了规则。这里只看简单的情况，其中只有两种裁判可能性可以考虑，也就是禁止和许可播放。P_1，就其自身来说，也就是不考虑它实现的法律可能性，产生了禁止，P_2，就其自身来说，却产生了许可。如果在条件C_2之下，P_1优先于P_2，在条件C_2之下有效的是这个禁止。这可以普遍化为一条冲突法则：条件C_i，在它之下原则P_j优先于原则P_k，构成了一条规则的行为构成，这条规则宣示了优先规则的法效果。[66]

有关有条件优先关系的语句，是个说明法秩序中各个原则相对分量的办法。知道所有迄今所决定的一条原则优先条件的人比不知道这些条件的人，对这一原则的分量知道得更多。然而，借助优先条件不能构造出能够为任何案件精确确定唯一裁判的理论。这种理论将预设，从各个迄今所决定的条件中能演绎出新的尚未裁判案件的解决办法。新的案件得以界定是通过它们至少借由

[61] BverfGE 35, 202(219).

[62] BverfGE 35, 202(225).

[63] BverfGE 35, 202(221).

[64] BverfGE 35, 202(231).

[65] BverfGE 35, 202(237).

[66] 这里表述的冲突法则的领域局限于，P_j的法效果在C_i条件下完全出现的案件。未包括鉴于P_k而要削减P_j法效果的案件。对它们则必须修正冲突法，对此这里不予讨论。

一个特征而区别于任何迄今已裁判的案件，这也就证立了决定它种有条件优先关系的可能性。然而，迄今所决定的有条件优先关系并非毫无意义。它们开辟了一个论证程序的可能性，没有这种可能性就不会有这个论证程序。为了证立一个新的裁判，可以提出，新案特征的组成并未那样明显地区别于被总结为既往优先条件的特征，以致证成了原则之间不同的优先关系。进一步也可以相反地主张，它们是那样明显地不同，以致可以证成不同的优先关系。前后两种裁判都应该去证立。在这一证立过程中，原则上所有法律商谈中可能的论述都能够被使用。但论证将会不同，如果它并不依赖已经决定的优先关系，而是必须从零开始的话。因此可以说，以有条件的优先关系对原则所作出的权衡体系，在它约束着法律论证的范围之内，约束着法律裁判。

（2）权衡法则

反对这个建立在优先条件之上的原则理论纲领的人可能主张，有条件的优先关系根据冲突法则隐含着规则，因此只需要把这些规则纳入考虑即可。这个异议导致了软原则理论的第二个基本因素——权衡法则。作为最大化要求的原则，要求法律可能性和事实可能性尽可能地实现。就事实可能性而言，最大化要求指出了两层意思。它首先意指，一个措施 M_1，如果它不适于促进 P_1，但却适于阻碍 P_2，就 P_1 和 P_2 来说，就是禁止的。其次，它还意味着，一个措施 M_1，如果对它还有个选项 M_2，后者至少同样地促进了 P_1，但较少阻碍了 P_2，就 P_1 和 P_2 来说，也是禁止的。这两条规则，它们表达了帕累托最优的理念[67]，并且符合了德国宪法所谓的适当性原则和必要性原则[68]，就其自身已经是足够的理由，不视以最大化要求为形式的原则为多余。就法律可能性而言，最大化要求符合了德国宪法狭义上所谓的合比例性原则。[69] 这条原则日益重要起来，如果满足 P_1 意味着不满足 P_2。对这些案件，下面的规则可以表达为权衡法则：不实现或妨碍 P_j 的程度越高，满足 P_k 的重要性就必须越大。权衡法则通过多种措辞得以表达出来，例如在莱巴赫判决中是："进一步得出……，必需的权衡一方面必须考虑有关报道对人格领域干涉的强度；另一方面要评价报道有助于并

〔67〕 参见 Schlink(1976), S. 181 ff。

〔68〕 对此不需参见很多文献，而只参见 L. Hirschberg, *Der Grundsatz der Verhältnismäßigkeit*, Göttingen 1981, S. 2, 50 ff., 56 ff。

〔69〕 参见 Alexy(1985), S. 100 f。

适于其满足的具体利益……"[70]权衡法则背后的理念,可以借助等值曲线来澄清。[71] 这里重要的只是,权衡法则——尽管它并未表达明确的裁判程序——并非是无意义的。妨碍程度和重要性程度的概念,虽然不能这样标定,以致它产生主体间不可反驳的演算结果,但权衡法则以这些概念说明了,为了证成构成权衡结论的有条件优先语句$(P_j P P_k)C_i$,也就是关于妨碍程度和重要性程度的语句,要证立的是什么。通过一个只让规则层面生效的模式,这些将不能被考虑到。然而,能被用来证立那些语句的论述,却没有限定于权衡的特点。任何法律论证中可能的论述都合适于该模式。这样一来就完全和优先条件一样。根据权衡法则所进行的,依赖于普遍法律进行论证。要是没有权衡法则的话,后者就会完全不同。

(3) 表面优先

软原则理论的第三个要素是表面优先。已经提到了一个有条件表面优先的例子。及时报道犯罪行为是允许的,除非有理由证成禁止报道。这种表面优先规定了论证负担。一个非常有争议的问题是,是否应相对于集体利益承认有利于个人权利的论证负担。如果对立原则只能由同样好的论证支持,判决就可以作出了,因此有条件与无条件的表面优先关系在原则领域能否生成秩序的问题就很好回答了。它们当然也不包含一个确定的决定,因为如果支持对立原则优先的论述更强,也就满足了论证负担。故此这一秩序又依赖于论证。

(三) 规则、原则和法律论证

对一个不仅仅是论题目录的原则理论进行考究的结论,令人特别不满意。一方面有一系列不能放弃的理由,另一方面,这些理由也只有限地产生约束和确定。一个在任何案件精确地规定一个正确裁判的原则理论被证明为不可能,也就是不仅仅因为人类认知能力的界限——这是由"超人技艺、学识、耐心和机智"[72]的德沃金的赫拉克利斯所可能克服的,而且也因为在较宽泛意义上的逻辑理由。然而,不存在泄气的诱因。迄今所考察的,规则和原则层面,只构成了事情的一面。即使这两个层面合起来还不够,还需要充分地联系法律裁判和证立。规则和原则并不自己就规定了它们的适用。这对于原则已经指明了,而就

[70] BverfGE 35, 202(226).(着重号是作者所加)

[71] 对等值曲线,不需参见很多文献,而只参见 T. Scitovsky, *Welfare and Competion*, London 1972, S. 30 ff。对等值曲线在实践哲学中的应用,参见 B. Barry, *Potical Argument*, London/New York 1965, S. 4 ff.; J. Rawls, *A Theory of Justice*, Cambrige/Mass. 1971, S. 37 ff。

[72] Dworkin(1978), S. 105.

规则来说，指出它的解释问题就够了。如果想维持一个法体系模式，其框架之内能给这个问题以回答——哪一个裁判根据法体系是正确的，给规则层面添加一个原则层面还不够。对这两个层面，就裁判正确性的问题来说，它们构成了法体系的被动方面，应该添加一个涉及该问题的主动方面。因此，规则和原则层面应以第三个来补充，也就是通过法律论证理论，它说明了，在这两个层面的基础之上，一个合理证立的裁判如何可能。〔73〕 借这个结论，这里要讨论的主题也就以一个新主题的开启而结束了。

〔73〕 对这一理论，参见 Alexy(1978)；ders.，"Die Idee einer prozeduralen Theorie der juristischen Argumentation"，in：*Rechtstheorie*，Beiheft 2(1981)，S. 177—188。

作为理性商谈的法律论证*

〔德〕罗伯特·阿列克西 著 张青波 译

德国联邦宪法法院在1990年的一个裁判中持如下观点:“宪法的解释(具有)商谈的性质,在其中主张一些理由有效,并提出相反的另外一些理由,最终较好的那些理由起决定作用。”[1]这至少接近这样的观点——法律论证应被视为理性的商谈。问题是,这一观点应如何理解又如何能够被证立。我的回答分为三步。首先提出几个反对法律商谈理论的模式。第二步我随后勾勒出法商谈理论的基本特征,这一理论构成法律商谈理论的框架。最后,第三步提出以商谈理念为取向的法律论证理论的主要元素。

一、模　式

法律论证的商谈模式,是作为替代模式或框架的弱点和缺陷的回应而出现的。这些替代模式中最为重要的是,演绎模式、决断模式、诠释学模式和融贯

* 本文原载于:*Facetten der Wahrheit. Festschrift für Meinolf Wewel*, hg. v. E. G. Valdés/R. Zimmerling, Freiburg/München 1995, S. 361—378。后收入:R. Alexy/H.-J. Koch/L. Kuhlen/H. Rüßmann, *Elemente einer juristischen Begründungslehre*, Baden-Baden, S. 113—122。

〔1〕 BverfGE 82, 30(38 f.).

模式。

（一）演绎模式

纯粹形式的演绎模式认为，任何一个案件的裁判，可以逻辑地从有效规范、预设为肯定的对法概念的定义、经验陈述中推导出来。概念法学辉煌的时代中，众多观点显示了和这一模式明确的相近之处。[2] 但这一模式曾经是否超越了纲领或理念的层面，却必须加以怀疑。这个模式太容易反驳了。对此，指出法语言的模糊性、规范冲突和抵触的可能性、对某个案件的裁判没有可用规范的情形、在大多数法制度中不能完全排除的违背规范文义的法律续造可能性就够了。因此很久以来，不再有人把演绎模式视为法律适用的完整模式了。法律适用者的创造性作用，到处都被强调或至少被认识到了。存在争议的只是，借助演绎是否至少能解决简单案件，是否应该要求，以非演绎的手段所发现的对疑难案件的解决方式，必须再现为演绎。[3] 而这就涉及法律论证的结构问题，而不仅仅是这里所界定的演绎模式问题了。

（二）决断模式

决断模式是对演绎模式瓦解的回应。它有不同的变种。变化范围从自由法经过现实主义延伸到分析性纲要。它们共同的观点是，在权威标准，如制定法和先例，留下裁量余地的时候，法官就必须根据法外的标准裁判。[4] 凯尔森特别清楚地表达了这一点，他说，法官在疑难案件中应该像立法者那样去解决"法政治问题"。[5] 法官在此"根据自由裁量"裁判。他的裁判依据"意志行为"。[6]

这违背了法官裁判的自我理解及其内在视角。法官要尝试即使在疑难案件中也根据法律理由裁判，并给出理性的法律证立，或者他们至少应该这样做。他们提出了要求，他们的裁判即使不是唯一正确的，也是个正确的裁判。[7] 这

〔2〕 参见如 B. Windscheid, *Lehrbuch des Pandektenrechts*, 9. Aufl., Bearbeitet von Th. Kipp, Bd. 1, Frankfurt a. M. 1906, S. 111："裁判是计算的结果，在此，法概念是因数。"

〔3〕 对此参见：一边是 H.-J. Koch/H. Rüßmann, *Juristische Begründungslehre*, München 1982, S. 48 ff., 112 ff.，另一边是 U. Neumann, *Juristische Argumentaionslehre*, Darmstadt 1986, S. 16 ff。

〔4〕 参见 J. Austin, *Lectures on Jurisprudence or the Philosophy of Positive Law*, 5. Auf., London 1855, S. 664："只要法官的专断延伸到了，就根本没有法。"

〔5〕 H. Kelsen, *Reine Rechtslehre*, 2. Aufl., Wien 1960, S. 350.

〔6〕 Ders. (Fn. 5), S. 350. 在表述上较不激进的，但实质上相似的是哈特的观点；参见 H. L. A. Hart, *The Concept of Law*, Oxford 1961, S. 124, 132, 200。

〔7〕 参见 R. Alexy, *Begriff und Geltung des Rechts*, 2. Aufl., Freiburg/München 1994, S. 64 ff。

里要提到的所有其他模式均致力于说明，这不是幻想。

（三）诠释学模式

解释和理解的结构，是20世纪主要由伽达默尔和贝蒂所继续发展、在德国法学大致由拉伦茨、考夫曼和埃塞尔所接受的诠释学模式的核心。关键概念是诠释学循环的概念。对法学有意义的是三种诠释学循环。[8]

第一种涉及了所谓的前理解和文本的关系。[9]“前理解”是解释者借以接近文本的假设。这一假设表达了解释者对正确解决待决法律问题的设想和期待。其内容由解释者的生活世界和职业经验所确定。循环的比喻想要说明，在规范文本和解释假设之间能够发生交互作用。一方面，没有解释假设，甚至不能认定规范文本是否有疑问。另一方面，解释假设必须根据规范文本，借助法律方法论的规则来检视。这里决定性的要点就是，这一诠释学循环理论对于检验和摒弃解释假设的标准，什么也没有说。对此，只能根据论证来决定。这就已经说明了，诠释学循环理论不能代替法律论证理论。但前者至少并不是毫无价值的。它揭示了解释者对解释的创造性贡献问题，这成就并促进了一个批判性立场。因此可以说，对应前理解循环的是反思的要求，它对法律论证理论具有巨大意义。

这相应的也适于其他两种诠释学循环。第二种诠释学循环涉及部分和整体的关系。一方面，理解一条规范的前提是理解其所属的规范体系，另一方面如果没有理解属于它的各个规范，理解规范体系也不可能。这又一次只表述了一个问题，而没有提供对它的解决标准。关键在于产生一致或融贯。这是体系论证的任务。可以把位于第二种循环之后的要求称为“融贯的要求”。借此，诠释学模式就包含了马上要讨论的第四种模式——融贯模式的核心理念。

第三种诠释学循环涉及规范与事实的关系。规范抽象而普遍，而其所要适用的事实具体而又个别。规范包含了很少的几个特征，事实则潜在地含有无限多样的特征。一方面可以借用规范行为构成中的特征来描述事实，另一方面事实特征也是动因，去适用并非第一眼看到的规范，而是另外的一条规范，以此精确化或摒弃行为构成的某个特征，或者给行为构成添加一个特征。这里由卡尔

〔8〕 对其他种类，参见 W. Stegmüller, “Walther von der Vogelweides Lied von der Traumliebe und Quasar 3 C 273”, in: ders., *Rationale Rekonstruktion von Wissenschaft und ihrem Wandel*, Stuttgart 1979, S.35 ff。

〔9〕 参见 J. Esser, *Vorverständnis und Methodenwahl in der Rechtsfindung*, 2. Aufl., Frankfurt a. M. 1972, S.136 ff.，以及广泛拓展的 M. Heidegger, *Sein und Zeit*, 11. Aufl., Tübingen 1967, S.152 f., und H. G. Gadamer, *Wahrheit und Methode*, 4. Aufl., Tübingen 1975, S.250 ff。

·恩济施所造就的“目光往返流转”[10]的名言很有启发。这个循环又只是说明了一个问题，而没有为它的解决提供标准。较为明显的是，这个问题只有当考虑到事实的所有特征和可能有关的规范的所有特征时，才能够解决。因此，存在于第三种循环之后的要求可以称为“完整的要求”。它要求，所有重要视角都被考虑到，这也是一条基本的理性标准。

总结对于诠释学循环的叙述，可以确定的是，诠释学模式虽然提出了对于法律解释结构的重要认识，并且包含了三个提到的基本理性要求，但却不足以解决正确解释的问题。[11] 证明一个解释的正确性，只能通过为它提出理由并消除反对它的理由。因此下列命题成立：解释就是论证。

（四）融贯模式

第四种模式将一个理念置于核心，这个理念已经在诠释学纲要中起到了中心作用：体系一致或融贯的理念。融贯事实上是合理性的本质因素，并且就此而言——正如还要指出的——对于理性法律商谈理论也是不可或缺的。[12] 只有当融贯的概念成为支配性理念时，它才因此形成了一种独立的模式。在法学史上这也一再发生。弗里德里希·卡尔·冯·萨维尼的“有机整体”和“内在关联或亲缘，借以将各个法概念和法规则连接成一个大的统一体”[13]的理论，提供了历史上最重要的例子。晚近则主要应提到罗纳德·德沃金的整全性理论，它在方法论的视角下等同于融贯的理念：“法律作为一个整体，要求法官追问其解释能否构成一个融贯理论的部分，该融贯理论将其社会的政治结构和决定的网络证成为一个整体，以检验其解释是否有理由成为该巨大网络的任何部分。”[14]

一个主张融贯是解释正确性唯一的或只是最高决定性标准的模式，导致了

---

〔10〕 K. Engisch, *Logische Studien zur Gesetzesanwendung*, Heidelberg 1943, S. 15.

〔11〕 如果视诠释学为理解的构造理论，那么，这也不是其目标；参见 A. Kaufmann, “Problemgeschichte der Rechtsphilosophie”, in: A. Kaufmann/W. Hassemer (Hg.), *Einführung in Rechtsphilosophie und Rechtstheorie der Gegenwart*, 5. Aufl., Heidelberg 1989, S. 130。

〔12〕 R. Alexy/A. Peczenik, “The Concept of Coherence and Its Significance for Discursive Rationality”, in: *Ratio Juris* 3 (1990), S. 130 ff.

〔13〕 Fr. C. v. Savigny, *System des heutigen Römischen Rechts*, Bd. 1, Berlin 1840, S. XXXVIf.; ders., *Vom Beruf unserer Zeit für Gesetzgebung und Rechtswissenschaft*, Heidelberg 1814, S. 22.

〔14〕 R. Dworkin, *Law's Empire*, Cambridge Mass./London 1986, S. 245. 另外参见 K. Günther, “Ein normativer Begriff der Kohärenz für eine Theorie der juristischen Argumentation”, in: *Rechtstheorie* 20 (1989), S. 175 ff., 181。

法律全能主义的理念,据此,所有前提已经包含或隐含在法体系中而只需被发现。[15] 然而反对这一理念的是,作为已经被制度化的法体系,必然总是不完整的。正如规则不能自己适用自己,体系也不能自己产生完整和融贯。为此,人和程序是必要的,而必要的程序就是法律论证程序。

二、论法的商谈理论

对这四个替代模式的审视已经显示,法律论证理论——解决了正确解释的问题或至少也接近对该问题的解决——是值得期待的。然而,某事物值得期待,并不意味着它是可能的。可以说两种法律论证理论是可能的:经验性的和分析性的。经验性理论描述事实上发生的法律论证。分析性理论致力于划分法律论证中出现的论述,并分析其结构。所有这些无疑有极大的意义。然而这还不足以回答解释正确性或其证立的合理性问题。为此必要的是规范性理论,它至少可以进一步确定不同论述的力量和分量,以及法律证立的合理性。一个这样的理论被称为是理性法律商谈理论。理性法律商谈理论产生于纳入法制度理论之中的普遍实践商谈理论。这一纳入并非普遍商谈理论在法律中的简单适用,而是该理论因制度原因的必然发展。

(一)普遍实践商谈

商谈理论的基本理念是,对要求正确性的实践问题,能够理性地讨论。借此,商谈理论尝试在一边是客观主义和认知主义理论,另一边是主观主义和非认知主义理论之间,走一条中间道路。其出发点是普遍实践商谈。普遍实践商谈是就什么是应该的、禁止的和许可的,以及什么是好的和坏的,所进行的非制度化论证。[16] 如果在商谈中满足了理性实践论证的诸多条件,实践商谈就是

〔15〕 这一理念在浪漫主义中被特别强调。它在 Josef von Eichendorff 的"Wünschelrute"中得到了一个诗的表达:"一首歌在所有事物中沉睡/所有事物在那里梦想,继续梦想/而世界开始歌唱/你只说中了咒语。"

〔16〕 哈贝马斯在道德和伦理商谈之间,做了区分;参见 J. Habermas, "Vom pragmatischeen, ethischen und moralischen Gebrauch der praktischen Vernunft", in: ders., *Erläuterung zur Diskursethik*, Frankfurt a. M. 1991, S. 100 ff。这一区分预设了道义逻辑对目的论的关系理论,在此,对其不能讨论。这里,"普遍实践商谈"被理解为一个这样的实践商谈,其中道德、伦理和实用的问题和理由相互关联。构造这一全面的实践商谈概念是有意义和必要的,因为在这三种问题和理由之间,不仅存在补充的关系,而且存在渗透的关系。对此参见 R. Alexy, "Jürgen Habermas's Theorie des juristischen Diskurses", in: ders., *Recht, Vernunft, Diskurs*, Frankfurt a. M. 1995, S. 171 f。

理性的。如果满足了这些条件,商谈的结论就是正确的。因此,商谈理论是关于实践正确性的程序理论。[17]

商谈程序的理性条件可以总结成一个商谈规则体系。[18] 实践理性可以界定为,根据这一规则体系达致实践判断的能力。

商谈规则可以多重方式划分。这里分为两组比较合适:直接涉及论述结构的规则和直接对象是商谈程序的规则。属于第一组规则,也就是直接涉及论述结构的规则,大致是:无矛盾的要求(1.1)[19],在所用谓述(Prädikate)使用一致的意义上可普遍性的要求(1.3)、(1.3′),语言概念清晰性的要求(6.2),所用经验前提真实性的要求(6.1),论证演绎完整性的要求(4),进行角色交换的要求(5.1.1)和分析道德信念产生的要求(5.2.1)、(5.2.2)。所有这些规则是独白性的,支持这一点的还有:没有理性实践论证或证立理论能够缺少它们。因此也就清楚了,商谈理论绝不是——正如对它的指责一样[20]——通过产生纯粹合意来代替证立。毋宁说,它完全包含了直接涉及论述的理性论证规则。它的特性仅仅在于,它对于这一层面附加了第二个层面,也就是涉及商谈程序的规则层面。

第二组规则是非独白性的。其主要目的是确保实践论证不偏不倚。服务于此目标的规则可被称为"特殊商谈规则"。其中,最重要的有:

(1) 任何可言说者,都得参与商谈(2.1)。

(2) (a) 任何人得质疑任何主张;

(b) 任何人得将任何主张引入商谈;

(c) 任何人得表达其观点、愿望和需要(2.2)。

(3) 言说者不得被在商谈内或商谈外存在的强制阻止行使其在(1)和(2)中规定的权利(2.3)。

这些规则保障了任何人参与商谈的权利以及在商谈内的自由和平等。它们表达了商谈理论的普遍主义性格。这里不可能给出这些规则的证立。[21] 但

---

〔17〕 R. Alexy, "Die Idee einer prozeduralen Theorie der juristischen Argumentation", in: *Rechtstheorie*, Beiheft 2(1981), S. 178 ff.(该文已由张龑先生译为中文,载郑永流主编:《法哲学与法社会学论丛》第9期,北京大学出版社2006年版。——译者注)

〔18〕 对这一28条商谈规则的体系,参见 R. Alexy, *Theorie der juristischen Argumentation*, 2. Aufl., Frankfurt a. M. 1991, S. 234 ff。

〔19〕 编码援引 R. Alexy(Fn. 18), S. 234 ff. 中的规则表述。

〔20〕 O. Weinberger, "Logische Analyse als Basis der juristischen Argumentation", in: W. Krawietz/R. Alexy(Hg.), *Metatheorie juristischer Argumentation*, Berlin 1983, S. 192, 203.

〔21〕 对此参见 R. Alexy, "Eine diskurstheoretische Konzeption praktischer Vernunft", in: *ARSP*, Beiheft 51(1993), S. 18 ff。

至少可以指出，它们符合民主宪政国家的基本原则，也就是自由和平等原则。

商谈理论的一个核心问题是，它的规则体系并未提供程序，使得在有限数量的运作中总是能够得到一个结论。这有三个原因：第一，商谈规则不含有对程序出发点的决定。出发点是参与者各自现有的规范性信念和利益解释。第二，商谈规则没有规定所有的论证步骤。第三，一些商谈规则有理想化特点，因此只能接近地实现。就此而言，商谈理论不是一个确定裁判的理论。

三、制　度　化

商谈理论的理想特征致使它必须纳入到国家和法的理论中去。这一联系不仅仅是弥补商谈理论的弱点。符合实践理性要求的法制度，只能通过联系制度或现实的因素与理想的、非制度性的因素产生。

有三种层面的联系：哲学的、政治的和法律的。在哲学的层面上，普遍实践论证证立了法制度存在的必要性以及对法制度的内容和结构必要的基本要求。法制度存在的必要性来自普遍实践商谈的弱点。普遍实践商谈在大量情形中得不出所有人都同意的结论[22]，而且当它产生了所有人都同意的结论时，商谈中的普遍同意也并无法确保普遍的遵守。但社会冲突不能根据相互冲突的规则来解决，而且，如果任何人都可以违背规则而不必担心制裁的话，就不能指望任何人遵守规则。这个霍布斯式的论述需要通过康德式的论述来补充。后者意指，在理性商谈中，不是任何法制度都可以证成，而只限于那些满足实践理性基本要求的法制度。属于这些要求的有基本人权的保障以及民主和法治国程序的制度化。[23] 借此，商谈理论表明它是民主宪政国家的基本理论。

商谈理论在政治层面的意义来自于，在民主宪政国家，法的产生不仅仅依赖于妥协和公共机构的行动。事实上，撇去现代民主所有的交往性缺陷，在立法程序之内和之外也在进行论证。只有通过这种方式，合法律性与合法性才能联系起来。

在法律层面上，制度与商谈联系的必要性有两个原因。一方面，正如在讨论演绎模式时所提到的，没有法制度能完美和完善到其规范绝对地确定了任何

---

〔22〕 对此，罗尔斯的“理性的负担”（burdens of reason）的命题，构成了一个有趣的相似；参见 J. Rawls，*Die Idee des politischen Liberalismus*，Frankfurt a. M. 1992，S. 336 ff。

〔23〕 参见 R. Alexy，“Diskurstheorie und Menschenrechte”，in：ders.，*Recht*，*Vernunft*，*Diskurs*，Frankfurt a. M. 1995，S. 144 ff。

案件的裁判。另一方面,如果法制度不想长期失却其合法性并因此失去已得的认同,就必须对任何裁判都提出正确性和合理性的要求,并且努力实现这个要求。这对于法律论证的特点有深远的意义。

四、法律论证

(一)法律论述的种类

在法律论证中可能的论述可以多种方式划分。选择何种分类,主要取决于分类所追求的目的。这里分为四种较为合适:语言学论述、发生史论述、体系论述和普遍实践论述。

语言学论述依靠事实上确定存在的语言使用。经常地,特别在所谓的简单案件中,它们得出了确定结论。随后裁判就确定了下来,只能通过违背文义的法律续造才可能偏离。然而经常只能确定的是,规范是模糊的或以他种方式不确定的。那么,裁判只能借助其他论述证立。

发生史论述力求找到历史上立法者事实上的意志。这种论述经常不能适用,因为立法者意志不能确知、过于不确定或者相互矛盾。另外它的分量,正如主观解释目的理论和客观解释目的理论所显示的,也有争议。

体系论述依赖法体系统一或融贯的理念。它们可以分为八个亚种,这里只能提到,而不能说明:(1)确保一致性的论述;(2)上下文的论述;(3)概念体系的论述;(4)原则论述;(5)特别的法律论述,如类推;(6)先例的;(7)历史的论述;(8)比较的论述。这一关联中特别有意义的是原则论述,它在民主宪政国家中主要依赖宪法原则。[24] 原则在疑难案件中的适用通常含有权衡,这显示出,原则有要求最大化的特点。[25] 由此,体系论述最重要的部分必须和普遍实践论证相联系。

普遍实践论述构成了第四类。它们可以分为目的论论述和道义逻辑论述。目的论论述取向于解释的后果,并最终遵循善的概念。道义逻辑论述主张,正当和不正当的是独立于后果。

(二)论述的分量

上述分类还未涉及论述的分量。分量只能依据证成该论述的理由。这些

〔24〕 R. Alexy, *Theorie der Grundrechte*, 2. Aufl. Frankfurt a. M. 1994, S. 475 ff.

〔25〕 Ders., (Fn. 24), S. 75 ff.

理由来自于已勾勒的法的商谈理论。

语言学、发生史和体系的论述直接或间接地依据实证法的权威。它们因此是制度性论述。相比之下，普遍实践论述仅仅依赖其内容的正确性具有了分量。它们因此是实质性论述。这里只涉及这两组论述之间的关系。各组论述之内的优先关系不作考虑。

正如已经说明的，法的商谈理论导致了法制度化的必要性。这暗示了实证法的权威。根据商谈理论的标准而完成的制度化，纳入了民主宪政国的原则，包括民主原则、分权原则和法治国原则。受这些原则支持的实证法权威原则，要求制度性理由优先于实质性理由。然而，这个优先只是表面优先。实质性理由可能在个案中有相当大的分量，以致它们优于制度性理由。这不仅符合主导的实务和主流的理论观点，也可以系统地证成。如果法制度作为整体构成了实现实践理性的努力，那么，权威和内容正确性之间的紧张关系就会在法制度的所有部分中延续。

制度性论述只享有表面优先的事实，这意味着，法律论证也可以在制度性论述得到一个确定结论时，依赖于实质性或普遍实践论证。这不仅在法官违背文义裁判的戏剧性案件中，而且在以简单涵摄不存在疑难的认识中得到体现。这一认识含有这样的判断：没有重要的实质性理由反对如此裁判。当制度性论述得不出结论或得出不同结论时，或者它们必须以普遍实践论述来补充时，例如，在权衡对立原则时经常是这种情况，这样的依赖性就完全清楚了。

所有这些说明了，尽管存在上述的制度化，商谈的理念能够并且必须保持活力。这证成了把法律论证称为普遍实践商谈的一个特案。[26] 这并不意味

---

〔26〕 R. Alexy(Fn. 18), S. 263 ff., 426 ff. 特案命题是极富争议的。反对它的人还有 J. Habermas, "Theorie der Gesellschaft oder Sozialtechnologie? Eine Auseinandersetzung mit Niklas Luhmann", in: J. Habermas/N. Luhmann, *Theorie der Gesellschaft oder Sozialtechnologie*, Frankfurt a. M. 1971, S. 200 f.; ders., *Faktizität und Geltung*, Frankfurt a. M. 1992, S. 277 ff.; G.-W. Küsters, "Rechtskritik ohne Recht", in: *Rechtstheorie* 14 (1983), S. 98 f.; W. Krawietz, "Rationalität des Rechts versus Rationalität der Wissenschaften?", in: *Rechtstheorie* 15(1984), S. 438; A. Kaufmann, "Über die Wissenschaftlichkeit der Rechtswissenschaft", in: *ARSP* 72(1986), S. 436 f.; U. Neumann, *Juristische Argumentationslehre*, Darmstadt 1986, S. 86 ff.; C. Braun, "Diskurstheoretische Normenbegründung in der Rechtswissenschaft", in: *Rechtstheorie* 19 (1988), S. 258 ff.; K. Günther(Fn. 14), S. 184。

支持它的人还有 N. MacCormick, *Legal Reasoning and Legal Theory*, Oxford 1978, S. 273; ders., "Legal Reasoning and Practical Reason", in: *Midwest Studies in Philosophy* 7 (1982), S. 282; M. Kriele, *Recht und praktische Vernunft*, Göttingen 1979, S. 33 f.; J. Habermas, *Theorie des kommunikativen Handelns*, Bd. I, Frankfurt/M. 1981, S. 62 f.; M. Henket, "Towards a Code of Practical Reasons?", in: *ARSP*, Beiheft 25 (1985), S. 41; I. Dwars, "Application Discourse and the Special Case-Thesis", in: *Raion Juris* 5(1992), S. 67 ff。

着，商谈理论能够普遍地和一劳永逸地决定法律论证中使用的实质性论述的分量。但特案命题意指，商谈理论能够界定一些条件，在这些条件下，较好论述的分量也能在法律论证中发挥作用。这就是公开和无偏颇的理性商谈条件。理论上的收益是理性，政治上的收益可能是持续的合法性。

法律方法论与法律论证理论*

〔德〕乌尔弗里德·诺伊曼 著　张青波 译

一、法律方法论的缺陷

本次大会的一般主题揭示了这一判断：古典的法律方法论已经死亡。如果这一判断合适，那就有两个问题相关联。第一个问题是：法律方法论死于什么？第二个是：谁会、谁应该继承法律方法论？第二个问题当然特别引起了（方法论）的亲戚，首先是最近亲属——法律修辞学和法律论证理论的兴趣。

死亡原因经常是有争议的。一个容易想到的猜测是：法律方法论死于其理想。它对法律的和社会的现实缺乏意义，这使它在同样的这一现实中不可能长期存活了。古典法律方法论未切中法律实务的行动条件，30 年前埃赛尔就已经断定了。[1] 这一断定直至今日也没有被驳倒。[2] 但它也对学术领域自身有效，这一领域在结构上（即使不是在制度上），是法律实务的组成部分，只要涉及根据法律规则裁判案件。大学生——就像他们，和我们所有人一样，当初学会

* 本文原载于 *Rechtstheorie* 32 (2001), S. 239—255.

〔1〕 Esser, *Vorverständnis und Methodenwahl*, 1970, S. 7.

〔2〕 对总结法院论证实践的必要性，参见 M. Morlok/R. Kölbel/A. Launhardt, "Recht als soziale Praxis. Eine soziologische Persektive in der Methodenlehre", *Rechtstheorie* 31 (2000), S. 15 ff.

母语那样获得了成功的大学学习必需的方法能力——通过模仿，通过以纯粹默默地熟悉规则为基础的练习，而不是通过获得明确的规则知识。不知如何最好地掌握考试题所要求的论证技术的大学新生，通常被提示参考法律教育杂志中的标准考试读物，也就是被提示模仿。

缺乏对明确规则知识的介绍导致了不确定性。总是一再有人问，是否必须遵照“通说”，是否允许对联邦最高法院、联邦行政法院或其他最高级法院所确认的裁判加以质疑，是否和何时能违背制定法文义来论证等。人们试图以更为辛勤地掌握构造模型来弥补，这些构造模型似乎体现了人们在法律论证领域所惦记的那种肯定性。现在对构造模型作为法律讨论的形式结构化工具，提不出什么异议，只要人们意识到它的结构功能而且不会——像学术研究总是倾向的那样——把掌握传统（有时候完全可疑的）模型提升为属于科学共同体的标志。但年轻的法律人对掌握“正确”构造的关注，却恰恰加强了这一趋势，因为他们很少追问传统模型的意义（或无意义），而是将其作为包治病的仪式来运用。

另外还有一个，也许是更重要的一点。不尝试明确告诉法律大学生人们如何论证，使我们失去了去澄清为什么人们这样而不是那样论证的任何可能性。只有当明确表述出某条规则——人们必须论证性地深入研究有关的联邦最高法院裁判——才能证成为什么这条规则有意义。但在即使明确给出相应规则的地方，也经常缺乏对法律理论背景的探讨。大学新生经常——并合适地——被指示，在考试和家庭作业中必须每次选定一定的法律观点，即使在司法裁判和文献提供了众多问题解答选项的地方。也就是说他必须在他解答问题时，以唯一正确裁判的模式为出发点。最迟在评论题目的时候，他就得知，在评分时所有文献或司法裁判中被主张的法律观点，每个都被看做是合理的（并以此在评判科学题目的意义上是“正确的”）。容易想到的问题是，为什么答题人必须比评分人严格？在表述这条规则的入门文献中，这一问题没有或只是不充分地予以了回答。这个问题后面隐藏着法律理论的一个核心问题，也就是这个问题：在多大程度上，法秩序被允许遵循事实上的多数法律观点的认识，并且，在多大程度上，法秩序必须坚持唯一正确裁判的理念？

简单来说，法律方法论因此没有提供帮助，因为它争辩对法律论证不重要的问题，而不是告诉大学生，如何——和为什么恰恰这样——去论证。例如：有争议的是，是否持续的司法裁判应被看做法源[3]；没有争议的是，法官，如同受培训的法律人，必须深入研究持续的司法裁判。有争议的是，是否存在解释方法的固定顺序[4]；没有争议的是，法律人在其论证时，必须以理由产生出一个顺序，如果就一个裁判能够列出支持和反对的论据的话。最后，有争议的是，是否能在解释和类推之间划出一条清晰的界限[5]；没有争议的是，一个刑事有罪判决根据德国法秩序不能依据刑事类推来证立（刑法的类推禁止，《基本法》103条第2款）。

在此意义上，这些论证规则比法律方法论的陈述更清楚，但这并不意味着，这些规则不受讨论。这也特别不意味着有一个一劳永逸、确定不变的法律论证规则存在。重要的却是，把对待法问题的问题表述为理性论证——而不是正确认知——的问题。法律方法论致命的弱点可能根本上归结为，它从未可信地发誓放弃这一认知要求。方法论在很大程度上是基于不能兑现的认知要求，并因此基于一个不稳定的法律理论基础。

如果对这些不能兑现的认知要求使用“理想化”的概念，那么人们就必须加上：放弃任何理想化的一个法律论证和裁判理论都是不可能的。要是它想成为一个实践的现实理论，它必须获知必要的，部分地存在于法秩序自身结构的理想化。因此，下面我将给我对法律方法论理想化的原则批评，连接一个对一定理想化地域有限的辩护，并主要保护后一理想化免受激进怀疑的法现实主义立场的攻击。

二、理　想　化

在此，我将限于说明四点：(1) 在裁判争议的法问题时认知和决定的关系；(2) 法律裁判受规则约束的可能性；(3) 裁判正确性的理念；(4) 法效力的理念。

〔3〕 参见一边是 Larenz, *Methodenlehre der Rechtswissenschaft*, 6. Aufl. 1991, S. 432（作为纯粹法认识渊源的法官法），另一边是 Fikentscher, *Methoden des Rechts*, Bd. 4, 1977, S. 143 f（作为与制定法相当的法源的法官法）。

〔4〕 参见一边是 Arthur Kaufmann, *Das Verfahren der Rechtsgewinnung*, 1999, S. 37; Pawlowski, *Methodenlehre für Juristen*, 3. Aufl. 1999, Rn. 7; Schroth, *Theorie und Praxis subjektiver Auslegung im Strafverfahren*, 1983, S. 78 ff.；另一边是 Koch/Rüßmann, *Juristische Begründungslehre*, 1982, S. 176 ff.; Fr. Müller, *Juristische Methodik*, 7. Aufl. 1997, Rn 429 ff。

〔5〕 对此否认的有 Sax, *Das strafrechtliche Analogieverbot*, 1953, S. 152 ff; Arthur Kaufmann, *Analogie und Natur der Sache*, 2. Aufl. 1982, S. 6 ff., 37 ff（但也参见 S. 61 ff.）。

(一) 认知和决定

至少在部分法律方法论中继续坚持，裁判争议的法问题也是一个认知的行为。据说这本身也对革新性裁判有效，诸如“通过类推或目的论限缩第一次填补制定法漏洞”。[6] 然而，这里认知的概念通过定语“创造性”而特殊化了。但这不是让人满意的解决方案。可能承认，让人觉得矛盾的“创造性认知”的概念在这种理解模式的框架之内有其价值，这种理解强调了解释者相对于待解释作品及其作者的积极角色。在这一意义上，可以谈到作为创造性认知的音乐的、文学的、艺术史的解释。但在法律人的工作中，恰恰取决于澄清谁对一定裁判负责。这得自于法秩序中对权限规则的释义。因此，法官裁判的认知(重构立法者的决定)和创造部分之间的差别，不允许通过协调性套语而掩盖。如果因此坚守认知和决定之间显著的范畴差别，那么很明显，争议法问题的裁判并非以纯粹认知的途径进行。认知是没有同等分量的选项；对认知的其他选项是错误认知。认为行星以周转圆轨道运动的人，并非简单代表了一个少数观点，而是犯了个错误。相反，认为对来自动物的攻击也允许紧急防卫(《刑法典》第32条)的人并未犯错，而是代表了一个少数观点。但如果争议的法问题并不涉及认知，从中就能得出法学仅仅和(意志)决定有关吗？

这个结论部分地被得出了。那么，合乎逻辑的就不是谈到争议法律观点的正确性，而只是谈到它实际上获承认的程度，它的“认同度”。法律辩论就是为认同度的大小而斗争。[7] 自己观点的认同度应被提高，对手观点的认同度应被相应降低。这肯定是个接近现实的看法。只是没有回答的问题是，法律人能以何种证立获得更高程度的赞同，如果这样的主张：他的观点恰好是正确的，至少较为正确的、较好证立了等等，不应由他来说。显然，在设想对“正确的”纯认知之外，也不能放弃规范性的区分(“较正确的”、“较好证立的”)。

从论证理论的视角，解决这个问题是通过这一认识——决定不必然意味着任意。在超出认知领域的地方，在法的领域中涉及的也不是纯粹的决断，而是证立的决定。[8] 决定支持一定的法律观点可以通过较好或较差的、或多或少的若干论述而作出。主张一定观点的人以此明示或默示地主张，这一观点就其本身，相较于其竞争者，有较好论述。也就是在纯认知领域之外，以正确性主张

[6] Larenz/Canaris, *Methodenlehre der Rechtswissenschaft*, 3. Aufl. 1995, S. 222.

[7] 参见 Adomeit, *Rechtstheorie für Studenten*, 4. Aufl. 1998, S. 24。

[8] 基础文献：Alexy, *Theorie der juristischen Argumentation*, 1978 (3. Aufl. 1996)。

招徕法学和实务的赞同。稍后,我将回来讨论这一正确性主张的逻辑身份问题。

(二)规则约束

严格受制定法约束的可能性命题,今天在很大程度上被颠覆了——这是合适的,如果将其视为个案裁判受文本决定的模式的话。但可以断定的是:裁判正确性的最低条件是它和一条规则相一致。[9] 相比制定法约束的原则,这一要求伸展得更远并更为根本。因为它在没有或只是部分法典化的法秩序中,以及在违背制定法裁判的地方,也有效。取向于规则裁判的要求,是公正和理性裁判的一个先于具体法秩序的要求。因为在平等正义的意义上,一个裁判只在这时是公正的:当在所有重要点上相同的所有其他案件,也能同样地被裁判。而一个裁判只是在这时是理性证立的:如果对它能提出理性的论据。但理性论据绝非涉及一个个案,而总是涉及一种普遍的案件情形。[10] 如果在具体案件中,为有利于被告人而举出他迄今未犯罪的生活,那么这意味着:它原则上是一个有利于迄今未犯罪的那些被告人的论据。

这一关联本不必强调,要不是这个命题——任何个案自己怀有正确的解决方案——最近得到了"解构主义"代表人物著名的支持的话。德里达的引言是:"任何案件都是不同的,任何裁判都是不同的并且需要完全唯一的释义,对此,不能也不允许既存的、已产生的、法典化的规则完全地应对。"因为另一方面,"没有规则"的裁判同样显得不公正,由此就得出了:"在当代人们绝不能说:一个裁判或任何人是公正的……"[11]

可是从法的视角来看,这并不令人信服。因为案件的何种情况对裁判重要,何种不重要,这不是由案件,而是由规则表明的。对强奸的可罚性取决于行为人和被害人是否已经结婚,这仅仅从制定法中得出答案,与早先规定相反,今天它对这个问题作出了否定回答(《刑法典》第177条)。制定法,更普遍地说,法规则,因此在这时也是不可或缺的,即当人们在案件比较中看到了法律获取

〔9〕 Alexy, *Theorie der juristischen Argumentation*, S. 273 ff.

〔10〕 基础文献:Hare, *Die Sprache der Moral*, 1983, S. 164 ff., 196 ff.; ders., *Moralisches Denken*, 1992, S. 44 ff., 63 ff., 133 ff.。

〔11〕 Derrida, *Gesetzeskraft. Der "mystische Grund der Autorität"*, 1991, S. 48.

过程的核心行动时。[12] 何种案件是可比较的,只有规则来说明。[13]

因此,上告法院逐渐增多的实践——在法律评价时提示个案的意义——是非常有问题的。[14] 取决于个案意味着放弃了规则约束,并因此放弃了法官裁判的规则取向。

反对规则取向的裁判可能性,有时也以指出规则的不确定性来论证。从规则(从而也是法规则)并非有可精确确定规整内容的理想存在实体,有时候得出,规则根本没有规整内容。但从对"规则柏拉图主义"立场的适切批评到激进的规则怀疑论的这一推论,是不允许的。从规则没有规定一切,推不出它什么也未规定。[15]

(三) 正确性的理念

与古典方法论中作为认知行为的裁判发现的观念紧密相关的是对正确性的要求。今天,卡纳里斯也还坚守唯一正确裁判的模式。[16] 根据这一观点,疑难案件清晰的、也就是能达成合意的裁判事实上的不可能性,只是我们人类有限认知能力的结果。罗纳德·德沃金[17]最让人印象深刻地表述了这一观点。个案中(唯一)正确的裁判,来自于法秩序中给定的法规则和法原则的整体。有超人能力的法官——司法机构的赫拉克里斯,他了解所有处于相互关系之中的规则和原则,能在任何案件中作出唯一正确的裁判。所以,不是实际上存在的不确定性,而只是有缺陷的认知能力,阻止了他较少天赋的人类同行——"赫伯特",找到这个裁判。

对于法官的量刑,有若干作者代表了一个相似的观点。每次符合罪责的只有一个精确确定的刑罚。只是人类认知能力的有限性阻止了法官认识到这一

---

〔12〕 这样认为的有:*Logische Studien zur Gesetzesanwendung*, 3. Aufl. 1963, S. 26, 37; Arthur Kaufmann, *Das Verfahren der Rechtsgewinnung*, S. VI u. ö。

〔13〕 对案件比较的规则虚无论模式的适切批评见,Kaufmann(Fn 5), S. 25 ff。

〔14〕 Röhl, *Allgemeine Rechtslehre*, 1994, S. 663 ff.

〔15〕 对此见下文:Neumann, "Rechtswissenschaft zwischen Ontologie und Ideologiekritik—Überlegungen zum Objektivitätsideal bei der Rechtsfindung", *ARSP-Beiheft* Nr. 13(1980), S. 215 ff。

〔16〕 Canaris, *Richtigkeit und Eigenwertung in der richterlichen Rechtsfindung*. Grazer Universitätsreden Nr. 50, 1993, S. 23 ff(对此见 Larenz/Canaris, *Methodenlehre der Rechtswissenschaft*, S. 60, Fn 131).

〔17〕 Dworkin, *Bürgerrechte ernstgenommen*, 1984, S. 144 ff., 448 ff., 529 ff.; ders., *A Matter of Principle*, 1985, S. 119 ff.; ders., *Law's Empire*, 1986, S. 221 ff. 对此的讨论参见如 Aarnio, "One Right Answer and the Majority Principle", in: H. J. Koch/U. Neumann (Hrsg.), "Praktische Vernunft und Rechtsanwendung", *ARSP-Beiheft* Nr. 53, 1994, S. 34 ff.

刑罚。[18] 这里也能得出这个结论:法官赫拉克里斯能够精确地算出符合罪责的刑罚。在司法裁判中,有时也有这样的观点:"正确的始终只是唯一正确的解释。"[19]

在温习对这一观点所能提出的异议之前,可以断定:唯一正确裁判的模式是非常具有启发意义的。它反映了这种法官的裁判情形,他被迫坚持一定裁判,并有义务尽可能地只取向于法的指示。同样的决定情形也确定了准备法官裁判的鉴定人的任务。*

但是,唯一正确裁判模式却对上述目标做得过分了,因为它把这一行动和裁判的指示提升为设想一个存在的事实。而这发生在这样的假设中:只有缺乏信息或缺乏处理信息的能力,才会阻止法官找到事实上的唯一正确裁判。这一观点存在的问题,可以通过量刑裁判的例子澄清。即使对量刑重要的法规则和法原则的所有信息都供赫拉克里斯法官支配,他也不能确定唯一正确的刑罚,因为法秩序没有就处理这些信息提供精确的规则。罪责大小不是由法秩序给定的值,而是通过法秩序相应规则所确定的。因此,它不能比这些规则所允许的更精确地确定,同样的,这也普遍适用于裁判的正确性。在缺乏一个充分精确的裁判纲要的地方,具有超人能力的法官也不能得到一个唯一正确的裁判。所以,唯一正确裁判的模式,不可被看做对给定事实的描述,而必须理解为规整理念的表述。

但从实务的视角看,决定性的问题是:在法秩序的哪一个点上,对法的认识由唯一正确裁判的规整理念所塑造,而在哪一个地方,它却由认识到多个法律观点的"合理性"所塑造?在考试评判时,所有在司法裁判和科学文献中所主张的观点,就都被看做是合理的。刑事法官前一天在裁判论证中还主张,为区分正犯和共犯只可以引用联邦最高法院的主观理论,然而却能在国家考试的口试中,不简单宣布行为支配理论为错。但在上诉审中检验判决时会怎样,在偏离同级法院的裁判时会怎样,在联邦宪法法院监督法院判决时又会怎样呢?

对这一问题的回答显示,一边是唯一正确裁判的规整理念的支配领域,另一边是对不同法律观点事实上的合理性的认识所支配的领域,中间的界限不是

[18] 对此模式的进一步论述见:Neumann, "Zur Bedeutung von Modellen in der Dogmatik des Strafzumessungsrechts" ("Punktstrafe", "Spielraumtheorie", "Normalfall"), in: *Festschrift für Günter Spendel*, 1992, S.435 ff。

[19] 证明见:Kramer, *Juristische Methodenlehre*, Bern 1998, S.224 m. Fn 813。

* 这里意指学者或学生在分析和决定案例并撰写鉴定时,也应该和法官裁判案件一样追求唯一正解。——译者注

由法律理论的考量，而是由制度性指示所决定的。在审级序列的框架内，在上诉和上告法院检验一审判决时，唯一正确裁判的原则被作为基础。这意味着：如果上诉或上告法院主张另一种法律观点，一审法院依据一个"合理"法律观点的裁判就不能维持。[20]

与之相反，法秩序在其他地方显然假设了众多合理的法律观点。《法院组织法》第 132 条中"法的续造"的目的功能所承认的是，没有一劳永逸正确的法律观点，而是法律观点的正确性被看做是社会一定的、可以改变的事实和/或规范状态的功能。法律观点"合理性"的范畴，最终在联邦宪法法院的裁判中，起了特别的作用，根据这种裁判，(只)在这时才能确定专业法院判决对基本权的侵犯：当这个判决依据一个不合理的法律观点时。[21] 所以，与上诉和上告法院不同，联邦宪法法院就此而言并不是以"正确"和"错误"的范畴，而是以"合理"和"不合理"的范畴评判其他法院的法律观点。[22]

出于法治国的原因，官员的裁量空间不能被接受的地方，唯一正确裁判的理念获得了宪法上的重要性。法定法官原则(《基本法》第 101 条第 1 款第 2 句)提供了德国法中的一个例子。根据联邦宪法法院的裁判，这一原则要求法院的管辖只能来自制定法的一般规定，而并非(也)来自一个为此专门作出的决定。[23] 在这一视角下，《法院组织法》的这个条款显得有问题，根据它，初审法院管辖一些较轻微的刑事犯罪，如果不是"检察机关因为案件的特殊意义在地方法院提起公诉"(《法院组织法》第 24 条第 1 款第 3 项)。因为这一规定可以被理解为，初审法院或地方法院的管辖，依赖于检察机关为此专门作出的决定。相似问题也存在于根据《法院组织法》第 120 条第 2 款，对地方法院和地方高等法院管辖之间的决定。联邦宪法法院援引唯一正确裁判的理念，否认了对法定法官原则的违背。[24] 在有特殊意义的案件中，检察机关必须在地方法院提起公诉，而所有其他案件，公诉必须在初审法院提出。因此，每次只有一个裁判是正确的，以致通过制定法的一般规定(和法院的业务分工计划)满足了管辖法院完全确定的原则。

---

〔20〕 对于在司法中虚构唯一正确裁判的法治国的问题，参见 Bleckmann, *Spielraum der Gesetzesauslegung und Verfassungsrecht*, JZ 1995, S. 685 ff。

〔21〕 参见如 BVerfGE 82, 6, 13; 85, 248, 257 f.; 96, 375, 395。

〔22〕 对于法律思维中合理性理念的基础文献：Gröschner, *Dialogik und Jurisprudenz*, 1982, S. 179 ff.; 依据 Gröschner 的还有：Lege, *Pragmatismus und Jurisprudenz*, 1999, S. 578 ff。

〔23〕 参见 BVerfGE 95, 322; 97, 1。

〔24〕 BVerfGE 9, 223.

这个例子显示,唯一正确裁判的理念,在法律论证中起了重要作用。对此在法律理论上很少能提出异议,只要意识到这里涉及一个规整理念。否则,恐怕要失去特别是对裁判创造性部分的认识,对法官前理解意义的认识以及对裁判和论证实践对意识形态依赖性的认识。是否在宪法上令人满意,用每次只有一个正确裁判的理想化假定,应付对《法院组织法》第24条第1款第3项的"可变的"管辖规定和相应条款的顾虑,有些令人怀疑。在涉及法治国原则(这里是法定法官原则,《基本法》第101条第1款第2句)作用范围的地方,应该宁可采取现实(取决于不同裁判合理性)的看法。联邦宪法法院自己也承认,人们可能设想一条更好地符合法定法官原则的规定。[25]

(四) 法效力

古典法律方法论中理想化的最后和特别明显的例子,涉及效力概念解释的问题。法规范的效力被描述为在"法的事实和关系"领域中的现象。[26] 这种法的事实和关系被理解为"自身存在层面",也就是尼古拉·哈特曼意义上的"客观精神领域的部分"[27]。我不讨论方法论是否在这里适当地援引了尼古拉·哈特曼的问题。不仅规范性,而且本体论的立法成果理念,都恐怕经不住认知理论的批评。[28] 但从中却不能反过来推出,法效力的概念应被唾弃为形而上学的荒谬,如一些法现实主义的代表人所认为的那样。[29] 法规范的效力并非自己就归属(或不归属)于规范的神秘特征,而是它通过这样的规则构成在区分有效的法和无约束力的规范时被作为基础。如果明了这一点,那么把规范的效力视为社会生活的事实就没有问题。只是在此涉及的不是像一栋建筑物的存在或行星的运动一样原始(自然)的事实。同样它也不怎么涉及超验领域中的形而上学事实。它涉及的是通过社会规则所创造的、所谓的"制度性"事实。[30] 因为制度性事实把它们的存在归功于社会或法律规则,所以它们不能比相应规则更"清楚"。故此,如果"承认规则"包含不精确的标准(诸如在制定法和公正抵触的"不能忍受"程度的表述中),那么确定一个相应的"事实",就

〔25〕 BVerfGE 9, 223, 227.

〔26〕 Larenz/Canaris (Fn 6), S.77.

〔27〕 Coing, *Grundzüge der Rechtsphilosophie*, 5. Aufl. 1993, S.240 ff.; Larenz/Canaris (Fn 6), S.77.

〔28〕 对此的进一步论述见:Neumann, in: *Philosophische Rundschau* 1981, S.189 ff., 190 ff。

〔29〕 范例见:Th. Geiger, *Vorstudien zu einer Sozilogie des Rechts*, 1947, S.157 ff。

〔30〕 基础文献:Searle, *Sprechakte*, 1977; ders., *Die Konstruktion der gesellschaftlichen Wirklichkeit*, 1997。这一模式法律理论上的转用,见:*Grundlagen des Institutionalistischen Rechtspositivismus*, 1985。

是决定而非认知的行为。如果这种情况下，就制定法的效力（例如就原德意志民主共和国的《边境法》）主张不同的观点，就并非有限认知能力的表示，而是认知对象客观不确定的结果。

法的效力，如同这条规则——受将一军威胁的王不允许和车易位——的效力，同样是一个制度性事实。至此，对遵循有效法规范的道德义务，当然还什么也没说。证立这一义务的讨论，必须以规范性论述进行。[31]

三、法律方法论、法律修辞学和法律论证理论

（一）规则证立而非规则认知

相比古典法律方法论，法律论证理论在较小程度上蒙受远离实践的理想化的危险，因为它不是把裁判正确性看做是正确认知规则的结果，而是最优证立规则的功能。[32] 在这一"建构主义"进路中，它遇到了取向于批判认知的法律方法论观念，例如弗里德里希·米勒的结构化法理论[33]和彦·沙普的方法论。[34] 以激进建构主义还是温和建构主义进路，能更好地应对法律实践的现实，是个根据——作为统一理论模式尚未存在的——法律论证理论视角不能决定的问题。下面对这一点和其他点的考虑——绝对不为论证理论阵营，具有一定的代表性。它们只标出了法律论证一个可能模式的若干角度。

弗里德里希·米勒的法律方法论提出了激进建构主义立场[35]意义上的阐释，他所支持的观点是，规范文本根本上只在"法工作者"的具体化之后，才获得

---

〔31〕 对这个争议的问题，是否借助于制度性事实和构成它们的规则，可能从实然陈述中推出道德之外意义上的应然，参见 Searle, *Sprechakte*, 1977, S. 261 ff.；从法律理论视角对此的论述，参见：Lüderssen, "Anerkennungsprobleme im Völkerrecht", in: ders., *Genesis und Geltung der Jrusiprudenz*, 1996, S. 223 ff., 139: Weinberger, "Das philosophische Framework der Handlungs-und Institutionentheorie", in: *Rechtstheorie* 31 (2000), S. 47 ff。

〔32〕 对此进一步论述见：Neumann, *Juristische Argumentationslehre*, 1986, S. 3 ff. 对于商谈理论取向的法律论证模型中的程序正确性和论证正确性的关系问题，参见 Alexy, "Probleme der Diskurstheorie" (1989), in: ders., *Recht*, *Vernunft*, *Diskurs*, 1995, S. 109 ff., 118 ff.; Neumann, "Zur Interpretation des forensischen Diskurses in der Rechtsphilosophie von Jürgen Habermas", *Rechtstheorie* 27 (1996), S. 415 ff。

〔33〕 Fr. Müller, *Juristische Methodik*, 7. Aufl. 1997 (hrsg. Von Ralph Christensen).

〔34〕 Jan Schapp, *Methodenlehre des Zivilrechts*, 1998; ders., *Hauptprobleme der juristischen Methodenlehre*, 1983.

〔35〕 对此参见 S. Schmidt (Hrsg.), *Der Diskurs des Radikalen Konstruktivismus*, 1987。

意义。[36] 与之相对应,在其具体化之前,规范文本还没有引导裁判的力量。它们在具体化法规范时,只能提出受适当考虑的要求。[37] 在此,"具体化"不能在纯粹精确或个别化一条给定规范的意义上去理解。这里,"具体化"更多意味着建构一个法规范。[38] 这个概念"表示的不是将一条给定的普遍法规范朝向案件的窄化,而是在解决一定案件的框架内,产生一条普遍的法规范"[39]。米勒以不易被人误解的方式写道:没有法工作者的活动,"规范文本只是一片涂以油墨的纸"[40]。

格拉斯尼克采取了一个强烈规则怀疑论立场,他以这样的证立剥夺了制定法的法源性格:除了"制定法事实上能够决定法官裁判",否则,受制定法的约束,不能发挥更多的作用,并且他断然地确定"制定法却恰恰没这么做"[41]。格拉斯尼克从中——循着论题学的轨迹——得出结论:制定法只是法律论证框架之内的论题,并在激烈批判了商谈和论证理论的进路之后,主张加强依据权威("主流观点"和"持续的司法裁判")。[42]

规则怀疑论的立场,除了弗里德里希·米勒和格拉斯尼克之外,还可以列出其他作者[43],他们也对规则柏拉图主义立场进行了适切批判。在此,"规则柏拉图主义"被理解为这种观点——(一定)规则应该是一个理想的、独立于人类行为(规则表述、规则遵循、解释)的存在。[44] 这一观点的结论有这样的假设:规则相关领域中的任何案件,本身或者符合规则,或者违背规则;那么,归属于前一方面或是后一方面的不确定性,只能由个别或普遍人类认知能力的局限所产生。从对规则柏拉图主义立场的适切批判中,规则怀疑论得出了在我看来不当的结论:在由"规则适用者"勾画其轮廓之前,规则根本没有决定性力量,也就

---

〔36〕 Fr. Müller, *Juristische Methodik*, 7. Aufl. 1997, Rn. 185. 对此和对下文也参见我的评论:GA 2000, S. 41 ff。

〔37〕 Müler (Fn 36), Rn. 17.

〔38〕 Müller (Fn 36), Rn. 284.

〔39〕 Müller (Fn 36), Rn. 275(着重号为原文所有).

〔40〕 Müller (Fn 36), Rn. 531.

〔41〕 Grasnick, Methodologisches—oder: Aus gegebenem Anlaß—GA 2000, 153 ff., 156.

〔42〕 Grasnick (Fn 41), S. 157.

〔43〕 参见如 Haft, *Juristische Rhetorik*, 5. Aufl. 1995, S. 11 f。

〔44〕 对此进一步论述见:"Regel und Geltung im Lichte der Analyse Wittgensteins", in: *Rechtstheorie* 6 (1975), S. 104 ff.; Hart, *Der Begriff des Rechts*, 1973, S. 189 ff.; Neumann, "Rechtswissenschaft zwischen Ontologie und Ideologiekritik", *ARSP-Beiheft* Nr. 13 (1980), S. 215 ff.; Somek, "Von der Rechtserkenntnis zur interpretativen Praxis. Eine Regelskeptische Verteidigung des Regelbegriffs in der Jurisprudenz", in: *Rechtstheorie* 23 (1992), S. 467 ff。

是绝非自身就允许对符合或违反规则作出决定。这背后所存在的观念可能是：如果没有清晰的界限，就根本没有界限了。但如果根本没有界限了，规则也绝不可能区分符合和违反规则的行为方式了。[45]

维特根斯坦在《哲学研究》中对这一思维方式评论道：

> 语句的意义——可以说——当然能让各种事情悬而未决，但语句必须还得有一定意义。不确定的意义，恐怕根本不是意义。这就像：不清晰的界限原来根本不是界限。这里人们大概这样想。当我说"我把那个人肯定锁在房间里了——只有一扇门还开着"——那我根本没把他锁住。他只是表面上被锁住了。在这里，人们可能倾向于说："那么，你根本什么都没有干。"一个有洞的界墙，几乎根本不是界墙。——但这到底是真的吗？[46]
>
> 并且"这就不是游戏了，如果规则中有模糊性的话"。——但这就不是游戏了吗？——"是的，也许你将称它为游戏，但它无论如何就不是完美的游戏"。这意味着：它就被污染了，而这里我只对那些被污染的感兴趣。——但我想说：我们误会了理想在我们表达方式中起到的作用。这意味着：我们也会称它为游戏，我们只是被理想所迷住，并因此没有看清"游戏"这个词真实的应用。[47]

规则怀疑论令自己迷惑的理想是"清晰"界限的理想。规则怀疑论者在根本上是失望的规则柏拉图主义者。因为他将规则规范性的、决定行为或裁判的功能联系到承认其理想的存在，对规则只是社会的存在的认识就将他引向了规则怀疑论的立场。实际上对这一步没有绝对的理由。只有社会的存在的规则，也有引导行为和裁判的力量，否则"被规制"的社会共同生活也不可能。

如果对法的规则柏拉图主义模式的合适批评，强调了具体适用情境对法规范构造的意义[48]，那么这也不应在"怎么都行"的意义上来理解。如果在高校规章中，就选举校长的建议名单上，有这样的条款："名单必须至少包含两个人名"，那么不考虑所有前后关系的情况，可以肯定的是，一个只含有一个人名的名单和这一条款并不一致。[49] 这产生于普遍有约束并普遍可理解的德语语言

[45] 对此和下文的进一步论述见：Neumann (Fn 44), S. 217 ff.

[46] Wittgenstein, *Philosophische Untersuchungen*, § 99, Werkausgabe Frankfurt/Main 1984, Bd. 1, S. 295.

[47] Wittgenstein (Fn 46), § 100.

[48] M. Morlok/R. Kölbel/A. Launhardt (Fn 2), S. 15 ff. (insbes. S. 18, 30 ff.)有证明。

[49] W. Klein, "Der Fall Horten gegen Delius, oder: Der Laie, der Fachmann und das Recht", in: G. Grewendorf (Hrsg.), *Rechtskultur als Sprachkultur*, 1992, S. 284 ff.

规则。反过来,对概念现实主义(规则柏拉图主义)立场的批评也不可误导到,剥夺有疑问规则任何限制裁判的力量。当然人们在个案中可能证立,法律上许可对"名单必须至少包含两个人名"的规则作出一个例外。但在论证理论和实践以及法治国的视角下,具有决定意义的是,是否这涉及这条规则的适用情况抑或例外情况。

(二)内在和外在视角

与法律方法论一致并与法律修辞学相区别,法律论证的(规范性)理论〔50〕植根于内在视角。法律修辞学至少主要地看来是一门分析性学科〔51〕,致力于揭示法律论证的典型结构,而对法律论证的规范性理论,则涉及正确证立,更谨慎地说,是更好证立的规则。〔52〕就此而言,二者有(继续)和平共存的好机会:看看对方的工作,给予自己的研究更宽广和更稳定的基础,这不必强调。就此而言,以描述—分析的方法清点法院论证和裁判实践的项目〔53〕,从规范性论证理论的视角看,也应该非常可取。〔54〕相反,这一清点可能大大依赖于由法律方法论和法律论证理论的规范性学科所发展的范畴和类型。

(三)产生和说明

与法律方法论相反,法律论证理论的目的不是合乎方法,并在此意义上"正确地"进行裁判发现,而是令人信服地证立已发现的裁判。〔55〕它并不与法官判决的产生相关,而是与对其的说明相关。但这不意味着,从法律论证理论的视

〔50〕 对于区分规范性和重构性法律论证理论,参见如 Schneider/Schroth, "Sichtweisen juristischer Normanwendung: Determination, Argumentation und Entscheidung", in: Kaufmann/Hassemer (Hrsg.), *Einführung in Rechtsphilosophie und Rechtstheorie der Gegenwart*, 6. Aufl. 1994, S. 470 ff., 480 ff。

〔51〕 范例见:Ballweg, "Analytische Rhetorik als juristische Grundlagenforschung", in: R. Alexy/R. Dreier/U. Neumann (Hrsg.), "Rechts-und Sozialphilosophie in Deutschland heute", *ARSP-Beiheft* Nr. 44 (1991), S. 435 ff.; K. Sobota, *Sachlichkeit*, *Rhetorische Kunst der Juristen*, 1990, S. 2。

〔52〕 给人印象深刻的规则汇集见:Alexy (Fn 7), S. 273 ff。

〔53〕 参见上文 Fn 2。

〔54〕 对此的第一个努力见:Arthur Kaufmann/U. Neumann/Jochen Schneider, *Argumentationstheoretische Aspekte höchstrichterlicher Rechtsprechungsänderungen*, unveröffentl. Mskr. München 1980。这一基础性的,由 DFG 所资助的项目的部分成果,发表在 U. Schroth, "Eine Methodik der formalen Rekonstruktion von Gerichtsurteilen", in: W. Hassemer/A. Kaufmann/U. Neumann (Hrsg.), "Argumentation und Recht", *ARSP-Beiheft* Nr. 14 (1980), S. 119 ff。也参见 Arthur Kaufmann, *Das Verfahren der Rechtsgewinnung. Eine rationale Analyse*, 1999, S. 94 f. 和 U. Neumann, *Juristische Argumentationslehre*, 1986, S. 114 ff。

〔55〕 对此的进一步论述见:Neumann, *Juristische Argumentationslehre* (Fn 54), S. 3 ff.; Sobota, (Fn 51), S. 13 ff。

角看,裁判发现的过程就是听任理性和非理性动机力量的自由竞赛。激进地区分(理性)裁判证立和(非理性)裁判发现,正如在伊塞那里示范性体现的[56],既不是作为经验命题令人信服,也不是作为限制法律论证理论规范性要求的基础而可以被接受。一个法律论证理论,想要投身于呼吁按照方法而表述的表面证立,将会使自己失却基础。这里普遍的会意性讥讽微笑也是致命的。一个裁判的好论述同时是这样而不是那样裁判的好理由。

〔56〕 H. Isay, *Rechtsnorm und Entscheidung*, 1929, S.60 ff., 338 ff.

以裁判后果论证裁判

——读《法律适用中的后果取向》

张青波

今天的法哲学,已经告别了法律预先确定所有裁判这一严格意义上的司法三段论。为了使个案裁判不至流于法官的恣意,法律方法论和法律论证理论均致力于为合理裁判提供帮助。20 世纪 70 年代以来,很多人主张在法律适用中,根据裁判的不同可能选项对社会的影响,选择对社会最有利的裁判,从而将裁判合理化。[1] 对这一脉络在理论上加以总结和深化,并为人广为引用的作品,

---

〔1〕 H.-J. Böhlk /L. Unterseher, "Die Folgen der Folgenorientierung", in *Jus* 1980, S. 323 ff.; Ch. Coles, *Folgenorientierung im richterlichen Entscheidungsprozess*, Frankfurt/M 1991; W. Hassemer, "Über die Berücksichtigung von Folgen bei der Auslegung der Strafgesetze", in: *Festschrift für Helmut Coing*, Bd. 1. München 1982, S. 493 ff.; W. Kilian, *Juristische Entscheidung und elektronische Datenverarbeitung*, Frankfurt/M 1974; H.-J. Koch /R. Trapp, "Richterliche Innovation—Begriff und Begründbarkeit", in: Harenburg/Podlech/Schlink (Hrgb.), *Rechtlicher Wandel durch richterliche Entscheidung*, Darmstadt 1980, S. 83 ff.; H.-J. Koch / H. Rüßman, *Juristische Begründungslehre*, München 1982; M. Kriele, *Theorie der Rechtsgewinnung*, Berlin 1976; G. Lübbe-Wolff, *Rechtsfolgen und Realfolgen*, Freiburg/München 1981; H. Rottleuthner, "Zur Methode einer Folgenorientierten Rechtsanwendung", *ARSP Beiheft* N. F. Nr. 13 (1980), S. 97 ff.; H. Rüßmann, "Zur Einführung: Die Begründung von Werturteilen", in *JuS 1975*, S. 352 ff.; Th. Sambuc, *Folgenerwägungen im Richterrecht*, Berlin 1977; G. Teubner (Hrgb.) *Entscheidungsfolgen als Rechtsgründe*, Baden-Baden 1995. Th. W. Wälde, *Juristische Folgenorientierung*, "*Policy Analysis*" *u. Sozialkybernetik. Methodische u. organisatorische Überlegungen zur Bewältigung der Folgenorientierung im Rechtssystem*, Königstein/Ts 1979.

当属 M.R.德歇特女士在阿图尔·考夫曼教授门下提交的博士论文——《法律适用中的后果取向》。[2] 为了认识后果取向对法哲学所具有的意蕴,下面我将先简介该书的内容,之后是我的一点意见。

该书共分为三部分,32 开的版面共计 290 余页。第一部分处理后果取向的基础问题,作者在开篇先界定了后果取向:"在证成法律裁判时,考量裁判的后果并在给定情况下,根据解释的后果来修正解释。简单说,古典法教义学通过处理过去的事实并借助已给定的规则来控制裁判,而后果取向则通过对裁判所导致的效果的期待来调控裁判。"之后,作者审视了对于司法裁判中引用后果来证成裁判的既有实证研究,找到了利益、原则、公正、衡平、公共福利等 23 种与后果取向有关的论据,从而为作者的研究奠定了实证基础,这也就更突出了理论探讨的必要。其后她梳理了文献中对后果取向的主要异议:后果取向篡夺了立法权,不具有合法性;可能的后果是无限的,法官不具有恰当预测的能力;预测之外法官也难以在不同后果间合理选择。这些也正是该书致力解决的问题。

之所以在司法中产生了后果取向的实践,德歇特概括的原因主要是:(1) 制定法中的漏洞和缺陷不得不给法官留出了决定空间;(2) 司法调控和塑造社会功能的最优化,要求考虑社会影响;(3) 法官法的发展使法官逐渐意识到自己社会工程师的角色,从而有意识地更多发挥了塑造社会的角色;(4) 法学对社会逐渐复杂化的回应产生了法学的社会学化、经济学化和生态学化。

该书第二部分探讨了后果取向与法律方法论和论证理论之间的关系,以及后果取向的方法论。在法律方法论仍然给法律适用者留下裁量空间时,才可以借助后果取向,这样也就回答了后果取向的合法性问题:只有在文义和历史解释不能给出答案时,可以借助客观目的论或后果取向。此外,后果取向还可以在法律续造时发挥作用。而后果取向在阿列克西的法律论证理论框架之内的作用,一方面通过经验论证,另一方面通过普遍实践论证体现出来。在此,作者认为,后果取向发挥作用不仅可以具体化规范的构成要件,也可以精确化其法律后果。

在立法者目标明确可以认识而要决定何种解释最好地实现这一目标时,这时的后果取向无关评价而只有预测,被称为执行规则的后果取向,与之相对,作者主要关注既要预测又要评价的建构规则的后果取向。她首先考察了立法中后果预测的方法论情况,现有理论对制定法后果主要分为效果和效率,前者指制定法是否实现了立法者预期的目标,后者是制定法的成本收益比。但制定法

〔2〕 M.R. Deckert, *Folgenorientierung in der Rechtsanwendung*, München 1995.

可能追求相互矛盾的目标，而且规范也可能发挥立法者未预见的功能，因此效果的概念应取决于制定法在社会现实中实际发挥的作用，也就包括了规范未被立法者预料到的效果。对效率的分析，作者提到了机会成本、社会成本（由某企业产生，但由第三方承担）、外在成本、后续成本（生态成本、公共交易成本、金钱换算、帕累托最优和科斯定理），但并未将有些概念及其内在关系加以解释，正如作者指出的，成本属于经验预测的领域，而效率却属于规范评价的领域，但她既未严格区分成本和效率，也未说清楚众多成本到底如何纳入立法之中。探讨立法理论得出的结论是，后果取向可以在经验领域借助立法理论中的效果和成本收益范畴，但对于后果评价，立法者的观念和效率作为评价标准都不合适。不过，立法理论对后果双轨制的区分对于司法的后果取向很有意义。

作者随后界定了后果的概念。依据文献中已有观点，后果被区分为法律后果和现实后果，后果考量的概念只包括后者，同时必须是经验上能够把握的状态，作者还根据法律的普适性，要求后果必须是来自有效规则的普遍后果，而非个案的特殊后果，此外还要排除对规范适用者的后果、裁判是否可以贯彻的后果、对上级法院和法律界的后果。在文献中现实后果多分为对当事人的后果和对公众的后果，前者有微观后果、个别后果、直接后果和判决后果，后者有宏观后果、社会后果、间接后果和调适后果（公众为适应判决形成的规则而产生的后果）。作者似乎不认为调适后果等同于其他对公众的后果，对此也未作解释。然而，她强调，调适后果对后果取向的法律适用的控制作用是决定性的：法律的经济分析停留在判决后果层面，而后果取向明确纳入了调适后果，从而也就纳入了各种社会科学的知识。

现有文献中对后果取向适用步骤有不同的建议，并在各个步骤都确切考量有关前提条件和要求。步骤过少不利于对待后果取向的各个具体问题，步骤过多却无视司法实践的需要，因此以下五个步骤较为适宜：(1) 确定后果取向的适用领域，防止逾越法律约束；(2) 通过效果和成本两种范畴，分析裁判效果、划定可能的后果领域，也就是调查重要后果；(3) 预测这些重要后果的可能性；(4) 选择评价标准并对预测的后果进行评价；(5) 选择最符合评价标准的判决选项，整个后果论证应在对裁判的说明中公开。

在第二部分结尾，作者界定了后果取向和其他论证类型的关系。因为要考虑裁判对原则的影响，原则论还需要后果取向的经验论据，此外，后果取向还可以对塑造某些特定领域的原则发挥作用；区别于后果取向的客观解释方法包括，考虑裁判对法体系和法律界的后果（这种后果多数可以放在逻辑—体系的解释中）、以作为一定应然状态的原则为目的的解释、以普遍的规范目标（平等对待和法安定性等)作为目的的解释;法律的经济分析因为只有成本收益分析,比后果取向窄;利益权衡也提供了对有关利益尽可能全面的把握,与后果取向考量超出当事人之外的社会和经济后果相一致,因此利益权衡可以在后果取向的框架之内进行。

第三部分的三章集中回应了第一部分对后果取向的三个质疑,分别处理了预测后果、评价后果和合法性问题。经受了考验的社会学理论,要优于法官的日常理论(根据法官经验和常识的判断),因此法学应和社会科学合作,但后者的帮助限于提出问题,因为很多社会科学的经验模型并无经验验证。法律人不大可能掌握各门专业的社会科学知识,但他们也必须知道何时和向谁求教,因此相应的培训是必要的,以使法官可以利用有关文献而不会过分依赖专家。同时当事人和律师也肩负着收集有关信息的责任,而法学也应为此提供支持。

如同立法理论,后果调查也从效果和效率两方面进行:效果要包括所有可能的效果、从属效果和远程效果,这一领域需要法律人和其他社会科学的合作;成本收入分析借助数据来描述规整问题,有较高精确性,包括外在成本和后续成本,尽管作者试图以例子来说明这些成本的含义,但还不是很清楚。此外,她还特别提到了生态成本,并主张将生态成本换算成金钱,从而使环保论者拥有的不止是伦理论据。

在确定了重要后果之后,就要对这些后果进行预测。预测的问题来自于后果的复杂性、无限性、不可概览性,根据对联邦宪法法院的实证研究,作者认为,相比于从经验法则推导、依靠民意测验等统计方法,应优选模型程序,即从因果因素的系统中解释未来的事实,但对此的论述却戛然而止。这一章的结论就是,经验性社会科学为后果取向提供了足够帮助,从而让预测风险可以承受。

为了解决不同后果间的评价问题,德歇特先后探讨了众多可能标准:主流社会伦理观在多元社会中既难以获得又过分倾向于守成;自然法或事物的本质只是众多公正原则之一,并非独立的标准;求助最低限度的道德内容也是困难的,因为后现代社会没有确定的价值;把后果换算成金钱作为尺度,还需要效率配置最优的补充,但个人用益最大化在众人利益对立之间难以兑现,而社会福利的最大化的问题是如何界定社会福利;实践理性也是不清楚的。鉴于这一难以令人满意的状况,作者详细探讨了效率、公正和真实这三个标准。

作者考察了功利主义、古典福利经济学、帕累托福利经济学和法律的经济分析之后的结论是,效率的最大缺陷是忽视了分配问题;因为个人之间的竞争关系,不存在福利经济学假定的个人决定的独立性;个人的需要及其次序也不是由自己确定,而是取决于大量外在因素;过分注重效率导致了生态危机。因此，效率还需其他标准的补充。

可以把公正的理论区分为实质和程序的理论：前者给出了公正与否在内容上的标准，后者规定了公正行动的程序规则。可以把康德的绝对命令引入后果取向，它虽不能积极地引导评价，但也可以消极地划定界限。罗尔斯的正义论以不可转让的基本自由克服了效率理论的缺点，而且他的最小风险原则可以在损害后果有较大风险时适用，但由于过分抽象，对司法提供的指示很少。公正的实质原则没有区分公正是什么和如何获致公正的问题，对公正的认识并非简单对对象在意识中加以描摹，而是认识主体在认识中积极塑造了认识对象，如何获致公正的问题只有程序理论能够应对。

合意理论要解决陈述的真实性问题，故在真实标准下来探讨。界定真实的标准包括：主客观一致的真实理论，对后果的预测和查明主流伦理观与此相关；卢曼的系统理论仅仅通过程序来正当化法，忽视了真实的内容面向；同样的批评，也针对了哈贝马斯和阿佩尔的合意理论：从纯粹的形式中是不能推导出内容的，对商谈必须给出一个内容和题目，后果取向恰恰能提供这样的内容和题目。这一章的结论是，对于评价问题，效率、公正和真实三个视角都要采用。

在本书的最后一章，作者列举了支持后果取向合法性的理由：首先，后果取向有众多功能：(1) 相对于立法者，法院的位置更接近社会冲突，也更有利于解决它们；(2) 在环境和技术等众多领域，立法者将很多决定授权法官作出，后果取向使得经验考量成为可能；(3) 后果取向有助于减轻立法者的负担；(4) 后果取向，特别是考虑成本，提高了法的效率；(5) 后果取向使法系统因应环境而更新。其次，后果取向的合法性论据有：(1) 法律适用的裁量空间使法官决定合法化了；(2) 通过深入论证，后果取向也有实践的合法性；(3) 法官法也导致了更多的法安定性。最后，后果取向的合理性在于：(1) 为商谈程序提供内容；(2) 考虑后果有助于裁判被接受而打开了合意机会；(3) 公开的论证体现了对所运用方法的诚实；(4) 后果取向揭示了评价基础并有利于对经验论据的证伪，从而提高了论证的合理性。

在本书的结尾，作者并未要求完整地列出一共 14 条后果取向的论证规则，有些是前文的结论，如立法者的意志优先；后果论证可同样适用于解释和法律续造，但另外一些似乎并非直接得自前文，如经验的后果论据必须以这么多的步骤来明确说明其经验基础，以至于后果论据可认识并可检验；法律适用者应该考虑所有的解释标准。

本书作者知识的渊博给人留下了深刻印象，她并未仅仅囿于后果取向本身，而是广征博引，除了谈到了法律方法论和法律论证理论方面所有的作品之外,还深入探讨了立法学、经济学、社会学、生态学、哲学的众多问题,难怪有人说:"谁要是想全面了解迄今的讨论状况,并对进一步的思路感兴趣,就绕不过德歇特的这本著作。"[3]

纵观全书,德歇特女士非常精当地概括了针对后果取向的三个主要异议,全书也都是紧紧围绕着这三个问题来寻找解答。对合法性异议的处理,她全面列举了众多的理由,令人信服地证明了后果取向的必要和优点。但是,对于预测难题和评价难题,她的回答却有些差强人意。首先,对于评价问题,不清楚的是,她列举的三个标准之间是什么关系,如果这些标准只是有助于解决评价问题的一些论题的话——因为三者之间肯定是有冲突的——那么她也无法回避对论题学的异议:"这里有效的考量所有视角的规则并没有说,何种视角是决定性的。"[4]尽管她在最后试图拟定出一些规则,但这些规则因为未要求完整性——相比于阿列克西致力于解决评价问题的法律论证理论,因而也就难以充分区分正确和错误的评价。

其次,对裁判可能后果的预测问题,由于只是给法官建议了以效果和成本收益两个范畴进行分析,这对于法官预测个案中的具体后果,帮助并不大,在此,德歇特把希望寄予专家。但与她的诠释学立场恰恰相反,她在这里忽视了前理解的重要性。一个社会学家的预测在很大程度上将只限于社会关系之中,而不大会考虑环境污染问题。对调查得出的并需要预测的重要后果,并不存在标准,那么到底都要预测什么样的后果同时忽略什么样的后果呢?"一定解释可以预测到的从属后果,如法院秘书得到更多工作(因为这一解释的论证比起可能的其他选项更为详细);律师通过上诉——在另一种解释时他本来不能申请——能得到额外报酬;未婚同居者必须购买窗帘,让好奇的邻居比以前较少地窥视,由此有助于纺织业销售的增长,但这可能不会被考量。"[5]可见,何种后果值得预测,确实需要标准。德歇特反对客观目的论解释,因为解释者往往在众多法目的中任选一个,以证成其裁判。然而,客观目的论之所以被誉为王冠解释方法,就在于它提供了这样的标准——只有裁判对法目的的影响值得法官考虑,同时它也使得法不至于脱离法目的,也就不会脱离社会需要。这恐怕

〔3〕 M. Hensche, "Probleme einer Folgenorientierten Rechtsanwendung", in *Rechtstheorie 29* (1998), S. 120.

〔4〕 R. Alexy, *Theorie der juristischen Argumentation*, Frankfurt am Main 1991, S. 42.

〔5〕 H.-J. Koch/R. Trapp, "Richterliche Innovation—Begriff und Begründbarkeit", in Harenburg/Podlech/Schlink (Hrgb.), *Richterlicher Wandel durch richterliche Entscheidung*, Darmstadt 1980, S. 109 f.

就是有人不区分目的论和后果论证的原因吧。[6] 可见,后果取向恐怕还是要参考目的论来确定后果重要与否,因此,无论是后果论证还是目的论论证,为了防止目的或后果的援用流于任意,都需要引入一种商谈和对话程序,其中,专家的专业知识当然要起重要作用,但也有对其加以质疑的机会,更不能忽略可能的裁判究竟影响何种法目的。

最后一个问题是,商谈程序是否需要一个由后果取向所提供的经验内容?如果法律商谈试图解决疑难案件中各个裁判可能性之间的选择问题,考虑到它们的后果,相比于仅仅比较和衡量各个裁判选项的文字,会使论证更为充实。但后果取向所提供的恐怕只是一种内容,因为商谈程序还要处理道义逻辑论证,它独立于后果就决定裁判公正与否,如运用原则的论证[7],或者,正如德歇特已经提到的,诉诸立法者的权威。

概而言之,以裁判后果论证裁判的努力,尽管为法律论证开辟了一条新途径,但如果没有相应论证程序的制约和保障,面对预测和评价的难题——这也正是今日中国流行的"法律效果与社会效果相结合"之口号所要面对的——恐怕不仅难以对理性裁判有所助益,甚至会助长恣意裁判的可能性。

〔6〕 R. Alexy, "die juritische Argumentation als rationaler Diskurs", in der u. a (Hrgb), *Elemente einer juristischen Begründungslehre*, Baden-Baden, 2003, S. 120 f.

〔7〕 如麦考密克就要求裁判不仅由后果来证成,还要满足原则和类推的要求,又要和既存规则(的文义)协调一致:N. MacCormick, *Legal Reasoning and Legal Theory*, Clarendon Press, 1978, pp. 196,250。

司法过程中的技术与立场

——以彭宇案为分析对象

黄伟文

导言：问题与限定

2007年9月5日，南京市鼓楼区人民法院发布(2007)鼓民一初字第212号民事判决书，对彭宇案作出初审判决，判决被告彭宇对原告徐××的损失承担40%的补偿责任。[1] 判决甫出，批评如潮，焦点又在经验法则的运用。一时间，围绕这一司法技术运用之当否，你一言我一语，好不热闹。其实，我国并不乏运用经验法则裁判的先例[2]，但鲜有引起热烈讨论和批评如本案者。根据我国最高人民法院《关于民事诉讼证据的若干规定》第64条和最高人民法院《关于

〔1〕 判决书全文，可见 http://bbs.chinacourt.org/index.php? showtopic = 241076，最后访问于2007年12月2日。彭宇案梗要：南京一男子彭宇称因搀扶摔倒的老太太，反而被告上法庭。法院一审判决彭宇补偿原告45876元。判决书称"彭宇自认其是第一个下车的人，从常理分析，他与老太太相撞的可能性比较大。如果不是彭宇撞的老太太，他完全不用送她去医院"。案件详情可见 http://news.163.com/07/0906/05/3NMDBNR600011229.html，最后访问于2007年12月1日。

〔2〕 相关案例可见刘春梅：《自由心证制度研究：以民事诉讼为中心》，厦门大学出版社2005年版，第149—153页。

行政诉讼证据若干问题的规定》第 54 条之规定,法官可以援引经验法则进行裁判,本案对此技术的运用乃师出有名。但本文认为,本案的意义不应仅限于技术层面的反思。因为当我们在主体的层面追问是“谁的经验”时,技术背后的立场便立显疑窦。如果可以同意正是本案技术运用之不当将人们怀疑的目光引向其背后的立场,那么,这种说法就包含着一个重要的看法:技术之精当,至少可以为立场提供某种程度的有效辩护。长久以来,通过技术规制立场一直是法学者孜孜以求的目标。但是,技术能否以及如若能够其可以在何种程度上规制立场?本文将借彭宇案之契机,通过对经验法则及其司法运用的分析,探讨司法过程中技术与立场的关系。

为使论述集中,本文对技术与立场的含义作了限定。首先,将技术限于司法层面。对司法层面的技术又可有两种理解,一是指法学技术,二是指在法院实践中实际被运用的技术。[3] 为方便区分起见,可将前者称为司法技术,而将后者称为司法技巧或司法策略。本文所称技术是指前者,包括以等置为核心内容的法学方法和以事实认定为主要内容的证据运用方法。其次,本文所称的立场,是指法官对可能影响案件裁判的各种因素之认知、理解、判断和态度。包括显性的立场与隐性的立场,前者可直接反映在判决书中,后者则通常没有。

一、彭宇案的技术脉络

判决书应包含一个三段论的推理结构,即以法律规范为大前提,以案件事实为小前提,推出作为结论的裁判结果。根据彭宇案的初审判决书,我们可以提取出这一推理结构。需指出的是,判决书认为该案责任的分配,“应根据侵权法诸原则确定”,所以其明文引用的法律依据为我国《民法通则》第 119 条和最高人民法院《关于审理人身损害赔偿案件适用法律若干问题的解释》第 17 条等侵权责任条款。但判决书同时又指出,原、被告对损害均无过错,“因此,本案应根据公平责任合理分担损失”[4]。虽无明文援引,但事实上法官裁判的主要依据正是公平责任条款,即我国《民法通则》第 132 条之规定。所以,法院才判决彭宇所应承担的是补偿责任,而不是赔偿责任。由此可见,法官在大前提的构

〔3〕 本文的这一分类,乃受魏德士区分法学的方法论与法院实践的方法论之启发。参见〔德〕魏德士:《法理学》,丁晓春、吴越译,法律出版社 2005 年版,第 293 页。

〔4〕 (2007)鼓民一初字第 212 号民事判决书,http://bbs.chinacourt.org/index.php?showtopic=241076,最后访问于 2007 年 12 月 2 日。

建上犯了明显错误。我们可将此错误纠正过来，而根据判决书的实质推理思路，以公平条款为大前提重构本案的三段论推理，其基本结构如下：

(1) 大前提：当事人对造成损害都没有过错的，可以根据实际情况，由当事人分担民事责任(我国《民法通则》第132条)

(2) 小前提：原、被告相撞造成原告损害且双方皆无过错

(3) 结论：由原、被告分担民事责任

在三段论推理中，小前提的获得是神经，它使得推论成为可能。[5] 小前提的构建，需回答两个问题：(1) 事实是否存在，这主要属于证据法领域；(2) 既存之事实是否与大前提中的事实构成相适应，这主要是法学方法论的任务。在本案中，需回答的问题有三：(1) 原、被告是否相撞；(2) 如果相撞，原告是否因此受到损害；(3) 原、被告是否有过错。其中，关键又在本文拟重点讨论的第一点。

小前提是不能在三段论推理中直接获得的，其构建必须添加其他内容。[6] 在本案中，法官添加的主要材料，是经验法则。只有加进来了经验法则，小前提才得以构建：(1) 根据经验法则，原、被告相撞并造成原告损害；(2) 根据经验法则，原、被告对该损害皆无过错。然后，三段论演绎才可顺利进行。这就是法官判决本案的技术脉络。可见，其关键之处在于经验法则的运用。前文已经指出，法官运用经验法则的行为本身并无不当，需讨论者乃在经验法则的内容及其认定。对于经验法则，我们可以先来探讨，为什么法官裁判可以诉诸经验法则？经验法则是否可靠？这首先是一个哲学问题，对此，理论上有不同的观点。

二、哲学上对经验法则的不同见解

所谓经验法则，是指人们从生活经验中归纳获得的关于事物因果关系或属性状态的法则或知识。[7] 经验法则关涉因果关系，但哲学上对因果关系有不同看法。

（一）哲学上对因果关系的两种理解

因果关系在哲学尤其是认识论上，是一个重要概念。西方哲学的两大流派

〔5〕 参见〔德〕恩吉施：《法律思维导论》，郑永流译，法律出版社2004年版，第70页。

〔6〕 三段论的推理过程不同于获得小前提的推理过程，后者是前者得以进行的前提条件。恩吉施将三段论的推理称为粗放的推论或“总体推论”，将获得小前提的推理过程称为集约的推论或“具体推论”，同上注，第77页。

〔7〕 张卫平：《民事诉讼法》，法律出版社2005年版，第197页。

唯理论和经验论对因果关系的理解大异其趣。

唯理论有两个重要的主张:第一,因果关系可以用逻辑蕴涵的方式来表达,即原因一旦被给出,结果就势必发生。第二,唯理论坚持充足理由律,即每一事物都必有一何以如此而非其他的充足的原因。休谟通过其著名的"休谟之叉"对唯理论发起了责难。根据休谟之叉,任何判断,或者是关于事实的判断,或者是关于观念间关系的判断。易言之,任何有意义的句子,或者是经验的,其建立在感觉观察基础上;或者是分析的,其建立在定义的基础上。因此,任何判断的正当性必须或者是基于定义的推理,或者是基于接受印象的感觉经验。[8] 据此,休谟认为,第一,关于"任何事物都有一原因"的主张是无法证明的。它既不能通过观察被经验地证明,因为无人可观察所有的事物;也不能通过理性被证明,因为该主张不是一个分析的真理。第二,我们假定了因果关系涉及事物之间必然联系的观念,但是这种观念是不具有正当性的。其既不能被经验证明,因为我们只能知觉到被认为是原因或结果的那些对象总是接近的且在时间上前后相续,而无法知觉它们之间的关系;也不能被理性证明,因为任何两个事物在逻辑上都是各自独立的。必然联系观念既非源于经验亦非源于理性,而是基于人们长期观察所获得的经验而反映在心灵之上的信仰,其本质是一种风俗习惯。[9] 第三,经验法则是通过归纳推理而获得的,但归纳推理的正当性永远不可能被证明。因此,对通过经验法则能否获得确定性的知识,休谟持一种怀疑论的立场。

休谟的后继者康德则乐观得多。康德认为,"休谟之叉"实质上是把知识分为两类,即命题或者是先天的和分析的,或者是综合的和经验的。任何事物必有一原因的主张不符合两者中的任一种。康德对休谟认为因果关系既非先验分析亦非经验综合的观点深表赞同,但反对"休谟之叉",因为他认为因果关系不是两者居其一,而是包含了两者,即因果关系是一先验综合真理。被康德称为"先验综合"的东西,就是所谓的知识的先天形式。普遍必然性知识产生于认识主体的各种先天形式对经验内容的综合。康德实际上提出了这样一个先天主义的"知识"结构模式:知识 = 经验内容 + 先天形式。知识的确定性或普遍必然性是由知识形式的先天性来保证的。[10] 据此,经验法则作为一种先天存在的知识便具有了客观的有效性。

〔8〕〔美〕汤姆森:《康德》,赵成文、藤晓冰、孟令朋译,中华书局 2002 年版,第 38 页。
〔9〕参见〔英〕休谟:《人性论》(上册),关文运译,商务印书馆 2005 年版,第 90 页及以下。
〔10〕周林东:《科学哲学》,复旦大学出版社 2004 年版,第 222 页。

休谟和康德对经验法则的不同解读，也影响到了后来科学哲学的发展，后者以为经验法则的运用提供客观化模型为己任。

（二）经验法则的两种模式

西方的哲学传统严格区分知识与意见，前者是确定的，后者是或然的。近代以后，确定性知识被设定于科学领域，而科学之为科学，在于其理论和假设必须通过经验来检验，而且可以通过经验的方式来显示对错。[11] 但科学并不只是通过经验事实进行收集和检验，主导观察和实验的是假设和理论。而假设和理论的可信性则取决于科学的说明。那么，怎样的说明才是科学的说明呢？哲学家们提出了各种各样的模式，其中，又以亨佩尔的演绎—定律模式为最理想型。

1. 演绎—定律模式

亨佩尔指出，科学的说明必须满足两个基本条件，即说明的相关性与可检验性。说明的相关性指提供的说明应该真正具有令人信服的充分理由，说明的可检验性指科学说明要能经受经验的检验。由此，亨佩尔提出了他的说明模式，即演绎—定律模式（deductive-nomological explanation），简称 D-N 模式：

$$\left.\begin{array}{l} L_1, L_2, \cdots, L_r\text{（普遍定律）} \\ \underline{C_1, C_2, \cdots, C_K\text{（先行条件的陈述）}} \\ \quad E \end{array}\right\} \begin{array}{l}\text{说明语句} \\ \text{被说明语句}\end{array}$$

这种说明的模式是一种演绎论证，其实质是把一种现象的出现归纳到一些自然定律之下。[12]

D-N 模式是一种理想的科学说明模式，但它要求定律必须是决定论的。但是，在现代科学中许多定律往往不是决定论的。亨佩尔也注意到了，并不是所有的科学说明都具有演绎论证的形式，在实际情况中，很多科学说明具有概率的性质。[13] 概率遂成科学说明的重要问题。

---

〔11〕〔美〕所罗门：《大问题》，张卜天译，广西师范大学出版社 2004 年版，第 182 页。

〔12〕例如，在以下例子中：一只水银温度计迅速地浸在热水中，水银柱暂时有所下降，然后很快地上升。先行条件是温度计由玻璃管制成，里面盛有一些水银，温度计浸入热水中……一般定律有水银和玻璃的热膨胀定律和玻璃的热传导性较小等。见舒炜光、邱仁宗主编：《当代西方科学哲学评述》，中国人民大学出版社 2007 年版，第 70—71 页。

〔13〕例如，肝炎患者传染的可能性很大，张三经常接触肝炎患者，所以张三很可能得肝炎。这种形式的说明称为概率性说明，它表明说明语句和被说明语句之间不是普遍的必然关系，而是一种概率的关系。同上注，第 70 页。

2. 贝叶斯公式

贝叶斯公式被广泛运用于对概率的计算。贝叶斯公式是关于条件概率的定理,它规定如何根据新的证据来改变概率。设P(h/e)为根据证据e假说h的概率,P(e/h)为假说h正确时证据e的概率,P(h)为不知道e时h的概率,P(e)为在关于h的真值没有任何假定时e的概率,则贝叶斯公式可表示为:

$$P(h/e)=P(h)\cdot P(e/h)/P(e)$$

P(h)是先验概率,指在考虑证据e前假设h的概率,P(h/e)是后验概率,指在考虑证据e之后假说h的概率。这个公式告诉我们如何根据特定证据修改一个假说的概率。[14]

贝叶斯公式所欲证明的命题是:虽然观察证据绝不可能使得一个概括或预测确定,却至少能使之可概括,因此知识能够在人类经验的极限内得到担保。[15] 但是,贝叶斯公式在司法实践中却面临着许多困难。第一,计算上的复杂性。虽然"贝叶斯公式的奇妙之处在于可以抓住各种证据问题的微妙与复杂之处"[16],但生活中的证据在数量上是巨大的,而根据贝叶斯公式,每出现一个新证据,都要重新计算,因此若把贝叶斯公式运用于司法,就会将法律者变为蹩脚的数学家,但"法律人是语言专家,而不是计算器"。[17] 第二,贝叶斯公式只规定了肯定概率与否定概率之和为1,但它们初始分配的概率却是主观的。这意味着不同的观点都可以按照贝叶斯定理同样理性地运作。第三,贝叶斯规则有可能违反"优先稳定"原则。所谓"优先稳定"原则是指,如果根据一套关于性质的假设,行为A优先于行为B,那么对这套假设的补正不应该导致优先选择的逆转,即B优先于A。但是,根据贝叶斯规则,概率将随着新证据的出现而更新,其结果就有可能使先前结论颠倒,即由肯定变为否定或者相反。[18] 由于存在着以上问题,贝叶斯公式及其在司法中的应用遭受到相当的质疑。

---

〔14〕 舒炜光、邱仁宗主编:《当代西方科学哲学评述》,中国人民大学出版社2007年版,第330页。

〔15〕 徐向东:《经验主义、实在论和因果关系》,载《哲学门》(第1卷第2册),北京大学出版社2000年版。

〔16〕〔美〕舒姆:《关于证据科学的思考》,王进喜译,http://lawyering.fyfz.cn/blog/lawyering/index.aspx?blogid=250779,最后访问于2007年12月2日。

〔17〕〔德〕吕斯曼:《法律论证理论》,张青波译,载郑永流主编:《法哲学与法社会学论丛》(第7期),中国政法大学出版社2004年版,第137页。

〔18〕 参见〔美〕艾伦、雷特:《自然化认识论和证据法》,王进喜译,http://lawyering.fyfz.cn/blog/lawyering/index.aspx?blogid=235718,最后访问于2007年12月2日。

（三）小结

休谟对经验法则的确定性持怀疑的态度，但他也承认，人们可以根据经验法则作出有效的预测，从而对知识保持了一种谨慎的乐观。康德则以先验综合判断的天才构想，赋予经验法则以客观的确定性，部分地回应了休谟的责难。在此后的科学哲学中，D-N 模式试图以演绎的形式处理合理性说明，但不否认盖然性说明，贝叶斯公式则试图把概率问题化约为一种数学运算。我们可以发现，虽然休谟与康德对经验法则的意见相悖，D-N 模式与贝叶斯模式的起点迥异，但彼此又有相通，即都融合了主观与客观，都承认确定性与不确定性的并存，在此前提下又都以确定性为追求。据此，不仅是普遍性与必然性的有无，更是或然性的高低，成为判断经验法则可靠性的焦点。〔19〕

曾经有一个时代，法学家们怀有将法律构建为一个纯粹的逻辑体系的伟大梦想〔20〕，但法学毕竟不是数学，其关涉经验、情感与价值，因此，法律的运作不是单纯的逻辑推演或数学运算，对经验法则的运用亦然。对于上述有关经验法则的诸种理论，已有将其运用于司法领域的众多努力，尽管其成果远未达到人们的理想。〔21〕

三、经验法则在司法中的运用

经验法则是司法运作的重要工具。司法对经验法则的运用主要表现在三个方面：(1) 法律适用中概念与事实的对应。例如，对"公序良俗"、"诚实信用"等抽象概念的具体认定。(2) 无证明必要性的事实之认定，即法官对为公众周知及于法院已显著的事实可直接认定。前者如 1949 年 10 月 1 日中华人民共和国成立，后者如法官在其他案件所做成的认定。(3) 自由心证的内部运作，即事实认定中的推论。〔22〕 限于本文主旨，这里集中讨论第三点，即在法官自由心证的运作中经验法则的运用。

根据经验法则之事实认定的结构是：

---

〔19〕 参见彭文茂：《论经验法则之解释与实务运用》，http://www.ntpu.edu.tw/law/paper/04/2005/79271401b.pdf，最后访问于 2007 年 12 月 2 日。

〔20〕 即法律公理体系之梦，见舒国滢：《寻访法学的问题立场——兼谈"论题学法学"的思考方式》，载《法学研究》2005 年第 3 期。

〔21〕 参见〔美〕艾伦、雷特，注〔18〕引文。

〔22〕 参见彭文茂，注〔19〕引文。

已知事实——→经验法则——→另一事实

对此结构，有几点需加以说明。第一，必须是根据已知事实推出另一事实，而不能是根据未知事实或主观臆测推出另一事实。第二，从已知事实到另一事实，必须经由经验法则的推论。第三，推论的正当性取决于经验法则的可靠性。第四，对经验法则的可靠性和经由经验法则的推论，法官负有说明与论证的义务。

经验法则往往具有或然性，那要达到多高的概率时经验法则与推论才是可靠的？民事诉讼法与刑事诉讼法上有所区别。刑事诉讼法要求超越合理怀疑，而民事案件则只要求法官能够形成心证。本文只讨论民事案件的情况。在民事案件中，只要优势证据获得高度盖然性，法官就可以形成心证。但是，何为高度盖然性？有学者认为如果概率在0.75—1之间，就达到了高度盖然性。[23] 事实上，概率很难精确地量化，但是有一些要点应可获得共识。第一，不同的经验法则具有不同的概率。德国学者鲁维庭曾根据经验法则效力的不同，将其分为四类：(1) 生活规律（"如果——总是"）。所谓生活规律，是指数学上可以证明的，或者符合逻辑的，或者（据现有认识条件）不可能有例外的经验。例如，DNA与人的关系，不在场规则等。(2) 经验基本规则（"如果——则大多数情况下是"）。经验基本原则不排除例外情况，但它必须具备高度的盖然性。例如，医生在手术时把镊子、丝线或者药棉遗留在伤口内，可认定为医生的责任。(3) 简单的经验法则（"如果——则有时是"）。例如，高速公路紧急停车道上停了一辆汽车，有时是汽车出现了故障，有时则是司机由于身体方面的原因而停车。(4) 纯粹的偏见（"如果——则关系不成立"）。[24] 结合此分类，可以认为，除了纯粹的偏见在法官形成心证的过程中没有任何价值因而根本不用考虑外，生活规律与经验基本原则达到了高度盖然性，而简单的经验法则则没有达到高度盖然性，故其不能独立地帮助法官形成完全的心证。第二，如果一个推理中存有多个盖然性，那么根据概率定理，结果的概率是它们的乘积，这样概率就会降低。例如，假设DNA检测的准确率可以达到99%，但如果考虑到实验室的错误率有30%的话，检测结果的可靠性就会降低到69.3%。第三，事实中经验法则的运用，往往很难化约为如D-N模式般严格的逻辑推演或如贝叶斯公式般单纯的数学计算。针对这一点，有研究引入了自然化认识论，提出了相对合理理论。该理论认为，法律事实的发现活动涉及的是对当事人在审判中提出的

---

〔23〕 王继民：《从日常生活经验法则解析事实推定的司法适用》，载《人民检察》2004年第5期。

〔24〕 同上。

相对合理性进行裁决，而不是确定各个零碎的因素是否已经达到了特定的概率。[25] 该理论强调了对案件诸要素的通盘考虑，认为是比较而非证明是裁判的中心，概率的高低与说明或论证的说服力直接相关，因此法官的主要任务在于通过对不同说法的反复比较以确定各种可能性的概率。相对合理理论较好地反映了实务中的真实情况，可以作为概率计算难以精确量化的一个弥补。

四、彭宇案中经验法则的运用

前文已指出，在彭宇案中，法官根据经验法则需要推定的事实有二，一是原、被告是否相撞，二是原、被告是否皆无过错。根据判决书的内容，我们可以梳理法官的推定过程。[26]

首先，法官分析了被告倒地的原因：是撞倒还是因为其自身原因绊倒或滑倒？法官认为，原告倒地是因为被撞。理由是"双方在庭审中均未陈述存在原告绊倒或滑倒等事实"，而且"被告也未对此提供反证证明"。

推定原告是被撞倒之后，法官着重分析了撞人者是否被告。法官认为，根据经验法则，正是被告撞倒了原告。其论证如下：第一，从常理分析，被告与原告相撞的可能性较大。原因是从常理分析，"人被外力撞倒后，一般首先会确定外力来源、辨认相撞之人，如果相撞之人逃逸，作为被撞倒之人的第一反应是呼救并请人帮忙阻止"，但是原告当时并没有这样做；此外，"本案事发地点在人员较多的公交车站，是公共场所，事发时间在视线较好的上午，事故发生的过程非常短促，故撞倒原告的人不可能轻易逃逸"，所以撞人者应该就在现场，而根据被告自认，他是第一个下车的人且当时正好只有被告在现场。所以，他"与被告相撞的可能性较大"。第二，根据社会情理，被告不是见义勇为。因为如果被告是见义勇为，他"应是抓住撞倒原告之人，而不仅仅是好心相扶"；如果是做好事，被告应该是"在原告的家人到达后"，"言明事实经过并让原告家人将原告送往医院，然后自行离开"，"但原告未作此等选择"，而是帮忙把原告送往医院且支付了200多元的费用，"其行为显然与情理相悖"。

推定是被告撞到了原告之后，法官分析了本案的过错情况。法官指出，在本案中，"原告在乘车过程中无法预见将与被告相撞；同时，被告在下车过程中

〔25〕〔美〕艾伦、雷特，注〔18〕引文。

〔26〕下文对此推理过程的梳理，根据（2007）鼓民一初字第212号民事判决书作出。本部分对判决书原文的引用，皆以双引号标明，不一一做注。

因为视野受到限制，无法准确判断车后门左右的情况，故对本次事故双方均无过错”。

从上述推理中，可以看出法官对经验法则的运用存在较多问题。

第一，可能性假设的不足。经验法则的运用需要考虑各种可能性。但本案法官却咬定一端而忽略其他可能。例如，即使可以推定原、被告确实发生过身体碰撞，也存在着三种可能情况：原、被告相撞；原告撞被告；被告撞原告。但法官只考虑相撞的情况，而忽略了其他两种可能。〔27〕

第二，多重推测。根据概率定理，在一个推理中，推测越多，概率就越低。在本案中，法官运用经验法则进行推定具有多个盖然性，例如，是否相撞是一种盖然性，撞人者是否被告也是一种盖然性，原、被告是否皆无过错又是一种盖然性，而经过多次的可能性推定之后，最终结果的概率就会很低。

第三，未经论证的主观臆断。法官多次运用经验法则，但对经验法则的内容，法官却没有论证，而是径行主观决定，这样其所依据的经验法则的可靠性就很难令人信服。例如，法官未经论证就直接认定原、被告双方均无过错。

由此可见，法官虽然运用了经验法则并花了较多的笔墨进行分析，但并没有对各种可能性进行通盘考虑和对不同观点的合理性进行仔细比较，因此不仅没有增强其论证的说服力，反而凸显了其漏洞。仅仅从判决书的情况来看，我们可以看到法官是具有论证意识的，但如果撇开法官运用经验法则技术之精粗不谈，不难发现，法官的主观偏向太强，以至于其论证的浓彩重抹也掩盖不了其逻辑的漏洞百出。在此意义上，本案所释放出来的意义，就不限于技术的层面，更指向法官应如何处理预设的立场。

五、技术背后的立场

人们曾经认为法律是价值无涉的，因而司法作为法的实现，也与立场无关。但是，人们渐次认识到，不仅法律本身已经包含了价值评价，司法过程也无可避免地有法官主观价值因素的渗入。〔28〕 主要受诠释学的影响，人们把这些因素

〔27〕 此外，法官作出相撞推定的理由之一是“被告也未提供反证证明”，违反了民事诉讼法的谁主张谁举证的规定。

〔28〕 从利益法学到评价法学的转向，清晰地反映了这一过程。参见〔德〕拉伦茨：《法学方法论》，陈爱娥译，商务印书馆 2003 年版，第一章第一节；还可见，〔德〕维亚克尔：《近代私法史》（下），陈爱娥、黄建辉译，上海三联书店 2006 年版，第二十五章。

称为“前见”或“先前理解”[29]，构成法官进行司法裁判的立场，其来源主要有以下方面：

（1）法官的专业知识与审判经验。即所谓法官的“法感”，表现为法官根据其专业知识及审判经验对案件的性质及法律适用的可能范围的初步总体判断。例如，是刑事案件还是民事案件，是应适用侵权还是违约等。[30]

（2）法官的生活经验。表现为法官根据自身的生活经验对案件所涉事实作出的认定和判断。例如，根据当事人的神色判断其言辞的可信度等。

（3）法官的个人价值判断。表现为法官对某种情势的个人评价或对某种价值的个人观点和看法。例如，是否有种族歧视的偏向，是否认为女性应该比男性提前退休等。

（4）法官对社会主流价值观念和一般社会经验的认知及理解。社会的价值观念和经验认知往往具有多元性，但在某一特定的历史时期，总有一大概的主流价值观和大致相同的社会经验，判断这一主流价值观和社会经验是司法无法绕开的问题。但主流的价值观或普遍社会经验与法官自己的价值观或经验感并非总是一致的，因此，法官的认知可能有偏差。而且，认知不等于理解，例如，即使法官认知到平等是社会的主流价值观，但对何为平等何为不平等，却可能有不同的理解。[31]

（5）法官的政策性考量。包括规范性的政策考量和个别性的政策考量。前者指法官所考虑的政策性内容具有一般性，例如国家政策等；后者指个别性的利益考量，例如法官的个人利益，某领导人或当权者的个人意志等。

以上几点，有需要注意者，其一，以上几种因素不是彼此孤立的，它们可能对立，也可能并存。其二，它们既可能是显性的，也可能是隐性的，即使未必直接反映于判决书中，也可在合法形式的包装下渗入司法。其三，法官的前见总或多或少地影响到法官裁判，前见的渗入于司法而言，有的是必不可少的，有的是必须坚决排除的，但无论如何，法官的前见不能替代法律的价值判断，故法官对前见皆应自觉保持审慎的警惕与反思。

---

〔29〕 参见〔德〕考夫曼：《四十五年来的法律哲学历程》，载氏著：《类推与“事物本质”——兼论类型理论》，吴从周译，台湾学林文化事业有限公司1999年版，第210—211页。

〔30〕 这种前见对法官审判而言是必须的，因为“法感”是引领法官进入法世界的起点。如果没有这种前见，法官将失去判断的方向而不知去所。参见〔德〕拉伦茨，注〔28〕引书，第5页。

〔31〕 值得指出的是，法官不是社会主流或普遍观点的仆人，而在某种程度上是先进观念的引导者，历史上不乏通过司法判例引领社会观念进步的先例，因而也允许法官理念与社会主流价值观或普遍社会观保持某种距离。

在彭宇案中,根据舆论对该案的报道和讨论,可以发现,法官所谓的经验法则其实与社会普遍的社会经验可能并不一致,但法官并未对此作出合理的解释,可能的情况是法官以自己的经验为一般的社会经验,或者是法官误解了社会的普遍经验。当然,我们无法知晓在审判过程中,法官是否根据庭审的具体情况,例如当事人的言辞及言辞时的神态、语气等微小细节,而运用诸生活和审判经验进行判断,但是,原告儿子的警察身份以及据报道出来的种种涉权谜团[32],使人们不得不将怀疑的目光更多地移向其背后的真正立场,尤其是法官的个别性政策考量。

倘若这种怀疑是合理的,则法官的不良居心是试图通过经验法则这一合法的技术形式来加以掩盖的,虽然这一技术运用本身也招致拙劣的批评。但由此却引出的一个重要问题是,技术是否已沦为法官主观立场的婢女?

伊赛认为,司法不过是事后理性化非理性决定的过程而已[33],换言之,司法本身是非理性的,只不过因被一整套司法技术与专业术语包装起来,才显示出理性的外表。但诚如考夫曼所指出的,所谓理性,亦可指理性地处理非理性的事情,司法活动不可能完全剔除非理性因素,但是,只要法官不是恣意行事,而是严格遵循特定的方法程式,并时时处处加以反思与论证,则完全可以说,这个过程就是理性的。[34] 如果尚可对人类理性怀有最低限度的乐观,那么,考夫曼的观点应可接受。而据此,司法作为一种理性的活动,其重要保障之一就是司法技术。通过技术来规制法官的主观立场,从而使司法具有客观的品性以符合理性之名,是法学者长期努力的方向和理想。但是,技术能否担此重任呢?

六、代结语:通过技术的立场规制

虽然在司法的过程中,立场的渗入是无法避免的,但并不意味着,司法就是完全受法官立场左右的恣意产物。通过各种技术的限定,法官的立场是可以得到合理规制的。总的来说,通过技术的立场规制可以有两种途径,一是通过立法的技术性规定,二是通过对司法技术的限定。[35]

---

〔32〕 相关报道可见 http://news.163.com/07/0906/05/3NMDBNR600011229.html,最后访问于2007年12月21日。

〔33〕 参见〔德〕恩吉施,注〔5〕引书,第51—52页。

〔34〕 考夫曼对理性的探讨,可见〔德〕考夫曼:《后现代法哲学——告别演讲》,米健译,法律出版社2000年版,第三章。

〔35〕 当然,对立场的规制,除了立法和司法的限定外,法官的论证还必须遵守语言和逻辑规则。

通过立法的技术性规定是指通过立法将司法技术固定化,以排除法官个人立场的渗入,进而消除法官的立场之争。例如,管辖权的分配,非法证据排除,无罪推定等规则和制度,皆属此类。

但是,立法不可能对任何情事皆作出巨细无遗的详密规定,在具体案件中,有更多需要认定的事实细节,需要法官为具体判断。因此,除了立法的规定以外,法官裁判还需遵循司法的技术性要求。规制立场的司法技术表现在两个领域,一是证据科学,二是法学方法论。证据科学是一个跨学科的宏大事业[36],需要科际合作,于此无法展开。对于通过法学方法论的立场规制,可从以下四个方面来理解。第一,通过技术发现法律本身的立场。法官的立场并不等于法律的立场,因此,法官跟随法感的指引进入法领域后,应以探求法律本身的意义为目标。这一作业是通过等置来完成的,即法官必须在大前提与生活事实之间来回顾盼[37],以实现大小前提的沟通调适。第二,通过技术反思立场。在形成法律判断的过程中,对大小前提构建方法和三段论推理逻辑的谨守,可警促法官对其立场保持反思。第三,通过技术证立立场。菲特丽丝区分了法律发现的脉络与法律证立的脉络,发现的脉络涉及发现正确裁决的过程,证立的脉络则涉及判断的证立以及在评价判断中所使用的评价标准。所以,裁判的过程亦不同于裁判的正当化,裁判过程是一种心理过程,而裁判的正当化则属于法律论证领域。[38] 因此,裁判的正当化必须通过论证技术来获得。第四,通过技术批判立场。恩吉施在论述法学方法论的功能时指出,方法论不仅为裁决提供了依据,还为展开批评性论辩提供了可能,并指出,对法与判决的批评是民主的观点争论的组成部分[39],深刻地说明了技术对正当化立场的强大督慑力量。

通过技术的限定,立场是可以得到合理规制的,但是不可能做到完全与绝对。因为法律关涉理解,所以法律的适用与事实的认定不可能完全排除法官立场的主观影响。但也正因为这样,必须在大前提与生活事实之间来回顾盼,才不仅揭示出司法者慎独的工作姿态和缜密的推理技术要求,更显示了司法者从事碰触上帝袍服的事业[40]之责任重大以及深蕴其中的尊严与意义。

据以上分析,还可指出,在法治的背景下,技术与立场并非合谋者亦非对抗

〔36〕 见〔美〕舒姆,注〔16〕引文。

〔37〕 〔德〕恩吉施,注〔5〕引书,第72页。

〔38〕 参见〔荷〕菲特丽丝:《法律论证原理——司法裁决之证立理论概览》,张其山、焦宝乾、夏贞鹏译,商务印书馆2005年版,第6页。

〔39〕 〔德〕魏德士,注〔3〕引书,第285页。

〔40〕 纪伯伦语:“把手指放在善恶交界之处,就可以碰触上帝的袍服。”

者。以法治取代人治的价值选择以及对法学科学性的执著坚守,其结果并非要以生硬僵化的技术取消生活与人的丰富性,相反,正是要通过技术与程序的规制,使人的精神与价值情怀得以在理性之光的照耀下赓续不息,而不至于迷失于脱离立场的技术异化或失去理性的立场任性之两极。考夫曼的谆谆教导,不要因为过于技术化而忘掉了对人类的普遍价值关怀[41],值得牢记。近几年发生的一些著名案件,例如刘涌案、西安黄碟案、泸州二奶案、彭水诗案等,都凸现了考验之严峻。在本文的写作过程中,北京发生了丈夫拒绝签字导致怀孕妻子死亡的事件[42],广州发生了许霆趁 ATM 机出错提款 171 次取款 17.5 万元,被广州市中级人民法院一审以盗窃金融机构罪判处无期徒刑的事件[43],为本文布添了沉重的背景。这些案件所显示出来的法律的技术与立场之间的结构性张力,引人深思。可以想见,法律与司法的这种张力,必将会更深更远地考验着中国法律者的能力与良心,智慧和勇气。

〔41〕 见〔德〕考夫曼:《法律哲学》,刘幸义等译,法律出版社 2004 年版,第 144 页;〔德〕考夫曼,注〔34〕引书,第 52—54 页。

〔42〕 相关报道可见 http://news.sina.com.cn/z/zfjqzzcfsw/,最后访问于 2007 年 12 月 21 日。

〔43〕 对该案的集中报道和讨论,可见 http://news.baidu.com/ns? cl = 2&rn = 20&tn = news&word = title%3A%28%D0%ED%F6%AA%29&web = 5,最后访问于 2007 年 12 月 25 日。

合理的法律决定何以可能

——衡平论证理论的初步设想

杨 贝

不论是在法学领域还是在文学领域,法律与正义之间的紧张关系一直都是一个备受关注的话题。最初将这一紧张关系呈现在人们眼前的也许可以说是索福克勒斯的悲剧《安提戈涅》。在这部戏剧中,女主人公安提戈涅安葬了国家法律明令禁止埋葬的叛军——她的弟弟。这一行为虽然违背国家法律,却符合人葬其亲的自然正义。如果她依据法律行为,反而有可能陷入不义的境地。在这一出戏剧中,法律与正义处于矛盾的状态,遵循法律反而不能获致正义。在现实生活中,这一矛盾的突出表现首推纳粹时期的法律。依据这些法律,犹太人的基本人权被悉数剥夺,"人得其应得"的基本正义原则被完全弃置。这些故事或史实都揭示了,唯法而断的唯法裁判可能因种种原因导致不正义。[1] 这一悖论提示我们,法律决定的正当化不能完全由法律来证成,为了保证正义的

[1] 这些原因根本上导源于法律所具备的一些特性,如法律的一般性、保守性、滞后性、表面性、非中立性或利益倾向性、语言的不确定性及立法者的局限性等自身难以消除的特性。

实现,我们需要寻求其他的正当性标准。[2]

根据维基百科大辞典,正当化(legitimation)是指提供正当性的行为。社会科学中的正当化是指某一行为、过程或意识形态通过遵循特定社会里的规范和价值而成为正当的。它是一个使某事物能为一群听众接受并具规范性的过程。[3] 近年来不论是关于正当性的研究还是可接受性的研究中,合理性都占据了显要位置。正是在对以合法律性为代表的理性观进行反思的基础上,现代的合理性思想得以发展起来。在合法律性不足以成为法律决定具备正当性的理由时,合理性可以为法律决定提供正当性基础。在法律缺位的情况下,合理的法律决定就是正当的法律决定。

现代意义的合理性源于笛卡尔。对笛卡尔而言,合理性意味着价值判断所指向的不是传统形而上学的实体性价值信念,而是人本身。不管在道德领域还是在政治领域,合理性变成了一个实质性价值标准。"现代合理性问题是对传统哲学过分强调价值绝对性的一种修复,意味着价值范式的转换,使人的权利得以滋彰,在某种意义上来说是深化了对传统合理性价值基础的追问,传统合理性不能成为维护人的权利的一个空壳,而必须有实质性的内容。现代合理性的提问就是要求在其形式中填充内容,使它们统一起来。"[4] 在现代学者有关合理性的论著中,学者们都倾向于从生活世界本身来寻求合理性的基础。在哈贝马斯看来,生活世界代表着一种规范人类互动的整合准则,它同时也可以被理解为一种价值的架构。不论是维特根斯坦的"生活形式"还是胡塞尔的"生活世界"都体现出了对传统理性观的拒绝,拒绝抽象的普遍价值,主张从具体的现实当中寻找合理性标准。

正如麦金太尔所看到的,合理性总是存在于具体的历史情境中的。亦如佩雷尔曼所言,"合理的"[5] 人的行为总是受一般常识所影响,根据如何能被环境

---

〔2〕 值得注意的是,不论是英文中的"司法"(justice)还是德语的"司法"(die Rechtsprechung)都是源于"正义"(justice, das Recht)而非"法律"(law, das Gesetz)。这说明司法的职责与其说是执行法律,毋宁说是实现正义。与其说应当根据法律来定义司法,不如说应当在具体的法律实践中理解法律。

〔3〕 参见 http://en.wikipedia.org/wiki/Legitimation.

〔4〕 杨桂森:《"合理性"问题的转向与价值哲学的重建》,载《学术研究》2005 年第 8 期,第 50 页。

〔5〕 佩雷尔曼没有直接给"合理的"下定义,而只是试图对其进行描述。他认为下定义是危险的,并时常教导学生不要轻易下定义,轻率的定义会给事物本身带来意想不到的伤害。然而我们在此也不妨借鉴其他学者的定义以加深对这一概念的认识。Josina M. Makau 和 Debian L. Marty 认为,合理性就是"逻辑、情感和道德理想的整合和平衡",逻辑是合理性的重要方面,其建立了论据的不同部分之间的联系。在论证评价性情感(critical emotions)之于合理性的重要地位时,两位作者引用的是美国历史上最受欢迎的最高法院大法官 William J. Brennan 的例子。该法官被许多人认为是成功地融通了逻辑和情感的裁判者,在他死后,《太阳报》刊登了如下评论,"执掌美国司法权的 Brennan 的头脑与 Brennan 的心灵成为对手,在这场完美的较量中隐藏着我们这位朋友伟大的秘密。"参见 Josina M. Makau & Debian L. Marty, *Cooperative Argumentation: A Model for Deliberative Community*, Waveland Press, 2003, p. 113.

情势所接受来指引自己的行为。可见,合理的“理”是为社会普遍认识的常识和接受的观点。但是这个“理”却不会永恒不变,而是因时、因地而异。理性的决定是具体而明确的,而合理的答案则是可更改、可接受的。

合理的法律决定通常具有以下特征[6]:

其一,能够为法律决定所面向的受众接受。可接受性被许多法哲学家视为合理性的核心。例如佩雷尔曼和阿尔尼奥就认为,只有当某一法律决定能为听众所接受时,这一决定才是合理的。由于合理的“理”其实是为某一共同体所普遍接受的观点或行为方式,依据这些观点或行为方式所作出的合理的法律决定自然也能为听众所接受。

其二,合理的法律决定具有情境依赖性。由于不同时空环境中的受众具有不同的知识背景、价值立场等影响其接受标准的因素,合理的法律决定也具有情境依赖性。某一法律决定是否合理取决于它如何对具体情境中的各种竞争性因素进行综合考量。各种因素的影响力又取决于这些因素与论题的相关性。

其三,合理的法律决定具有补缺性。在法治社会,法律永远都是第一位的行为规则。因此,合理的法律决定并不必然具有优先地位。而只有当唯法裁判可能导致非正义的结果时,合理裁判才能开始。在这个意义上,合理的法律决定是补缺性质的。这种补缺性归根结底缘于法律的优先地位。在法律决定领域,法律始终是一阶理由。一旦某一问题进入了法律领域进行讨论,那就意味着法律的权威性得到了肯定,必须首先依照法律来探讨。

相对于唯法裁判,合理的法律决定的优势在于:

其一,合理的法律决定具有灵活性。合理裁判的裁判依据并不局限于法律体系内,而是面向所有的社会行为规范开放。合理裁判的依据不局限于制定法,也包括正义、善等价值原则,还包括许多价值无涉的生活常识。

其二,合理的法律决定具有特殊性。由于合理的法律决定是针对具体的个案提出的,每一具体的法律决定都具有其特殊性,是特定的历史情境的产物,并不必然具有普遍性、恒定性。

其三,合理的法律决定更具有可执行性。由于合理的法律决定具有可接受性,充分考虑了具体的社会环境下受众的接受标准,因此在现实生活中更容易为执行对象所接受,从而可以大幅节约法律实施的成本。

---

〔6〕 Neil MacCormick, “Reasonableness and Objectivity”, in Fernando Atria and D. Neil MacCormick (eds.), *Law and Legal Interpretation*, Dartmouth Publishing Company, Ashgate Publishing Limited, 2003, pp. 531—539.

然而,以往的法律论证理论将更多的注意力集中在法官如何用法律证明其判决上,而鲜有论及法律缺位时,法官的判决如何正当化。不止如此,在"合法律性"的思维引导下,法律论证似乎也只偏安于司法论证一隅。尽管法律论证本意是指发生在法律领域内的论证[7],但在实际的研究过程中,学者们还是将注意力集中在了司法领域并认为法律论证理论本来就是司法定向的。

鉴于以往的法律论证所存在的如上问题,我们有必要寻求一种新的合理性论证理论,这一理论不仅要为合理性论证提供相对充分的价值理论甚至法哲学支持,以使其与传统的法律论证理论抗衡,而且应当弥补现有论证理论的不足,将法律论证的适用范围重新引回立法领域。

一、寻求合理的法律决定的两种进路

自古以来,寻求公正合理的能为双方接受的裁决就是所有将争端交给第三方解决的人们的共同愿望。法律的产生固然提高了解决争端的效率,使大多数案件都得到公正解决,但仍不能确保所有的判决都公正合理。职是之故,人们寻求合理的裁决的努力从不曾因法律的出现而中断。在寻求合理的法律决定的众多进路中,衡平与修辞学因分别代表两种不同的思路而最具代表性。

(一)衡平的进路

在西方法学思想史上,衡平思想在实证分析法学兴起之前一直占据重要地位,并对具体的司法实践产生了重要影响。通过对古典著作的考察,人们发现,希腊语中的衡平"epieikeia"指涉三重意思:衡平、合理与公正。[8] epieikeia 的核心意思是"合理的",它既要求做决定的人能够客观公正,也要求其作出的决定能够符合人们所普遍接受的观点和行为方式。在法律领域,这种对人的思维方式及决定的实质内容提出的要求即为衡平。因此可以说,衡平的实质是追求合理的法律决定。

[7] 荷兰学者菲特丽丝在介绍法律论证的适用领域时就有过直观的描述,她认为,任何提出法律主张并期望为他人接受的人都必须提出论证充分的论述,这包括"律师向法院提交案件时,必须通过论述证立其案件。法官作出裁决,则要通过论述支持其裁决。立法者在议会提出一个法案时,要有充足的理由支持他的提案。甚至法学学者向学生表述其观点时,也必须对其予以证立。"可见,法律论证的适用领域极其广泛,并非司法专有。See Eveline T. Feteris, *Fundamentals of Legal Argumentation*, Kluwer Academic Publischers, 1999, p.1.

[8] D H van Zyl, *Cicero's Legal Philosophy*, Digma Publications, 1986, p.63.

就现有资料来看,亚里士多德是系统阐述衡平思想内涵的第一人。他的思想既是对古希腊以往的思想与实践的总结与升华,也直接影响着后世学者的衡平观,他的论述奠定了衡平概念的基本属性[9]:

首先,衡平也是一种正义。衡平不是法律上的正义,而是对法律正义的纠正。由于法律是普遍的,是针对大多数情形的,所以在面对特殊情形时,法律就不一定正确了。在这一情形下,适用衡平才能达致正义。在这一意义上,衡平与法律正义是平行的两种正义。

其次,相对于法律正义,衡平具有优越性。由于衡平的本性在于纠正法律的一般性所导致的不正义。因此,衡平在法律将导致不正义的情形下具有优先地位。

再次,衡平也是法。衡平只是在特定情形下比某一确定的法律优越,它只是一种更好的法。

又次,衡平并非一定之规。亚里士多德认为,由于在某些事情上人们无法制定法律并通过法律来加以规范,因此就需要有特殊的规定。而对于不确定的事情,相关的规定也是不能确定的。这样的规定不是一成不变的,而是依据具体的事物而有所变化。

复次,衡平不是对法律的否定,只是在个案中对其进行补正。尽管法律会因为其太过一般化而不能解决个别问题,但这在亚里士多德看来错误不在法律,也不在立法者,而是在事物的本性之中。

最后,衡平的判决是依据最善的见识作出的判决。当制定法可能导致不利的结果时,便须利用一切人共同接受的法律。亚里士多德认为,法官们发誓按自己最善的见识来作判决就意味着法官们不会处处拘泥于成文法。在他看来,有德行的人更愿意利用和遵从不成文的法律,而不是制定法。[10]

由上可以看出,衡平思想着重于达成个案的实质正义。亚里士多德明确指出,“衡平就是事实上的公正,但这种公正不依法律而产生;它是对法律正义的校正,因为法律是一般性的”。在他看来,“公正和衡平与法律正义是并行的”。衡平的作用就在于弥补严格法和实质正义之间内在的不和谐,“是达致正义的

〔9〕 参见〔古希腊〕亚里士多德:《尼各马可伦理学》,苗力田译注,收录于《亚里士多德选集》(伦理学卷),中国人民大学出版社 1999 年版,第 124—126 页;〔古希腊〕亚里士多德:《修辞术·亚历山大修辞学·论诗》,颜一、崔延强译,中国人民大学出版社 2003 年版,第 69 页。

〔10〕 参见〔古希腊〕亚里士多德,注〔9〕引书:《修辞术·亚历山大修辞学·论诗》,第 69 页。

对严格法的修正”[11]。

在亚里士多德的论述中,衡平的作用、地位都得到了较为明确的阐述。但是对于何为衡平及其标准,什么样的判决可以称之为衡平的判决,人们很难从亚氏的著作中找到答案。衡平一方面以灵活性来矫正法律的僵化,另一方面也常常因为缺乏确定性而沦为无限制自由裁量的同义词。伴随着强调程序优先的实证法学的兴起,注重实质正义而缺乏形式规范的衡平日趋没落。

(二)修辞学的进路

为了使合理的主张或判决能为人们所接受,提出主张的人总是会援用各种论据来论证自己的观点。而这种论证的最初形式就是修辞学。如果说衡平侧重的是结果的合理性,那么修辞学则致力于通过运用一定的方法来达到合理的结果。最初,修辞学是一门基于观察的实证科学。实践表明,有些演说家能够成功地发挥预期的影响,有些就不能,于是修辞学就成为成功人士所运用的有系统方法和技巧的程序。修辞学在希腊特指公民在协商性集会中运用的公共演说艺术。修辞学得以产生正是基于人们对现实生活中行之有效的论辩形式的观察,其目的也是培养或提高人们“在每一事例上发现可靠的说服方式的能力”[12]。

修辞学之所以也可视为追求合理的法律决定的一种努力,与古希腊的司法实践有着紧密关系。尽管在长达千年的古希腊历史中,伴随着政治制度的更迭,司法制度也随之不断改变,但是古希腊独有的司法制度的特征仍然在不同程度上得到了坚持。[13] 一方面是民众对于司法的参与程度远远高于其他国家,另一方面则是司法过程中运用法律的灵活性。

首先,希腊民众参与司法的广泛性主要表现在参与裁判的人数上。早在古希腊的原始君主制时期,即希腊社会进入真正的国家之前,由民众广泛参与的司法制度就出现了雏形。在这一时期,城邦的全体成年男子会在阿哥拉(agora)举行集会,倾听国王与元老会的对话并通过叫喊表达同意与否,这种意见表达在决议过程起到很重要的作用。正是在这一场合,人们就各种事件作出决定,其中就包括市民之间的纠纷,用今天的术语形容,包括刑事和民事纠纷。之后

---

〔11〕 参见〔爱尔兰〕J. M. 凯利:《西方法律思想简史》,王笑红译,法律出版社 2005 年版,第 27—28、146 页。

〔12〕 〔古希腊〕亚里士多德,注〔9〕引书:《修辞术·亚历山大修辞学·论诗》,第 8 页。

〔13〕 有关古希腊司法制度的演进史参见 George Miller Calhoun, *Introduction to Greek Legal Science*, Scientia Verlag Aalen, 1977, pp. 7—58。

的德拉古立法奠定了雅典法制的独特性,成百上千的公民得以坐在审判法庭中就法律与事实作出判断。

其次,在整个古希腊的司法实践中,并没有体现出绝对的"法律至上"观念。与之相反,古希腊人更多地是以法律为背景知识来进行法律判断。在希腊人看来,诉讼和其他市民集会并无太大区别,因此,法庭辩论更倾向于过分强调演说者的演讲中的非法律成分并忽视法律成分。〔14〕在法庭辩论过程中,法官们更多地关注论辩双方谁能更好地表达自己的权利,谁的表述更为雄辩有力。之所以法律会在法庭演说中不受重视,主要缘于古希腊的法律教育。在习惯法时期,法律就是人们所生活的社会里的习俗、规范,在这一环境里,人们耳濡目染地也会学习到法律。而在成文法时期,由于法律都很简短、简单,它们都被刻在了人们常常来休息、聊天的公共场所以及法庭附近的石头上,不难想象,在一个雅典人的一生中,他会无数次地见到这些法律,多多少少都会有些了解。正因为如此,如果有人在法庭上照本宣科地念法律文本,法官们会认为这是藐视他们的法律修养。也正是这样的制度之下,法律从来都不是至高的唯一的裁判依据。由于陪审团们掌握着判决的最终决定权,他们可以宣布废止某一或全部立法,其中包括由立法委员会正式制定的法律。这一情形被学者们描述为"司法至上主义"。〔15〕

从上述对于古希腊司法制度及实践的描述中不难看出,在古希腊的司法审判过程中,民众的意见起着主导作用。谁能说服大部分人,谁就能赢得诉讼。要赢得法官们的认同,完美的表达固然重要,但更重要的是要符合法官们的判断标准。而能为大部分社会成员所接受的行为规范正是我们所说的合理的行为规范,能为大部分社会成员所接受的法律决定就是合理的法律决定。正是在这一意义上,修辞学可以视作寻求合理的法律决定的一种努力。然而,随着西方司法制度的演变以及修辞学自身经历的种种蜕变,修辞学与法律的关系日渐疏离,其追求合理的法律决定的努力更是无人知晓。

直到20世纪下半叶,为修辞学正名的努力才得以引起学界的广泛关注。修辞学追求合理的法律决定这一实质倾向在比利时法哲学家佩雷尔曼的新修辞学中得到了更为明显的体现。遗憾的是,佩雷尔曼没能将他的合理性思想贯彻到他的论证理论当中,从而没能为新修辞学的论证理论确立核心价值,使其仅限于一种描述性的论证理论。

---

〔14〕 George Miller Calhoun, supra note〔13〕, p. 36.

〔15〕 Ibid., p. 35.

（三）两种进路的历史渊源

通过上文对衡平与修辞学的历史的梳理不难看出，这两门看似陌路的学问其实有着深厚的历史渊源。悉心阅读过亚里士多德著作的读者会发现，其有关衡平的思想并没有出现在专注于政治法律研究的《政治学》一书中，而是集中在《尼各马可伦理学》的第五卷和《修辞学》第一卷，其中又以《修辞学》中的论述居多。相信这样的安排出乎许多读者的意料之外，既然是对法律的矫正，自然应当放在有关法律的论述中。在《伦理学》中进行论述尚可理解，但放入《修辞学》就有些匪夷所思了。

从亚氏的论述中，我们可以看到，这样的安排绝非率性或偶然，它反映了古希腊时期修辞与衡平之间的某种渊源。就现有的资料来看，衡平与修辞学的渊源主要反映在智者学派的思想、古希腊的司法实践及修辞学教学中。智者学派不仅是修辞学的创立者，而且就现有文献看来，也是衡平理念的最早提出者。这意味着，修辞学与衡平思想至少在智者的学说中是融合的。不止如此，如果“衡平”也是智者首创这一论断能够成立的话，可以说，衡平与修辞学有着共同的思想渊源。古希腊的司法制度及其具体实践不仅是催生修辞学的土壤，也是孕育衡平的温床。由于衡平与合理的在古希腊语中本就是一词，不难推出，在这一体制下作出的决定常常是衡平的决定。而要想说服法官们接受自己的意见，又离不开修辞学的帮助。正是在这里，修辞学与衡平找到了共同点。既然修辞学是由智者创制并教授，衡平又有可能只是智者学派创制的用以赢得诉讼的概念，那么将衡平列入修辞学传统训练主题也就不足为奇了。根据西塞罗的记述，衡平是古希腊修辞学学校的必修课程之一，即，学习修辞学的人必须学习衡平。[16]

二、衡平与修辞学复合的产物——衡平论证理论

通过分析衡平与修辞学没落的原因我们能够看到，衡平的不足在于重实质而轻形式，而修辞学的不足则在于重形式而轻实质。因此，恢复修辞学与衡平的亲密关系是挽救它们共同颓势的可能途径。当然这种恢复并不只是简单地复原，而是要结合我们的时代背景及当代修辞论证理论的成果加以发扬。衡平与修辞学结合之后，合理性思想成为新的论证理论的核心，达成合理的法律决

〔16〕〔爱尔兰〕J. M. 凯利，注〔11〕引书，第 51 页。

定成为论证的方向，以修辞论证理论为主的各种论证理论则为新的论证理论提供了方法上的支持。由于这一论证理论的宗旨即为实现衡平理念、达成合理的法律决定，故称之为衡平论证理论。前述论述已经表明，修辞学与古典衡平思想都致力于寻求能为民众所广泛接受的合理的法律决定。这一共同目标决定了它们结合的方式与程度，也指示了二者结合的方向，即，由衡平提供实质的价值取向并由修辞学提供具体的方法支持。

（一）衡平思想提供的理论支持

通过研究古今中外的衡平思想与实践，我们可以看到，衡平的核心内涵就是要追求合理的法律决定。这首先表现在衡平一词同时还具有"合理的"意思上，其次表现在衡平之所以产生就是因为人们想要寻求一个在特定历史情境中的公正的决定，即合理的决定。衡平的理论与实践都表明，在法律领域，合理性仍然是值得追求的。当法律不足以保证正义的实现时，衡平就是必要的。

具体而言，衡平思想提供了以下四方面的思想支持：

首先，衡平是一种正义，是一种值得追求的价值。正如庞德所看到的，"在实现正义的过程中，我们发现到处都有两种对抗的理念在运行——技术的和裁量的"[17]。技术的是指以法律来实现正义，而裁量的则是指通过作为反法因素的自由裁量、自然正义或者衡平和良知而实现的正义。这两种理念虽然是相互对抗的，但在践行过程中却是互为补充，正是两者的动态互补保证了司法得以达成其实现正义的最终目标。衡平作为裁量的正义正是这一动态体系不可或缺的组成部分。

其次，衡平优先于制定法。不论是在古代西方还是在古代中国，衡平的优先地位都是毋庸置疑的，只是优先的条件不同。在古代西方，只有当法律不足以保证个案的正义时，才能适用衡平。此时的衡平优于制定法。而在古代中国，衡平是整个司法体系的宗旨，法律与人情、伦理、风俗、习惯等并为裁判资源，并不具有优先性。相较之下，衡平的理念在任何时候都处于优先地位。

再次，衡平是一种思维方式。衡平的核心含义是"合理的"，而一个合理的人应当不受自己的价值观念的影响，能够从别人的角度来看待问题，并且公正不偏地权衡他们自己的利益。在与他人的利益或价值观发生冲突时，至少能够部分公正地评判。[18] 衡平不仅要求裁判者保持中立、秉公而断，而且要求裁判

---

〔17〕 Roscoe Pound, "The Decadence of Equity", in *Columbia Law Review*, 1905, p.1.

〔18〕 Neil MacCormick, supra note〔6〕, p.532.

者能够有全局思维,能够充分考虑各种影响并进行有效权衡。衡平要求法律人培养正确的正义观,对法律有清醒的认识,能够认识到法律的局限性,并能够在必要的时候进行衡平思维。

最后,衡平没有具体的规则内容,不拘于一定之规。尽管英国的衡平法确立了一系列的原则与规则,但正如许多学者已经意识到的,这种僵化的趋势是与衡平的本意相违背的。衡平之所以能为法律提供救济,就在于它没有具体的规则内容。它主要强调裁判过程的公正及最后结果的合理,而评判结果是否合理的标准是由具体情境决定的。"道可道,非常道",衡平的特性决定了它的不可言说性,因此也不可能提供具体的规范和准则。

尽管衡平的不好捉摸为它的适用带来了许多难度,但这并影响它对法律的适用产生积极作用:首先,衡平可以通过自由裁量为疑难法律案件提供自由裁量的救济。其次,衡平可以对法律产生精神上的变革性的影响。它在法律不能提供救济时矫正了法律的缺陷,从而指引了法律革新的方向。

(二)修辞学提供的方法论支持

Kennedy 认为,修辞学可以归因于人们求生存、并根据自己认为的自己、家庭、群体甚至后代的最大利益来影响他人行为的自然本性。[19] 要影响他人的行为,除了运用强力、实施威胁、进行贿赂之外,就是对他人进行说服。可见,以说服为研究重点的修辞学的最终目标是对现实生活发生影响。修辞学的这种明确的现实指向使其得以贡献出能对现实生活产生切实影响的论证理论。修辞学提供的具体的方法论上的支持表现在以下方面:

首先,修辞学提供了新的论证观。在修辞学的视角下,论证"总是由言说者——无论是在演讲还是在写作中——向由听者和读者组成的听众提出。它旨在获得或强化听众对某些命题的认同,以及希望得到的同意"[20]。证成我们的选择、决定的论据(argument)从来都不具有推证性证明(demonstrative proof)的强制性;推证或错或对,但论证却总是可能被辩称或被反对的,因为支持某一命题的论据并不全然排斥那些支持相反命题的论据。

其次,修辞学提供了反三段论的论证模式。当代修辞论证理论的代表人物

---

〔19〕 See George A. Kennedy, *A New History of Classical Rhetoric*, Princeton University Press, 1994, p. 3.

〔20〕 Chaim Perelman, "The New Rhetoric: A Theory of Practical Reasoning", in *The New Rhetoric and the Humanities*, D. Reidel Publishing Company, 1979, p. 10.

都提出了自己独特的论证模式,这些论证模式都是以法律论证为原型,并且都不同于以往法律论证理论所奉行的三段论式的推理结构。其中以图尔敏的模式最为引人注目。他认为,人们总是基于一定的数据(Data)提出一定的主张(Claim)。而使得二者之间能够建立起因果关系的则是保证(Warrant)。当人们对保证提出怀疑时,论证者就将援引佐证(Backing)来支持保证。图尔敏的模式图示如下[21]:

Data→Claim
↑
Warrant
↑
Backing

在这一模式中,数据 D 是诉诸事实的陈述,保证 W 是说明由 D 到 C 的过渡是正当的假设性陈述。D 与 W 的区别在于,前者是明示的,而后者通常是默示的,只有当人们对由 D 到 C 的过渡提出质疑时才需要引入保证 W。佐证 B 只有在保证 W 遭受质疑时才会被援引。在法律论证中,D 为法律事实,C 则为法律决定,保证 W 通常为联结数据 D 与主张 C 的规范性陈述,而 B 则是具体的法律条文或案例。

最后,修辞学提供了行之有效的论辩方法。论证在佩雷尔曼看来,是一个由所有联合起来致力于达成可欲结果的论据和理由组成的网络。论证过程也是一个建立关联的过程,通过这一关联,对某一元素的接受或认同可以传递到另一元素上。这种关联可以通过结合(association)的方法和分离(dissociation)的方法来建立。

所谓结合的方法,是组合原本独立的元素以建立一个新的结合体,从而对这一元素组合进行或肯定或否定的评价。它试图在言说者的论证起点和论证结论中建立联系。例如言说者可能以生命的价值作为起点,继而与堕胎行为相联系,从而使听众相信堕胎是不道德的。结合的方法又可以分为三种类型:准逻辑论据(quasi-logical arguments)、基于现实结构的论据(arguments based on structure of real)和建立现实结构的论据(arguments aim at establishing the structure of real)。

准逻辑论据与形式逻辑十分相似,其大部分说服力源自于逻辑的强制性特征。二者的区别在于:其一,准逻辑论据用于寻求听众的认同,而形式逻辑则是

[21] Stephen Toulmin, *The Uses of Argument*, Cambridge University Press, 2003, p. 103.

无关听众认同的计算体系。其二,准逻辑论据中的不一致可以被规避,而形式逻辑的同一律是不能被打破的。基于现实结构的论据是以连续性和共存性结合关系为基础的论据。以连续性结合为基础的论据包括同一水平层次的现象间的联系,譬如原因与结果间的关系。建立现实结构的论据是试图建立现实结构的论据。它分为通过特定案例建立现实结构和通过类推建立现实结构两大类型。

分离的方法意在将已由语言或已受承认的传统联系在一起的元素进行区分,以避免出现不相容的情形。例如,当人们面对剥夺他人生命是不正当的观念与堕胎是可接受的观念之间的对立时,人们往往会将生命的概念一分为二:一般生命与人的生命。在这种情形下,"一般生命"可能会包括所有有机体的生命,而"人的生命"则仅限于具有诸如自由意志等人的特有品质的生命。通过这一区分,前述不相容性就可以避免,因为堕胎可以视为仅仅是对"一般生命"而非"人的生命"的摧毁。

三、衡平论证理论的基本内容

由于衡平论证将以合理性为证成基础的论证纳入了法律论证领域,这就使得法律论证可以做广狭义的区分。广义的法律论证是指提出某一法律主张的人为了获得他人对其观点的认同而进行的论述[22],它包括衡平论证与狭义的法律论证。衡平论证就是提出某一法律主张的人为了证明其主张的合理性而进行的论述,而狭义的法律论证则是提出某一法律主张的人为了证明其主张的合法律性而进行的论述,为与广义的法律论证相区分,本文将狭义的法律论证称为合法律性论证。如果说法律论证是一个全集,那么其减掉合法律性论证的部分都属于衡平论证的范围。

尽管是以对过往的论证类型进行完善的姿态出现,合法律性论证与衡平论证的区分法依然继承了传统的区分方法对于两种论证形态的关系的定位。在以往的论证区分法中,有一点始终是十分明确的,那就是法律论证必须首先在法律体系内进行,当法律体系不足以为法律决定提供正当性支持时,才可以引入深度证成或者外部证成。同样,也只有当合法律性论证不足以为法律决定提

〔22〕 宽泛地说,法律主张是指与法律问题相关的主张。有的时候,这些主张看起来与法律没有直接的关联,但是却直接关系到最后的法律结果。例如,我们在讨论广州许霆案的时候,争论的焦点其实并不是盗窃17万元应该判处多少年徒刑,而是ATM机是否构成刑法条文中所说的金融机构。

供正当性理由时,才能引入衡平论证。合法律性论证的优先地位缘于法律的优先地位。在法律论证中,法律始终是一阶理由。

衡平论证与合法律性论证只是两种理想的论证形态,这两种类型的提出更多是为了使人们认识到现实法律论证中存在的两种思维模式。现实生活中,极少有纯粹的衡平论证或合法律性论证,更多的时候,这两种论证模式共存并交互作用于具体的法律论证中。衡平论证中不仅为司法论证中规范前提的证立提供了支持,而且还进入了立法论证及法律事实建构等两个合法律性论证鲜有涉及的领域。

(一)衡平论证的基本特点

事物的特征往往因其对应的参照物的不同而不同。要明确衡平论证的特点,不仅需要将其与合法律性论证进行对比,还需要与以往的修辞论证理论进行比较。

与合法律性论证相比,继承了衡平与修辞学传统的衡平论证主要呈现出以下特点:

其一,衡平论证是一种或然性论证。衡平论证"根据的是或然的事物或表证",而"或然的事物是指经常会发生之事,但并非如有些人所说的是在绝对的意义上,而是允许有另一种可能的事物"[23]。因此衡平论证也具有一般的或然性论证都具有的可辩驳性、信息的非穷尽性和非单调性的特点。

其二,衡平论证的进行及最终的证成以听众的接受为条件。由于论证总是针对一定的听众而展开的,论证的效果其实就是听众对于言说者主张的认同度,因此,以佩雷尔曼和阿尔尼奥为代表的法律论证学家都主张以听众的认同度作为衡量论证合理性的标准。在合理性论证中,推理的前提及推理的步骤都必须以听众的认可为要件。

其三,衡平论证与心理学之间有着密切的关联。由于说服本身是引致他人内心变化并产生相应行为的活动,这就使得心理学的研究成果在衡平论证的实践中显得尤为重要。对心理学的重视可以溯源于修辞学的传统,早在古希腊,亚里士多德就在《修辞学》一书中详尽地分析了人的各种情感以及各类论证活动可能引致的心理反应。修辞论证与心理学之间的密切关系在佩雷尔曼的学说中也得到了充分体现。作为一种充分肯定在现实论辩中行之有效的论证方法的论证理论,衡平论证中的论证方法难免借助心理学的研究成果。许多研究

〔23〕〔古希腊〕亚里士多德,注〔9〕引书:《修辞术·亚历山大修辞学·论诗》,第12页。

简略三段论和类比推理的学者都是从心理学的角度对这些方法在说服方面的有用性展开研究。

其四,衡平论证中较多地运用自然语言。由于衡平论证中的论据大多来自于日常生活实践,这使得论证者的表述多以自然语言为载体。在狭义的法律论证当中,人工语言成为主要的载体,论证者们通常以法律语言来描述自然事实并进行判断。而在衡平论证当中,个案的特殊性会通过自然语言得到充分体现。不止如此,自然语言是普通人日常思考问题的工具,所谓的为人们所普遍接受的观点、常识或行为方式都是通过自然语言而加以表述的。“皮之不存,毛将焉附?”在自然语言之外,合理性所赖以存在之“理”也将不复存在。

与修辞论证理论相比,衡平论证理论的特点正表现在以下两个方面:

一方面,衡平论证理论具有明显的价值取向。客观地说,修辞学自产生之初就无意于对现实生活进行规范,而是希望通过总结实践中有效的论辩技巧来达到增强说服能力的目的。修辞学本身注重的是形式,它并非一种价值理论。而一个规范体系的建立必须有其核心价值作为支持。没有价值牵引的技巧就如同在暗夜中的海上盲目航行的船只,很有可能把礁石当作目的地,从而造成不可欲的结果。与以往的修辞论证理论不同,衡平论证明确以衡平为追求,致力于达成合理的法律决定。同时明确了法律领域的合理性即为衡平,是与法律正义并行的正义。这使得合理的法律决定凭借衡平理论的支持获得了正当性,使合理性论证获得了法哲学与法律思想史的支持,得以与由实证法学支持的合法律性论证分庭抗礼。

另一方面,衡平论证理论具有规范性。诺伊曼(Ulfrid Neumann)曾指出,法律论证理论研究中存在两种进路,一种是描述性的,另一种则是规范性的。[24]如前所述,修辞学从起源上就是一门基于观察的实证学科。它的价值就在于对现实生活中行之有效的论辩形式进行了总结,为人们成功地进行说服提供指引。而有着明确的价值取向的衡平论证理论则围绕衡平这一核心价值,对修辞论证理论总结出的现实论辩形式进行规范性转换,并结合其他论证理论的成果建立了系列论证规范。如果说原来的修辞论证理论为人们理解现实的法律论证提供了特定的视角,那么衡平论证则为法律论证指出了前进方向以及达成目标的道路。例如原来的修辞论证理论注意到了论证的场域依赖性,指出论证的展开与其所处的具体的历史情境密切相关。而衡平论证则不仅点明了论证之

〔24〕 Ulfrid Neumann, *Juristische Argumentationstheorie*, Wissenschaftliche Buchgesellschaft, 1986, pp. 10—12.

所有具有场域依赖性的原因，而且明确要求以情境思维作为衡平论证的基本原则，并依据情境原则对衡平论证的进行提出了具体要求。

（二）衡平论证的基本原则

作为一种实践论证，衡平论证的原则既包括普遍实践论证中通用的原则，也包括自己独有的原则。前者包括相关性、一致性、融贯性等不论何种形式的论证理论都必须遵循的论证原则，后者则为在修辞论证及衡平论证视角下特有的论证原则。修辞论证理论之所以能成为一种独特的论证理论，就在于它采用了不同于以往的视角和方法。这些视角和方法在衡平论证理论中得到了继承并成为其区别于其他论证理论的特殊之处。由于衡平论证强调的是论点能为听众所接受，采用的是在实践中切实有效的论证方法，因此，以下原则成为衡平论证展开的重要条件。

1．可接受原则

要给出可接受性的定义，就不可能回避可接受性与合理性的关系问题。而在以往的相关著作中，学者们对于这二者的关系表现了矛盾的态度。有些学者以可接受性作为合理性的核心，认为具备可接受性者方具备合理性；而另一些学者则认为具备合理性者始具备可接受性。可能在当时的环境中，“相信一些后来被证明是错误的命题是合理的，因此（这些命题在当时）是可接受的”[25]。“要判断某命题对于处在某一时间的S来说是否可以被接受，我们必须了解S在这一时间的认知背景——或者，更准确地说，我们必须知道S在这一时间的认知背景是否使得对于S来说接受该命题是合理的。”[26]究竟二者孰先孰后，至今尚无定论。

无论如何，在对二者关系作出判断前，首先需要将可接受性与事实上的接受区别开来。一个法律决定是否被接受与其是否具有可接受性是两个不同的问题。放在佩雷尔曼的话语体系里，其实质就是说服与信服的区别。说服与信服的区别源出于康德的《纯粹理性批判》，“如果判断对每一个有理性的人而言都是有效的，其基础客观充分并且被正确运用，那么就可以说它令人信服。如果说这一判断基础仅存在于主体的个别特征中，那么它只是说服（这部分人而

〔25〕 Christopher W. Tindale, *Rhetorical Argumentation: Principles of Theory and Practice*, Sage Publications, 2004, p. 171.

〔26〕 Ibid., p. 172.

已)"[27]。如果言说者意图使其论证令人信服,那么他将围绕所有理性人都认为是合理而且相关的论据来进行论证。与此不同的,劝说者(persuader)将仅仅满足于为特定听众而非普遍听众所接受的论据。

事实上的接受与理性的可接受性的区别在下面这个案件中可以看得比较清楚:

> 被告马某,58岁,某县农民,其长子石甲曾因故意伤害罪被判处有期徒刑10年,释放后仍恶性不改,欲强奸其养妹,马遂与其他两个儿子石乙、石丙用绳子将石甲捆绑在地,并用镢头照石甲的右臂肘关节处、左腿膝关节处猛砍数下离去,致石甲死亡,后马某投案自首。案发后,有13名村民联名上书政法部门,称马某"大义除恶子",请求宽大处理。某县人民法院经过公开审理,作出如下判决:被告人马某犯故意伤害罪,判处有期徒刑3年,缓刑5年。[28]

在该村村民看来,马某是大义灭亲,这种本应受到嘉奖的行为却使马某受到惩处是让他们无法接受的。但是在法治社会,非经法定程序任何人都不得剥夺他人生命。法院最后的判决既遵循了法律,又充分考虑了本案的特殊性,最终的判决是合法、合理的,因而具备理性的可接受性。

法律决定的作出者在进行论证时永远无法对将来发生的事实进行判断,他只能依据现有的对于其所处的法律共同体的认识进行论证。如果他的决定与该法律共同体的知识和价值体系一致即具有可接受性,质言之,他的法律决定就能够被证成。对于如何判断某一法律决定是否具有可接受性,学者们提出了不同的方案。其中以芬兰学者阿尔尼奥的理论为相对完善者。阿尔尼奥认为,"听众理论的缺陷在于一些细节含糊不清。比如,佩雷尔曼声称普遍听众是个理想,但它同时又受社会和文化的约束。因此,它部分地取决于偶然因素。但是,观众怎么可以同时既是普遍的又取决于偶然因素?"[29]为了克服这些缺陷,阿尔尼奥结合了维特根斯坦的生活形式理论,将佩雷尔曼提出的普遍听众与特定听众进一步划分为普遍的具体听众、普遍的理想听众、特定的具体听众、特定

〔27〕 Chaim Perelman, "Reply to Mr. Zaner", in *Philosophy & Rhetoric* 1 (Summer, 1968), 转引自 James L. Golden, "The Universal Audience Revisited", in *Practical Reasoning in Human Affairs*, p. 290。

〔28〕 最高人民法院中国应用法学研究所编:《人民法院案例选》(第1辑),时事出版社1998年版,第13—15页。

〔29〕 Aulis Aarnio, *The Rational as Reasonable: A Treatise on Legal Justification*, D. Reidel Publishing Company, 1987, p. 222.

的理想听众。其中特定的理想听众根据两个标准来界定,一是它的成员遵守理性商谈的规则;二是他们采用共同的价值,受某一生活形式的约束。特定的理想听众是由文化和社会决定的。某一社会的成员是相对统一的生活形式的参与者,在这一生活形式中个体因为有关一些基本价值的分歧而被分成不同群体。对某一共同的生活形式或其中一片段的参与产生了共同活动的要求,这间接地使达成共识成为可能。特定的理想听众可以达到理性共识。[30]

不论可接受性最后以何为标准,至少可以明确的是,衡平论证理论作为一种以法律决定的合理性为追求的论证理论,必须坚持可接受性的基本原则。衡平论证的过程可以说是可接受性得以不断传递的过程。这涉及前提的可接受性、结论的可接受性以及推论过程的可接受性。结论的可接受性离不开前提及推论过程的可接受性。"可接受性的概念间接地与结论联系起来,换句话说,和解释的实质内容而不是推理的形式或者论证程序本身的性质联系。我们不是说推理的程序是合理的,但却说解释的结果是合理的。结论只有与法律共同体的知识和价值体系一致时才是可接受的。这样一来,此处的可接受性是价值论的可接受性。"[31]

2. 情境原则

由于衡平论证中结论的证成是以论证的可接受性为基础的,而可接受性又取决于具体的历史情境中的理想听众,这就使得具体的情境对于决定是否能够证成起着至关重要的作用。根据语境主义认识论的观点,语境是"决定认识的标准与认识者的视野、选择与论断的主要因素"[32]。

如果用图尔敏的语言加以表达,可以说衡平论证具有高度的"场域依赖性"。[33] 这是指我们在论证过程提出的论据以及检验论证的标准都可能因不同的情境而有所不同。这是因为在不同的情境或者说不同的生活形式中,人们有着不同的价值观念和历史文化背景,对不同的论据与标准的接受程度都不一样。例如在 1922 年以前的比利时,我们可以从安娜是女性这一前提推出安娜不能做律师,这是因为那时的比利时法律规定女性不得从事律师工作。但是在 1922 年以后,由于法律已经修订,女性已经获准进入律师倍业,安娜是女性就与她能否从事律师工作无关了。

---

〔30〕 Aulis Aarnio, supra note〔29〕, pp. 222—226.

〔31〕 Ibid., p. 190.

〔32〕 陈嘉明:《知识与确证:当代知识论引论》,上海人民出版社 2003 年版,第 20 页。

〔33〕 Stephen Toulmin, supra note〔21〕, pp. 33—36.

由上可以看出，任何一个主张的提出都不能脱离其环境。要想就某一问题进行深入探讨，必须结合其产生的环境加以考察。放置到法律论证领域，就要求整个论证与其所处的具体情境具有适应性。这里的情境可以分为大情境与小情境。大情境是指法律决定适用范围内的历史文化背景，小情境则是指法律论证发生的现实环境，即具体的时间与空间。大情境决定了论证的合理性标准，小情境则决定了论证者具体的论证策略。一般而言，当代中国的法律体系以及中国社会的传统文化尤其是伦理道德风尚就是大情境。但由于情境的范围是由法律决定的效力范围决定的，这使得一国之内就有可能存在两个以上的大情境。例如，对于在香港发生的立法听证和在北京发生的立法听证，相应的大情境就是不一样的。对于一个发生在某自治区范围内的修订自治条例的听证会而言，其大情境的设定又有所不同。该自治区的历史文化尤其是立法所针对的某一少数民族的特殊风俗习惯也可以成为大情境的组成部分。我们在进行立法论证时，既要考虑整个中国的法律体系，也要结合该自治区的具体实践；既要尊重少数民族的风俗习惯，也要考虑与整个国家伦理道德传统兼容的问题。例如我国实行一夫一妻制的婚姻制度，但考虑到云南泸沽湖地区摩梭族人的走婚制已经沿袭千年，是他们的生活形式的重要组成部分，并且这一婚姻制度也只限于其部落内部，因此，对摩梭族人的这一婚姻形式也同样予以保护。在遵循大情境所确定的合理性标准的前提下，论证者可以根据具体的小情境调整论证策略。

在论证中贯彻情境原则，首先要求论证者能够对衡平论证所展开的情境有着充分、清晰的认识。这既要求论证者不仅熟悉法律规定，而且有着渊博的知识，能够对诸多领域的问题作出判断；也要求论证者有着丰富的生活经验，熟知社会实践当中的人情世故。简言之，论证者应当能够从理论与实践两个层面对情境加以把握。其次要求论证者具备甄别各类决定因素并对其进行整合的能力。在全面了解法律论证所处的情境的基础之上，论证者还需要对与论题相关的各类因素进行甄别，对这些因素与论题的相关程度及其在情境中的重要程度作出判断。这一能力在对小情境的认识中尤其重要。

情境原则在具体的适用过程中也会面临一些难题。在一个变动不居的社会，人们很难认清自己的社会定位，因而也就无从确定自己的立场与义务并进而作出价值判断。每个个人的认识汇集起来，就可以反映出社会大众的普遍倾向。就整个社会而言，社会因素的不断变化也使得合理性的标准不断发生变化。这些变动性与不确定性无疑增加了论证者认识情境的难度。在20世纪70年代以前的德国，将遗产遗赠给情妇的遗嘱往往因为有悖于社会伦理道德而被判定无效。而进入70年代以后,随着社会伦理观念的转变,这类遗嘱的效力得到了法律上的承认。尽管如此,社会生活仍然是相对确定的,有一定规律可循的。唯其如此,人类对世界的认识才为可能。

3. 惯性原则

人们如何从社会事实中提炼出行为规范,是长久以来一直困扰着法理学界甚至哲学界的一个疑难问题。

在回答法律的权威性的来源时,哈特与佩雷尔曼都选择了运用惯习性命题。哈特认为,法律权威的可能性应当根据一种惯习性的社会实践,承认规则只有在其被践行的时候才可能作为一种行为的规则而存在。正是透过承认规则,某些特定的社会事实具有了规范效力。在这里,承认规则也承担了转换功能,将事实转为规范,"实然"问题转为"应然"问题。佩雷尔曼则提出:

> 对于所有社会和知识分子而言,在特定时刻,对某些行为、行为人、价值和信仰的认同与接受是毫无保留、毋庸置疑的;因此,无需证成它们。这些行为、行为人、价值和信仰提供了先例、范例、确信和规范,它们间接地容许了细化批评、证成态度、立场和主张的标准。〔34〕

在佩雷尔曼看来,对既定行为规则的遵从是正义的重要表现,"一种制度得以长期且普遍地坚持,必定有其存在的理由,即具有语境化的合理性;因此首先应当得到后来者或外来者的尊重和理解"〔35〕。

由上不难看出,不论是哈特还是佩雷尔曼,他们都选择了以时间和社会的普遍行为作为事实向规范转换的转换器。"在给定的共同的文化和语言背景中(该背景中,把握某一规则标准解释所需要的能力被体现出来),行为的汇聚足以使得法官们后续的各代能够获得对如何'继续下去'的必要把握,从而使得法律体系能够随着时间的过去而持续下去。"〔36〕由此可以说,正是人们寻求确定性的本能愿望赋予了惯性原则以正当性。惯性原则构成了"我们(人类)智识生活与社会生活稳定性的基础"〔37〕。

衡平论证中的惯性原则具有以下几重含义:

---

〔34〕 Chaim Perelman, "Justice and Justification", in *Justice, Law and Argument*, D. Reidel Publishing Company, 1980, p.61.

〔35〕 苏力:《送法下乡:中国基层司法制度研究》,中国政法大学出版社2000年版,第90页。

〔36〕 〔美〕朱尔斯·L.科尔曼:《原则的实践:为法律理论的实用主义方法辩护》,丁海俊译,法律出版社2006年版,第109—110页。

〔37〕 Chaim Perelman, supra note〔20〕, p.219.

第一,就论据而言,已经成为人们习惯性行为的行为方式可以作为继续行为的理由。这对立法和司法也产生了重要影响。一方面,它要求立法者充分考虑既存社会秩序的存在。在佩雷尔曼看来,由立法者制定的法律即使是公正的也只不过是适应惯常情形而已。[38] 法律通过运用拟定的方法来固定既有情形,将事实状态转换为法律状态,从而赋予事实以规范性。[39] 另一方面,它要求法官在判决时遵循先例。在佩雷尔曼看来,法律精神的一个重要特征就是追求确定性与稳定性,它假定与先例、习惯和传统保持一致是符合法律与正义的。要贯彻形式正义原则就必须了解先例、习惯和传统,尽管这不是义务,但却是形成法律确定性的保证。

第二,就论证负担的确立而言,有意违背习惯性行为的人才负有论证义务。Aatos Aalnen 曾将惯例定义为,"被不断重复而成为一般人眼里有约束力的行为规则,尤其是当它被认为是正当而合理的时候"[40]。这就是说,某一行为方式作为惯例而存在这一事实本身就意味着该行为方式具有合理性。因此,过去一度被接受的观点和行为,如果没有足够的理由就不可以加以抛弃。

(三) 衡平论证中的论据

合理性是指合乎人们所普遍接受的常识、观点或行为方式,这些常识、观点或行为方式可以是规范性的,对人们应当如何行为提出的主张;也可以是事实性的,对自然世界以及人文社会如何运行进行的客观描述。作为以追求合理的法律决定为目标的论证理论,上述常识、观点或行为方式都可能作为论据进入衡平论证当中。正是在这一广纳论据的过程中,衡平论证也呈现出了与严格意义上的法律论证不同的法律观。为了使衡平论证理论能在立法论证领域有所作为,衡平论证中的法拟指在论证法律决定的过程中提出的具有可接受性的合理的规范性理由。需要注意的是,不能简单地将衡平论证中的法界定为具有可接受性的合理的规范性理由。只有当这些理由作为法律决定的证成理由时才能成其为法,一旦脱离法律情境,这些理由就只是一般的道德规范。

1. 正当性理由与正确性理由

由于合理性是指合乎人们所普遍接受的常识、观点或行为方式。这使得合理性论证中相应地既存在价值有涉的判断也存在价值无涉的判断。价值有涉

〔38〕 Chaim Perelman, "Justice Re-examined", in *Justice*, *Law and Argument*, p. 89.

〔39〕 Chaim Perelman, "Law, Philosophy and Argumentation", ibid., p. 159.

〔40〕 Aulis Aarnio, supra note〔29〕, p. 80.

的判断所依据的理由在衡平论证中被称为正当性理由，指的是对人的行为作出“应当与否”的评价的理由；而价值无涉的判断所依据的理由则为正确性理由，指的是对客观世界的真实（或者推定为真实）的描述。凯尔森认为，依据某一有效规范对一种事实行为所作的应当是这样或不应当是这样的判断就是一种价值判断。[41] 依据这一观点，衡平论证中的正当性理由就是在社会中行之有效的行为规范。它主要是指某一法律共同体内部所普遍接受的伦理道德。

正确性理由可以分为自然（及社会）事实、自然（及社会）规律以及推定为真的表述。自然事实是指客观发生的真实事态，既包括自然事件也包括社会事件。自然规律是指自然世界及人文社会中存在的事物之间的必然性联系。推定为真的表述则是指言说者所提出的对于有关事实或事物间联系的描述被假定具有正确性，如无相反证明可以成为论证的依据。虽然正确性理由不涉及价值判断，但也可能对最终的法律决定产生实质性影响。对某一事物的自然属性的不同判断可能直接导致大相径庭的判决结果。在立法论证中有关现实必要性的陈述能否成立也有赖于正确性理由。例如，2005 年 10 月 27 日，第十届全国人大常委会第十八次会议表决通过关于修改我国《个人所得税法》的决定，将个税起征点调整为 1600 元。2008 年，个税起征点再次上调至 2000 元。这些决定得以作出正是基于对人民平均收入及生活成本等的计算。这一基本的论证模式在时任财政部税政司司长史耀斌先生的发言中得到了充分体现。史先生认为，在确定扣除标准时应当综合考虑以下三方面因素：城镇居民实际生活支出水平，税收政策效应和财政承受能力。他在评估城镇居民的实际生活支出水平时具体论述如下：

> 根据国家统计局有关资料测算：2004 年全国城镇在岗职工年平均工资为 16024 元，城镇居民年人均消费支出为 7182 元，按人均负担率 1.91 计算，城镇职工年人均负担家庭消费支出为 13718 元，每月为 1143 元，具体包括衣、食、住、行等方面的开支。从地区结构看，2004 年东部地区城镇职工人均负担的家庭消费支出为 1381 元/月，中部地区为 929 元/月，西部地区为 1012 元/月。因此，选择 1500 元/月的扣除标准是考虑我们城镇居民总体生活水平并兼顾东西部地区情况而作出的均衡选择，可以较好地解决当前城镇居民生计费用扣除不足的问题，有利于减轻中低工薪收入者的税收

〔41〕 Hans Kelsen, "Norm and Value", in *California Law Review* 1624 (1966), p. 17.

负担。今后，国家还将根据社会经济发展状况适时调整费用扣除标准。[42]

在前引论述当中，史耀斌先生所援引的论据多为国家统计局的统计数据，这些数据支撑起了当今城镇居民的基本生活支出远高于800元的事实，从而证明了提高个税起征点的必要性。不止如此，史先生在论证以1500元为个税起征点这一方案的合理性时也大量援引了国家统计局的数据。这些数据都成为有关个税法修订方案的论证中的重要论据。

2. 或然性论据

衡平论证与严格意义上的法律论证的区别主要在于后者遵循严格的形式逻辑的要求，是以前项与后项之间的必然联系为基础的。衡平论证本质上是一种或然性论证，这种或然性的表现之一就是它采用的论据在逻辑上并不必然为真，这些作为论据的命题表达的只是一种或然性联系。[43] 事实上，或然性论证在日常生活以及社会领域的论证中十分普遍。这一论证形式的最大特点就是其具有可辩驳性，也就是说，只要有反对者提出理由充分的反对意见，或然性论证就将随时中止，直到反对意见得到有效反驳。尽管从论证具有可辩驳性的角度来看，所有的论据都可以视作或然性的，都有可能被反驳，但一般而言，最具或然性特征的论据主要是权威观点和主流意见。

(1) 权威观点

在法学理论界，法律的权威以及法律作为一种权威一直是学者们讨论的热点。这些讨论中涉及的权威主要是合法权力的意义上或者说政治哲学意义上的权威。而衡平论证中的权威则是指"可靠的信息来源，具体包括某一特定学科领域的专家，以及另外一些其意见值得被接受、被引证或请教的人"[44]。

随着知识学科的不断细化，人们在专业问题上会越来越多地依赖于权威。这使得各类专家意见在论证过程中越来越活跃。尽管专家意见有时会出错，但是近来的论证著作已经表明，依据专家意见进行论证常常是必要的，并且在适

---

〔42〕 参见《实录：个人所得税工薪所得减除费用标准听证会》，http://dzh.mop.com/dwdzh/topic/readSub_41_5824457_0_0.html，最后访问于2008年3月29日。

〔43〕 洛克在《人类理解论》中对或然性做过经典阐释。他在书中说到，"正如同推证通过引用一个或一个以上彼此之间存在着持续不变的可见的联系的证据，从而表明两种观点的一致或不一致一样，或然性（论证）是通过引入彼此之间并不存在（或者至少是不认为存在）持续不变的联系的证据来展现这种一致或不一致"，但这些证据间的联系已足以（或者说看起来大抵可以）促使人们对命题的真假作出判断，而不是相反。参见〔英〕洛克：《人类理解论》，关文运译，商务印书馆1997年版。

〔44〕 周建武、武宏志主编：《逻辑推理》，复旦大学出版社2007年版，第202页。

当的条件下是合理的。[45] 在英美法系，由于专家证言的证明力日益增强并且其使用也日益普遍，专家证言已经成为一种主要的证明形式。

一方面，法律决定者对权威日益依赖。尤其是在专业化程度极高的科技领域，法律决定者必须借助专家的知识来获取充分的信息，从而作出合理的决定。但另一方面是，权威的权威性更多地受到挑战。在信息交流空前频繁的现代社会，权威所赖以安身立命的专业知识背景常常会受到挑战。对于以中立为前提的司法界，在参考各种形式的权威意见尤其是法律专家意见时更需谨慎。

一言以蔽之，缺乏特定领域的知识使得引用权威观点成为必要。但在实践中，对于谁的观点能作为权威观点加以引用往往存在争议。尤其是在专家意见日益重要的科技领域，专家意见往往能左右最终的法律决定。为此，准确地甄别权威观点，防止权威被利益集团所利用也成了作出合理的法律决定的关键。为了确保能够准确地识别出权威观点，Godden 与 Walton 提出了由一系列问题组成对话论证模式。[46] 这些问题主要是为了验证权威的专业性、公正性以及陈述的一致性等与其可信度直接相关的因素。不论这一模式在实践中是否切实可行，需要明确的是，权威论据作为一种或然性论据，它只是推定了某一观点为权威观点。只要参与论证者有充分的理由质疑权威的权威性或者该权威观点的正确性，他随时都可以提出反对。

(2) 主流意见

所谓主流意见是指主要的，在社会中或某一领域占主导地位的意见。由于意见都是属于个人的，因此主流意见是为多数人所持有的意见。一般而言，意见是指"对事物的看法、想法"[47]。从认识论的角度看，意见是"一种主观上不充分而且客观上也不充分的判断"[48]。每一种意见实质上都包含一种评价，并且不能完全进行逻辑检验。

在法律领域，主流意见是在文献和司法实践中最具代表性的观点。它暗含了一种权威性，对其他观点提出了支配性要求，也就是说，要求这一意见被遵从。"主流意见对于法学家们起着明显的指引作用，因此被视为法学理论界的

〔45〕 David M. Godden & Douglas Walton, "Argument from Expert Opinion as Legal Evidence: Critical Questions and Admissibility Criteria of Expert Testimony in the American Legal System", in *Ratio Juris*, Vol. 19, 2006, p. 262.

〔46〕 Ibid., pp. 278—279.

〔47〕《辞海》，上海辞书出版社 1990 年版，第 2291 页。

〔48〕 陈嘉明，注〔32〕引书，第 33 页。

重要标准。"[49] 事实上，主流意见对于法律实践活动还有着重要的指引作用。这是因为主流意见与学界通说(communis opinio)还存在实质区别。学界通说预设了法学理论与法律实践之间的对立，而主流意见则同时包含了理论与实践的因素。[50] 因此，虽然没有通过立法程序得到正当化，主流意见仍在极大范围内影响着法律决定。当论证过程中所有客观的得到确证的因素已被穷尽时，主流意见可以被引入。由于意见的一大重要特点就是无法得到充分证成，因此，主流意见的引入可以阻断论证过程中的无穷递进。

与学界通说一样的是，主流意见更多地也是根据权衡而不是计算赢得的票数来得出诸多意见的结果。因此，人们难以对主流意见的内容作出普遍有效的表达。尽管意见本身不具备客观性也不能确保其正确性，但是主流意见作为一种社会存在仍然是可以加以认识的。正如同意见需要表达，主流意见也是通过公开表达而形成。[51] 这意味着，从根本上而言，只有公开发表过的意见才能参与到有关法律决定的论证当中。在衡平论证当中，主流意见的发表形式主要是指书面的表达，其公开发表的渠道主要是指立法文献、司法文献、法律研究文献等。

有关某一具体问题的主流意见并不存在预设的客观的标准，而是由人为决定的。主流意见是人们互动形成的产物。主流意见因此可以视为在讨论程序的框架下达成的同意(或至少是部分的同意)。通过达成同意，讨论得以结束。这些讨论几乎只见于公开出版的专业文献。但是在现实生活中，这种严格意义上的互动并不多见。更多的情况是，法律人在各类文献中各抒己见、各持己见，极少达成明确的共识。这就需要论证者在引入主流意见时能够充分参考相关文献并进行有效总结。为了保证论证的效率，论证者所援引的主流意见被推定为真，只有当反对者能够充分证明论证者所述的意见并非主流时，该意见才丧失证明力。

(四) 衡平论证的方法

作为一种或然性论证，衡平论证中的或然性不仅表现在对或然性论据的运用，还表现在它大量使用以或然性联系为基础的论证方法。

---

〔49〕 Rita Zimmermann, *Die Revelanz einer herrschenden Meinung für Anwendung*, Berlin: Duncker & Humblot, 1987, S. 19.

〔50〕 Ibid., S. 34.

〔51〕 Ibid., S. 27.

1. 简略三段论

在形式逻辑研究中,三段论一直被视为标准的推理结构。以形式逻辑为基础发展起来的论证理论,都以三段论为基本的推理模式。合法律性论证也是以三段论为基本的推理模式。不可否认,三段论所确立的严格的推理规则为衡量和检验论证的形式合理性提供了行之有效的标准。但是这些规则同时也限制了三段论的适用范围。毕竟理想的言谈环境及理想的论证参与者在现实生活中都是不可多得的。即使是书面形式的论证,也难免会出现大前提或小前提缺省的情况,而在口头的论证过程中,三段论更是难有大的作为。不止如此,三段论在大小前提确定的情形下,其结论因为具有必然性而具有强制力。这一推理过程与衡平论证的理念有不符之处。根本上而言,三段论的推理是单调式的,从前提向结论的推进不需要获取听众的同意。而衡平论证秉承复调式的论证观,论证的推进是论证者与听众进行互动的结果。因此,三段论推理在衡平论证当中显得有些不合时宜。

相形之下,简略三段论则与衡平论证的主旨切合,在现实论辩的需要面前更显得游刃有余。所谓简略三段论就是省略了大前提或者小前提或者结论的三段论。[52] 简略三段论与传统三段论的区别既在于它们有着不同的适用领域,也在于它们有着不同的结构。就适用领域而言,简单地说,三段论适用于必然性领域,简略三段论则适用于或然性领域。简略三段论的前提很少是必然的,它要判断和考察的事物都可以有另一种状态。但是或然性并不总是意味着某事会最经常出现,它只是意味着某事存在另一种可能。[53]

就结构而言,简略三段论的常见形式是,如果P,那么Q。亚里士多德认为,所有的简略三段论最终都能还原成三段论。但是因为听众喜欢能让人预知结论又不流于肤浅的三段论,所以言说者应当精炼其表达方式,以取得赢得听众的效果。[54] 例如在2008年2月25日举行的第80届奥斯卡颁奖典礼上,有一部名为《柳暗花明》的影片入围,这部影片讲述的是一个忘记了自己丈夫的女人的故事,主持人在介绍这部影片时曾调侃,"相信希拉里·克林顿会喜欢这部片子"。这是一个典型使用简略三段论进行的推理,其中省略的不止是一个前提,还有相关的几段推论。我们看到的推理结构是:

---

〔52〕 金岳霖主编:《形式逻辑》,人民出版社2001年版,第169页。

〔53〕 亚里士多德将修辞三段论分为两种,证明性的和可辩驳性的。证明性的修辞三段论就是从不证自明的公理、格言等具有强制力的前提出发的修辞三段论。但这种类型在修辞三段论中并不多见。Aristotle, *Rhetorik*, Philipp Reclam jun. GmbH & Co., 1999, 1157a 23—37.

〔54〕 Ibid., 1400b 26—35.

前提1:电影《柳暗花明》讲述的是一个忘记自己丈夫的女人的故事。

结论:希拉里会喜欢电影《柳暗花明》。

而它实际的推理结构则是由两段三段论推理组成:

第一段

前提1:电影《柳暗花明》讲述的是一个忘记自己丈夫的女人的故事。

前提2:希拉里因为终日忙于竞选总统而忘记了自己的丈夫。(被省略)

结论1:希拉里的状态与《柳暗花明》的主人公相似。(被省略)

第二段:

前提3:人们喜欢有着与自身经历相似的情节的电影。(被省略)

前提4(第一段的结论1):希拉里的状态与《柳暗花明》的电影情节相似。(被省略)

结论2:希拉里会喜欢电影《柳暗花明》。

由上可以看出,简略三段论的推理结构因为省略了许多前提而显得比三段论要简单许多。虽然最终简略三段论都能还原为三段论的推理模式,但是用亚里士多德的三段论结构来分析上述推理仍显得有些力不从心,因为它不能把上述两段三段论推理放到一个推理结构中来分析。相比之下,图尔敏的模式就能很好地解决隐藏的推理过程的问题。简略三段论中被略的前提可以视作图尔敏模式中的保证,正是基于保证,简略三段论中的因果关系得以建立。如果人们对前提与结论之间的因果关系没有疑义,保证无需引用。如果有疑义,则引入保证。如果保证的引入也引起听众的质疑,则还需要引用佐证。

无论采用何种模式解释简略三段论的推理结构,我们都可以确定,简略三段论是建立在或然、现象和实例基础上的三段论。它的成功运用需要论辩者和听众双方的共同努力,这是简略三段论的基本特点。[55] 如果观众不要求,论证者就不需要拉开帷幕让观众看到后台的处理。质言之,简略三段论假定了听众知晓并接受被省略的前提或结论,但事实上并不一定如此。如果听众提出质疑,论证者就需要补充前提并进行相关论证。简略三段论的使用可以提高论证效率,并且通过让听众自己回忆或联想省略的前提加深了听众的印象。试想,如果上述颁奖典礼的主持人将省略掉的前提及具体的推理过程一一点明,一定不会引来场内外观众会心的微笑。相反,他的讲述会显得拖沓冗长,导致听众的反感。这也说明,适当地省略前提或结论可以证明论证者对论证的情境及听

[55] Lloyd F. Bitzer, "Aristotle's Enthymeme Revisited," in *Quaterly Fournal of Speech*, Vol. 45, No. 4, p. 408.

众有充分的了解。省略哪一部分前提或结论应当依据具体的情境决定,能够对前提进行适当省略就说明论证者与听众有着共同的知识背景,能够增进听众对论证者的认同。简言之,一个好的简略三段论就是听众能自行补充被缺省的前提或结论的简略三段论。

2. 类推与比喻

拉德布鲁赫曾经指出,"所有从直观的抽取而出的法律概念,绝非只停留并固定在它们原有的直观的意义上,而是不断地经历一种'目的论的改造'"〔56〕。考夫曼认为,这意味着借以形成法定构成要件的所有概念都具有类推的特性。〔57〕这主要是从语言具有开放性或者说不确定性的角度来论证类比推理的不可或缺。事实上,从认识论的角度来看,类比推理也同样具有重要意义。"如果我们在科学上局限于逻辑上有说服力的推论,那么我们根本不会有任何进展。创造性的、崭新的知识几乎都不是以一种精确的逻辑推论来进行。而类推正具有此种创造性的知识价值;这个价值在于经由潜在的前提,发现当时尚未被认识的事物。"〔58〕

类比推理是人的抽象逻辑思维的一种主要形式。从形式逻辑的角度来看,类比推理就是根据两个(或两类)对象在某些属性上相同或相似,而且已知其中的一个(或一类)对象还具有其他特定属性,从而推出另一个(或另一类)对象也具有该特定属性为结论的推理。〔59〕类比推理的一个重要价值就在于它能开创新的意义,推进思想。在自然科学领域,类比推理提供了创造性思考的源泉,为研究者提供基本假设,为其开启新的研究方向。在法学研究领域,类比推理同样有着不可忽视的重要地位。相较于严格的演绎推理,类比推理的最大特点便是具有扩张性,能够修正或扩充概念。在德国刑法史上有关硫酸是不是武器的讨论便是通过类比推理展开并最终修正了传统的武器概念。在科技突飞猛进并进而导致现实生活状态发生急剧变化的现代社会,类比推理更显得重要。

由于类比推理的结论所断定的超出了前提所断定的范围,类比推理当中前提和结论之间的联系是或然性的。类比推理的可靠程度决定于两个或两类事物的相同属性与推出的那个属性之间的相关程度。从类比推理的形式看,类比

〔56〕〔德〕古斯塔夫·拉德布鲁赫:《法哲学》,王朴译,法律出版社 2005 年版,第 215 页。

〔57〕〔德〕阿图尔·考夫曼:《类推与"事物本质"——兼论类型理论》,吴从周译,台湾学林文化事业有限公司 1999 年版,第 73 页。

〔58〕同上书,第 79 页。

〔59〕唐慧琳、刘昌:《类比推理的影响因素及脑生理基础研究》,载《心理科学发展》2004 年第 12 期,第 193 页。

推理无法保证相同属性与推出属性密切相关。因此,类比推理的可靠程度并不是很高。但是,类比推理的可靠程度可以随着相同属性数量的增加而有所增长。例如在有关网络游戏中的虚拟物品是否可以视为财产的推理过程中,虚拟物品与传统财产之间所具有的共同属性越多,那么它们共同具有其他属性的可能性也越大。

依据正义原则,本质相同的事物需要相同对待,本质不同的事物同样需要不同对待。由此,根据本质相同或相异,可以将类推分为依据相似性进行的推理与依据相异性进行的推理。对于同一个问题,一方可能依据 AB 间具有相似性而赞成 C 主张,而另一方面则可能依据 AB 间具有相异性而反对 C 主张。实质上,依据相似性进行推理与依据相异性进行推理是同一种推理方式的两个面向。它们的出发点就在于对“AB 事物间是否具有相似性”这一问题作出了相反的判断。如果从胎儿具有生命迹象,已经发育出自己的生命体系看,胎儿可以视为独立的人。在这一视角下,堕胎就无异于谋杀,是为法律所禁止的。而如果认为,胎儿在未脱离母体前就仍是母体的一个组成部分,并非独立的生命,那么母体就有权处理自己身体的组成部分,堕胎因而是允许的。不论是支持堕胎还是反对堕胎的人都必须回答“胎儿是不是人”这一问题。由此可见,相似性的确定是进行类推的关键所在。

在认知心理学看来,识别相似性并进行类推是人类认知的一个基本方面。[60] 而在类比推理中,无论是哪种推理,判定事物之间是否具有相似性或相异性的关节点都是至关重要的,它直接决定了类推的方向。而判断何者为关节点的标准具有高度的情境依赖性,它由讨论的论题决定,与论题最具相关性者即为关节点。

拉德布鲁赫曾说:“相同性不是一种既定事实,所有的人和事都不尽相同,相同性只是在某一视角下对给定的不同性进行的抽象。”[61] Linda Smith 也将相似性区分为普遍相似性(global similarity)和维度相似性(dimensional similarity),认为事物间的相似性可以就其整体加以比较,也可以从某个角度进行比较。由此可见,从什么角度进行抽象决定了事物在何种程度上具有相似性。在法律论证领域,这一抽象的角度就由论题决定。

〔60〕 Stella Vosniadou and Andrew Ortony, “Similarity and Analogical Reasoning: A Synthesis”, in Stella Vosniadou and Andrew Ortony (eds.), *Similarity and Analogical Reasoning*, Cambridge University Press, 1989, p. 1.

〔61〕〔德〕古斯塔夫·拉德布鲁赫,注〔56〕引书,第 122 页。

由上可见,事物之间的相似性具有相对性,并不是永恒不变的。不止如此,类比推理本身就是演绎推理与归纳推理的混合形态,而归纳推理本身就不是必然性推理,这使得类比推理得出的结论也绝不是确定无疑的。

比喻本质上也是一种类比推理,通过引入喻组使听众接受本组,但是比喻要求本组与喻组分属不同的领域。本组是指有待证明的命题,而喻组是指用以支持本组的论点。喻组是为听众所熟知者,本组则需要通过引用喻组来澄清自身的结构与性质。比喻引致的效果取决于听众的倾向,而论点本身也决定了将两个领域视为相同或相异的方式。〔62〕事实上,比喻不仅有助于听众接受论证者提出的论点,而且还使论证过程简单化。心理学研究还表明,比喻语的使用会影响思维,在一定范围内特定的比喻可以影响相关范围内的推理结果。

3. 结果推理

在法理学领域,对结果的考量并非新鲜事物。早在 19 世纪,功利主义学者就主张将法律决定的社会效益作为重要的评价标准。他们甚至提出,“逻辑的优先地位被对生活的研究(Lebensforschung)和评价(Lebenswertung)所排斥”〔63〕。在实践中,结果不仅可以作为立法的检验标准,也可以作为对各种可能的决定进行取舍的决定性标准。

结果推理就是依据法律决定可能导致的结果来进行的推理。当支持不同论点的论证在经历了论证的原则与规则的检验后仍然难分伯仲时,关于各种论点可能导致的结果就成了决定性的论据。结果推理中的结果既可以是对现实世界产生的影响也可以是对法律体系产生的影响。〔64〕前者可以视作事实性的影响,后者则可以视为规范性的影响。

与其他论证形式有所不同的是,结果推理首先是对各种可能的结果进行比较选择最善的结果,进而选择支持这一最善结果的论证体系。假设论证体系 S_1、S_2 是分别由论据系列 P_1、P_2 和结论 C_1、C_2 组成的,结论 C_1、C_2 分别可能导致结果 F_1、F_2,那么当 F_1 优于 F_2 时,论证者将采用 P_1 系列的论据进行论证,对 C_1 加以证成。

在运用结果推理的判决中,最为引人注目者可能是 19 世纪发生在英国的 Dudley and Stephens 谋杀案。Dudley 和 Stephens 是遇难船只上的水手,他们在

〔62〕 See Chaim Perelman & Olbrechts-Tyteca, *The New Rhetoric: A Treatise on Argumentation*, University of Notre Dame Press, 1969, p. 347.

〔63〕〔德〕魏德士:《法理学》,丁晓春、吴越译,法律出版社 2005 年版,第 236 页。

〔64〕 Aulis Aarnio, supra note〔29〕, p. 205.

船只遇难后一直在救生艇上漂流，在断食8天断水6天的情况下，他们杀死了船上的侍者从而保存了自己的性命。辩护律师试图确立在必要的情况下人们可以通过杀死他人来拯救自己性命的原则，从而证明这两名水手的行为是正当的。但这一辩护理由没有得到法官的承认。大法官Coleridge认为："如果接受这样的原则，那么谁能判断是否存在杀人的必要性？又应当依据什么标准来衡量各个生命的价值？……显然，这个原则将把是否存在必要性这一问题交由获益方来决定，这可以证明杀人者杀人的正当性。显而易见，一旦采用这样的原则，就无疑为放纵的激情犯罪和残暴犯罪提供了法律的保护伞。"[65] 在这一论证过程中，对水手作出无罪判决可能造成的可怕后果直接导致了辩护律师的论证体系被拒绝。

结果推理这种独特的推理风格使它一直备受争议。在传统的法学方法论以及法律论证理论研究中，一直没有结果推理的一席之地。但通过对法律实践进行考察，我们会发现，结果推理一直是一种重要的论证方式。[66] 现在，不论是在理论层面还是在实践层面，结果推理都被视为一种重要的论证方式。运用结果推理的具体过程可以大致分为两个部分：统计与权衡。首先是对可能列出可能发生的结果，其次是对这些结果进行权衡。在权衡这些结果的优先顺序时，需要综合考量以下因素：价值取向、可能性、可控制性。所谓结果的价值取向是指各类结果所突出追求的价值。在确定各自所主要追求的价值后，依据价值序列对结果进行排序。由于结果推理中谈及的结果其实都是对尚未发生的结果的一种预测，从这一意义上看，各种结果的发生都有可能。但是从社会统计学的角度看，各种结果的发生概率还是有程度差异的。必要的时候可以借助社会统计学的知识对各种结果的发生概率进行统计，根据统计数据进行排序。在谈及结果推理的运用时，Teubner贡献了一个十分重要的观点。他认为，人们应当正视社会学分析方法的有限性，与此同时，还应当转变以往仅重视对结果的预测的观念，改为注重对可能发生的结果的控制。[67] 由此，人们还应当对各种结果的可控制性进行评价。对于那些发生机率不高，但是在价值排名中却靠前的结果，我们可以再考察它的可控制性。如果通过对相关因素的限定可以增

〔65〕 Neil MacCormick, *Rhetoric and the Rule of Law: A Theory of Legal Reasoning*, Oxford University Press, 2005, p. 105.

〔66〕 德国学者们就结果推理在实践中的运用做了各种各样的调查。结果表明，结果推理在法律实践中对于证成法律决定具有重要作用。具体调查结果参见 Martina Renate Deckert, *Folgenorientierung in der Rechtsanwendung*, C. H. Beck'sche Verlagsbuchhandlung, 1995, S. 6 ff.

〔67〕 Gunther Teubner, "Folgenorientierung", in Gunther Teubner (Hrsg.): *Entscheidungsfolgen als Rechtsgründe*, Nomos Verlagsgesellschaft, 1995, S. 15.

加这一结果的可控制性,那么这一结果发生的概率就会有所提升。

四、结　　语

作为一种寻求合理的法律决定的新的努力,衡平论证理论还只是一种并不成熟的设想。它将古典衡平思想重新纳入人们的视野并突出了其中的合理性成分,从而使其得以与现代合理性思想结合起来,共同为新的论证理论提供法哲学支持。尽管古典衡平思想的确切内涵尚无定论,学者们对于合理性的诠释也仍然莫衷一是,但合理的法律决定存在的价值无疑已经得到了肯定。摆在我们面前更为紧要的问题是如何建构一套证成合理的法律决定的方法。以往的法律论证研究者已经贡献出了丰硕的研究成果,但是如何将这些成果与衡平思想切实结合起来并且具有现实可行性依然是一个没能得到彻底解决的问题。作为一种不成熟的设想,衡平论证的价值更多地在于启发一种新的思路,为上述问题的解决提供一种新的可能性。至于如何将可能变为现实可行,还需要我们更持久的努力。

Section 2

法哲学

论法律的概念分析

——普遍法理学方法论研究

刘叶深

1. 研究的问题与本文的命题

1.1 普遍法理学

法律是一种具有地方性的制度,因为法律总是与具体时空中的人相联系,因此,有多种地方性因素影响着不同的法律体系。但是法律理论的研究追求一定程度的普遍性,普遍法理学则追求最大程度的普遍性,它所关注的不是一时一地的特定的法律体系,而是各种法律体系共有的那些必然特征;因此,普遍法理学所得出的结论具有普遍的适用性。在"普遍性"这个层面上,普遍法理学是最典型的法理学。本文就致力于一种普遍法理学研究。

普遍法理学的研究由来已久,尽管这一名称的出现是近现代以来的事情。最为典型的就是源自古希腊的自然法理论,它的研究对象是普遍的法律(universal law),而不是雅典的法律或者罗马的法律,自然法理论家们着力研究约束所有人的自然正义原则,及其与法律的关系。自然法传统的这一特点一直延续到后来的古典自然法学派,霍布斯、洛克、卢梭关于法律的研究不仅仅与英国或法国有关,而是有着更为广阔的关怀,他们研究的是事物的本质,具体讲,就是法律这一制度的本质。[1] 这些理论传统是我们探讨普遍法理学问题非常宝贵的理论资源和哲学积淀。但是,随着近代以来实证精神的兴起和发展,思辨哲学逐渐被挤到了边缘地位,被认为是没有经过普遍的实证考察就对所有的法律体系作出的判断,思辨方法的科学性被打上了问号。随之被质疑的是理论的普遍性,具体到法理学的领域,这就危及了普遍法理学的可能性。

1.2 哈特对普遍法理学提问方式的转换

20世纪中叶以前,法理学面临着死亡,法理学局限于对古代的法哲学学说史的研究,法理学退化为法理学史。这一切从哈特开始改变了,哈特担负起了复兴法理学的任务,他的著作为现代法律哲学提供了新的基础,法理学远远没有死亡,它带给该领域中所有研究者的是收获的希望。[2] 我认为,上述判断的依据在于哈特为普遍法理学的研究提供了一种新的提问方式:假如过去的提问是"所有的法律是……",那么,哈特的提问是"所有的法律必然是……",或者"所有的法律必然与……相联系"。这一提问方式的转换不仅仅是一种语句形式上的转变,因为,"必然"一词在模态逻辑当中被称为模态词。而20世纪50年代正是模态逻辑兴起、发展的时期,哈特转变了普遍法理学提问方法的同时,也开辟了借鉴模态逻辑这一更为精确的科学工具研究传统法哲学问题的可能性,即为普遍法理学的可能性提供了一种科学的基础。

这里,我们要提出三点保留性的说明,以避免误解:(1) 哈特的著作并没有直接受到模态逻辑的影响,也没有证据说明他精通模态逻辑,但是,我们强调的是他的提问方式"开辟了"将模态逻辑引入法理学的可能性;(2) 哈特提出了正确的问题并不意味着哈特成功地回答了这些问题,在本文中,我们将看到哈特对普遍法理学问题的解答根本上是错误的,但是,在他正确的提问方式的启发下,普遍法理学在德沃金、拉兹、费尼斯等人的手中发展出了许多的重要结论;(3) 模态逻辑并不能完全解决普遍法理学的问题,我们还需要模态逻辑之外的语言哲学、道德哲学的帮助共同解决面临的难题,但是,模态逻辑确实使普遍法理学问题能够被精确地探讨,不再被认为是一种含糊其辞或无端臆想,即我们

---

〔1〕 See L. Green, "General Jurisprudence", *Oxford Journal of Legal Studies* (2005), Vol. 25, pp. 565—566.

〔2〕 See P. M. S. Hacker and J. Raz (ed.), *Law, Morality and Society: Essays in Honour of H. L. A. Hart*, Clarendon Press, 1977, p. v.

有了一种能够准确地讨论事物本质的方式。

在《法律的概念》中,"概念上的联系"与"必然联系"这两个表述是在同一意义上使用的,哈特对法律的"必然"的探讨就构成了他所追问的"法律的概念",或者法律的本质。因此,我们也可以称哈特这种带有模态逻辑色彩的提问为"概念问题",正是概念问题的提出带来了20世纪中叶至今的法理学的突飞猛进。

概念问题是本文关注的问题,概念分析方法是本文的研究方法。这里要着重地说明的是"概念分析"在本文中并不是在一般的意义上使用的,不可望文生义理解为对概念使用的探讨,或者含糊其辞的所谓"加深对概念的理解";概念分析在这里意味着对概念的必然属性的寻求——模态意义上的必然。

1.3 本文的命题

本文将提出两个相互联系的命题,作为论证的目标:

1.3.1 理论主线:概念问题

概念问题是哈特之后普遍法理学探讨的主线,很多问题都是围绕着该主线展开的,对这些问题回答的成败取决于概念分析方法的正确与否。这是本文要予以论证的第一个命题。

尽管概念分析是贯串诸多法理学争论的主线,但是,大多数法理学文献并没有明确指出自己是围绕概念分析所展开的,有些即使意识到了也是用不同的术语在讨论,这极大地影响了在同一层面上探讨问题。

另外,很多法理学家并不认为概念分析是后哈特时代法理学共同争论的问题,这种认识很大程度上是针对德沃金的法律理论的。例如,哈特就认为,德沃金的某些论题不是在讨论普遍法理学,而是研究法官如何判案,即德沃金的理论是一种司法理论,是一种局限于具体法律管辖权范围内的地方性理论。而他自己的法律理论是在探讨法律的概念这一具有普遍性的问题,这是两种并行不悖的法律理论,它们并不是在处理同一问题,因此,他们之间的争议是不存在的。[3]

在新生代的法理学家中,比克斯(Brian Bix)也同意哈特的这种观点:他认为德沃金的法律理论是一种司法理论;还特别强调德沃金的"法律理论与法律实践具有连续性"这一观点,并把这一观点解读成德沃金试图用法律实践(特别

〔3〕 See H. L. A. Hart, *The Concept of Law*, Oxford University Press, 1961, pp. 239—244.

是司法实践)来替代具有普遍性的法律理论。[4]

但是,这些观点我们都是不能同意的。首先,哈特对法律的概念问题的解决是不成功的,其根本缺陷在于没有一套成功的关于概念的哲学理论;其次,当我们发现哈特理论的缺陷之后,德沃金、拉兹等人的理论贡献就变得清晰起来:他们都针对概念问题给出了更令人满意的答案;最后,涉及对经典著作的解读方法,我们不能偏执于他们的某些命题,而是力求全面,对这些重要法理学家的法律理论进行综合性考察,这其中就包括对德沃金的理论的创造性解读,提炼出他对法律概念问题的解答。而且我们将展示德沃金的理论只有在概念问题的映衬下才能体现出它的精彩之处。

这些法律理论是面对同一个普遍法理学问题的不同回答,这样才能形成有意义的争论,也才能够有理论上的高下之分,而不是各说各话。

1.3.2 阐释一种成功的概念理论

这是本文更为看重的一个命题:我们不仅仅满足于梳理出一条理论线索,更为重要的是我们要沿着这一条理论线索给出自己赞同的答案,即我们要支持一种哲学上的概念理论,用这种概念理论来评价哈特以来的隐含在法律理论之后的各种概念理论。

可能世界语义学是我们赞同的概念分析方法。证明第二个命题我们采取了两种途径:(1) 在本文的第四部分,我们将深入语言哲学的探讨,简明地论述什么是可能世界语义学;(2) 在第五部分,我们将讨论哈特法律理论和道德理论,从中我们可以看出他在多大程度上偏离或者遵循了可能世界语义学,对可能世界语义学的偏离构成了哈特理论的重大缺陷。

本文是从本人的博士论文节选、修改而成的,由于篇幅所限,不能包括对拉兹和德沃金理论的详细探讨,而主要集中于对哈特法律概念理论的批评,只能将"什么是正确的法律概念"这一建构性部分付之阙如了。

2. 概念问题是怎样贯串分析法学的

纵观哈特之后的法理学纷争,法律的概念问题都是处于中心位置的,这一中心问题体现在各种关于法律的具体争论当中。我们这里所要探讨的是哈特之后的普遍法理学研究都包括了哪些具体的问题,以及这些具体问题与概念问题是如何紧密相连的。概念问题使错综复杂的现代普遍法理学问题史呈现出

〔4〕 See B. Bix, *Jurisprudence: Theory and Context*, 4th, Sweet & Maxwell, 2006, pp. 91—93.

一目了然的有机结构。

2.1 哈特的三个经久不衰的问题

探讨法律的概念可以有多个子命题,也就是说,可以探讨法律与多种事物间的"必然联系"。子命题的提出可以使得抽象的问题更好操作。哈特在《法律的概念》中提出了三个在法理学中经久不衰的问题:法律与强制有无必然联系?法律与道德有无必然联系?法律与规则存在着什么样的联系?[5]

哈特这三个问题的提出基本上划定了未来半个世纪的普遍法理学讨论的对象,哈特之后纷繁复杂的法理学理论大多都是围绕这些问题与哈特展开争论的。但是,这三个问题产生的争议性是不同的。

(1) 法律与强制的问题:法律是不是与强制有着必然的关系呢?

边沁、奥斯丁和凯尔森都将强制作为理解法律的关键性因素,他们认为法律可以被理解为以威胁为后盾的命令,或者以制裁为后盾的命令。但哈特认为,强制与法律并没有必然的联系,原因在于(a) 存在一些授予权力的法律,这些规范并不能被理解为施加制裁[6];(b) 即使那些典型的以制裁为要素的刑法规范或者侵权法规范,它们的首要作用是为行动者提供行为的指引,而非施加制裁,前者是法律必然具有的特征,而后者是由于人类的特点给法律这一事物带来的偶然特征。[7] 在哈特之后,拉兹对法律强制性问题有了深入的探讨,他认为,即使整个法律体系也并不必然具有强制性,我们可以想象一个天使的世界,天使们具有高尚的道德,但并不具有超人的智力,他们同样需要行为的指引,但一旦得到了相应的指引,他们并不会由于私人的利益而违背法律。在这样的天使社会中,法律仍然发挥着重要的指引行为的职能,但是,该法律并不具有强制性。因此,强制与法律并没有必然的联系。[8] 哈特与拉兹的研究应该说得到了广泛的赞同,并没有引起太多的争议。不多见的例外中包括格兰特·莱蒙德(Grant Lamond)[9]。本文将不对强制性的问题做集中的讨论,仅仅指出该问题的存在。

(2) 法律与道德问题、法律与规则问题

这两个问题是法理学中持续争论的焦点。在一定程度上,两个问题联系在

〔5〕 See H. L. A. Hart, supra note 〔3〕, pp. 6—13.

〔6〕 Ibid., pp. 33—41.

〔7〕 Ibid., p. 195.

〔8〕 See J. Raz, *Practical Reason and Norms*, Princeton University Press, 1990, pp. 154—162.

〔9〕 See G. Lamond, "The Coerciveness of Law", *Oxford Journal of Legal Studies* (2000), Vol. 20.

一起才能够被回答的。因为,法律与规则有着必然的联系是没有争议的[10],关键的问题在于我们应该如何理解规则,不借助道德,"规则"这一概念能够被适当地理解吗?这是争论的焦点,追问到这里,法律与道德关系问题不可避免地出现了。

我们也可以换个概念来理解哈特的"法律与规则"问题,规则是具有规范性的,法律与规则具有联系就意味着法律具有规范性。这可以得到各派法理学家的普遍赞同,但是,大家争议的是说明法律的规范性是不是必然需要借助道德。

哈特对这两个问题的解答是这样的。首先,他提出了社会规则理论,用人们外在行为和内在观点的一致性实践来说明规则是什么,其中最为重要的概念是内在观点,它是法律之下的人们对法律所持有的一种批判反思的态度,而这种态度不必然代表着道德上的赞同。这种一致的态度就构成了所谓的惯习(convention),因此,哈特对法律的概念分析是惯习主义的。其次,他区分了一阶规则与二阶规则,这两种具有不同的逻辑特征的规则的结合构成了现代法律体系。根据哈特的理论,根据由社会实践构成的规则就可以说明法律的规范性,并且社会实践是事实性的,因此,道德与法律的联系仅仅是偶然的,这就是他提出的分离命题的基础(详见第4部分)。

2.2 行动理由问题与权威问题

法律必然具有规范性,这一点不存在争议。因此,关于法律概念问题的争议主要集中在如何从哲学上成功地说明法律的规范性。也可以说,法律概念的问题一定程度上变成了对"规范性"的概念分析,即"规范性"是什么,以及规范性能否与道德分开讨论?

拉兹对这个问题给出了杰出的回答,他运用"行动理由"和"权威"这两个相互联系的概念来说明法律的规范性。这两个概念也是《法律的概念》中的关键词。这种概念上的共享一定程度上也造成了对拉兹法理学贡献的低估。我认为,拉兹与哈特理论的共同性往往被夸大了,拉兹的理论在根本上是不同于哈特的,特别是面对法律与道德关系、法律与规则的关系这两个哈特提出的概念问题,即关于法律的规范性问题,拉兹给出了迥异的回答,对哈特的法律理论提出了致命的批评。

---

〔10〕 有人可能用德沃金的"原则论题"反对这一论断:法律不仅仅包括规则,还包括原则。但是,我对"原则论题"有着不同的理解:德沃金的"原则"并不是规则之外的另一种规范种类,而是体现出了与哈特迥然不同的另一种规则理论。

2.3 德沃金的"解释"问题

德沃金的法律理论是不是普遍法理学、是不是在研究法律的概念问题本身就是有争议的,哈特就否认这一点,他认为德沃金的法律理论是一种关于司法的理论,是局限于像美国这样的特殊的管辖权范围内的法律理论。也就是说,这是两种不同类型的理论,它们之间不存在矛盾,因为它们针对的是不同的问题。

这种误解是有缘由的,其中最为重要的原因在于德沃金提出了一种名为"法律的解释理论"的理论,由于"解释"一词经常被理解为具体的司法过程中对法律的阐释,是一种特定政治道德环境下的操作方法,而非哲学的对法律一般特征的理解。从哲学上说明法律,除"概念分析"外,更为常用的一个词是"说明"(explanation),而非"解释"(interpretation)。

但是,德沃金对"解释"这个概念的理解是不同寻常的,我们不应该执著于字面上的不同,而应该结合他的理论对手以及对手们所关心的问题来理解德沃金的法律理论。经过对德沃金本人的"建构性解释",我们可以看到,"解释性概念"的提出最好被理解为一种概念分析方法的提出。也就是说,从原则论题开始,德沃金的理论始终关注的是法律的概念问题,始终与哈特在同一个问题上进行着争论,但是两人得出的是迥异的答案。"解释性概念"是一种能够替代哈特的概念理论,接受这种概念理论我们将认识到对"法律规范性"的概念分析是不可能不涉及道德的。这也是德沃金反对哈特的"分离命题"的根据所在。

2.4 语义学问题

哈特虽然提出了法律的概念问题,并且对"法律"这个概念给出理论分析(社会规则理论),但是,他并没有说明自己对概念是怎样看的,也就是说,哈特并没有明确自己哲学上的概念理论。作为哲学理论的概念理论与词语意义的研究紧密地联系在一起,哈特对自己的语言哲学立场并没有明确地揭示,这在一定程度上影响了我们对他理论的评价。我们到底把什么样的语义学或者意义理论归之于哈特,这本身就成为哈特之后的法理学争论的焦点之一。

在这一点上率先发难的是德沃金,他认为哈特的理论,从根本上来说,饱受语义之刺的折磨,也就是说,哈特对概念或者语义本身的理解就是有问题的,这种哲学上的缺陷或者错误直接地影响到了他的法律理论。德沃金认为,哈特的语义学是一种共享标准语义学:也就是说,词语或者概念的意义等同于人们之间对词语意义达成的共识,这种共识体现为标准这种形式。[11]

自德沃金之后,关于两个论题形成了讨论:(1) 哈特的语义学是什么?(2) 假如哈特的语义学不能让人满意,作为替代的语义学是什么?对这个问题的研究当中,作出突出贡献的有尼考斯·斯塔弗罗普洛斯、布林克和费尼斯。

斯塔弗罗普洛斯在1996年出版的《法律中的客观性》一书将普遍法理学的研究大大深化。但是,该书的重要性一定程度上还没有引起足够的重视。斯塔弗洛普洛斯明确指出哈特的语义学是标准语义学,这种理论并不是一种成功的语言哲学理论;继而他引介了克里普克、普特南、伯格等人的语言哲学,作为哈特语言学的替代品;最终,他表示赞同德沃金的法律理论,认为他所引入的语义学正是德沃金未予言明的语言哲学立场。[12]

大卫·布林克在1988年发表了"法律理论、法律解释和司法审查"一文,他称哈特的语义学为"经验语义学",这种语义学最大的缺点是并不能说明语言中的争议性现象,即人们关于某一词语或者的意义往往是有争议的,没有共享的标准存在并不能推导除该词语的意义是不存在的。[13] 布林克以克里普克和普特南的理论为基础提出了替代的语义学,但是,对于他们两人的语义学的阐释不如斯塔弗罗普洛斯准确。

费尼斯在《自然法和自然权利》的第一章中提出词语具有焦点意义(focal meaning),这种焦点意义是理解该词语必然要涉及的因素,但是该词语的外延并不是都完全符合此种焦点意义的,它们形成了一个等级序列,以不同的程度满足这种焦点意义。外延中某些个体仅仅以最低的程度满足焦点意义,甚至违背了焦点意义。但是这不意味着焦点意义对于概念分析是无关紧要的,相反,不涉及焦点意义我们就根本无法正确地理解一个词语或概念。费尼斯认为,法律这一概念的焦点意义就是道德,在这个意义上,法律与道德有着必然的联系。应该说这是法理学中语义学研究的一大贡献,虽然它在费尼斯的著作中占有很小的篇幅。[14]

关于语义学是否与普遍法理学相关,也形成了一些相反的意见,其中有代

---

〔11〕 See R. Dworkin, *Law's Empire*, Hart Publishing, 1998, pp. 45—46.

〔12〕 See N. Stavropoulos, *Objectivity in Law*, Clarendon Press, 1996, ch. 1, ch. 2.

〔13〕 See D. Brink, "Legal Theory, Legal Interpretation, and Judicial Review", *Philosophy & Public Affairs* (1988), Vol. 17, pp. 114—116.

〔14〕 See J. Finnis, *Natural Law and Natural Rights*, Oxford University Press, 1980, pp. 9—11.

表性的有丹尼斯·帕特森[15];另外,蒂摩西·恩迪科特认为哈特根本就不想发展出一种意义理论[16],因此,引入语义学根本上误解了哈特理论的目的所在。这些也是我们关注概念问题时需要顾及的一些言论。

概念理论对于普遍法理学的研究是背景性的,也是最为关键的部分。我认为,对法律的概念分析的成败很大程度上能否发展出有说服力的概念理论。普遍法理学的研究必须结合语言哲学的成果才能进一步深化。

2.5 道德概念分析

前面讲到,哈特提出的三个问题中争议最大的是法律与道德的关系问题,或者是说明"什么是规范性"是不是必然要涉及道德。在澄清这个问题之前,使人困惑的不仅仅是法律这个概念,道德也同样需要概念分析。我们旧有的道德观同样也需要检讨。哈特把道德主要看做是一种实在道德,即道德就是社会在某一时期通行的行为规范,它是人们主观的评价性态度,没有客观性可言。持有这种主观主义道德观当然会得出法律与道德没有必然的联系,因为并不是所有的道德观点都可以成为法律的,法律仅仅是偶尔受到了道德观点的影响,这种影响并不是必然的。

因此,对道德进行概念分析是哈特之后的法理学进展最大的研究之一。其中有代表性的研究归功于德沃金、费尼斯和拉兹。德沃金在 1996 年发表了《客观性与真:你最好相信它》,在其中他批评了各种形式的道德怀疑论,其中包括表达主义以及其他试图将道德还原为中立性、描述性的理论,而德沃金支持的是一种相信道德客观性的理论,甚至其自称为"道德实在论者"[17]。

拉兹在 20 世纪 90 年代的一系列文章中,为一种特殊的道德概念辩护:一方面,承认道德是具有社会依赖性,即道德是人的活动的产物,没有人类的存在难以想象道德的存在;另一方面,道德是具有客观性的,把道德理解成主观情感的表达从根本上误解了道德这一概念。

在这里需要说明的是普遍法理学家们大规模地研究道德概念、道德哲学问

---

〔15〕 See Dennis Patterson, "Dworkin on the Semantics of Legal and Political Concepts", *Oxford Journal of Legal Studies* (2006), Vol. 26; see also Patterson, "Against a Theory of Meaning", *Washington University Law Quarterly* (1995), Vol. 73.

〔16〕 See T. Endicott, "Herbert Hart and the Semantic Sting", in J. Coleman(ed.), *Hart's Postscript: Essays on the Postscript to The Concept of Law*, Oxford University Press, 2001, p. 59 ff..

〔17〕 See R. Dworkin, "Objectivity and Truth: You'd Better Believe It", *Philosophy & Public Affairs* (1996), Vol. 25, no. 2.

题并不是“课外活动”，恰恰是法律的概念问题将他们引领到道德哲学的领域。更为关键的是没有对道德哲学的正确理解和深入研究，法律与道德的关系是难以说清的，或者只能像哈特那样得出错误的结论。一句话，道德也需要概念分析，道德概念分析为法律的概念分析服务。

2.6 自由裁量与“唯一正确答案”

自由裁量的存在是哈特法律理论的组成部分，哈特认为，当法律不能为案件提供裁判的标准时，法官就要行使自由裁量权，对个案作出适当的判决。而“唯一正确答案”是德沃金法理学中的一个论题，有人将其理解为在具体案件中法官们会达成一致的意见，这种一致意见就是唯一正确答案。但是，我们认为这种对德沃金理论的理解是存在问题的，“唯一正确答案”是指每个案件都有一个正确的标准存在，但是，这个标准是否能够被法官们所认识，并达成一致性意见则是另外一回事，并不是“唯一正确答案”命题的应有之义。在下一部分中，我们将看到德沃金这一命题体现了概念理论的一个成果，即概念属于形而上学层面，不能将它放在认识论的层面去理解。“正确答案存在”属于形而上学层面，而“法官们能否认识到该正确答案”则属于认识论的层面。

这两种命题是针锋相对的：哈特主张法律不能为所有案件都提供正确标准，而德沃金认为法律不会遗漏所有的案件。从直觉上讲，哈特的主张似乎更为合理。但是，直觉不等于理论。这个问题的关键所在是法律的概念，即首先弄清楚法律是什么，我们才能够顺理成章地回答个案中法律是否能够给出唯一正确答案。结果可能是令人吃惊的，在这个问题上德沃金的说法更为合理，因为，法律中必然是包括客观道德的，客观道德可以为个案的裁判提供标准，因此，所谓的“自由裁量”并不“自由”，它是存在于法律之内的。

2.7 法律理论的性质

这个问题争议的焦点在于是否存在着价值中立的法律理论。对于这个问题的回答我们可以分为以下几类。

2.7.1 哈特的回答

哈特认为，理解法律最为重要的是从法律实践参与者的观点去理解法律，即从内在观点去理解。但是，哈特认为，内在观点并不等于“道德观点”，用哈特的话说，人们可以出于多种理由而尊法律为权威，不必然是缘于道德理由。因此，顺理成章地，关于内在观点的法律理论也不是道德的。哈特称自己的法律理论为描述社会学，原因就在于此。

2.7.2　凯尔森的回答

凯尔森认为,法律是由规范组成的,而规范不等于任何人的观点,因为,"观点"属于事实层面,而规范永远也不能跨越事实与规范之间的界限,它不能等同于观点。凯尔森认为,规范是一种价值判断。但是,法律理论是从外在的观点来研究规范的,因此,可以取得一个完全客观中立的立场。也就是说,凯尔森支持"关于"规范的研究,而非"规范的"研究。因此,法律理论是可以价值无涉的。[18]

我们认为,凯尔森的关于法律理论的性质的判断是错误的。理由在于凯尔森对价值的错误理解导致了他得出"可以从外面来研究价值"的结论。而拉兹和德沃金通过对价值的概念分析,得出了一种客观主义的价值观,在这种正确的道德理论下,我们将看到任何的价值无涉地研究价值问题都是不可能的。[19]

2.7.3　规范的法律理论

如上所述,对于法律理论性质的回答关键在于对道德的概念分析。正确的道德概念只能是客观主义的道德观。接受这种道德观,任何关于道德或者价值的研究都不可能是价值无涉的,因此,法律假如像德沃金和拉兹主张的那样,"必然涉及价值",那么,关于法律的理论本身也不可能置身于价值判断之外,不可能是价值无涉的和纯描述性的。

当然,上述对普遍法理学的问题的列举是有限的,可能也遗漏了一些其他人更为看重的问题。但是,这已经足够了,我们需要的是建立那些经常引起争论的法理学问题与概念分析的联系,而不是面面俱到。

3. 国内研究综述

通过上一节的研究,我们可以看到,本文基本上与传统上所称的法律实证主义、分析法学所探讨的问题是重合的。国内近些年关于法律实证主义的研究有了很大的进展,特别是一些博士论文,对这个领域中的一些问题给予了更为细致、更为贴近原著的研究。这是我们前进的基础和创新所必需的财富。本节将对国内现有的研究进行一个简略的回顾。本节的最后我将说明本文提出的

〔18〕 See Hans Kelsen, *General Theory of Law and State*, tran. by Anders Wedberg, The Lawbook Exchange Ltd., 1999, pp. 163—165.

〔19〕 关于对凯尔森理论的研究,参见刘叶深:《评凯尔森的法律效力理论》,载《厦门大学法律评论》(第13辑),厦门大学出版社2007年版,第87—95页。

新问题以及我解决方式的不同之处。

3.1 对法律实证主义各个论题的研究

法律实证主义包含很多的论题,对它的批评也产生了数量不少的相反的论题。对其中某些论题进行全面的介绍和深入的思考成为法律实证主义研究领域中最多的国内研究。例如,对"权威问题"的细致研究[20];对哈特的授权规则的研究[21];关于德沃金法律融贯性的研究[22];关于原则问题的研究[23]。

这种研究充分展示了法律实证主义的复杂性,这是任何的深入研究和概括总结的必备工作。但是,假如仅仅存在这些对具体问题的研究,很难形成对法律实证主义的理论争议的透彻理解。我们看到的将是一个个孤立的命题,而不是贯穿在一条主线之上的各种相互联系的命题。

例如,权威理论与哈特法律理论,它们共同面对着什么样的问题,以及针对共同的问题它们给出的答案是一样的吗?这关系到拉兹的权威理论提出的意义何在。假如没有一种对问题的综观,我们看到的将是散乱的知识舶来品,没有问题意识,任何的论题都不能在中国法理学中生根。

3.2 对理论资源的研究

这是对法律实证主义研究中出现的一种新的动向。人们逐渐意识到不仅仅需要关注国外的法学家们提出了什么样的命题,更要关注他们是依据什么样的背景性资源提出这些命题的。应该说,这种研究不再是关注表面的东西,而是关注法律实证主义背后的东西,这是一种非常好的想法。

这种类型的研究中具有代表性的有如下几类:

3.2.1 对哈特的日常语言哲学背景的研究

这种研究有代表性的是高国栋博士和谌洪果博士的研究。[24] 他们都意识到了哈特对日常语言哲学的借鉴,特别是维特根斯坦哲学和奥斯丁的言语行为理论在法哲学中的运用,因此,他们试图把哈特的一些法理学命题与日常语言哲学建立起关联。

---

〔20〕 参见朱峰:《拉兹权威命题研究》,山东大学2007年博士学位论文。

〔21〕 参见喻中:《哈特的授权规则及其本体意义》,载《北京行政学院学报》2004年第4期。

〔22〕 参见王彬:《论法律解释的融贯性》,载《法制与社会发展》2007年第5期。

〔23〕 参见陈景辉:《原则、自由裁量和依法裁判》,载《法学研究》2006年第5期。

〔24〕 参见高国栋:《分析法学的日常语言分析转向》,吉林大学2006年博士学位论文;谌洪果:《通过语言体察法律现象:哈特与日常语言分析哲学》,载《比较法研究》2006年第5期。

高国栋博士着重借鉴了维特根斯坦的"语言游戏"理论,并得出哈特两阶规则的结合的理论正是这种语言游戏理论的体现。他还认为,哈特的法律规范具有多样性的理论与维特根斯坦的"家族相似性"理论有着密切的关系。谌洪果博士更多的是强调哈特对奥斯丁的借鉴,例如,奥斯丁提出的"以言行事"理论正是对语言现象的细致考察的结果,而哈特在法理学中继承了这种对词语用法的细致考察,区分了"强迫"与"有义务"这两种不同的语言现象。

这些研究是有其根据的,哈特在《法律的概念》中就引用了奥斯丁和维特根斯坦的话;而且要承认,这是一种不容易做的研究,妥当理解日常语言哲学及其在哲学史中的地位本身就是不容易做到的。因此,这类研究是值得重视和敬佩的。

但是,我对日常语言哲学引入法哲学的研究是表示怀疑的。理由在于:

(1) 日常语言哲学在西方的哲学中有多重要?我对日常语言哲学的评价是悲观的,它确实揭示了语言中的诸多差异,但是,这些差异到底与我们传统的哲学问题有着什么样的联系是不清楚的。维特根斯坦就曾经认为日常语言哲学的工作做得太细了,失去了对重大问题的关注,走向了为细致而细致的极端。而且我也不认为,维特根斯坦是属于日常语言哲学的。维特根斯坦的"家族相似性"是用来批判别人的反例,还是他自己得出的正面主张?我更倾向于前者,而不把它当作维特根斯坦的正面的哲学主张。[25]

(2) 日常语言哲学对哈特有持久的影响吗?我认为,哈特在20世纪50年代的文章深受日常语言哲学的影响,例如,"法理学中的定义与理论"(1953)就是对奥斯丁的"以言行事"理论的运用。但是,《法律的概念》在多大的程度上是一种日常语言哲学,这是值得探讨的。我们不能因为哈特在该书的序言中提到了奥斯丁,就认为这是哈特方法论的宣言;也不能认为哈特和奥斯丁一样分析语言现象就是对后者哲学观点的借鉴。我认为,哈特的《法律的概念》中奥斯丁的影响是很小的,即使有也是一种哲学分析精神上的一致,而非具体哲学观点上的借鉴。

(3) 偏离了哈特关注的问题。我认为,这是谈日常语言哲学对哈特的影响的最大的问题。哈特在《法律的概念》中提出了关于法律的概念问题,具体体现在"法律与道德不具有必然联系"这一分离命题上。讨论这一问题当然需要严格的哲学方法,但是日常语言哲学对该问题帮助是有限的。我们确实可以讲哈

〔25〕 See J. Raz, "Can There Be a Theory of Law?", in M. Golding and W. Edmundson (ed.), *The Blackwell Guide to the Philosophy of Law and Legal Theory*, Blackwell Publishing Ltd., 2005, p. 330.

特的一些命题与日常语言哲学建立起对应关系,但是,这样做是不够的,我们还要了解哈特面对的是什么问题,以及这样的问题需要什么方法来处理。抛开了问题意识,仅仅从师承关系、个人关系这些角度去理解法律实证主义理论,从根本上来说,是偏离方向的。

3.2.2 对哈特诠释社会学背景的研究

西方学者很早就提出了哈特与韦伯的诠释社会学之间的密切关系〔26〕,近些年更有西方学者提出哈特的法律理论构成了西方法理学的"诠释转向"〔27〕。国内学者对哈特与诠释社会学的研究基本上是受到这些学术资源的启发而出现的。其中具有代表性的有沈映涵女士、陈锐博士的两篇文章。

沈映涵女士认为,描述社会学是哈特重要的背景性理论资源,但是,哈特并没有真正地作出社会学式的调查,也没有用社会现实对自己的结论进行检验。尽管存在着这样的缺陷,哈特与韦伯的诠释社会学是密不可分的,主要体现在哈特的社会规则理论关注规则的内在方面,即人们对规则所持有的态度;而韦伯的诠释社会学也是关注人的内在方面来说明人的行为。〔28〕

陈锐博士的文章也表达了类似的观点,从外在观点转向内在观点对应着哈特对诠释学方法的借鉴。而且他认为,这一转向具有重要的意义:首先,拉兹等法律实证主义者继续了哈特开创的这一思路;其次,哈特的这一观点对自然法学者也影响广泛,费尼斯就是一个例子,他提出的"焦点意义"就是借鉴哈特的内在观点而形成的。〔29〕

我认为,与日常语言哲学相比,对《法律的概念》的这种诠释学的解读更为合适。哈特说明法律的关键概念是"内在观点",而内在观点是通过阐释法律下的人的态度而得出的,这与韦伯对社会行为的意义的关注是极为相似的,的确可以看出研究方法上的关联。〔30〕 应该说,在哈特自己没有明确说明其方法论来源的情况下,能够作出这种学术解读,是十分不容易的,也是我国法律实证主义研究的一个进步。

但是,我认为这种研究思路有着如下的不足:

---

〔26〕 See MacCormick, *H. L. A. Hart*, Stanford University Press, 1981, p. 34 ff.

〔27〕 See Brian Bix, "H. L. A. Hart and the Hermeneutic Turn in Legal Theory", *SMU Law Review* (1999), Vol. 52.

〔28〕 参见沈映涵:《解读描述社会学:哈特法律理论中的描述性方法的前提性分析》,载《法制与社会发展》2007 年第 5 期。

〔29〕 参见陈锐:《从外在观点到内在观点:哈特与法律实证主义的诠释学转向》,载《西南民族大学学报》(人文社科版)2005 年第 10 期。

〔30〕 参见〔德〕马克斯·韦伯:《社会学的基本概念》,顾忠华译,广西师范大学出版社 2005 年版。

（1）哈特是针对什么问题而发展出的诠释社会学方法？两位都没有对这个问题给出回答。而我认为，这是十分关键的一个问题。仅仅说明内在观点是对奥斯丁的批判是不够的，我们会追问为什么奥斯丁外在观点就是不合适的？社会学中不是存在着行为主义的流派吗？例如，唐纳德·布莱克就认为可以用纯粹科学的方法来研究社会现象以及人的行动，无需关注人的内在的想法。假如这两种社会学方法都摆在哈特面前，为什么他不以行为主义的方法作为自己的方法论呢？或者说，是什么问题让哈特意识到行为主义是不适合的？我认为，恰恰因为哈特要处理的是概念问题，他试图要对法律的重要属性进行说明，因此，他认为，诠释社会学的方法更为合适。总之，我们要知道哈特为什么与奥斯丁相比是一种进步，我们必须要明确他们共同面对的问题。

（2）诠释社会学的方法能够成功处理概念问题吗？沈映涵女士没有对这个问题作出肯定回答，她的文章似乎更多是强调哈特受到这种方法论的影响，但是，这种方法论是不是得出了正确的结论她的文章并没有明确说明。而陈锐博士的论文似乎明确表达了对哈特"诠释转向"的赞同。在这一点上，我持有保留意见。这当然是可以争辩的，但我认为，预先要处理的一个问题是什么是概念问题，以及正确的概念理论是什么样的。对上述问题有了答案以后，我们的争论才能够展开：诠释社会学是不是一种合适的概念分析，能不能成功地处理概念问题。没有这些前提性讨论，我们是不能对"诠释转向"给出评价的。因此，对诠释社会学方法的评价不可缺少对概念问题的关注与解决。但在两位的文章中，这个必要的前提没能完整地展示出来，当然，这可能是篇幅所限。

（3）不赞同对哈特以后的法律理论的评价。这个批评仅仅是针对陈锐博士的文章。他在该文的结尾对哈特的"诠释转向"给予了高度的评价，其中包括哈特的"诠释社会学"方法对拉兹和费尼斯的影响。这一点我持保留意见，根据我不成熟的理解，拉兹的权威理论和费尼斯的"焦点意义"是与哈特的"内在观点"相矛盾的，哈特对法律的规范性给出了一种内在观点式的说明，这是一种表达主义、非认知主义的说明；而拉兹和费尼斯对该问题给出的是客观主义、认知主义的说明，而且他们批评的目标就是哈特的规范性理论。所以，整体上，我对哈特的"诠释转向"的评价不高，我认为假如真有什么"转向"存在的话，应该是拉兹、德沃金和费尼斯三个人理论中暗含的道德客观主义"转向"。

3.2.3　对理论背景研究的小结

对方法论背景，特别是哲学背景的研究是十分重要的，本文一定程度上也可以看做是这种研究的一种。通过揭示法理学家的哲学背景，我们可以更清楚地了解到他们是如何提出这么与众不同的答案的，这不但可以给我们带来一种

"揭秘"的快感,更为重要的是我们可以在这一哲学背景的基础上开始我们自己的思考。在这个意义上,我对上述所有的哲学方法论的研究是非常赞同的。

但另一方面,为哲学背景而研究哲学背景,其理论意义就大打折扣了。我们阐释某位法学家的思想并不是止于对他们进行了解,我们更为关注的是他们面对的问题,以及他们对该问题的回答是不是正确。因此,任何哲学背景的研究都要首先揭示出(例如)哈特所面临的问题,即法律概念问题,进而还要对这一问题给出哲学上的解答。在这个基础上,我们才有能力对(例如)哈特的解决方法给出评价,才不会是为方法而方法。我认为,只有明确了哈特处理的是什么问题,并给出一种成功的概念理论,我们才能解释为什么哈特在《法律的概念》中基本上离开了早年坚持的日常语言哲学,以及为什么诠释社会学是一种不成功的方法。

3.3 用政治背景说明法律理论的缘由

把某一理论放到它所产生的时代背景特别是政治背景中进行理解是一种常用的方法,也是思想史研究的主要模式,而且存在着不少的成功案例。因此可以想见,对法律实证主义也存在着相似的看法。近些年,在我国也出现了利用这种研究方法解读哈特的思想。其中具有代表性的就是谌洪果博士和刘东升博士。在讨论两人的观点之前,我们先看一下西方法理学中的相似观点。

3.3.1 规范的实证主义

规范的实证主义(normative positivism)并不是像包容性实证主义和排他性实证主义那样受到关注,但是,已经出现很多的文章来支持这一观点。例如,麦考密克(MacCormick)、弗里德里克·绍尔(Schauer)、兰姆·墨菲(Liam Murphy)、汤姆·坎贝尔(Tom Campbell)〔31〕。他们的观点大致可以概括为法律实证主义观点坚持法律与道德的分离,这一观点的内容意味着确定法律可以是价值无涉的,但是,这一观点本身却是政治价值的体现,该观点会满足一定的政治价值。例如,排除了道德就确立法律本身的至上性。也就是说,规范的实证主义认为法律实证主义的观点本身是没有问题的,但是,这一观点可以带来政治上的好处。因此,规范的实证主义宣称实证主义的分离命题是错误的,任何的观

〔31〕 See MacCormick, "A Moralistic Case for A-Moralistic Law", *Valparaiso Law Review* (1985), Vol. 20; Frederick Schauer, "Positivism as Pariah", in R. George (ed.), *The Autonomy of Law: Essays on Legal Positivism*, Clarendon Press, 1996; Liam Murphy, "The Political Question of the Concept of Law", in supra note〔16〕; Tom Campbell, *The Legal Theory of Ethical Positivism*, Dartmouth Publishing Co., 1996.

点(包括科学理论)都有价值的指向,更不用说是法律理论。迪克森(Julie Dickson)称这种观点为"有益的道德后果论"(beneficial moral consequences thesis)[32]。

一种规范的实证主义的变种更有破坏性,它以上述理论为基础,具体研究某种法律理论到底是以什么样的政治价值为指向的,也就是说,该法律理论到底是为哪种政治观点代言的。例如,批判法学批评德沃金的法理学代表了自由主义的政治观点。这种"揭老底"(debunking)式的批评表面上很有力量,但却有着自己的缺陷。

原因在于法律实证主义者们以及德沃金都是在讨论法律是什么的问题,他们的理论的目的在于正确地反映法律具有的重要性特征,其中包括法律的规范性这一特征。德沃金与哈特的区别在于:说明规范性这一特征是不是需要道德或价值。他们各自的概念分析会带来什么样的政治影响和后果,并不是他们的理论所考虑的。例如,假如一种法律理论能够给社会带来极大的益处,同时它是对法律本身的歪曲反映,该理论仍然不是一种好的法律理论,因为,我们评价法律理论的标准在于"是否真实地反映了法律本身",而不是"虚构得是否美丽"。因此,整体上说,规范的实证主义错误地理解了普遍法理学的任务所在。

有人把规范的法律实证主义追溯到哈特那里,他有两个观点似乎表达了相似的思想:(1) 哈特曾经主张过,现代法律体系的出现弥补了前现代法律体系的缺陷,因此,哈特的理论之所以成立似乎是由于他赞同现代法律体系的优点,试图避免前现代法律体系的缺陷。(2) 哈特赞同广义的法律概念,这种概念不包含道德在内,他认为这种概念的优点在于是我们能够保持对法律的批判精神。我们不同意从哈特的这些观点中索引出道德立场,哈特的理论目的根本上是对世界本身的认知,而非对世界的改变。

3.3.2 哈特的政治立场与法律实证主义的政治立场

谌洪果博士在他的论文中讨论了哈特对奥斯丁法律命令理论的批评,他认为这种批评是不成功的。理由在于奥斯丁的理论与哈特的理论处于不同的时代中,他们面临着不同的政治问题,因此,他们的理论都是对各自政治问题的回答,不应该把它们放到一起来比较。他认为,奥斯丁所处的时代急需处理的问题是如何将世俗权力(王权)从神权中分离出来,确立世俗权力的正当性,因此,他的法律理论是以"命令"、"主权者"这些概念为骨架的,其目的在于确立主权者的核心地位。而哈特所处的年代是国家主权已经确立的20世纪,他理论的

[32] See J. Dickson, *Evaluation and Legal Theory*, Hart Publishing, 2001, pp. 83—103.

任务在于如何维系处于社会核心地位的国家主权,因此,哈特的理论是以"规则"为骨架的,其目的在于确立主权颁布的规则的重要性以及规则应该被遵守这一社会义务。由于他们处理了不同的问题,哈特对奥斯丁的批评是没有道理的。[33]

刘东升博士在他的论文中以一种更为宏观的方式得出了类似的结论,他的论文更为接近规范的实证主义的立场。他认为,法律实证主义主张的分离命题是不可实现的,因为作为政治法律理论它必然具有自己的规范性目标,他认为,这种目标就是确立法律本身的权威性。[34]

上述两位博士的论述角度和具体观点虽然存在着不同,但是他们都认为"法律实证主义存在着规范性目的"这一点是相同的,刘东升博士依据这一点还批评了法律实证主义的分离命题。他们为法律理论研究提供了一种新的思路,而且各自都作出了创造性的解读。考虑到结合理论家的具体时代需要相当大的信息量和作者自身的综合把握能力,两人能够完成各自的研究是值得钦佩的。

但是,我对这种研究持保留意见。理由如下:

(1) 忽视了普遍法理学的问题主线。普遍法理学关注的不是某一具体管辖权范围内的特殊法律,而是所有的法律。奥斯丁和哈特的法律理论都追求成为一种普遍的法律理论。他们并没有明确地在自己的理论中提出,他们的理论是针对具体时代中的政治问题,恰恰相反,普遍法理学研究正是要脱离这种具体的时代局限性。至少谌洪果博士所阐释的政治问题并不是哈特所面临的。哈特面临的问题与奥斯丁是相同的:法律的必然属性是什么,以及如何成功地说明这一点。

有人可能反驳说,政治背景是每一位理论家所不能逃脱的,这一点集中地体现在,理论家本人可能并没有意识到自己的政治立场。哈特尽管没有言明自己的政治立场,但该立场潜移默化地出现在他的理论当中,而他自己没有意识到,反而想当然地以为自己在处理普遍法理学问题。

这种观点的问题在于假如哈特总结出的法律的必然属性是具有地方性的,或者根本上就代表了他所处的政治集团的利益,那么,他的理论是可以依据这一缺陷被批评的:哈特的理论中识别的法律的特征并不是所有的法律体系都拥

〔33〕 参见谌洪果:《从命令论到规则论:奥斯丁与哈特》,载郑永流主编:《法哲学与法社会学论丛》第10期,北京大学出版社2007年版,第150—155页。

〔34〕 参见刘东升:《实证法学的反思及规范解读》,山东大学2006年博士学位论文。

有的,他的理论并不是对法律本身正确的反映。但不能从中得出结论说,法律理论都是在追求某种政治价值,可批评性说明人们对普遍法律理论追求政治价值是否定的,正确的法律理论恰恰要避免这一点。

(2) 哈特的观点有利于法律的权威吗?另外,哈特的法律理论真的有利于世俗权威的形成吗?这一点我与两位博士也是有分歧的。哈特的理论强调自由裁量权的存在,他并没有对这种权力进行限制或者鼓励,仅仅是说它是存在的,从这里并不能得出他支持法律权威的立场。他是在自己的法律概念(即法律是什么)前提下得出自由裁量权的结论的,我们说其中有政治意图存在有些勉强。

包括刘东升博士所强调的权威问题也是如此。拉兹提出权威理论并不是支持法律的权威,不然我们怎么解释他的另一观点"我们没有遵守法律的道德义务"。拉兹的权威理论是用来说明法律是什么的,而不是告诉我们应该如何行动的。

3.4　以分离命题为主线进行研究

前面所阐述的三种研究模式要么是缺乏问题主线的(3.1 和 3.2),要么从普遍法理学之外寻找理论主线(3.3)。我们前面对这三种理论模式都表达了不同的意见。下面我们要讨论的这种理论模式把法律理论放到一个共同的问题面前,把各种围绕法律实证主义的争论都呈现出内在于理论的争论,而非向外索引理论的政治意涵。这种理论模式以"分离命题"这一法律实证主义的核心命题为争论的焦点和主线,进而组织英美世界中近五十年来的普遍法理学争论。所谓的分离命题是指"法律是不是与道德有着必然的联系",这一命题是奥斯丁明确提出的,哈特给予了最为清晰的说明,因此,后来的理论争议都是围绕着哈特版的分离命题展开的。

在国内从事此种模式的研究者很多,其中具有代表性的是陈景辉博士、朱振先生和曾莉博士。[35] 由于篇幅所限,我们下面讨论陈博士的专著和朱先生的一篇文章。

陈景辉博士在他的专著《法律的界限:实证主义命题群之展开》中认为,关于"分离命题"正确与否的争论是分析法学中的主线,即关于"法律之间是否存在必然联系"的争论。陈景辉博士赞同以科尔曼(J. Coleman)为代表的包容实证主义的观点。"分离命题"的目的是划定法律与道德之间的界限,也可以说是

〔35〕 参见曾莉:《包容实证主义法学视野中的法律与道德关系研究》,吉林大学 2006 年博士学位论文。

目的在于提出一种法律效力的标准(法律效力理论)。假如这一标准中不必然包含道德标准,那么,分离命题就成立了;假如该效力标准必然包含道德,那么,分离命题就是失败的。

而包容实证主义认为,官员之间形成的惯习就是法律的效力标准:即官员们的外在行为的聚合与内在的批判性观点(内在观点)的结合。这种惯习性效力标准是对哈特承认规则的改造而来的。而且陈景辉博士也同意科尔曼的观点,把这种惯习看做是共享合作行为的组合,这样理解的惯习是可以说明法律的规范性的。[36]

包容实证主义所强调,分离命题意味着法律效力标准的划定,这种标准就是合作性惯习,这种惯习是事实性的,因此,分离命题是成立的。但是,包容实证主义并不否认法律效力标准中可以以道德为内容。这并不与分离命题相矛盾,因为,这些道德内容是通过合作性惯习这个途径进入法律的,而不是通过自身的道德合理性成为法律的一部分的,因此,与法律仅仅有一种偶然的联系(法律与道德在内容上的联系)。与法律有着必然联系的是惯习(效力上的联系,即必然联系),而惯习是事实性的。

与包容实证主义相反,排他性实证主义就过于极端了,全盘否认法律与道德之间的联系,即否认法律与道德之间存在内容上的联系。很多法律中都包含道德作为法律的效力标准,美国宪法中的"平等对待"的条款就是一例,因此,排他性实证主义是错误的。

朱振先生基本同意这种包容实证主义的立场,他同意如下命题:(1) 分离命题意味着法律效力标准不包括道德,同时承认法律在内容上可以包含道德;(2) 而且他似乎也同意用共享合作的行为来说明法律的规范性。[37]

但除此之外朱振先生还讨论了构成分离命题的几个重要概念:必然、法律、道德。其中值得关注的是他对"道德"概念的讨论,他借鉴了莱斯利·格林(Leslie Green)的观点,区分了三种道德:实在的道德、制度的道德、合理的道德。这是非常重要的区分,可惜朱振先生一带而过,没有对合理的道德进行追问和讨论。在本文中将看到,假如正确地理解道德,那么,道德本质上是合理的道德。朱振先生还讨论了"必然"这个概念,虽然没有深入的讨论(仅仅是引证了

〔36〕 参见陈景辉:《法律的界限:实证主义命题群之展开》,中国政法大学出版社 2007 年版,第198—208 页。

〔37〕 参见朱振:《哈特/德沃金之争与法律实证主义的分裂:基于分离命题的考察》,载《法制与社会发展》2007 年第 5 期。

格林的一段话），但是，这是十分重要的。

3.5 本文的创新之处

陈景辉博士和朱振先生的研究都是非常扎实与准确的，是近些年不可多得的研究。首先，他们的研究都有着良好的问题意识，通过研究问题细读法律实证主义及其相关的争论；其次，他们对包容实证主义的诸多命题的把握是十分准确的，结合问题，展示了分析法学的精彩之处。

但是，我还是有一些保留意见来揭示本文与他们研究的不同之处，这种不同也是本文论点的体现。

3.5.1 对于分离命题的理解不同

陈景辉博士和朱振先生都把分离命题理解为意在解决法律的效力标准的问题，即说明法律的效力标准中为什么不含有道德。因此，法律的界限得以划定。他们赞同包容实证主义的观点，官员间的合作性惯习是价值无涉的，同时也是法律的效力标准。所谓官员的惯习是指某一社会中具有政治权威的一群人的行动，这些行动决定了法律的产生和变化；假如没有相关行动的出现，法律也就无从谈起。所以，包容实证主义的观点可以简单地总结为“没有官员行动就没有法律”。这一观点是具有很大的合理性的，因为，从常识上讲，社会中存在着不同的规范，法律规范的特殊之处在于总是和权威、官员、国家相连，而道德无需和它们有必然的关系。因此，法律和道德的划分必然是存在的，把这种区分标准本身界定为行为也有着初步的合理性。

我认为，对于上述的观点，排他性实证主义者（如拉兹）和德沃金都是不否认的，那种认为所有的道德都是法律，或者法律与道德间根本没有标准可以将它们分开是极为疯狂的理论，而且是反直觉的。按照我的理解，德沃金并不反对法律和道德之间存在着效力上的界限，但是，划定界限本身并不是德沃金所关注的问题，他称这种问题为“分类式的概念问题”。[38] 德沃金关注的是“哲学说明”的问题，即对法律的必然属性——规范性应该给出什么样的哲学说明，以及这种说明不涉及道德可能吗？德沃金给出的答案是不可能。这与包容性实证主义试图通过事实性的合作性惯习来说明法律的规范性是针锋相对的。

我是赞同德沃金的这种对分离命题的解释的，而且拉兹同样也是以这种方式理解分离命题的。[39] 这种分离命题是一个真正需要讨论的问题，而不是包

---

〔38〕 See R. Dworkin, *Justice in Robes*, Harvard University Press, 2006, p.4.

〔39〕 See J. Raz, “Authority, Law and Morality”, *Monist* (1985), Vol.68, pp.311—312.

容实证主义光荣而简单的胜利;这种分离命题也是一个真正具有难度的命题,需要我们对语言哲学和伦理学的探索和讨论。

3.5.2 对"必然"的哲学说明不同

陈景辉博士的著作中没有讨论"必然"意味着什么,朱振博士对"必然"的界定也没有给予足够的重视。而我认为,这是一个关键性的问题,因为,哈特以及其后的一系列争论都是围绕着"法律的概念"这一普遍法理学问题而展开的。那么,首当其冲的问题就是什么是"概念问题",即什么是"必然"。包容实证主义虽然也使用了"偶然"与"必然"这一对划分,但是,并没有在语言哲学的基础上真正揭示什么是"必然"。本文将在这个方向上进行努力,以克里普克-普特南的理论为支撑,辅以蒯因的语言哲学,从而明确"必然"意味着什么。在做了这番阐释后,我们将看到,"必然"与"惯习"是两个层面的东西,惯习不可能正确地说明法律的重要特性。

3.5.3 对排他性实证主义的理解不同

按照通常的理解,排他性实证主义的代表是拉兹,他主张法律与道德没有必然的关系,因此,他是一位比包容性实证主义更为极端的对分离命题的捍卫者。但是,本文不这样认为。我认为,拉兹的权威命题本身是一种道德命题,而不是否定、排除道德的命题。拉兹建立起权威与法律概念的关系本质上就是承认法律与道德有着必然的联系,也就是说,说明法律的概念假如不可避免地借助权威这个概念的话,也就不可避免地借助道德。因此,他并不赞同分离命题。

另一方面,与德沃金相同,拉兹区分了从哲学上说明法律概念与识别法律这两个问题,而后一个问题就是德沃金声明自己不做探讨的"分类学式的法律概念研究"。拉兹提出了"渊源论"来解决法律识别的问题,这一识别不需要借助渊源之外的任何道德信条,因此,法律与道德没有必然联系就被想当然地归为拉兹的名下。但是,回到了分离命题真正所要关注的"概念分析"(哲学的概念说明)问题时,拉兹认为渊源是一种理由,这种理由与权威有着必然的联系,因此,说明渊源必然要涉及道德。总之,对排他性法律实证主义正确地阅读将会使我们看到这是一种更为合理的立场。

3.5.4 缺乏对"道德"概念的分析

谈论分离命题,假如缺乏对"道德"的概念分析将是极大的缺陷,因为,"道德是什么"在伦理学中同样是一个充满了争议的概念,其分歧程度不亚于"法律"这个概念。但是,国内现有的对分离命题的研究往往缺乏对"道德"概念深入的哲学思考。仅仅是简单地把"道德"理解为某一社会中流行的一种行为规范,或者把"道德"看做是人们的规范性的态度表达,或者是在规范性态度上达成的共识。我们将看到，这些对“道德”的概念分析将得出一种主观主义、非认知主义的道德观。但是，本文赞同一种客观主义的道德观，同时批评主观主义的道德观。有了这种客观主义的道德观，我们将看到为什么德沃金在承认法律与道德存在界限的同时，又认为说明法律这个概念道德是必不可少的。

值得说明的是，“法律”的概念分析需要关于“必然”、“概念”的正确的语言哲学或语义学，对“道德”的概念分析也同样如此，没有普遍的语言哲学的帮助，我们对于“道德”概念的分析将不会顺利。因此，语言哲学是法律的概念问题的最为普遍的背景。

4. 研究方法

这里所说的研究方法主要是语言哲学中关于概念和意义的理论，根本上是种哲学理论。这些哲学理论并不是关注“法律的概念”而产生的，但是，作为具有普遍性的背景性资源，对它的探讨成为我们能否正确分析法律概念的关键。本节将讨论一种较为成功的关于概念的理论，借助这种理论我们会清楚什么是概念问题，以及概念分析的正确方法。

4.1 克里普克-普特南的可能世界语义学

可能世界语义学的引介可以给我们带来双重的益处：(1) 通过了解可能世界语义学，我们能够知道“必然”一词意味着什么，进而我们就清楚了什么是概念问题；(2) 可能世界语义学可以作为批评哈特语义学的有利工具，它为我们指出了概念问题研究的新思路。

4.1.1 模态逻辑与可能世界语义学概述

模态逻辑是关于必然性与可能性的逻辑，这是与罗素（Betrand Russell）以来的经典逻辑的最大区别。简单地说，就是在逻辑推理的命题中出现了“必然”和“可能”这样两个模态词，它们的出现使得某些经典逻辑规则不能适用了。例如，经典逻辑的命题“行星的数量小于 9”（命题 A）是真的，因为现今有 8 颗行星；但是，加上模态词的另一个命题的真值就不能为“真”了：“行星的数量必然小于 9”（命题 B）。因为，2006 年 8 月世界天文学大会召开之前，行星的数量为 9，命题 B 中所包含的“必然”意味着不仅仅适用于现在，也同样适用于过去和将来，因此该命题是错误的。

模态逻辑真正能够实现推理的有效性，首先要处理的就是“必然”和“可能”这两个模态词到底意味着什么。由此发展出的理论就是可能世界语义学，其作用是用来阐释模态词的意义。根据可能世界语义学,"必然"意味着某一命题在任何一个可能世界都具有同样的真值;而"可能"一词相反,它并不能保证这一点。例如,我们可以说,在某个可能世界中,尼克松可能不会当选美国总统,那么,"成为美国总统"这一点对于尼克松来说就不是必然具有的特征。"可能世界"并不意味着一个真实存在的世界,用克里普克的话说,可能世界并不是与我们的真实世界同样现实存在的;它也不是一个遥远的世界,我们可以通过望远镜来发现它;可能世界是通过一些描述性条件结合真实世界而得出的。[40]

对此要给出两点说明:(1) 所谓"描述性条件"意味着虚拟条件(counterfactual condition),例如,假如尼克松当年竞选时作出了某种错误的决定,那么,尼克松就不会当选为该届美国总统;(2) 这些虚拟条件要结合真实世界才能够构造出可能世界,但是,我们不可能结合整个真实世界,我们只能结合真实世界中与该问题相关的部分,例如,在尼克松的例子中,我们仅仅结合有关尼克松竞选的一些情形,同时排除了真实世界中其他不相干的情况。

4.1.2 专名的意义

4.1.2.1 专名研究的回顾

可能世界语义学的提出对语言哲学有很大的影响,特别是关于词语意义的一些哲学理论。克里普克最先讨论的是专名(proper name)的意义问题。[41] 所谓专名是一种特指的名称,包括人名、地名,与其相对的是通名,通名的对象往往是一个类别,包含多个对象。约翰·斯图亚特·密尔认为,专名只有外延,没有内涵。这里所谓的"外延"是指专名对应的对象;"内涵"是指人们用以判断词语所指的标准。密尔用达特茅斯(Dartmouth)这个城市的名字举例,这个专名当初的得名是由于该城市位于达特河(the Dart)的河口(mouth)。假如达特河改道,该城市不再位于达特河的河口,该城市仍然会被称为"达特茅斯"。因此,"位于达特河河口"并不是"达特茅斯"这个专名的内涵,即我们不是总能够用该内涵来识别出达特茅斯这个城市。

但是,弗雷格(Frege)和罗素对密尔的观点提出了批评,他们认为,专名假如没有内涵的话,根本就没法使用了,试想假如我们不知道任何的判别标准,某专名将如何使用呢?例如,我们怎么知道亚里士多德指的是谁呢?我们只有了解了他是"柏拉图的学生"、"亚历山大的老师"、"《工具论》的作者"后,才能够正确地确定所指,并使用该专名。因此,专名其实是一种缩略的或者

〔40〕 See S. Kripke, *Naming and Necessity*, Basil Blackwell, 1972, pp. 43—47.

〔41〕 Ibid., p. 26 ff.

经过改造的摹状词(description)。所谓摹状词就是指描述对象的某些特征的词语,“亚历山大的老师”、“《工具论》的作者”这些词语都属于摹状词。摹状词分为确定摹状词和非确定摹状词,前者是指能够唯一地确定指称对象的摹状词;后者并不能唯一地确定指称对象。根据罗素的理论,专名其实就等于确定摹状词,例如,“亚里士多德”这个专名就等于“《工具论》的作者”这个确定摹状词。

但是,这种摹状词理论有一个困难,并不是所有的专名都可以由确定摹状词来确定指称,例如,“摩西”这个专名可以被等同于“带领犹太民族出埃及的那个人”,但是,也许出埃及仅仅是一个传说,并不真实,历史上摩西这个人并不能用这个摹状词来说明。而且一个专名可以由很多的摹状词来确定,它到底等同于哪个摹状词呢? 为解决这一难题,塞尔(John Searle)提出了“簇摹状词理论”,即一个专名并不是等同于单一的摹状词,而是由一簇(a cluster)摹状词来确定,即专名等同于这一“簇”中足够的数量的摹状词。

4.1.2.2　克里普克的专名理论

克里普克认为,以罗素、塞尔为代表的将专名等同于摹状词的理论,尽管有着不同的形式,在根本上都是错误的。因为,他们忽略了专名有着不同于摹状词的逻辑特征,即专名在任一个可能世界中都指称着同一个对象,而摹状词则不具有这样的逻辑特征,它在不同的可能世界中可能指称着不同的对象。克里普克称专名为“严格指示词”(rigid designators),而摹状词就不是严格指示词。[42] 我们可以想象在某一可能世界中,亚里士多德并不是柏拉图的学生,或者被我们的历史学家搞错了,他从来没有师从柏拉图,他在雅典仅仅是一个普通人,而且也从未写过一本叫《工具论》的书,那么,我们就不能认为“亚里士多德”这一专名与“柏拉图的学生”这一摹状词是等同的。换句话说,“柏拉图的学生”可能并不指向亚里士多德,但是,“亚里士多德”不可能不是亚里士多德。专名永远是它自身,指向同一个对象。

我们可以看到,克里普克正是借助模态逻辑和可能世界语义学作出上述区分的:专名具有模态词“必然”所具有的逻辑特征,它在一切可能世界都指向同一个对象正是对专名的一种可能世界语义学的解释。

克里普克对罗素摹状词理论的批评同样也适用于塞尔的簇摹状词理论,尽管塞尔的理论没有把专名等同于某一个摹状词,而是等同于不定数量的摹状词。但是,在某个可能世界中,摩西可能并没有完成《圣经》中记载的那些伟绩,

[42]　See S. Kripke, supra note [40], p.47 ff.

他仅仅是个普通人;而在另一个可能世界中,摩西可能只做过《圣经》中记载的部分功绩,并没有哪种功绩在任何一个可能世界中都由摩西完成过。因此,"摩西"这一专名不等同于任何一个摹状词,同样,也不等同于任何摹状词的逻辑合取。[43]

4.1.2.3 专名与形而上学

我们通过模态逻辑和可能世界语义学区分了专名与摹状词,下面我们要在更为广泛的哲学层面上来认识这一区分。我们前面谈到,专名具有特殊的逻辑特性,使得它在任何一个可能世界中都指向同一对象,但是,专名本身并没有描述这一对象的任何特征,它仅仅与对象直接地相连,不通过任何描述性中介。假如专名像摹状词一样,是有内涵的,那么它就不可能在任何一个可能世界中都指向同一对象,因为,该对象在某个可能世界中可能并不具有该种描述性特征。

而摹状词并不必然与对象相连,它是对对象的认识的结果。而且这些摹状词表达的描述性特征可能是错误的,或者说不是"必然"正确的。在这个意义上,摹状词是一个认识论上的概念;而专名是一个形而上学的概念[44]。专名表达的是世界上有哪些对象存在;而摹状词是对这些存在的对象的描述。

在逻辑的意义上,形而上学概念是先于认识论上的概念的:任何的描述性特征都有一个承载者,这个承载者就是专名所标志的对象。例如,"带领犹太人出埃及的人"作为一种特征的描述是针对某一对象的描述,尽管我们在描述之前对对象的特征一无所知,但是对象本身是被预先设定的。另外,对象本身也是描述是否正确的最终确定依据。后面将进一步阐释对象这个概念,说明为什么它可以作为摹状词的最终依据(参见4.3)。

因此,概念分析是一种形而上学的工作,在上述意义上,应该与认识论上的探讨划清界限。当然,我们所谈的概念不仅仅是专名,更为重要的是通名,这里提前说明的是专名的这一特点同样是适用于通名的。它们本身都不提供任何的认知标准,而是与对象直接地相连。

4.1.3 通名的理论

根据上文,我们可以认识到专名与摹状词有着逻辑上的不同,摹状词确实可以帮助专名确定指称,但是,两者的意义并不等同。专名是一个形而上学的概念,与其指称的对象直接相对应;而摹状词是一个认识论的概念,是对对象的

〔43〕 See S. Kripke, supra note〔40〕, pp. 60—67.

〔44〕 Ibid., pp. 35—39.

诸种特征的、可修正的认知。但是,这一区分经常被混淆,词语的意义常常被认为是人赋予的,或者是作为群体的人共同约定的,用普特南的话说,意义被误认为是存在于头脑当中。[45] 普特南认为,这种论调把词语的意义等同于心理状态,犯了方法论唯我主义的错误。

克里普克和普特南都认为,这一套理论不仅仅适用于专名,同样适用于通名,其中最为典型的就是自然种类词(natural kind term)。所谓自然种类是指依据它们的独特特征被归为一类的事物,这种归类并不是随意的,该归类可以用该类事物共有的"深层机制"给出说明。[46] 例如:"黄金"、"水"、"酸"都属于通名中的自然种类词。"法律"显然不是专名,因此,专名的分析似乎帮助不大;"法律"是通名,但不是自然种类。根据克里普克和普特南的观点,专名所具有的逻辑特征可以适用于自然种类词,经过拓展同样可以适用于像"法律"、"道德"这样的通名。我们先考察自然种类词如何共享专名的理论。

4.1.3.1 孪生地球

孪生地球是普特南设计出的一个思想实验,用来反驳将通名的意义等同于心理状态的理论。[47] 所谓的孪生地球是指与我们的地球非常相似的星球,它们唯一的不同点是孪生地球上的水的化学式不是 H_2O,而是 XYZ。再假设,在常温常压下,XYZ 与 H_2O 是无法区分的,它们的江河湖泊中流淌的都是 XYZ,而且因为孪生地球上人的某些特殊的结构,他们无法品尝出 XYZ 的特殊之处。

假如地球上的宇航员乘坐飞船来到孪生地球,当他们发现这一区别时,会向地球发回报告说:"在孪生地球上,水这个词被用来指称的东西其实并不是水"。在这个报告中,"水"仍然是 H_2O,而孪生地球上的"水"一词的用法是有待纠正的,或者说是两个地球之间有待协调的。换句话说,"水"一词指向了具有特定物理结构的对象,在地球上,该词是指化学结构为 H_2O 的一类物质;在孪生地球上,它是指化学结构为 XYZ 一类的物质。

这个思想实验可以说明两个问题,第一,为什么通名的意义不是一种主观的心理状态。假如把时间调回到 200 年前,那时两个地球上都不懂得化学结构分析,那么,地球与孪生地球上的居民对水的认知是完全一样的,都是通过水的一些外在特征(无色、无味、液体)来识别判断水。但是,它们却指称着两种完全

〔45〕 See H. Putnam, "The Meaning of 'Meaning'", *Mind, Language and Reality*, Cambridge: Cambridge University Press, 1975, pp. 219—222.

〔46〕 See H. Putnam, "Is Semantics Possible?", Ibid., p. 139.

〔47〕 See H. Putnam, supra note 〔45〕, pp. 223—227.

不同的液体，这种不同要 200 年后才能得以发现。假如我们回顾这一历史时刻，我们会说，孪生地球上的人所指的并不是水，而地球上的人所指的是水，尽管他们有着相同的心理状态，但是，水的意义仍然是 H_2O，200 年前相同的心理状态并不能决定"水"的意义。

第二，"水"是一种严格指示词，这一点与专名是相同的。一旦我们通过科学研究，发现水的内在化学结构是 H_2O，那么，我们可以说在任何一个可能世界中水的意义都是 H_2O，尽管该可能世界中的人们并未认识到这一点。

4.1.3.2 通名的严格指示性

有人可能对上述理论提出质疑：水并不是在所有可能世界的意义都是 H_2O，意义仅仅是一种主观的东西，它决定了词语的外延，而不是相反。因此，对于 200 年前的人来说，水的意义就是"无色、无味"这些表面特征，而水的意义在 200 年后发生了改变，对于我们，它的意义是 H_2O；同样，在两个可能世界中，"水"的外延也是不同的。

这种反驳仿佛是有力的，但是，它从根本上误解了语言的任务。根据这种理论，语言的任务仅仅是反映人们的头脑对外在世界的印象，200 年前人们对水的认知就构成了当时水的意义。但是，200 年后人们头脑中的另一种印象（H_2O）为什么可以对 200 年前的印象（无色、无味）进行纠正呢？既然"水"一词的意义在两个世界中是不同的，那么，它们就是指称着两种不同的事物，我们甚至没有理由把它们进行比较。因此，我们在这里追问的是：什么是我们做这种比较的基础呢？

有人可能认为，这种比较的基础在于 200 年前的人们与我们共同使用相同的"水"这个词。但这种说明是不充分的。也许这种共同使用是一种巧合，或者是人们懒惰的结果：他们觉得发明一个新的词汇来指称 H_2O 是一件很麻烦的事情，就借用了过去的用法。这仅仅是两种不同的东西分享了一个共同的名字，没有理由认为分享共同名字的就可以进行比较。

因此，分享共同名字意味着更为深刻的关系：200 年前的人们和 200 年后的我们指称的是一种相同的物质，"无色无味"同样也是对 H_2O 的一种认知，只有在这个基础上我们的认知才能够与 200 年前的认知建立起关系，因为，我们都面对着共同的外在世界中的某个部分。语言的任务是对外在世界的反映，而非对主观印象的记录。尽管 200 年前的人们并不知道 H_2O，但是，他们仍然认识到"水"这个词不仅仅是代表了人的主观印象，而是对一个具有相同特点的物质种类的指称。而该物质种类就是由它们的微观物理结构（例如，H_2O）来确定的。因此，在 200 年前，水也同样指称着 H_2O，虽然当时的人们并没认识到这一点。

我们到此可以做两点概括:(1) 像"水"这样的通名同样具有专名那样的严格指示性,在任何一个可能世界中,它都指称着 H_2O,但这一点是独立于人的认知的,是属于形而上学层面的。(2) 这种通名的理论是实在论的[48],因为,名称并不等于人们的主观心理状态,而是与外在的客观实在对象相连的。

4.1.3.3 范例

在关于通名的讨论中,范例(paradigm 或者 stereotype)的地位是需要被讨论的,不仅仅是它是我们现在哲学讨论的一部分,更为重要的是,在法理学中,也有着对待范例的各种不同的理论态度。例如,蒂摩西·恩迪科特就认为,哈特法理学的核心目的就在于捍卫范例说明法律概念的重要性,而且这种说明是成功的[49];而德沃金正相反,他认为理论上没有不可推翻的范例,因此,范例对于法律的概念问题的必然性研究是没有多大重要意义的。[50] 在克里普克和普特南的通名理论中,范例有着什么样的地位呢?

范例是指通名所指称的类中具有典型性的那些事物,或者是属于该类的事物的一些典型性的特征的集合。例如,老虎的典型性特征就包括"身上有条纹"、"有四条腿"等;黄金的典型性特征包括"呈黄色"、"有硬度"等。假如仅仅知道老虎、黄金这样的通名是指由于某种特征而构成的一类事物,那么,我们没法说一个语言使用者已经正确地掌握了该词语的使用方法。正确掌握该词语还需要知道关于该对象的更多信息,其中最为主要的就是该事物的典型性特征,即范例。

根据普特南的观点,范例是惯习性或者约定性的[51],即在某一社会中,人们对该种类事物达成的一种共识,以此种共识作为判断某个个体是否属于该种类的标准。但是,范例所确定的特征对于该通名来说并不构成"必然的要件",例如,我们可能发现得了白化病的老虎,它们身上并没有条纹;又如,纯金是接近于白色的,黄色正是因为黄金中包含了杂质。因此,我们不能说不符合范例的事物将被排除在该种类之外,我们只能说:范例本身是可修正的。

那么,范例在我们的语言中是不是没有作用呢?答案是否定的。范例与必然、概念问题无关并不意味着范例没有相应的语言作用。其最为明显的语言作

〔48〕 See H. Putnam, supra note〔45〕, pp.235—238.

〔49〕 See T. Endicott, supra note〔16〕, p.48 ff.

〔50〕 See R. Dworkin, supra note〔11〕, pp.72—73.

〔51〕 See H. Putnam, supra note〔45〕, p.249.

用就是使交流成为可能[52]。范例可以通过指定某些特征使得人们在具体的语境中明确该词语意味着什么，或者使得人们能够实现彼此之间对词语的一致使用，只有在这个基础上正常的交流才是可能的。

因此，在概念问题的探讨中，克里普克和普特南的理论是支持德沃金的法理学结论的：范例并不能作为判断法律的必然属性的依据；同时，并不否认范例在探讨法律问题中的其他作用。

4.2 蒯因的挑战

蒯因关于意义的理论对克里普克和普特南的理论构成了根本性的挑战，尽管蒯因的理论在他们之前就完整地提出了。通过上面的介绍，我们可以看到克里普克和普特南区分了必然和偶然，前者是指在所有可能世界中都"为真"，也可以说，这种必然命题是不可修正的、恒久为真；而另一类命题仅仅因为某些可能世界中的特定条件而为真，并非永远为真。克里普克和普特南的意义理论就是以"必然真"的存在为前提的。而蒯因理论的破坏性在于它否定这种必然真的存在。

4.2.1 关于单身汉的分析

蒯因是从一个似乎毫无争议的例子开始他的分析：单身汉必然是未婚男子（命题 A）[53]。这一命题毫无争议是真的，而且似乎同样毫无争议地"必然真"。我们可以通过另一个命题来对比说明："单身汉必然是单身汉"（命题 B）。命题 B 是真的，假如我们能够判断"单身汉"与"未婚男子"具有同义性的关系，那么，我们就可以不改变真值地用"未婚男子"替换"单身汉"，进而得到命题 A。

但是，困难就在于如何判断二者的同义性。蒯因设想的第一种答辩是辞典式的定义。这种回答是没有力量的，因为，辞典的编纂者把某一种同义关系词组记录到辞典当中恰恰是因为同义关系的存在。因此，这种回答是本末倒置的，它用假设了同义性的论据去说明同义性。

还有一种同样具有循环性的回答是"单身汉"与"未婚男子"两个词具有同义性意味着，可以在语句中互换而保持命题的真值不变。在命题 A 中实现这种保真互换的条件在于"单身汉"和"未婚男子"在任何一个可能世界中都指称着同一个对象。但是，我们发现这种说明同义性的方式预设了可能世界语义学，

〔52〕 See H. Putnam, supra note〔45〕, pp. 250—251.

〔53〕 参见〔美〕蒯因：《经验主义的两个教条》，载马蒂尼奇（主编）：《语言哲学》，牟博等译，商务印书馆 2004 年版，第 46—50 页。

我们在前面了解到可能世界语义学是用来说明什么是“必然”的。我们的任务是用同义性来说明“单身汉”和“未婚男子”之间的“必然同一”关系，而我们这种说明同义性的方式已经运用了“必然同一”，因此是循环论证。

真正避免循环论证的同义性概念是认知同义性(cognitive synonymy)，这种同义性意味着人们赋予“单身汉”与“未婚男子”以相同的含义，即人们总是在特定的语境中相同地、不加区别地使用它们。或者当人们面临相同的情况时，使用这两个词汇中的任何一个都是正当的、不会引起争议。这两个概念之所以会被相同地使用，原因在于语言学习和训练的结果，即语言实践使得人们认为它们是等同的。但是，蒯因认为，认知同义性并不能保证命题A“必然”为真，因为把“单身汉”与“未婚男子”等同起来依赖的是特定的语言实践，而这种语言实践是偶然的事实，并不能保证两者“必然”等同。

单身汉的例子是非常极端的，蒯因的理论假如对它是成立的，那么，对于“水必然是 H_2O”就更加成立了，因为，H_2O 与水远远没有“单身汉”与“未婚男子”在认知同义性的意义上联系得那样紧密。水的分子结构是 H_2O，这一点同样是通过特定的认知实践建立起来的，其中包括科学理论的介入。最终仍然属于我们所在的这个现实世界中认知的结果，并不能保证形而上学的结论。我们甚至可以想象将来的科学研究推翻“水是 H_2O”这个结论。因此，对于克里普克和普特南的理论而言，蒯因的结论具有颠覆性。

4.2.2 蒯因的语言观

那么，蒯因是如何看待语言的呢？蒯因是一个经验主义者，但是他并不认为，每一个陈述本身直接地对应着经验世界，他认为，语言作为一个整体与经验世界相接触。语言整体中的陈述是相互联系的，对其中一些命题是否为真的怀疑将影响到其他的一些命题。经验是整个语言系统的边界性条件，语言面对经验世界自我作出调整，但是，这种调整是有很大的自由度，我们可以选择调整哪些命题，同时保留另外的命题。例如，出现相反的证据(光在太阳附近发生偏转)并没有马上否定牛顿的理论，我们选择保留的是牛顿的理论，否定的反而是“光在太阳附近发生偏转”这一观察性陈述，即认为该观察由于其他的原因可能是不准确的。

根据蒯因这种整体主义的语言观，我们过去所称的那些客观世界中的“实体”仅仅是一种理论的设定物，它们只是我们的语言面对经验世界作出的一种划分，完全有可能作出另外一种样子的划分。也就是说，我们所拥有的概念系统是我们特殊经验的产物，所谓的“实体”是我们概念系统之内的一种理论设定，它的作用是使我们的理论构造更为简单。例如，我们会设定原子、力、数学上的类的存在，这些理论设定物的存在使得作为预测未来世界的工具的语言系统更为简洁、准确。因此，蒯因甚至不无夸张地说，哲学科学理论上的“实体”与荷马史诗中的“诸神”在认识论上有着相同的地位。〔54〕

既然语言系统（概念系统）是人的特殊经验的产物，经验世界作为约束条件会改变语言系统中的任何一个命题。尽管在语言系统中，不同的命题有着不同的地位，例如，逻辑命题在语言系统中处于核心地位，这是最不容易被修正的命题，但并不代表“不可修正”，蒯因就指出有人甚至设想修改逻辑的排中律来简化量子力学。〔55〕蒯因认为，在这个意义上没有任何的命题是可以免于修正的，因此，也就不存在任何先验命题，没有哪个命题可以保证在所有可能世界中为真。所谓的必然命题在蒯因的眼中仅仅是具有“中心性”，即“不易”被修正，但是不等于不可修正。用蒯因的比喻来说，整个语言系统是由各个命题构成的拱形结构，拱形结构的支撑不是由某块砖实现的，而是由各块砖相互支撑的。我们可以设想一次剧烈的地震使得拱形结构摇摇欲坠，不可能有哪些命题是屹立不倒的。〔56〕

4.2.3　刺激同义性与翻译的不确定性

蒯因认为，面对经验世界我们可以发展出不同的语言概念系统，那么，这些语言系统之间的可翻译性如何被解释呢？与这个疑问相同的是，语言中存在着同义词，例如“单身汉”和“未婚男子”，这些同义词之间的关系如此地紧密，假如不用它们指称着同一对象来解释，又能如何呢？蒯因的语言哲学对这些现象给出了自己的解释。

首先，蒯因认为，语言是人类面对经验世界而产生的，它的出现可以简化我们处理与世界之间的关系。也可以说，语言是刺激的产物，其基本作用在于人与人之间的交流成为可能。词语之间的同义性现象也是如此，我们可以将其定义为面对某一情景人们作出的相同的肯定（或者否定）的反应。这种同义性被蒯因称为“刺激同义性”。而语言中的翻译也是这种刺激同义性的表现，不同的是它是发生在两个相互独立的语言系统之间的。

蒯因认为，翻译是具有不确定性的，即具有刺激同义性的两个词汇并不一定指向同一对象，也就是说，刺激同义性并不能保证词汇外延上的同一。〔57〕蒯

〔54〕参见〔美〕蒯因，注〔53〕引书，第60—63页。

〔55〕See also H. Putnam, "Possibility and Necessity", *Realism and Reason*, Cambridge University Press, 1983, pp. 46—53.

〔56〕参见〔美〕蒯因：《语词和对象》，陈启伟等译，中国人民大学出版社2005年版，第12页。

〔57〕同上书，第53—59页。

因设想了一个著名的例子来说明这一点，一位人类学家到土著部落做人类学的调查，在他们一同狩猎的时候，从草丛中窜出一只兔子，土著人马上说"Gavagai"，人类学家把这一点记录下来，把"Gavagai"作为中文中"兔子"的一个尝试性的翻译。在接下来的语言实践中，人类学家认真地考察土著人对"Gavagai"一词的使用情况，结果发现在所有的场合该词的使用与"兔子"是完全相同的，也就是说，面对某一情景两个词汇有着相同的刺激反应，即两者具有刺激同义性。

但是，刺激同义性并不能保证两个词汇指称的对象是相同的，"Gavagai"这个词可能指称的是(1) 兔子的某一部分；(2) 某个年龄阶段的兔子；(3) 并不是单称的兔子，而是所有兔子的集合；(4) 兔子的抽象属性，即兔性(rabbithood)。因此，尽管两者具有刺激同义性，但是，它们指称的对象是完全不同的。有人可能认为，两者之间的这种差异可以通过手势、提问等方式消除，进而实现精确的翻译。我们确实可以指着兔子的头，区分开"Gavagai"指的是兔子整体还是兔子的一部分，但是，手势并不能区分开兔子与兔性，甚至不能区分开兔子与某一年龄阶段的兔子。假如伴有适当的提问，可能我们可以作出更多的区分，例如，我们可以问"这只 Gavagai 与那只 Gavagai 是同一只吗?"这个问题可以用来判定 Gavagai 是不是指称兔子的集合。或者我们可以问"Gavagai 指的是一种性质，还是承担性质的载体?"这个问题也许能够搞清楚 Gavagai 是不是指称着兔性。但是，这种手段是有限的，它仅仅能够作出某些区分，并非所有。面对共同的经验世界，两种语言系统产生出的完全不同的概念区分系统，完全不同的设定物，它们分别通过各自的系统来看待世界。我们任何的提问都是从我们自己所拥有的概念系统出发，尽管在交流的过程中，我们会对土著人的分类方式有更多的了解，但是，想实现土著语言与中文的指称上的精确对应是不可能的，因为这需要极大量的信息，我们根本无法获得。

因此，我们能够作出判断的仅仅是刺激同义性，即在某些语境中我们对"Gavagai"和"兔子"总是作出相同的肯定或者否定判断，但至于这两个词汇背后所指称的对象是不是同一的，我们无法作出判断。这超出了我们的证明范围。蒯因的这种"翻译不确定性"和"指称的无法证明性"的思想说明本体是无法被证明的，因此，蒯因得出了本体论相对主义的观点。

克里普克和普特南之所以能够谈名称的必然意义，原因在于无论是专名还是通名，它们都在任何一个可能世界中对应着同一个对象。但是，按照蒯因的理论，名称背后对应的本体是无法证明的，所谓的"对象"根本上是一种设定物，是经验认知的一种结果，无"必然"可言。在蒯因眼中，意义是刺激的结果，是人对经验世界的一种反应,并不具有本体论意义。这在根本上摧毁了克里普克和普特南理论所必需的认识论和形而上学的划分。正是在这个意义上,蒯因认为,意义是可以被经验研究的,是"刺激—反应"研究的一部分,语言哲学是科学的一部分。这种"自然化的认识论"的观点对当代的法理学也有所影响,其最著名的代表者是布莱恩·莱特(Brian Leiter),他提出的自然化的法理学就是以蒯因的语言哲学为基础的。[58]

4.3 普特南对可能世界语义学的发展

4.3.1 普特南对蒯因理论的肯定

普特南承认蒯因理论的有效性,他承认并没有独立于人类认知的任何实体可以作为名称(专名和通名)的"对象",即使有的话,我们也无法通过任何的证据来证明这一点。我们通常所说的"水"、"黄金"、"法律"这些名称的对象仅仅是人为的设定物,当然,设定物并不意味着这些对外在世界的划分是任意的,相反,这些设定物的存在是理论运用的结果。假如蒯因这一点是正确的,任何被我们认为是对象的东西恰恰是人类认知的结果,那么,普特南理论中的形而上学与认识论的区分就垮掉了。因为名称正是与对象直接对应,而非与人类对对象的任何认知相对应才被称为是形而上学层面的语汇,才与摹状词划分了界限。由于20世纪70年代的普特南把对象看做了独立于理论认知的东西,所以,他称自己过去的这种理论为"不加修饰的实在论"[59]。

至于"水"的本质H_2O,普特南也认识到这种物质的微观结构并不等同于"对象"本身,H_2O这种分子结构的发现是科学理论的一个成果,而科学理论是属于人类对客观世界的认知,因此是属于认识论范畴之内的。用普特南的话说,H_2O最多是"水"的物理学上的必然,而非形而上学上的必然。[60] 因此,我们不能得出"水必然是H_2O"的结论,该命题并非是不可修正的结论,而是人类迄今为止可错的对外在世界的认知。我们所谓的"必然"命题仅仅是语言系统中不易修正的命题,这一点构成了对普特南理论的根本冲击。

---

〔58〕 See B. Leiter, "Rethinking Legal Realism: Toward a Naturalized Jurisprudence", *Texas Law Review* (1997), Vol. 76, p. 267 ff.; see also "Legal Realism, Hard Positivism, and the Limits of Conceptual Analysis", in supra note〔16〕, p. 355 ff..

〔59〕 See H. Putnam, supra note〔55〕, p. vii.

〔60〕 See also H. Putnam, Ibid., pp. 63—66; see also Putnam, *Realism with a Human Face*, Harvard University Press, 1990, pp. 63—70.

4.3.2 普特南与蒯因理论的差异

但是，普特南并没有完全同意蒯因的理论，他认为必然命题还是存在的，当然不是在原来的意义上存在。他提出至少有一个命题是必然的、不可修正的。[61]

首先，我们考察逻辑中的矛盾律："一个命题不能既为真又为假。"用符号表示即 ~(p & ~p)。普特南并不认为矛盾律是必然命题，这一点他同意蒯因的观点：逻辑命题是语言系统的核心区域，但并不意味着面对经验世界它是不可修正的。矛盾律在宏观世界中是普遍应用的，但是，在微观世界，例如，在量子理论领域，我们可以放弃逻辑规律，而接受某种量子理论。[62]

但是，普特南认为，一种"弱版的矛盾律"却是必然命题，即"最小的矛盾律"：不可能每一个陈述都既为真又为假。这一陈述是不可否定的，我们可以设想某个理论 T，假如理论 T 得到证明的话，那么，所有的命题都既为真又为假，即否定了"最小矛盾律"。但是，理论 T 的问题在于它自身的证明也构成了对自身的否定，理论 T 本身也是既为真又为假。

有人可能认为，这种"最小矛盾律"也是人类认知的一个结果，它并不是必然的。例如，他们可以说，矛盾律是人类对付经验世界的一种约定，而任何的约定都是可以修正的。但是，这种观点有着根本的缺陷，理由在于：假如最小矛盾律是错误的，那么，"最小矛盾律是一个约定"这个命题本身就是既真又假，根本不能作出肯定性的判断。

我们还需要对最小矛盾律做进一步的解释。普特南承认我们的大多数命题都是可以修正的，但是，这种修正就是对该命题作出真或假的判断：为真则保留，为假则从语言系统中排除。当然，这种修正也会被再修正。但是，修正就意味着对原来的命题作出真/假的判断，就意味着真与假不是无所谓的。也就是说，真与假这对概念是不可否认的，而否定了真假这对概念就意味着所有的陈述都既为真又为假。总之，"最小矛盾律"意味着真假这对范畴是人类不可否认的，即最小矛盾律在所有的可能世界中都为真。

更进一步说，真假的存在意味着人类的理性判断，即根据特定的标准来判断某一命题为真，还是为假。我们这里的"理性"并不仅仅意味着某种计算推理的能力，它意味着更广义的根据论据来区分真假的能力，即运用理论的能力。这种理性并不秉承特定的判断真假的标准，因为，任何的标准都是可以批判的，

〔61〕 See H. Putnam, "There is at Least One a *Priori* Truth", supra note〔55〕, pp. 100—110.

〔62〕 See H. Putnam, supra note〔55〕, pp. 46—53.

而这种批判并不是批判理性本身,恰恰相反,这个批判过程本身就是理性的应用,是对理性的肯定。[63] 这种意义上的理性是理论追求过程中呈现出来的东西,但它并不等同于任何一个理论认知的阶段性成果。虽然不能指出这种理性具体存在于那个时空当中,但其存在是不可否认的,因为只有该种理性的存在我们才能理解各个具体理论的作用——提供证据说明真假,才能理解理论之间相互批判的关系,不然,理论之间的差异将毫无意义。

不承认该种理性存在的人,我们根本没有办法与其争论,因为争论本身就是运用理性的结果,我们只能指出他的说法是自相矛盾的;我们甚至没有和他们进行交流,因为交流所需要的语言是对外在世界的合乎理性的划分(我们总是把相同类型的东西归于同一名称之下;语言结构能够是我们更为清晰地表达),语言本身就意味着真假判断;没有语言,我们甚至没有办法思考。

4.3.3 对可能世界语义学的改造

假如这种理性是必然存在的,同时真假概念是我们无法否认的,那么,克里普克和普特南的可能世界语义学可以免于蒯因的摧毁。

首先,名称所对应的对象虽然是一种理论的设定物,但它并不是任意的产物,它代表了对世界的一种合理划分。例如,"水"之所以可以被称为自然种类是因为我们的物理理论认为该种类下的事物具有相似的物理特性,把这种物理特性界定为微观分子结构也是有物理理论支持的,也是理性在特定历史阶段的体现。我们虽然不能说"水是 H_2O"是一个必然为真的命题,但是,这一命题本身包含着"理性"这一"必然"的因素。

其次,这种理论不仅仅适用于自然科学领域,法律、道德作为一种划分世界的语言体现也同样是遵循理论论证的,我们探索法律的必然属性就是建基于"法律"是一种具有合理性的概念划分。重要的普遍法理学家都意识到了体现在概念划分中的"理性"这一"必然"要素,例如,德沃金认为建构性解释要首先赋予法律这一概念以要点(point),然后,在要点的基础上给出最佳的解释,法律这一概念具有"要点"就说明法律是把相似的东西归于该概念之下,法律中包含的不是杂乱无章的对象。[64] 又如,拉兹认为,法律是一种重要的社会制度,法律与非法律的划分已经长期成为我们社会实践的一部分,这种划分当然经过理性的检验,因此,探索"法律"概念的本质得到了"理性"这一"必然"理由的支持。[65]

[63] See H. Putnam, "There is at Least One a *Priori* Truth", supra note [45], pp. 113—114.

[64] See R. Dworkin, supra note [11], pp. 55—59.

[65] See J. Raz, supra note [25], pp. 329—331.

5. 对哈特的表达主义概念分析的批评

哈特提炼出的法律必然属性之一是法律具有规则性，即法律是一种特殊种类的规则，规则可以作为法律这个概念的定义项。与法律概念一样，"规则"概念也是争议很大。《法律的概念》很大一部分就是讨论"规则"这个概念入手，进而讨论"法律"这个概念的。

哈特提出了社会规则理论，或者规则的实践理论，这使得法律实证主义建立在一个更为合理的基础之上。本节将分别讨论如下问题：(1) 规则概念提出的缘起：对奥斯丁(J. L. Austin)的法律强制指令说的批评，哈特认为，强制指令说中的威胁与习惯两个因素都不能正确地分析"法律"这个概念；(2) 社会规则理论运用内在观点来说明"规则"概念，相比于奥斯丁，更好地说明了规则的规范性特征；(3) 对社会规则理论的批评；(4) 从哈特对"规则"的分析中，总结哈特的概念观，揭示他从未言明的概念理论。

5.1 哈特对奥斯丁规则理论的批评

5.1.1 奥斯丁的强制指令说及其缺陷

承续边沁(Jeremy Bentham)的法理学传统，奥斯丁以"指令"[66]这一概念为核心来分析法律：法律即主权者发布的以威胁为后盾的具有普遍性的指令；主权者意味着得到该社会中的人们习惯地服从，而主权者不习惯地服从任何人。[67] 我们看到，奥斯丁主要通过两个重要的概念来说明法律的本质属性的，一是"指令"，二是"习惯"。所谓指令是指发布者针对着特定的人群给出的一种行为模式，假如指令的对象没有按照该行为模式行动，将会招致制裁。按照此种"指令"概念，法律与强制制裁有着概念上的必然联系，尽管并不是所有违背行为模式的行动必然都伴随着强制制裁，但是，这种制裁的可能性的存在是不可否认的。而"习惯"是描述人们对主权者的服从，即服从本质上是一种习惯，所有主权者的受众都分享着一种习惯，按照奥斯丁的观点从习惯中可以产生法律义务。

〔66〕 哈特区分了命令(command)与指令(order)，奥斯丁采用了"命令"一词，但经哈特的分析表明，奥斯丁实际所说的应该是指令，而不是命令；命令是包括权威因素的。我们沿用哈特的分析。See H. L. A. Hart, supra note〔3〕, pp. 18—25.

〔67〕 See J. L. Austin, *The Province of Jurisprudence Determined*, Cambridge University Press, 1995, pp. 20—29; pp. 172—176.

5.1.2　指令与法律

5.1.2.1　哈特的区分标准

但是,奥斯丁理论的这两个方面都遭到了哈特批评。考察一些匪徒持枪抢劫的情境,我们就可以看出法律与指令的差别。例如,匪徒甲命令被害人乙把钱交出来,如果不服从的话,他就会开枪射杀对方。我们看到抢匪的情境完全符合指令的模式,它包括了"行为模式的给出"和"制裁"这两个部分。但是,假如认为这种情境之下,被害人乙对匪徒甲负有任何的义务则是概念上的混淆。我们可以说,乙为了顾全生命而按照甲的指令行动,这没有什么不对的,但是,强制指令并没有产生使人如此行动的义务;假如乙不服从甲的指令,反而与其搏斗,我们更多是赞赏这种行为,而不会认为乙正在违背自己的义务。法律是可以产生义务的,由此可见法律并不是放大的抢匪情境,用指令来说明法律忽视了其中重要的东西。[68]

奥斯丁所忽视的是行动模式本身的规范性,《法律的概念》并没有对这一点作出充分的论述,下面我们进一步地发展他的观点。哈特认为,法律中的行为模式可以作为如此行动的好的理由(good reason);偏离该行为模式,则会遭到批评[69]。总之,是以该模式作为行为标准。而这些特点都是劫匪的情境下所不具有的。

5.1.2.2　对哈特标准的改进

但是,哈特以是否构成行动理由来区分劫匪的指令和法律规则是令人误解的。因为,劫匪的指令同样构成行动的理由:面对劫匪的威胁,按照他的指示而行动是有很好的理由支持的,因为,偏离该指令将会遭到暴力的袭击,甚至会失去生命。保护生命、按照匪徒的指令行动因此是有理由支持的行为。所以,对于受众来说,是否构成行动理由这一点,是不能将法律与指令区别开的。

劫匪的指令与法律的真正区别在于它们的作出所依赖的理由。法律作为为受众提供的行为模式,其所依赖的理由是受众原有的行动理由,即假如法律不做相关规定,该理由本身就是当事人应该考虑的,法律的出现仅仅是以特殊的方式强调了该理由,使其具有更加突出的位置。当然,法律并不必然是理性的,它指出的行为模式可能恰恰是违背法律受众原有理由的,但是,法律的目的就在于帮助当事人的行为更加符合理由,"没有达到目的"并不能否认该目的是内在于法律概念之中的。

〔68〕 See H. L. A. Hart, supra note〔3〕, pp. 79—88.

〔69〕 Ibid., p. 54.

而劫匪的指令的作出根本不是依照指令受众原有的理由的,他如此行动的理由是出于匪徒自我的私利,具体说,是为了获得更多的物质财富。而“满足匪徒物质需求”这样的行动理由并不是指令受众原有的,而是随着匪徒的出现而出现的。劫匪的指令的目的并不在于使得当事人更为合理地行为,包括保护自己的生命,尽管他的指令会给受众带来这样的理由,并依照该理由而行动,但是,“保护生命”这一行动的理由并不是劫匪指令所要促进的。

实质上,匪徒指令与法律的区别在于是不是具有规范性,这一点我们与哈特是相同的,但是,我们提供了与哈特略微不同的对规范性的解释。匪徒指令可以作为受众行动的理由(保护生命),但是,这一理由并不是指令本身所具有的;这就如同地震一样,地震同样也可以作为当事人舍弃财产而逃命,但是,该行动理由来自于普遍的人类价值,这一价值并不是“地震”这一概念的组成部分。假如我们说地震不具有规范性的话,相同结论也可以适用于匪徒的指令。而法律则不同,无论其规定本身多么残暴,其目的在于实现法律受众的理由,实现他们的价值,不理解该目的就没有办法认识到法律的独特之处。从法律天然带有价值目的这一点来说,法律是具有规范性的。奥斯丁的理论没有将指令与法律之间的差别揭示出来。

5.1.3 习惯与法律

奥斯丁将发布法律的主权者与其臣民之间的关系定义为“习惯”(habits),哈特认为他忽略了习惯与法律之间的三个重要差别,因而用习惯不能很好地说明法律的特性。例如,“周六晚上人们普遍去看电影”是习惯,而“进入教堂要脱帽”则不是习惯,而是规则。以下是哈特的三个区分[70]:

(1) 习惯仅仅要求外在行为的趋同,即存在事实上的行为模式,偏离该行为模式并不会遭到批评;而外在行为的趋同对于规则来说是不够的,在规则的情境中,对行为模式的偏离会被认为是错误的,进而遭到批评。

(2) 这种对偏离行为模式的批评会被认为存在好的理由支持,即规则可以作为行动的理由,用来论证行动的合理性。而某一外在的行为的趋同并不能作为如此行为的理由。

(3) 规则除了外在行为的趋同,还存在内在方面,即对规则本身存在着一种批判反思性的态度,把规则作为一般的行为标准,遵守规则的行为得到理由的支持,偏离规则将遭到合理的批评;而习惯下的人们并没有内在观点的存在,他们甚至无需认识到行为模式存在。

〔70〕 See H. L. A. Hart, supra note〔3〕, pp. 54—57.

我们看到哈特前两个方面的批评都可以归结为第三个方面,即习惯不具有内在方面,仅仅是一种外在行为的聚合。仅具有外在规律性的习惯是不具有规范性的,人们不会将此种行为模式作为行动的标准,它也不会提供任何的行动理由。我们可以看到,哈特对指令和习惯的批评可以总结为:两者都不能说明法律的一个重要的方面:规范性(normativity)。哈特的社会规则理论就是致力于说明法律的规范性特点,同时又保持法律实证主义的立场(价值无涉)。这是否可能呢?

5.2 哈特的社会规则理论

奥斯丁的法律理论没能够说明法律的规范性特征,这成为《法律的概念》发展自己规则理论的一个契机,这就是哈特的社会规则理论。关于哈特的规则理论我们分为以下几个部分来讨论:(1) 社会规则理论的内容;(2) 澄清哈特规则理论中的一个重要因素:内在方面。

5.2.1 社会规则理论的内容

哈特批评了奥斯丁的指令说和习惯说的同时,指出用"规则"来说明"法律"这一概念是适当的。哈特对规则提出了一种具有实践向度的说明,即社会规则理论。哈特认为,习惯仅仅具有一种趋同的行为模式,这可以作为规则的一个必要条件,但是,仅仅有行为模式是不够的,规则还要求必须具备批判反思的态度[71]。

因此,哈特的社会规则理论可以由两部分组成:(a) 某一社会中的人们的行为都符合某一规则(行为模式的存在);(b) 当某人不遵守规则的时候,他将遭到该社会中其他人的批评性反应,或者人们会以该规则作为行动的理由。[72]

与习惯不同,对于规则非常重要的是(b)中阐明的批判反思的态度,哈特将其称为"规则的内在方面"。哈特对规则的内在方面或者规则下的人持有的内在观点的界定并不是十分清楚的,例如,内在观点是不是一种道德观点呢? 又如,内在观点是从谁的立场出发所看到的呢? 我们在下一部分会详述内在观点。但在哈特那里有一点是清楚的,内在观点并不是规则下的受众的感觉(feelings)现象[73]。用哈特的话说,有规则的约束并不必然有受压抑或者受强迫的心理体验,某个人可能很自愿地接受某行为规则,将其当作自己的行动准

〔71〕 See N. MacCormick, supra note 〔26〕, pp. 30—32.

〔72〕 See also J. Raz, supra note 〔8〕, pp. 50—53.

〔73〕 See H. L. A. Hart, supra note 〔3〕, p. 56.

则，此时对其产生义务的规则并不必然带来心理上的压抑。

5.2.2 内在观点是什么？

内在观点是《法律的概念》的关键性概念，哈特认为，内在观点能够彻底地说明法律的规范性特征，而这恰恰是奥斯丁的法律指令理论所欠缺的。但是，哈特的内在观点在一定意义上是经不住推敲的。这一部分我们先作出几种区分，说明哈特的内在观点到底意味着什么，并且阐明他关于内在观点与道德观点间的关系的理论。

5.2.2.1 内在观点 = 内在者的观点？

这是一种望文生义的解读：内在观点是不是从内在者，即规则管辖的实践中的参与者的视角出发而得出的观点呢？例如，在中华人民共和国领域内的公民、外国人或者无国籍人都是中国法律规则实践的参与者，这些参与者都要受到中国法律规则的管辖与约束，他们都以中国法律为行为准则。而处于中国领域之外的人就不属于该实践的参与者。道德、礼仪规则也是如此，“进教堂要脱帽”的规则仅仅对那些有宗教信仰、进教堂礼拜的人才有效，对于那些根本不想进入教堂的人来说，他们只是外在于该实践的人。

但是，内在者之间也是有区分的，一部分人就是霍姆斯（O. W. Holmes, Jr.）所谓的“坏人”，他们之所以关注规则是因为他们想在了解规则内容的基础上，避开法律的制裁。哈特也并没有否认“坏人”的存在，他说，“一个群体拥有规则，并不否认有少数人不但违背该规则，并且不将该规则作为行动的标准”[74]。而另一部分人则接受规则本身的正当性，将其作为自己行动的准则。我们可以说，后一种人已经将该规则“内化”为自己的行动准则[75]。

假如上述的区分是成立的，“坏人观点”和“内化观点”都属于内在者的观点，而且也同样是实践观点：即都以该规则作为自己行为的标准，尽管动机是不同的。但是，哈特的内在观点肯定是不包含“坏人观点”的，因为哈特的社会规则理论的目的就是要区分抢匪的指令与规则；而在抢匪的指令之下，“坏人观点”是必然的，受害者并不接受指令本身的正当性，其遵守指令是为了避免指令中规定的制裁。

因此，哈特的内在观点与内在者的观点并不是等同的，从内在观点来看，霍姆斯的“坏人观点”是一种外在观点。

---

〔74〕 H. L. A. Hart, supra note〔3〕, p. 55.

〔75〕 See Scott Shapiro, "What is the Internal Point of View?", *Fordham Law Review* (2006), Vol. 75, pp. 1158—1161.

5.2.2.2　实践观点与理论观点

假如内在观点是接受规则本身的正当性,那么,哈特的外在观点不仅仅是“坏人观点”,还包括理论观点。所谓的理论观点是指那些根本没有参与该规则实践的人,他们试图描述该社会中的人如何对待规则的态度。这些“理论家”既描述“内化的观点”,也描述“坏人观点”,他们本人对规则的正当性与否不表示自己的态度。哈特虽然在《法律的概念》中没有明确提出这样一种理论观点的存在,但是,还是可以找到支持性的证据的。

例如,哈特认为《法律的概念》中的工作可以看做是描述社会学工作[76];另外,他在“后记”中明确表示,即使法律理论关注的对象是参与者的内在观点,作为理论家可以描述这种对规则的接受,而本人无需接受参与者的立场,因此,法律理论完全可以是描述性的[77]。例如,伊斯兰法允许男人娶多个妻子,该社会中的大多数人都接受此规则的正当性,作为外在者的理论家完全可以描述这些接受性态度,而自己不表明对于该规则的伦理立场。

这种理论观点可以分为两类,(1) 行为主义的(behavioristic)理论观点:此种理论观点不考虑实践的参与者的态度的观点,其中既包括“内化观点”也包括“坏人观点”,它关注的仅仅是人们外在行为的规律性,例如,当城市化的速度加快的时候,犯罪的行为会相应有什么样的变化[78],这种外在观点可以被称为极端的外在观点。(2) 诠释的(hermeneutic)社会理论方法:借助参与者的态度和信念,无论是“内化观点”还是“坏人观点”,来描述规则这种社会现象,但是,理论家本人不分享参与者的伦理评价。哈特就持有此种理论观点。

我们可以将内在/外在观点用如下表格表示[79]:

表一　内在观点与外在观点

<table>
<tr><td rowspan="2">实践观点</td><td>接受规则的正当性(“内化”观点)</td><td>哈特</td><td>内在观点</td></tr>
<tr><td>不接受规则的正当性(“坏人”观点)</td><td>霍姆斯</td><td rowspan="3">外在观点</td></tr>
<tr><td rowspan="2">理论观点</td><td>诠释学观点</td><td>哈特</td></tr>
<tr><td>行为主义观点</td><td>布莱克</td></tr>
</table>

虽然哈特在《法律的概念》中没有作出上述归纳和概括,但是,我们在文本

〔76〕　See H. L. A. Hart, supra note〔3〕, p. v.

〔77〕　Ibid., pp. 239—243.

〔78〕　例如,布莱克(Donald Black)的法律社会学理论就属于此类,参见《法律的运作行为》,唐越、苏力译,中国政法大学出版社 1994 年版;《社会学视野中的司法》,郭星华译,法律出版社 2002 年版。

〔79〕　See Scott Shapiro, supra note〔75〕, p. 1161.

中都可以找到相应的根据。因此,我们的讨论以这种经过概括、重构的观点为基础。下面,我们所要讨论的是哈特的一个区分:内在观点与道德观点的区分。

5.2.2.3 内在观点与道德的区别

哈特虽然区分了内在观点与霍姆斯式的"坏人"观点,前者意味着接受规则的正当性,但是,哈特并不认为,内在观点等同与道德观点。

> 不仅很多被法律强制的人不认为法律是有道德约束力的,就是那些自愿接受法律体系的人也不必然认为法律是有道德约束力的,尽管假如他们认同其道德约束力,法律体系会更加稳定。实际上,他们遵守法律出于多种多样的理由:长期利益的考虑、对他人无私的关怀、一种非反思性的继承的或传统的态度或者仅仅像他人那样行为。[80]

从哈特的这段话中,我们可以看到,他并不认为内在观点就是一种道德立场,人们可以通过多种原因而接受法律的正当性,并以之作为行动的标准。哈特认为,通过上述的原因而接受法律规则,同时完全可以认为法律是不符合道德的。例如,依照"传统"接受法律规则,这个规则依照现在的道德观来看,可能恰恰是违背道德的。

5.3 对社会规则理论的批评

对社会规则理论的一个根本性的批评是与哈特对奥斯丁的批评表面上是相似的:哈特的理论同样没能够说明规则的规范性方面,这一缺点表现在多个方面。我们将论证如下观点:(1) 通过实践解释规则的规范性是不全面的;(2) 不求助于道德,说明规范性是不可能的。

5.3.1 理由与实践

尽管哈特区分了习惯与道德,但是,他仍然在某一点上与奥斯丁是相同的,即用人的实践来说明规则现象。当然,哈特的社会规则理论不仅仅满足于外在行为的趋同,还要求人们的批判性态度的一致,即将规则作为正当的行为标准,用来评价自己和他人的行动。但是,规则的实践理论有着很多的缺陷。

5.3.1.1 不依赖实践的规则

某些规则并不依赖于社会的实践,例如,德沃金就举例,一位素食主义者就会批评杀戮动物作食物的行为,这种批评就援引了一条基本的道德规则:"不杀

〔80〕 See H. L. A. Hart, supra note〔3〕, p. 198.

生”。[81] 这位素食主义者清楚地认识到这条规则在该社会中没有得到广泛地实践,遭到了极端的漠视,但是,这恰恰是他极力呼吁的理由,他试图使人们认识到这一重要的道德规则的存在。

有人可能反驳是,这里根本不存在一条社会规则,存在的仅仅是这位素食主义者的个人信念,而且这种个人信念被他自己误认为是关于规则的陈述。但是,这种反驳是对这位素食主义者的主张的误读:他之所以主张这条规则,并不是由于他个人的信念,而是由于存在着普遍的理由,即尊重生命,这一理由不仅仅是对素食主义者一个人有效,而是对所有人都有效。也就是说,素食主义者不会说,“因为我相信,所以你也要相信”;他所说的是“因为某一正确的理由,所以我们都要相信”。[82]

当然,素食主义者的理由可能是错误的,或者是可反驳的。但是,这并不能否认他的主张是在诉诸客观的理由,而不是自己的偏好和信念;其关于理由的主张之所以是可反驳,恰恰是由于客观的理由存在。而信念仅仅是彼此不同,无法相互辩驳。另外,错误的理由也同样可以支持一个规则存在,因为规则并不意味着自身是正确的。

5.3.1.2 与实践共生的规则

当然,与素食主义者的例子不同,很多的规则不仅仅是由少数人赞同的,而是得到某一社会中的人们的广泛同意。哈特的社会规则理论似乎更符合这种规则,该社会中存在着一致的符合规则的外在行为,以及人们一致的批判反思的态度。但是,社会规则理论认为这种一致的批判反思的态度是规则存在的条件,在这里,它恰恰是本末倒置了。人们遵守某一规则,或者承认某一规则的存在,并不是因为存在着一致的态度;相反,人们遵循规则的理由在于规则满足了重要的价值,一致的批判性态度说明很多的人都意识到了该价值,但并不是一致的批判性态度催生了价值,进而催生了规则。

5.3.1.2.1 惯习性规则与共时性规则

德沃金区分了惯习性规则(conventional rules)和共时性规则(concurrent rules)这两种规则[83],这也成为了对哈特的社会规则理论最为有力的批评。所谓的惯习性规则意味着人们之所以遵守该规则,理由在于很多人都遵守该规则,即一致的实践(惯习)构成了遵守规则的理由;而对于共时性规则,人们之所

〔81〕 See Ronald Dworkin, *Taking Rights Seriously*, Harvard University Press, 1977, p. 52.

〔82〕 Ibid., p. 53; see also J. Raz, supra note 〔8〕, pp. 53—55.

〔83〕 See Ronald Dworkin, supra note 〔81〕, pp. 53—54.

以遵守它,其理由在于独立于一致实践的理由,即人们并不是由于一致实践而遵守规则的。例如,对于"不能说谎"这一规则,人们遵守它的理由在于诚实会给行动者个人和他所处的社会带来益处,而不是由于社会中其他的人都不说谎。也就是说,对于惯习性规则来说,一致的实践才是该规则存在的条件;而共时性规则不需要这样的条件,一致的实践是人们分别依据理由而达成的共识,是遵循规则的结果,而非条件。

有了这样的区分,我们会发现惯习性规则在规则这一种类中仅仅是其中的一小部分。而哈特的社会规则理论恰恰是借助惯习性规则(即一致的内在观点)来说明规则的,因此,哈特理论的适用范围仅限于规则中的一部分,这将使得他的理论不能说明规则中的大部分现象。

5.3.1.2.2　惯习适用的范围

人类的某些行为是由惯习来管理的,在这个领域范围内,我们可以说,社会中其他大多数成员的行为与态度可以成为某人的行动理由。那么,什么是惯习呢?大卫·刘易斯(David Lewis)给出了对惯习一个出色的哲学解释[84]。刘易斯认为惯习的作用是用来解决人们的行为在同一时刻的协调一致的。详细来说就是,人们会出于各自的利益或动机而行动,这些行动之间有可能出现冲突的情形,那么,惯习就是用来使行动者的行为协调起来,不至于彼此地冲突。这里值得强调的是,惯习的作用仅仅在于使行为相互地协调,它本身不再有更高的要求,比如,它不再要求对行为的协调要具有合理性,或者要符合公平原则,或者要符合功利主义原则。这些更高的要求并不是惯习所要考虑的,无论在什么样的原则下,只要行为能够协调一致,惯习就达到了它的目的。

因此,惯习可以定义为:(a)惯习是一种"任意的"规则(arbitrary rule),在能够协调行为这个大的要求之下,惯习可以具有多种多样的形态,我们总可以想到另外一种惯习达到"协调行为"这个目的;(b)遵循惯习的理由十分简单:"他人按照同样的行为模式行动"就可以构成行动的理由,我们在惯习之下,无需考虑其他的道德原则,或者功利主义原则,这些原则在特定的行为领域都不是行动的理由,唯一的理由就是"其他人已经按照某种模式而行为"。[85]

通过以上的说明,可以得出以下结论:当某个行为领域除"协调行为"之外不受其他任何价值指引,那么,我们可以说这个领域中存在的唯一的规则就是惯习性规则。并不是所有的人类的行动领域都是只由惯习来调整的。当然,人

---

〔84〕 See David Lewis, *Convention: A Philosophical Study*, Harvard University Press, 1969.

〔85〕 See Andrei Marmor, "Legal Conventionalism", in supra note〔16〕, pp. 203—212.

类行动之间的相互协调是一个至关重要的问题,它涉及了人类的行为是否便利的问题,但是,这不是唯一的问题,人类在追求行为的协调的同时,也会追求其他的目标,例如,秩序的公平合理性、所获得的幸福感,甚至某种秩序的美感也可能是人类孜孜以求的目标之一。因此,仅仅受惯习调整的人类行动范围即使存在,肯定也是相当有限的。

我们可以想到的适当的例子是交通规则中的"右侧通行"的规则,这个规则一定程度上可以被看做是惯习性规则。(1) 左侧通行还是右侧通行一般来说是没有什么特殊的道理的,只要由权威性机构来指定其中的一种就可以了。英国以及中国香港就执行左侧通行的规则,这些社会与执行右侧通行的社会相比并没有损失什么价值;但是,假如根本没有通行方向的规则,交通可能会陷入混乱,社会就会损失"便利"这一价值,而这一价值正可以通过"任意"指定一种选择,进而用其协调人们的行为来保障。(2) 对于交通实践下的一个行动者来说,社会中的其他成员的统一的、具有规律性的行为实践就可以成为行动的理由,而且这个理由并不具有相应的"对手",因为,其他的选择和现在的选择所提供的理由是相同的(都是协调行为,达成便利),不足以推翻现有的理由。但是,我们要看到,"右侧通行"这个例子也是有其边界的。设想一个社会在拥有大量的相同形制的驾驶位左置的汽车的前提下,在左侧通行和右侧通行之间作出的选择就不是任意的了,因为驾驶位左置的汽车在右侧行驶会使得司机具有更为适当的视野,也会更安全。考虑到"安全驾驶"这种价值,我们就不能说通行方向问题是受到惯习调整的一个领域了。

从上面的讨论我们可以看出,惯习所调整的人类行动领域是极其有限的,更多的行动领域是不以普遍存在的一致性实践为行动理由的,这些领域中的行动是由真正的道德理由依照其说服力来决定的。假如社会中的所有人或大多数人都认同了正确的道德判断,那么,就构成了一种实践,一种行为和态度上的一致性。但是,我们不能反过来说,一种实践或者一致性的存在可以推导出正确的道德判断。用德沃金的话来说就是,哈特的理论错误地认为社会实践构成了(constitutes)道德判断,其实应该说,社会实践只能帮助道德判断增加合理性而已。在这个意义上,我们只能说,实践与支持规则的理由之间是一种共生的关系,两者并没有什么必然的联系。当一致的实践存在的时候,该实践未必得到理由的支持;而理由存在的时候,可能也没有任何实践上的体现。[86]

〔86〕 See Ronald Dworkin, supra note〔81〕, pp. 57—58.

5.3.1.3 实践分歧时的规则

按照哈特的社会规则理论,实践上的一致性构成了规则存在的条件;假如实践发生分歧的时候,规则就不复存在,人们在此处就得不到任何行为的指引。但是,真的如此吗?我们先探讨一个例子。"进入教堂必须脱帽"这个规则可以得到实践上一致的支持,但是,在某些时候,支持该规则的实践会发生分歧,例如,当人们决定这个规则是不是应该适用于一个被父母抱进教堂的婴儿时,出现了两种意见:一方认为,婴儿应该脱帽;另一方认为,婴儿不脱帽并不违反该规则。哈特的理论会认为,这个时候并不存在一致的实践,因此,也不存在规则。

但是,人们在决定这个"疑难案件"时,并不是抛弃规则,而是从规则中寻找规则得以存在的理由,即支持规则的理由。例如,一方认为,进入教堂脱帽是对神的尊重,婴儿理应表达这种尊重;而另一方认为,对神的尊重应该由本人自愿地表达,婴儿并没有这种意愿能力,即使强迫其脱帽,也与尊重神没有关系。我们看到,争议的双方都诉诸规则中的理由,尽管双方的理由各不相同,但是,双方都认为自己提出的理由才是规则得以确立的基础,这一理由可以评判争议双方的对错。这种理由本身就是规则的一部分,争议发生时,双方不断地援引它来支持自己的论点。而哈特把规则看做人们一致的行为与态度,忽视了规则具有理由这一层面,仅仅把规则看做了一种社会事实。不凭借价值和理由,一种社会事实是没有任何规范性可言的,也不会成为规则。[87]

在规则之下进行争论的人们,争议的不是是否有一致的社会实践的存在,在婴儿脱帽的案件中,这一点是十分清楚的("没有!"),无需争论;人们持久的争论恰恰说明了,争议的对象是规则的理由层面,即是规则本身。

综合上述的对社会规则理论的三个批评,我们可以得出结论:哈特的规则理论把规则看做一种行为或实践,它不借助任何的理由和价值,不能说明规则的规范性;而规则的规范性恰恰是哈特批评奥斯丁法律理论所不能成功说明的东西。

5.3.2 客观道德与规范性

哈特虽然没有像本文这样明确概括出社会规则理论,但是,他认可这种理论概括,也承认该规则理论只适用于惯习性规则。[88] 但是,凯文·图(Kevin Toh)不同意这种概括。他认为,哈特的规则理论中的关键性概念——内在观点

[87] See Ronald Dworkin, supra note [81], pp. 57—58.

[88] See H. L. A. Hart, supra note [3], pp. 255—256.

应该被给予一种表达主义(expressivism)的理解,它并不需要是“一致的”批判性态度,个人的接受就可以构成规则存在的条件。他认为,这种表达主义的内在观点是可以成功摆脱“规范性困扰”的。我们下面就讨论他的观点以及哈特相似的观点,并说明为什么这种主观主义的说明规范性的方法是不正确的,说明规范性必须借助客观主义的道德概念。

5.3.2.1 表达主义与规范性

社会规则理论将规则看做是一致的实践,其中包括外在行为的一致与批判性态度的一致;而凯文·图认为,哈特的规则理论强调的并不是这种实践上的一致,规则得以成立主要在于行动者对规则的“接受”,接受构成了规则的内在观点,即规则成立的条件;社会规则理论是对这种“接受”的描述,描述的结果是看到的是很多人都持有内在观点,因此,得出了“一致性实践”的结论,但这个结论是理论家的结论。社会规则理论属于理论家观点,是外在观点。也就是说,对社会规则理论的批评并没有针对内在观点(“接受”),而是错误地将外在观点(理论家观点)当作了内在观点。[89]

表达主义认为,人类的语言具有多种功能,在描述功能之外,还可以表达语言使用者的好恶,表达欲求;把语言的其他功能都简化为描述,就犯了“描述主义的谬误”。那些包含了规范词的语句,例如,“好”、“善”、“应当”,其功能并不在于对外在于人的自然特征的描述,而是表达了语言使用者的“非认知的”意识状态,也可以说是情感、好恶的表达。法律中存在着大量的规范词,它们也不能被看做是描述,而是法律的受众对法律的一种态度表达。在哈特的规则理论中,这种表达就表现为“接受”或“不接受”,即内在观点,表达是规则存在的条件。相反,假如把哈特概括为社会规则理论,规则存在的条件就成为对这些内在观点(“接受”)的外在描述,犯了“描述主义的谬误”。

凯文·图认为,这种表达主义规则观的好处之一是它不要求实践上的一致性作为规则存在的条件,因此,当实践发生分歧时,我们仍然可以说规则是存在的。这样德沃金批评哈特的规则理论不能说明“理论争议”(参见5.3.1.3)就不能威胁哈特整个规则理论了。例如,凯文·图举例说,甲会主张 R_1 是这个社会真正的承认规则,乙主张 R_2 是这个社会的承认规则,当这个争议出现的时候,并不意味着该社会不存在承认规则,因为,两个人都在表达个人的“接受性”态度,这种态度就是规则存在的条件,尽管态度的内容是不相同的,但是规则本

[89] See Kevin Toh, “Hart's Expressivism and His Benthamite Project”, *Legal Theory* (2005), Vol. 11, pp. 76—77; pp. 112—113.

身是存在的。[90]

但是,我认为,表达主义的规则观根本上是不成功的。规则,特别是法律规则和道德规则,是一种公共性的产物,它是用来约束个人行为的,对个人行为有所指导;而表达主义把规则界定为个人认同态度的表达一定程度上不能说明规则对个人的约束和规则本身的公共性。因此,表达主义本质上是一种"个人论"的立场,在社会规则理论中,规则的"公共性"是由实践的一致性来保障的,而凯文·图排除了实践一致性作为规则的条件。表达主义规则观并没有说明德沃金的"理论争议",相反它使得"理论争议"成为不可能。因为,两种不同的个人态度相互之间没有任何的理由评判高下,也就是说,纯粹的个人态度、偏好是无法借助标准来判断高下的。这就像我们不能说,喜欢白色比喜欢蓝色更正确。因此,与表达主义相反,规则不仅仅是个人态度的表达,即使是,这些态度也是依据理由作出的,理由才是规则中最为关键的条件。

5.3.2.2 哈特的相似观点:非道德理由

有人可能会说,《法律的概念》中也可以看到哈特对理由的关注,例如,哈特就认为,内在观点意味着把规则作为好的行动理由,行动者可以借助规则来证立(justify)自己的行为。但是,哈特坚持认为,内在观点不同于道德观点(参见5.2.2.3)。从上面对凯文·图的讨论中,我们认识到:内在观点不仅仅是态度的表达的话,而是诉诸理由。那么有人可能会提出另一种对哈特规则理论的解读,即哈特所谓的"理由"不必然是道德理由,人们可以出于其他的理由而承认规则的存在。这些理由都可以成为内在观点。例如,长远利益、传统、仅仅是像他人那样行为。[91]

这就涉及了"理由"的本质是什么的问题,即我们需要一种对理由的概念分析。我们关注的焦点在于理由是不是可以不涉及道德而得到哲学说明?拉兹和德沃金都认为,理由是无法离开道德而得到理解的,而且正确的道德概念必然是客观主义的,即道德不是主观的态度,或者情绪的表达。道德、理由、规范性这些概念都要在客观主义的背景下一同得到理解。

而哈特的理由观与此相反,他不认为理由必然与道德有关联。假如用理由来说明内在观点的话,那么,哈特的内在观点其实是一种混合观点,其中包括了多种多样的理由,有人出于利益考虑遵守规则,因为,不遵守的话将会招致惩

[90] See Kevin Toh, supra note [89], Vol.11, pp.108—110.

[91] See H. L. A. Hart, supra note [3], p.198.

罚;有人出于道德认同而遵守规则,规则对于他来说是正当的;有人根本没有思考规则的内容,仅仅出于一种从众心理而遵守规则。当一条规则存在时,真实的情况确实如此,不可能奢求所有人都在道德上赞同该规则。例如,道德规则"不应该杀害动物作为食物",就可能遭到有理由的反对;法律规则更为明显,人们可以提出很好的理由来批评法律规则。

但是,值得注意的是无论是规则的支持者还是规则的反对者都以客观的理由为依据来支持自己的论断,双方都认为,自己的论断不仅仅是针对自己是对的,而且他们都极力去说服对方,使对方认识到共同适用于双方的客观理由到底是什么,自己的论断是对这种客观理由的真实体现。规则中的行为模式之所以对人的行为有指引作用,恰恰在于规则中包含了这种不同于个人态度、偏好的客观理由,它告诉人们规则的目的是给人们以正确的指引。而规则中的具体的行为模式是这种客观理由的具体化,它是达到这种"正确指引目的"的具体途径。当然,这并不意味着所有的行为模式的规定是对客观理由的正确反映。人们之所以出于多种理由遵循规则,这恰恰是针对具体的行为模式而言的,很多人并不赞同该行为模式,不认为它在道德上是正当的,但是,这种批评正是借助规则的另一构成要素——客观理而实现的。客观理由标志着规则的目的所在:给人们的行为以正确的指导。

仅仅以哈特的混合理由式的内在观点作为规则存在的条件,规则就被简单看做了一种行为模式,无法看到规则作为一种行动的理由,一种客观的行动理由。这种客观的行动理由是规则正确性的标志,具有道德上的正当性。假如将内在观点定位在混合观点,我们根本无法区分劫匪的命令和规则,这两者都包含行为模式,被害人也可能根据个人的利益而遵守劫匪给出的行为模式(参见5.1.1)。而只有道德观点(道德正当的观点)才能够揭示出规则的不同,由于道德正当是规则的目的和组成部分,我们才可以批评规则中的行为模式违背了规则的目的;但是,劫匪的指令其目的不在于给予正确的行为指引,我们没有理由批评劫匪违背了自己的目的。因此,只有把内在观点定位在客观的道德理由上,我们才能够揭示出规则不同于其他行为模式的特点。[92] 假如我们说规则是具有规范性的,因为它可以给行为以指引,而劫匪的指令不具有该功能,那么,我们的结论是规则的规范性只能用客观的道德理由来说明。

---

〔92〕 See J. Finnis, supra note〔14〕, pp. 11—18; also S. Perry, "Hart's Methodological Positivism", in supra note〔16〕, pp. 347—353.

5.4 小结:哈特的概念理论

我们在本节的结束之处稍作停留,总结哈特的概念观,并对他的概念理论提出批评。我们可以看到,社会规则理论错误的根源在于哈特哲学上对概念的错误理解。

5.4.1 经验语义学

哈特认为,概念是与概念的实际用法联系在一起的,概念所具有的本质属性在实际用法当中被表现出来。当然,哈特并不认为,他的概念分析和词典编纂者的工作在性质上是相同的,即概念分析并不是总结词语的日常用法和流变。他认为,概念的本质属性是在日常用法中体现出来,但它们并不是明显可见的,并不是浮现在日常语言用法的表面。哈特所谓的概念本质是日常用法的深层结构,需要对日常用法予以一定"理想化"的提炼才能够得到。[93] 例如,内在观点并不是"规则"这一词语的日常意义,也没有哪个词典在注释"规则"时,认为"内在观点"是"规则"的意义之一,但是,作为"规则"概念的深层结构,哈特认为,内在方面是规则的本质属性。

但是,哈特这种深层结构并没有超越实际用法,他虽然没有把概念等同于某一特定的实际用法,但是,他认为,实际用法本身就是概念。哈特清楚地意识到,概念的用法可能是杂乱无章的,特别是多样的个人性理解在实践中并不是统一的。把每种个人的理解都作为概念的性质,这种观点可以被称为"概念的个人论"。假如个人论是成立的,概念的使用就不可能存在错误了,也就是说,每个人对同一概念的不同理解仅仅是用法不同,并不存在对与错。这明显是荒谬的,更有甚者,同一个人一个小时前与一个小时后对同一概念完全相反的理解之间也没有对错之分,仅仅是不同。[94] 哈特拒绝了这种极端的道路,他采取了一种社群性标准,概念的意义是由语言社群中一致的实践决定的,这种一致的实践就成为衡量个人多样的概念用法的正确标准。

哈特的法律理论中有两个地方具体体现了这种语义学:

(1) 词语的"开放结构"。语词具有明确的核心意义和模糊的阴影地带,词语的核心意义就是由一致的语言实践支撑的,这就形成了概念;在语言社群中关于某一词语是否适用于特定的事物假如是有争议的,即未形成共享的语言实

[93] See Nicos Stavropoulos, "Hart's Semantics", in supra note [16], pp. 73—74.

[94] See J. Raz, "Two Views of the Nature of the Theory of Law: A Partial Comparison", in supra note [16], pp. 15—16.

践,在这里就处于词语的阴影地带。从中我们可以推论,由于语言实践是不断变迁的,因此,词语的确定核心与模糊边缘也是随之不断改变的。概念的意义虽然处于变化之中,但是在哈特的眼中,它等同于一致性的用法这一点是不变的。

(2) 内在观点。哈特把法律规则存在的条件界定为外在行为的趋同以及内在批判性态度的一致。这等于把规则还原为人们对规则的认知和用法。我们所强调的是规则中还包含这客观价值这一成分,该种客观价值与人们对它的认知是存在性质上的区别的。结合"导论"中介绍的可能世界语义学,客观价值属于形而上学的层面,而内在观点是对这种客观价值的认知。哈特将两者混淆起来。

人们给予哈特这种语义学多种称呼,德沃金称其为共享标准语义学[95]、斯塔弗罗普洛斯称其为有野心的概念分析[96]、大卫·布林克称其为经验语义学[97]。我们采取布林克的用法,按照布林克的解释,这一语义学由以下两个基本主张构成的:(1) 语言的使用者把一系列的特点(即认知)归属于某一概念,这些特点就构成了此概念的意义;(2) 概念的意义(即"认知")决定了它的所指。

5.4.2 对经验语义学的批评

这里值得注意的是,哈特并没有在《法律的概念》中专门阐述自己语言哲学上的传承,因此,经验语义学是从哈特关于法律的论述中概括出来的。[98] 同样,对哈特的批评更多的是针对他法理学的批评而非语言哲学的批评,但是,这种批评想获得真正的说服力必须申明它对于语言的态度。限于主题,本文不深入讨论语言哲学中的各种理论,下面罗列几种来自于法哲学内部的对哈特语义学的批评。

5.4.2.1 经验语义学不能说明语言社群中的争议现象

我们前面谈到,哈特的语言哲学走了一种中间性立场:他反对语言的意义完全取决于个人认知的观点,这样的论调将导致语言的使用没有正确错误之别,存在的仅仅是不同的用法,"真"这个概念也就失去了意义;而哈特主张的正确标准是一种社群性标准,也就是一种由社群中相关行动者所共享的标准,以

---

〔95〕 See R. Dworkin, supra note〔11〕, pp. 31—35.

〔96〕 See Nicos Stavropoulos, "Hart's Semantics", in supra note〔16〕, pp. 69—79.

〔97〕 See D. Brink, "Legal Theory, Legal Interpretation, and Judicial Review", *Philosophy & Public Affairs* (1988), Vol. 17, pp. 112—114.

〔98〕 对哈特的不同的阐释, see T. Endicott, supra note〔16〕, p. 59 ff。

此作为语言使用的标杆。假如某一认定词语意义的命题完全不同于社群性标准的话,根据哈特的观点只能判定其为错误的,或者是混淆视听的。

哈特这种语义学的一大缺陷就是不能解释语言社群中的争议现象。科学家群体中会对如何理解某一物理对象而存在很大的争论,例如,牛顿对"质量"的定义在他的时代得到了普遍的信服,但是爱因斯坦根据自己的物理理论对"质量"给出了全新的解读,并否定了牛顿命题对"质量"的两个基本界定[99]。按照哈特的经验语义学,我们只能认为,在牛顿的语言社群中,爱因斯坦所谈论的"质量"根本是另外一种东西,而不是针对同一种物质的不同理解。更为荒谬的结论是,爱因斯坦的时代与牛顿的时代讨论的根本是两种不同的东西,尽管它们都拥有同样的名字。当然,我们这里将不讨论托马斯·库恩(Thomas Kuhn)的观点:科学中存在的仅仅是范式的转换,而非科学的进步。但我们相信,指出这种观点明显存在荒谬的地方就足够了。

我们可以发现,哈特语义学之所以显得荒谬的根本在于,他混同了观念(conception)与概念(concept),他认为概念为何物完全是由行动者们的观念来决定的,也就是说,概念完全是人脑中的存在物,除此之外什么也不是。换句话说,这种语义学混淆了认知与对象,把两者等同起来。概念直接对应着概念的对象,而认知在这里是人们对该事物的理解,那么,这种理解本身并不能等同于事物本身的性质,人们在某一时期对事物的可能是完全错误的。[100]

更为重要的是,哈特的这种语言观使得概念分析变成对语言用法的研究,使得哲学家的工作变成了"深层的"词典的编纂,哲学没有能力去说明实践用法中哪些重要、哪些错误,哲学成了对实际用法的简单摹写。[101] 对哈特的这种批评可能是会惹起争议的,有人会质疑哈特的整本《法律的概念》难道就是一本关于"法律"一词任何使用的词典吗?他提出的"法律是一阶规则和二阶规则的结合"难道是日常语言中通行的用法,而不是哲学分析吗?这种质疑只有一半的道理。原因在于日常语言的用法当然是错综复杂的,哈特肯定对其中的一些用法不表示赞同,认为它们误解了法律的本质,在界定法律的概念时,将这样的用法排除出去。但是,哈特在做这种剔除错误的工作时依据什么呢?按照哈特的语义学,他只能依据语言实践本身,换句话说,他就是借助某些用法来剔除另外

〔99〕 See D. Brink, supra note〔13〕, pp. 115—116.

〔100〕 更为深入的讨论,see H. Putnam, *Reason*, *Truth and History*, Cambridge University Press, 1981, ch. 1, ch. 2。

〔101〕 See Nicos Stavropoulos, "Hart's Semantics", in supra note〔16〕, pp. 69—79.

一些用法,至于选择的标准,哈特仿佛并没有给予太多的理论关注,简单地认为共享的标准就是正确的标准。因此,认为哈特对实际用法有所选择是有道理的,但是,我们质疑的正是这种选择标准的任意性和不加反思性。

5.4.2.2 经验语义学混淆了认识论与形而上学

哈特的经验语义学把概念等同于人们的认知结果,即哈特把概念问题看做是一个认识论上的问题,但是,概念问题并不等同于认知,例如,今天的我们可以批评牛顿时代对"质量"这个概念的认知是错误的,我们这样否定的原因不在于用我们的"认知"去否定牛顿时代的"认知",也不在于我们的"认知"是更新的认知,而是因为我们的认知更有解释力,更符合"质量"的外延。在某一语言的社群内,之所以会关于某一概念发生争议,根本原因在于这种争议是针对概念的"对象"而发生的,即该争议是关于同一对象的,争议双方都认为自己的"认知"是该对象性质的正确反映;假如某一争议并不是针对同一对象的,那么,这个争议根本不能成立,或者是没有任何的意义的,是各说各话的。因此,在这个意义上,任何有意义的争议必须有共享的前提、共同的对象。概念与摹状词的区分正是我们引入的可能世界语义学所着力强调的,这一区分对应着形而上学与认识论的区分。

概念处于词语与世界之间,我们可以说词语具有多种使用方式,不同时代的人们对词语意义的认知是不断变化的,当然这种"认知"可能像哈特所言,是符合一致的社群标准的。但是概念与词语不同,它代表了一种对世界的合理的划分方式,比如,动物概念就意味着动物与非动物的划分,此种划分对我们的科学认知是有益的,即符合我们的认知价值;一些包含了"动物"概念的判断可以是为真的,例如,"猫是动物"这样的命题,这一命题为真一方面需要猫具有动物的本质特征,另一方面,需要承认"动物"这一概念是对世界的合理划分。因为概念(包括科学概念)中包含着价值,概念所反映的世界就以带着价值的形式呈现在我们面前,我们对命题真假的断定就是以世界为最终依据的。虽然我们无法超越目前的认知现状去(假如不能认知的话)"得知"世界的真实状况,但是,我们不能否认世界本身的存在以及概念的目的是合理地划分世界。因此,概念问题是一个本体论的问题,是关于形而上学的问题。

但是,哈特是在认识论的意义上理解概念的。"世界本身是什么"是一个形而上学的问题,也需要一个形而上学式的答案和论证。哈特的经验语义学混淆了认识论和形而上学,对形而上学的问题给出了一个认识论的答案。[102] 从哈

〔102〕 See Nicos Stavropoulos, "Hart's Semantics", in supra note〔16〕, pp.93—95.

特的语义学中，我们只能得出结论：我们在某一问题上并没有达成共识，但是，无法说，这个问题没有正确答案或某一概念是否适用于个案没有正确答案。例如，我们无法得知火星上是否存在着类似于人类的生命，或者关于这一问题我们有着同样好的、相反的论据，在这种情况下我们只能说，"我们无法就某一问题达成共识"，但是，我们在达成共识之前就知道关于这个问题是有正确答案的。

我们要区分两个迥异的概念，哈特的开放结构就是这两个概念混淆的结果：确定性（determinacy）和客观性（objectivity）。确定性是一个主观性概念，这种主观性可以是个人的，例如，巧克力很好吃，别人可能就不认同这一点，那么这个问题就不具有确定性；这种主观性也可能是群体性的，上个世纪的科学家们一致认为火星上存在人类，不存在着任何的异议，那么，在当时这个问题就具有确定性。而客观性不是这样的一个主观的概念，客观性意味着在某一问题域中存在着可错的逻辑空间[103]，这意味着在这一问题域中我们对事物的理解/判断/感受/信念与事物本身是什么样子的是存在逻辑的距离的，也就是说两者并不是同一回事，与后者相较，前者是"可错的"。例如，某个人头上有多少根头发，我们对这个问题有着不同的回答（不确定性），但是，并不意味着该问题没有一个客观的答案（客观性），我们仅仅是由于认知能力的局限无法证实这一点。

通过上面的区分我们可以看出概念问题不像哈特的经验语义学考虑的那样简单：概念当然是和认识实践相连的，这一点，哈特给予了正确的说明；但是，概念还有"客观性"这一深层维度，经验语义学对于这一方面的揭示是失败的。概念这种"深度"有人称其为"语义深度"（semantic depth）[104]，语义深度是超越语言的日常用法和语言社群的普通实践的，无论这种实践是共享的，还是存在分歧的。这种"语义深度"可以通过这些实践体现出来。尽管概念的使用者可能根本不会意识到这种语义深度的存在，但是，语义深度是作为概念的预设性条件存在的。"语义深度"因领域而有所差异。例如，在科学领域中，牛顿对"质量"的科学命题和爱因斯坦是不同的，但是，两者都是意在对外在的物质世界的说明、阐释，他们的命题都不只是表达个人的意见，而是欲求去说服对方：世界就是这个样子的，同时也是对认知价值的满足。科学中这种语义深度我们可以

[103] See N. Stavropoulos, "Objectivity", in supra note〔25〕, pp. 316—317.

[104] See Nicos Stavropoulos, "Hart's Semantics", in supra note〔16〕, p. 84.

称其为“认知追求”(cognitive aspirations)。[105] 在道德/实践理性领域也是如此:道德命题表达的也不是个人的偏好,而是去试图说服对方;但不同的是道德命题中存在的是“规范性追求”。

规则就是属于实践领域的一个概念,意在给予行为正确的指引。这里的“正确性”意味着道德上的正确,即与客观道德价值的符合。这是规则存在所必须具备的目标,没有对这一目标的理解,我们就无法正确认识规则是什么,也就无法理解规则/威胁(例如抢匪的指令)这一对世界的概念划分的意义何在。而哈特的社会规则理论否认规则与道德之间的联系,把规则仅仅看做是批判性态度的表达;社会规则理论是对这种批判性态度的价值中立的“描述”。这在根本上否认了规则的“语义深度”,即它是实践领域的一个概念(具有规范性追求),而非具有认知追求的科学性概念(对事实性的情感、态度的描述)。

6. 结　论

作为总结,我们强调以下几点:

第一,对当代法哲学的研究最重要的是进入思想的语境,真正把握他们孜孜以求的问题和形态各异的解答。我们认为,哈特之后的分析法学都是围绕“法律的概念”问题展开的。当然,我们可以从分析法学的理论中总结出司法裁判的方法或司法理论,但是,这些解读视角忽略了最为精彩的部分。我们的解读不仅仅要言之成理、自圆其说,更要使解释对象达到它的最佳状态(德沃金语)。

第二,明确了问题后,我们就不可避免进入了方法论研究。方法论研究必须明确自己面对的问题才具有意义。我们都不想为方法而方法,方法论是为了解决问题而出现的。我认为,所谓的“方法论转向”需要重新评价,引进新的理论资源并不构成“进步”,面对相同的问题能够真正能够给出更优答案的方法论革新才有资格被称为“转向”。

在这个意义上,我对所谓的“诠释转向”评价不高,发展一种更具说服力的概念理论才是解决概念问题的正途。本文没有详细讨论语言哲学的众多成果,仅仅把可能世界语义学引入了分析法学,希望这是奠基性的一步。

第三,在概念分析和可能世界语义学的框架下,我们对哈特的法律的概念

〔105〕 See Nicos Stavropoulos, “Hart's Semantics”, in supra note〔16〕, p.83.

理论的缺陷看得更加清楚。从语言哲学上说,他混淆了概念和观念,没有清醒地区分认识论和形而上学这两个不同层面的东西;从法哲学上说,这种混淆表现在没有清醒地区分对规则的认知(内在观点)和规则本身(客观价值)。方法论上的根本缺陷导致了法哲学具体结论的错误。拉兹、德沃金、费尼斯在各自的著作中对这种缺陷都给予了充分的探讨,并提出了相对成功的解决办法。值得我们留意的是,我们在充分关注他们与哈特观点的分歧的同时,更要注意他们方法论上的进步,只有这样我们真正把握住了思想的关键。

规定[*]的三个维度[**]

〔美〕弗雷德里克·绍尔 著　张　帆[***] 译

约翰·奥斯丁认为,规则不同于命令〔1〕,只有规则才能够"合适地被称为"法律的一部分。〔2〕 罗纳德·德沃金主张法律规则不同于法律原则,并且他试图解释根据法律规则而作出的司法决定不仅在描述上是不精确的,而且在规范

---

* 对于 prescription 这个词,台湾的庄世同先生将其译为"规约"(参见:庄世同:《论法律原则的地位:为消极的法律原则理论而辩》,载《辅仁法学》(第十九期),2000 年),我个人认为似乎不妥,因为 prescription 并无中文"约(定)"的含义存在。在冯·赖特所著的《规范与行动》(*Norm and Action*)中,赖特专门谈了如何看待 prescription 的问题。在赖特看来,prescription 是规范的一种,是否具有 prescriptive 是区分规范的一个标准。赖特认为,prescription 规定是由某人给出或发出的。其来源于规范发布者或规范权威的意志。在规范性上,一个规范的权威可以被认为是想让其受众接受某种行为。规范的发出能够被认为是展示了权威者使得受众以某种方式行为的意志。为了使得其意志为受众所知,权威表述(promulgate)了这个规范。为了使得其意志有效,权威将制裁或惩罚的威胁与规范联系起来。在所有这些方面,prescription 与规则(rule)是完全不同的。鉴于此,我将 prescription 译为"规定",而由此"prescriptive"便可译为"规定性"。

** 本文的一个早期版本作为一篇论文曾经于 1996 年 1 月 7 日提交给位于得克萨斯州圣安东尼奥的美国法学院联合会的法理学部。

*** 张帆,中国政法大学博士研究生。

〔1〕 参见 John Austin, *The Province of Jurisprudence Determined*, Lecture I pp. 10—15, R. Campbell ed, 5th ed., 1985。

〔2〕 Ibid., p.15.

性上也毫无吸引力。[3] 邓肯·肯尼迪认为,法律规则不同于法律标准,只有法律标准才是司法决定中在道德上更为可取的形式。[4] 同德沃金一样,拉里·亚历山大与肯·克莱斯认为法律规则不同于法律原则,但是他们却不同意德沃金所坚持的"原则具有相对可欲性(desirability)"的观点。他们二人认为,不同于根据道德原则或法律规则作出的决定,根据法律原则作出的决定,融合了前两者中最差的特征。[5]

从这个区别与论争的简单清单中,我们可以明显地看到,在当代法律理论中,几乎同时产生了大量的相关争论,它们中的每一个都把"规则论"(rule based)的决定形成过程包括进去,并将其作为一个分支。为了区别这些争论,并避免进一步的混淆,我将分析每一个区分,并审视它们之间的联系与区别。我所采用的方法是研究三个不同的维度,在其中,规定(prescription)——至少是在这个语境中我所能够想到的、遭到疑问最少的词汇——可能存在变化。这三个维度——明定性(specificity)、正规性(canonicity)和分量性(weight)——在当前法律理论中处于所有与规则相关联的区分的核心位置,同时还处于大量混淆的中心,而这些混淆却因无法区分这三个维度而得以散布开来。一旦我们指出概念上的混淆之处,我们就能够看到,在理解许多持久的和与法律有关的制度设计问题上,这三个维度有多么重要。但是,在理解同样重要的法律和道德之间的关系问题上,这三个维度可能就不那么重要了。而且,我们将会看到,不存在可以被称为原则的某一独特的规范种类,尽管那个词确实有助于标识出许多有用区分的一方。

一、明　定　性

我们能够使用语词去做的一件事情便是去规定(做某事),或进行指示。在对以言行事的(illocutionary)动词进行分析的过程中,John Searle 和 Daniel Vanderveken 描述了一类指示性行为,其包括:指示(directing)、请求(requesting)、请托(asking)、力劝(urging)、告知(telling)、要求(requiring)、需求(demanding)、指挥(commanding)、下令(ordering)、禁止(forbidding)、允许(permit-

---

〔3〕 See Ronald Dworkin, *Taking Rights Seriously*, Harvard University Press, 1977, pp. 22—23.

〔4〕 See Duncan Kennedy, "Form and Substance in Private Law Adjudication", 89, *Harv. L. Rev*, 1685, 1687—1713, (1976).

〔5〕 See Larry Alexander and Ken Kress, "Against Legal Principles", in *Law and Interpretation*, 279, (Andrei Marmor ed., 1995), reprinted in 82 *Iowa L. Rev*. 739 (1997).

ting)、建议(suggesting)、警告(warning)、推荐(recommending)、乞求(begging)、恳请(supplicating)、央求(imploring)、祈求(praying)等。[6] 上述的一些行为较之于其他行为来说,似乎与法律有着更多的关联。毕竟,法律比起乞求来说具有更多的命令色彩,而较之于恳请则具有更多的抑制色彩。但是,从上面的清单来看,这个想法应该比较清楚一些,特别是当我们抓住描述和要求之间的不同,以及在"一个建筑正在着火"的陈述和"把火灭掉"的命令之间进行区分的时候。[7] 在下面的讨论中,我将使用"规定"一词来囊括这一广泛的指示类别,而且,我精确地使用这个词部分是因为较之于"规则"、"原则"和"规范"来说,这个词几乎不会带有任何的法理学包袱。

我们在规定种类中抽取的第一个区分便是立基于规定的明定性上。在问题的一极上面,我们用规定去指导一个人在一个时间去施行某个行为。这就是约翰·奥斯丁所描述的"命令"[8],一个例子就是一个警察在一个特定的时间和地点告诉一个特定的市民"回来"。另一个例子便是在美国所称的"私行为"(private act)或"特别立法"——那些法律关涉一个特殊个体或特定地方的地位,正如当一个法律使一个具体的人豁免于一个一般移民法的要求,或者是当一个州法设立一个界限或允许使用某一特殊的财产。[9]

尽管关于一个特定(particular)的规定看起来像什么,并没有什么概念上的误解。然而,问题另一极的本质则更具问题性,因为我们并不清楚"特定"(particular)的反义词究竟是什么。一个候选项是"一般"(generality),而且我们通常将特定和一般相区别。在此,一般指的是由大量特定所组成的类别。[10] 但是,从定义上看,规则是一般性的,我们根本无法将一个私人行为或警察的命令描

---

〔6〕 See John R. Searle & Daniel Vanderveken, *Foundations of Illocutionary Logic* 198—205 (1985).

〔7〕 在表述的语境下,一些具有非指示性语词含义和句子含义的词或短语可能具有指示性的以言行事的力量。对"你能递一下盐吗?"这句话的适当反应将是把盐递过去,而非说"好的"。对于"那是一个蜘蛛"这句话的适当反应将是踩它,而非仅仅同意这个命题。对于这些以及相关的思想,参见 John R. Searle, *Speech Acts*(1969); H. P. Grice, "Utterer's Meaning, Sentence Meaning, and Word Meaning", *4 Foundation of Language* 225(1968); John R. Searle, "A Taxonomy of Illocutionary Acts", in *Expression and Meaning: Studies in the Theory of Speech Acts* 1 (1979); P. F. Strawson, "Intention and Convention in Speech Acts", in *Logica-Linguistic Papers* 149 (1971).

〔8〕 See Austion, *The Province of Jurisprudence Determined*, pp. 10—11. 奥斯丁的用词有一点让人糊涂,因为他最初使用"commend"这个词是来包括所有规定的,但是后来却使用"法律"或"规则"来指称那些为一个群体指示的规定,而用"commend"来表示那些"特定的"或"偶然的"规定。

〔9〕 See Frank E. Horack, Jr., *Cases and Materials on Legislation* 380—381 (1940).

〔10〕 See Frederick Schauer, *Playing By the Rules: A Philosophical Examination of Rule-Based Decision-Making in Law and in Life* (1991); Strawson, "Intention and Convention in Speech Acts", p. 28.

绘成为一个"规则"[11]。但是,我们依然可以想象一些规则比其他规则更具一般性,这主要是在它们所能达到的更大范围的意义上来说的。"在面向公众开放的建筑物内禁止吸烟"的陈述比"在面向公众开放的政府办公室内禁止吸烟"的陈述更具一般性。这是指前者所包括的特定建筑物并不包括在后者里面,而相反则不对。前者因此包括一个更大的范围,而且在那个意义上则更具一般性。

这是一个重要的区分,但这似乎并不是德沃金、肯尼迪、亚历山大和克莱斯或别的什么人所关注的。那是因为对"特定"来说,一个可能的同义词是"明定",而明定的反义词并不是一般而是模糊。并非所有的一般类别(或种类)是模糊的。例如,"昆虫"的类别很大,毫不夸张地包括几兆数目的特定昆虫,但是,在精确的意义上,它仍然是相当明定的。就几兆数目的昆虫中相当大的一个比例来说,一个特定的生物是或不是一个昆虫则是毫无疑问的。可能会存在一些边际的例子,但绝不会很多。[12] 因此,一个类别的大小(一般性)的维度并不必然是明定性或模糊性的维度。

因此,就当前的目的来说,重要的维度并不是与"特定"相反的"一般"这个维度,而我们最好将特定看做是明定性或精确,它的反义词则是模糊。当肯尼迪和别的人将规则和标准区分开时,他们在寻求区分干脆的(crisp)规定和非确定性的规定,在前者中不确定性在应用的范围内所占比例很小,而在后者中不确定则占了很大的比例。[13] 这种区分通常会在规则与标准区分的大旗下大行其道。但是,它也可能是大量混淆的原因。不仅这对区分有时被误解为特定与一般这对区分,而且有时也被误解为是关于一个规定可能具有的分量的区分。对此,德沃金要负主要责任。我们都知道,他区分了规则和原则,但是他最为著名的例子却使得这一区分的真正本质并不清楚。在对里格斯诉帕尔默案(*Riggs* v. *Palmer*)[14]的讨论中,德沃金认为遗嘱法是一个"规则",而"任何人不得从自

---

〔11〕 See Frederick Schauer, supra note〔10〕, pp.4—18.

〔12〕 事实上,我并不确定是否会有一些,尽管我们能够想象一些语境,在其中死去的昆虫是否能够被看做昆虫并不确定。对于这些及相关的问题,参见:Israel Scheffler, "Beyond the Letter: A Philosophical Inquiry into Ambiguity", *Vagueness and Metaphor in Language* 37—78 (1979)。

〔13〕 See Louis Kaplow, "Rules versus Standards: An Economic Analysis", 42 *Duke L. J.* 557(1992); Kennedy, "Form and Substance in Private Law Adjudication", pp.1687—1713; Carol M. Rose, "Crystals and Mud in Property Law", 40 *Stan. L. Rev.* 577 (1988); Pierre J. Schlag, "Rules and Standards", 33 *UCLA L. Rev*, 379, 381—383 (1985); Kathleen M. Sullivan, "The Justice of Rules and Standards", 106 *Harv. L. Rev.* 22. 24 (1992).

〔14〕 22 N.E. 188 (N.Y. 1889).

己的错误行为中获利”则是一个原则。[15] 他的主要论点是,正如在里格斯案中所做的,原则可能胜过规则。结果,这就会削弱一个主张的基础,即法律能够在一个“规则的模式”上被解释。但是,在得出那个论点的时候,德沃金认为规则“的应用是以要么适用要么不适用的方式进行的”[16]。相反,德沃金论证道,原则并不是以这样的方式适用的,而是具有“分量的维度”[17]。

德沃金正确地提出,在以“要么适用要么不适用”方式适用的规定与具有分量维度的规定之间具有“逻辑上”的分别。但是,他的例子似乎显示出这个区分不过是明定性(例如遗嘱法)和模糊性(例如“任何人不得从自己的错误行为中获利”)的区别。事实上,它们是两种全然不同的区分,而且相互之间并不是必然重合的。一些非常明定的规定并不是以要么适用要么不适用的方式适用的。例如,如果国家“有重要的政府目标”或如果以性别区别对待实际上与这些目标的达成有关时[18],一个具体的规定——国家不得以性别作为区别对待的依据[19]——将可能会被排除适用。相反,也有一些十分模糊的规定,例如美国宪法第八修正案有关禁止残酷及特殊刑罚的规定,其实际应用却是要么适用要么不适用的。毫无疑问,就何种行为会被解释为残酷及特殊刑罚会存有大量的不确定性,但是如果某行为被认定为如此的话,则必然会被禁止。并不存在被允许的残酷及特殊刑罚,但是这个非常模糊的规定却是以德沃金描述规则的方式进行适用的。

结果,德沃金错误地合并了分量的问题和明定性的问题。对于前者,我不久将返回讨论,而后者,则我是立刻就要关注的。就明定性来说,传统的论争关注于以下情况:我们期望最大化明定性,以及最大化可预测性以及可明示性(notice),并最大限缩了规定适用者或规定解释者的自由裁量。传统的论争还关注一些情况,其中,我们期望牺牲一些预测性和可明示性以换取一些好处,而这些好处是自由裁量有时为了适应变化多端的情势和以前无法预料的情况,根据灵活性带来的。例如,想一想 1934 年《证券交易法》的 16b 部分[20],它阻止一个注册公司的一名拥有证券超过 10% 的所有者“在 6 个月内”自卖自买或自买自卖那个公司的任何证券。毫无疑问,尽管这在适用中会存在一定范围的不

〔15〕 See Dworkin, supra note〔3〕, pp. 22—24.

〔16〕 Ibid., p. 24.

〔17〕 Ibid., p. 26.

〔18〕 *Wengler v. Druggists Mut. Ins, Co.*, 446 U. S. 142, 150 (1980).

〔19〕 See *Mississippi Univ. for Women v. Hogan*, 458 U. S. 718 (1982).

〔20〕 15 U. S. C. 78p(a)&(b)(1994).

确定性[21]，但是，比较清楚的是，对于整个交易范围来说，某个交易要么被16b部分覆盖，要么没有被16b覆盖。在传统的规则—标准二分法中，这是一个规则。但是，现在相反的另一个规定指向同一种行为，即在同一法案中的规则10b-5。[22] 这个规定没有用特定的人、特定的百分比或特定的时间这样的词表述。相反，它阻止"任何一个策略、方案或欺诈手段的运用"，以及"任何一个行动、实践或商业过程其作为欺诈或欺骗操纵或将操纵任何一个人"。从表面上看这个规定，它是否适用于一个潜在的适用范围的更大比例，都会存在不确定性。根据传统的二分法，这却是一个标准。

在16b部分和规则10b-5之间的矛盾显示出规则—标准二分法是精确与模糊的量度。更加精确的规定会带来诸如明示性、预测性的好处，以及对解释者和适用者自由裁量的限制，而更模糊的规定则牺牲了预测性以及对自由裁量优点与灵活性的限制。

在两个不同的成文的规定语境下，尽管两者的区分是非常清楚的，但是，当我们审视更大范围规定的时候，问题就变得更为突出。这些规定包括没有被认定(nonposited)的一些种类，如像德沃金、亚历山大和克莱斯所理解的法律原则。我现在正是要将注意力转移至此。更具体地说，现在是转向精确与模糊的渊源问题上的时候了，因为仅仅关注于16b部分和规则10b-5等规定可能会使得我们认为这个问题很容易，但它实际上更为复杂。

二、正 规 性

在我们探寻明定性和模糊性来源的问题上，亚历山大和克莱斯提供了一个十分有帮助的开始。作为反对法律原则论证的一部分，他们提出了一个规范性的主张，即法律原则既缺乏道德原则的道德正确性的保证，而且也缺乏法律规则的指引性和其他的法治优点。除了评价前一个主张是正确的以外，我将不讨论它，因为它不是我本文讨论的中心问题。但是，亚历山大和克莱斯的后一个主张却是值得仔细检视的。

在讨论法律原则缺乏法律规则的法治品质的时候，亚历山大和克莱斯将这

〔21〕 See *Kern County Land Co* v. *Occidental Petroleum Corp*, 411 U.S 582 (1973); Thomas Lee Hazen, "The New Pragmatism Under Section 16(b) of the Securities Exchange Act", 54 *N. C. L. Rev.* 1 (1975); Andreas Lowenfels, "Section 16(b): A New Trend in Regulating Insider Trading", 54 *Cornell L. Rev.* 45 (1968).

〔22〕 17 C.F.R. 240. 10b-5 (1996).

些法治德性和规则—标准二分法中规则的方面联系了起来。如果我们将法治的德性当做不是在穷尽德性(自由裁量能够是一个德性,但是并没有落在"法治"的标签之下),那么,这项主张便是似乎有道理的。亚历山大和克莱斯于是便在正规性(他们指的是"被表述")和非正规性之间做了有益的区分。一个正规性的规定(再次使用避免误解的词汇,以避免在定义的层面上就遭到严重的质疑)作为一个规定出现于明确书写出来的形式中,而且因此会存在一个普遍的渊源和一个共同的指称依据(a common source and a common point of reference)。如果我们所理解的作为美国宪法的文件是具有权威性的,那么"在普通法的诉讼中,如果所争论的价值超过 20 美元,则陪审团的审判权利将被保留"[23]便是在这个意义上的正规性规定。因此,《统一商法典》、《联邦证据规则》和 1933 年的《证券法》也是如此。在某一时间、某一地点被某一法院所适用的规定也是如此,至少会被期望也是规定的形式,这对下级法院或与此相联系的他人来说,是一个起点。在"米勒诉加利福尼亚州"案(*Miller* v. *California*)[24]中对淫秽的三部分检验是正规性的,这与制定法条款是正规性的一样。同样,"纽约时报诉沙利文"(*New York Times Co.* v. *Sullivan*)案[25]中的实际恶意规则和"米兰达诉亚利桑那州"(*Miranda* v. *Arizona*)案[26]中的警告形式也是如此。

亚历山大和克莱斯并没有对这些规定的规则性进行争论,但是,他们却讨论了他们称之为法律原则的那些规定,这些规定从多重法律材料的观点中抽离或建构出来。为了简明性的缘故,我们可以将"任何人不得从自己的错误行为中获利"作为一个例子,这个原则在里格斯案中被适用并为德沃金所推崇。尽管有数不清的案件可以支持这个命题,但是,并没有一个案件能够创造它,也没有一个案件可以被每个人作为权威性的表述而引用。[27] 相反,我们所理解的作为原则的东西大部分是以归纳的形式从大量的案件或别的法律资料,如制定

---

〔23〕 U.S. Const. Amend. VII.

〔24〕 413 U.S. 15 (1973).

〔25〕 376. U.S. 254(1964).

〔26〕 384 U.S. 436 (1966).

〔27〕 考虑一下宪法案例汇编和契约法案例汇编之间的区别。尽管毫无疑问在后者中存在一些标准案例——例如 *Raffles* v. *Wichelhaus*, 159 Eng. Rep. 375(Ex.,1864)——这些案件主要是作为法律原则的例子而非法律原则的渊源被提出的。适用一个不同案例去展示多重错误原则(或无论是什么原则都是 Raffles 案的一个例子)的案例汇编都是不常见的,如果一个宪法汇编为 *Marbury* v. *Madison*、*Brown* v. *Board of Eduction* 和 *New York Times Co.* v. *Sullivan* 替代一个不同的案件,那么,这也是不常见的,但这和上面的方式绝不一样。

法、规章或权威性法律注解者的陈述中抽离或建构出来的。抽离一个原则的方式明显地是解释性的,德沃金在他后来的著作中对这种方法进行了说明并大加赞赏。[28]

亚历山大和克莱斯所关注的是,那样被抽离或建构出来的规定缺乏法治的价值,而这些价值被具有正规性的被表述的规定所拥有。但是,我们不清楚的是为什么他们会有如此确信。他们提出,最大的问题是缺乏决定性(underdetermination)。因为,在法律中或其他地方,并不存在任何一个独一无二的资料能够决定一个单一的原则。在那个意义上,在缺乏规定性表述的情况下,就会存在一个非决定性的问题。但是,除了可能在边际情况下,在规定性的表述中,不存在非决定性的问题。[29]

尽管缺乏决定性在理论上是吸引人的,但是通常在实践上会产生问题。下述情况并非必然,即建构出的和非表述性的原则在适用中较之于那些规定性表述出的原则缺少确定性。假设警察将一个人驱赶出公园的权力在普通法模式中是一个被使用的权力,其驱赶的基础在于使用,就像合同法在其发展的早期阶段是在其运用的实际案例中形成的那样。在第一天,一个人被赶出是因为他以很高的声音听广播。第二天,一个骑着大摩托的妇女也被赶了出去。第三天,警察赶走了一个小型的爵士乐队。第四天,警察赶走了一个用扩音器宣扬宗教信仰改变的人。在其间,并没有别的人被赶走。仍然有一些人并没有被公开赶出公园:骑车人、慢跑者、溜冰者、电动高尔夫车驾驶者、不夸张的诗歌朗诵者、安静的祈祷团体和通过耳机听广播的人。

现在,在这些决定的基础上,如果一群人被要求构建一个原则去解释所有这些决定,我猜将人们大致会在"禁止噪音"这样一个规则或者类似的规则上达成一致。注意,我用"一致"这个词来描述相关的情况,因此,我所做的是一个经验性的和社会学意义上的主张,而非一个逻辑性的主张。的确,在逻辑上,根据大量的别的原则,是可能解释一个结果的,这些原则中的一个可能会说"今天之前禁止噪音",或者"从今天开始噪音不被禁止"。但是,我们可以确信,一个原则较之于别的来说,不太可能出现,即使这个原则可以通过多种方式来进行表述[30],而在许多预期未来的应用中,这个原则仍将是非常确定的。一个期望被

---

〔28〕 See Ronald Dworkin, *Law's Empire*, Harvard University Press, 1987.

〔29〕 对这个问题,我在《规则和遵循规则的论证》("Rules and the Rule-Following Argument", 3 *Can. J. L. & Jurisp.* 187 (1990)一文中进行了探讨。

〔30〕 尽管并没有正规性的形式,但就同一个命题内容来说,仍然会有很多不同的表述。"在公园中不宜大声"和"在这个公园中,人们禁止额外产生噪音"在语境上,都拥有同样的命题内容。

要求保留其扩音电吉他或不停叫唤的狗的人可能被认为是那种"半个在哲学上钻牛角尖的"维特根斯坦式的人,但是,他也可能被认为脱离现实。

以同样的脉络思考一下哈特的规范例子,在其中,人们遵循规范在教堂中脱帽。[31] 此处仍然没有规范的规定性陈述,但是,在理解中却存在如此高度的一致性,以至于置疑诸如明示性与可预测性等价值是否被满足的问题则是一个十分奇怪的事。实际上,较之于大量的人们并未读出的被规定性表述的规则来说,在此处则有更多的明示性。而且,正如我们在前面所看到的,正规性表述很难保障法治的价值能够实现。如果要预测未来官员行为的话,我在前述的警察实践的情境下会比在"公园中无干扰"这一正规表述的规则下更有自信。

对如下问题我并未表明立场,即如果当所有的因素(包括但并不限于法律的价值)都被考虑到时,是否法治能够被普通法或法典化体系所满足,或一个别样的法律体系会更好。但是,如果说明定性在实现明示性、可预测性和限制自由裁量等问题上是值得期待的话,那么正规性并不能保证实现它。我们可以想象,在一些情况下,较之于将是非正规性来说,正规性更加有助于实现明定性,所有别的事情都是相等的。但是,所有别的事情并不相等,所以正规性的特点在确保与规则性相连的优点时,将会是视情况而定的和经验性的,而非必然的和逻辑的。或者,在表述上有一点不同,明定性和正规性是规定的两个不同的特性。他们通常一起出现,但是,这并不是必然的。而且,它们之间的关系是经验性的和偶然的,而非逻辑性的和同一的。

三、分 量 性

德沃金认为,规则的适用是以要么适用要么不适用的方式进行的,亚历山大和克莱斯也同意他的观点。正如我在第一部分所指出的,德沃金错误地论证了规定的分量与其明定性紧密相连。我还在第二部分论争说,亚历山大和克莱斯错误地论证了一个规定的正规性与其明定性联系密切。然而,分量性问题本身却没有被讨论。

一个规定,无论是明定的还是模糊的,无论是规定性表述出来的还是被建构出来的,在其特性中都包含有分量性。分量性,即一个规定能够优先于另一

[31] See H. L. A. Hart, *The Concept of Law*, Oxford University Press, 1961, p. 10. 在此,我使用"规范"这个词(哈特并不这样使用),因为这个词通常使用在既没有正规性化身,也没有国家强制力的地方。See Edna Ullmann-Margalit, *The Emergence of Norms* 12—17 (1977).

个展示相反结果的规定的能力，是一个常见的观念。在一个极端上，我们拥有无限分量的规定，有时被称为“绝对”规定，其优先于其他任何一个原则。在另一个极端，是其他条件不变的（Ceteris paribus）规定，仅仅当所有其他东西都相等时，这种规定才处于优先地位。一旦有一个规定显示相反的结果，所有别的东西便不再相等了。由此，这种其他条件不变的规定便失去了优先地位。而且，在这些极端情况之间，我们拥有可能被描述为诸如假定（presumptions）、强假定（strong presumptions）、初步的（prima facie）规定或仅仅在“明显和当前危险”或“重大利益”或其他类似情况下能够被弃绝的规定。结果，一个规定的分量就是它优先于其他相反规定能力的量度，而并不考虑那些规定的渊源。[32]

尽管十分清楚，规定确实有分量性的量度，而且尽管也十分明显（但是并不是对德沃金），分量性并不来自其明定性或与明定性紧密相关。[33] 但是，问题在于：一个规则的分量来自哪里。在一个层面上，这是一个易于导致无限回溯的问题。由于没有一个规则能够决定它自己的适用[34]，因此也没有规则能够决定自己的分量。一个宣扬其非弃绝性或绝对性的规则是否将被其受讲者、适用者或解释者那样对待是一个经验事实，这并不由规则本身决定，也与规则由什么样的语言表述无关。

然而，关于一个规则的存在和含义以及关于其分量能够被言说的事实使得以下问题十分清楚，即没有什么关于一个规则本身分量指示地位的特殊的东西，指示的有效性依赖于规则之外的事实。但是，尽管有规则之外的事实，如果能够想象一下范围的问题（如“除周日及节假日，不得泊车”）能够在规则内部明确，而且在一个同意能够认真而且逐字句地对待内部明定性的文化内，有一个影响决定的效果。那么，没有理由去想象分量的问题（如“除非紧急，不得泊车”）不可能相似地具有内部的明定性，而且也不可能相似地以同样的方式有效。

---

〔32〕 See Alan Gewirth, "Are There Any Absolute Rights?", 31 *Phil. Q*, 1 (1981); Barry Loewer & Marvin Belzer, "Prima Facie Obligation: Its Deconstruction and Rcconstruction", in *John Searle and His Critics* 359 (ernest Lepore & Robert Van Gulick eds. 1991); Robert Nozick, "Moral Complications and Moral Structures", 13 *Nat'I L. Forum* 1 (1968); Frederick Schauer, "A Comment on the Structure of Rights", 27 *Ga. L. Rev.* 41 (1993); John Searle, "Prima—facie Obligations", in *Philosophical Subjects* 238 (Zak Van Straaten ed, 1980); Judith J. Thomson, "Some Ruminations on Rights", 19 *Ariz, L. Rev.* 45, 46 (1977).

〔33〕 See Joseph Raz, "Legal Principles and the Limits of Law", 81 *Yale L, Y.* 823 (1972).

〔34〕 对一些人，合适的参照是维特根斯坦的《哲学研究》，另一些则是哈特的最终的承认规则，另外一些还有凯尔森在基本规范观念中的超越理解。而对于他们之间的关系，请参考弗雷德·绍尔的《修正宪法的前提》。

然而,如果这确实如此,同样的情况是否能够适用于一个被建构出来(非规定或非表述的)的规定呢?亚历山大和克莱斯(我怀疑他们将同意我在前面段落中所论证的[35])则不这样认为。他们认为,从以前一系列决定中抽取一个分量会有极大的问题,甚至是绝对不可能。[36] 他们的论证似乎是,从以前的一系列决定(其中一个道德上不正确的法律原则胜过一个道德上正确的原则)中,我们不可能以如下形式在未来案件中适用原则:相对于一些仍未预见到的道德上正确的道德原则来说,给予道德上不正确原则以分量。然而,从亚历山大和克莱斯的论证中完全不能明显地看到这一观点的合理性。毕竟,我们能够将一些重要性的程度给予各种道德命令。一些可以量化,但是即使不能量化,我们也能将一些大致的重要性程度给予不同的道德错误行为,这些行为包括强奸、攻击、抢劫、对有钱人空置房屋的盗窃、疏忽驾驶、当面侮辱、对邀请不表示感谢及在超市中带14件商品在12件(或者更少)商品结账处结账。所有这些在道德上都是错误的,但是一些比另一些在道德上更加错误。在一系列案件上,如果我们将看哪一些规定战胜了其他规定,我们就能归纳出这些规定分量的一些意义。如果提供食物给一个因饥饿但还未饿死的孩子在道德上的重要性被看做胜过拿了过多物品通过结账处的道德错误,但并不超过偷窃(或更糟)的道德错误,我们就可以归纳出社会有时会,但并不总是置于弃绝道德在价值上的重要性,然后适用那个重要性在未来的案件中,例如双重泊车的道德错误。

如果确实如此,那么就没有什么逻辑上的理由来说明,就法律原则的分量来说,为什么同样的情况不可能发生,甚至像亚历山大和克莱斯所陈述的,那是一个不正确的法律原则。归纳分量的能力在逻辑上中立于规定的道德价值,其重要性我们从过去的决定中归纳出来,而且并没有理由相信没有或有着很低正规性的原则不可能有分量,就像和任何一个其他的规定一样。

四、结　论

此处即有一个前面的暗含结果,即并无法律原则这类东西存在。或者更加广泛地说,并无原则这类东西存在。这么说有点刻板,但是,不那么刻板,以及

〔35〕 See Larry Alexander, "Constrained by Precedent", 63 *S. Cal. L. Rev.* 3(1989); Larry Alexander, "Law and Exclusionary Reasons", 18, *Phil. Topics* 5 (1990); Ken Kress, "Legal Inderminacy", 77 *Calif. L. Rev.* 283 (1989); Ken Kress, "The Interpretive Turn", 97 *Ethics* 834 (1987).

〔36〕 See Alexander and Kress, "Against Legal Principles", p. 302, reprinted in 82 *Iowa*, *L. Rev.* 739, 762 (1997).

少一些倾向性的看法是,并无明显的规范种类能够被有助于认定为原则。可以肯定的是,有大量的方法可以结构性地识别出规定的存在。本文研究了三种方法,即明定性的维度、正规性的维度和分量性的维度。毫无疑问,以下看法是正确的,即"原则"这个词通常被适用于具有很低的明定性、很低的正规性和很低的分量性的规定。

但是,如果一个原则是一个明显的规范种类,那么我们将看到,在具有很低的明定性、正规性和分量性的规定中,可能会存在逻辑上的同一,也可能存在大量经验性的重叠。但是,这反而证明不是作为逻辑性的事实或一个经验的事实的情况。那将似乎产生出一个结论,法律的或其他的原则并不是一个明显的规范种类。可能会有反应认为,"原则"认定了拥有低的明定性、正规性和分量性的规范种类(像"无人能够从自己的错误行为中获利"原则就决定了里格斯诉帕尔默案件的结果),甚至我们可以识别出别的交换和组合(例如具有高的明定性、低的正规性和高分量的原则,例如作为我描述的"公园中无噪音"原则,或拥有低的明定性、低正规性和高分量性的原则,如黄金规则或康德的绝对命令)。尽管这并没有什么"错误",但是这似乎没什么意义而且也过分地讲明了。

因此,作为选择,可能最好是借用罗伯特·萨默斯几年前讨论"法律实证主义"时的一个观念。通过审视这个词的12种不同的存在用法,并且将它们中的许多用法都相互的排除后,萨默斯提出"扔掉'实证主义者'这个词,因为它现在极度模糊而且完全的退化了。"[37]当然,一个人可能不会说"原则"这个词完全地退化了。相反,对于那些相信"规则"一词拥有过度的精确、刻板和机械适用可能性的内涵的人来说,这仅是一个可供选择的词汇。但是,即使这个词并不是完全的退化了,在许多时候参照(至少)三种不同区分(这些区分并不必然地在我们居住的规范性世界中一起出现)的极点时,它也显示出极度的模糊。考虑到那种情况,抛弃这个词将会使我们更加仔细的关注于规定变化的三个最重要的维度,结果则会更仔细的思考在一个特殊制度设计的情况下这些维度适用的合适地方。在关于法理学的最大的传统问题上,几乎没有什么将开启选择这些维度的合适点,但是,大量的道德意义和最理想的制度设计则会。如果这些并不是法理学在传统上关注其自身的问题,那么问题可能将相伴法理学本身。

我论证认为亚历山大和克莱斯像德沃金一样,在法律原则的逻辑结构、道德地位和法律位置的问题上犯了错误。但是,较之于他们在公正地讨论法律力

〔37〕 Robert S. Summers, "Legal Philosophy Today: An Introduction", in *Essays in Legal Philosophy* 1, 16 (Robert S. Summers ed. 1968).

量议题，即法律原则是什么及关于法律原则什么是好的东西中所获得的更大的好处来说，这些仅仅是小缺点而已。我论证认为在"法律原则"名下有时所通过的一些东西比亚历山大和克莱斯所设想的，通常会更好实现法治的价值。但是，如果我们在整体上抛弃法律原则的观念，并相反关注于一些问题（这些问题指出了在规定中变化的三种维度），对亚历山大和克莱斯所提出问题的深入讨论将会在特定的时间、地点以及决定产生的语境下更好地有助于实现某些道德和制度性目标。

Section 3

法社会学

韦伯法律社会学中的理想类型*

白中林

引言:韦伯法律社会学研究简图[1]

韦伯通过预设一套特殊的理性观和价值观构筑了其社会行动理论,微观的行动理论和宏观的社会制度、社会发展分析则构成了其庞大的社会理论框架。由于韦伯并没有建立起自己完整的思想体系,以至于他去世后,人们在其精神

---

* 本文是在笔者同名硕士论文的基础上修改而成的,详尽的内容和参考文献可在中国政法大学图书馆查阅原文。特别感谢郑永流教授,在他主持的法社会学的课程上启发了本文的选题,他对本文写作中遇到的翻译问题给予了解答;应星教授数次督导审查了本文的写作框架及进程,尽管他并不赞同本文现在的结构,但他的指导仍让我获益良多。当然,文责自负。

〔1〕 由于笔者不谙德文和日文,此次梳理主要以英语学界和汉语学界的韦伯法律社会学研究文献为主,旁涉以英文和汉文形式出现的德语学者的研究成果;这就注定目前这张韦伯法律社会学研究简图是不完整的,有待日后进一步的补充。需要注意的是,韦伯 Rechtssoziologie 中的 Recht 无涉法与法律之辨,故在韦伯之文本及本文中如无特别提示,则 Recht 一律作韦伯社会学视角下的"法律"观(但是从另一个角度也可以说,韦伯对 Recht 的辨析在他对"客观法"和"主观权利"的部分);如此就 Rechtssoziologie 之翻译来讲,译为法社会学抑或是法律社会学亦无根本的差别。另外,关于 Idealtypus 的译词,汉语学界有理念类型、理念型、观念类型、理想类型、理想型等诸多译法,本文遵循郑永流教授的建议,一律译为理想类型。

遗产上构筑的韦伯思想肖像也经历了数次的变化。[2] 相应的在其法律社会学领域,学者们的研究的主题也有所波动,但是总体来说是比较稳定的,主要集中在法律理性化以及法律理性化与资本主义的关系问题上[3],只是近年来有所变化,一些研究者开始注意韦伯法律社会学与支配社会学之间的关系,对韦伯法律社会学的研究更加逼近韦伯社会理论关注的核心。[4]

---

〔2〕 这方面的文献主要可以参见:顾忠华:《韦伯学说》,广西师范大学出版社 2004 年版,该书第一篇文章全面地描述了自韦伯去世以后迄今的德语和英语世界的韦伯诠释范式的流变;李猛:《除魔的世界与禁欲者的守护神:韦伯社会理论中的"英国法"问题》,载李猛编:《韦伯:法律与价值》,上海人民出版社 2001 年版,第 148 页,注〔118〕。该文主要是以明确的问题意识精辟地概述了第二次世界大战以后韦伯思想肖像的变化;Swedberg, R. "The Changing Picture of Max Weber's Sociology", *Annu. Rev. Social.* 2003. 29: 283—306. 该文主要是从经济社会学视角描述韦伯思想的肖像及最近的变化。

〔3〕 Max Rheinstein, "*Introduction*" *Max Weber on Law in Economy and Society*, Cambridge, Mass. 1954;〔美〕本迪克斯:《马克斯韦伯思想肖像》,刘北成等译,上海人民出版社 2002 年版; Julien Freund, *The Sociology of Max Weber*, Routledge. 1998(1969); Trubek., "Max Weber on Law and the Rise of Capitalism," *Wisconsin Law Review*, No. 3, 1972.; Hunt, *The Sociological Movement in Law*, London: Macmillan. 1978; Schluchter, *The Rise of Western Rationalism: Max Weber's Developemental History*, Berkley. 1981; Anthony Kronman, T. *Max Weber*, Edward Aronld. 1983(该作者已有把韦伯的法律社会学放置到韦伯的整个社会理论中理解的想法,只是总体来看,重点仍限于对法律社会学的解释); Treiber Hubert, "'Elective Affinities' between Weber's Sociology of Religion and Sociology of Law," in *Philosophy and Criticism*, Vol. 10. 1985; Sally Ewiing, "Formal Justice and the Spirit of Capitalism: Max Weber's Sociology of Law," 21 *Law & Soc.* 1987;陈介玄:《韦伯论西方法律合理化》,载张维安、陈介玄、翟本瑞:《韦伯论西方社会的合理化》,台湾巨流图书出版公司 1989 年版;郑戈:《迈向一种法律的社会理论——马克斯·韦伯法律思想研究》,北京大学法学博士论文,1998 年(该作者相关延续论著有:《韦伯论西方法律的独特性》,载李猛编:《韦伯:法律与价值》,上海人民出版社 2001 年版;《法律与现代人的命运:马克斯·韦伯法律思想研究导论》,法律出版社 2006 年版);洪谦德:《法律社会学》,台湾扬智文化出版社 2001 年版;林端:《儒家伦理与法律文化》,中国政法大学出版社 2002 年版;陈聪富:《韦伯论形式理性之法律》,载《清华法学》(第二辑),清华大学出版社 2003 年版等。

〔4〕 这方面的研究与法律社会学在韦伯整个社会理论中的位置相关,有学者认为法社会学是韦伯实质社会学的核心,如帕森斯(*Sociological Theory and Modern Society*, Free Press, 1967)、郑戈(1998)等;也有学者认为支配社会学更为重要,且在一般情况下法律社会学在这些学者的著作中是作为支配社会学的一部分出现的,如本迪克斯(2002/1960)、Kronman(1983)以及国内不少社会学者亦持此观点(翻看国内的西方社会学理论教材可以发现这一点)。也有学者持这种立场认为,只有在分析法律社会学时将其放在整个支配社会学中来理解,才可以说韦伯的法律社会学分析具有核心的地位,参见李猛,注〔2〕引文;这方面的文章还有 Toby E. Huff, "On Weber, Law, and Universalism, Comparative", *Civilization Review*, vol. 21, 1989; Stephen Feldman, " An Interpretation of Max Weber's Theory of Law: Metaphysics, Economics, and the Iron Cage of Constitutional Law", *Law and Social Inquiry*, Vol. 16, 1991;王崇名:《欧洲福利国家的社会基础:法律个体的诞生》,东海大学社会学所博士论文,1996 年;《法律与社会:西方法律文明与未明的韦伯》,台湾扬智文化事业股份有限公司 2004 年版。此外,在国外学界一直有一种把韦伯的法律社会学和政治社会学相联系而研究的传统,在这个传统中"合法性"和"正当性"成了问题的核心,例如施密特、施特劳斯、哈贝马斯等的研究进路,不过这一点在国内韦伯法律社会学的研究中几被忽略了,故此在下文暂时没有单列为一个研究的方向。

就汉语学界的韦伯研究而言，韦伯热在中国已经经历了“三次浪潮”。[5] 借着20世纪末的第三次浪潮，中国法学界也逐渐把韦伯的法律社会学研究纳入到自己的学术传统中。[6] 韦伯法律社会学的影响主要体现在法学之两个方向的研究中[7]，一是在理论法学方向[8]，一是在法制史学

---

〔5〕 此处借用的是刘东的一个说法，参见刘东：《韦伯与儒家》，载《江苏行政学院学报》2001年第1期；值得注意的是该文作者主要是以祖国大陆为主进行论述的，台湾地区的学界在20世纪80年代也兴起了韦伯热的浪潮，不过其广度和深度都要大于祖国大陆学界，近年来广西师范大学出版社持续引进的一套台湾地区的韦伯译丛就是一个明显的证据；在本文的论述中以祖国大陆学界为主（例如对韦伯的法律社会学进行研究的主要是法学界的学者这一说法，在台湾地区就不太站得住脚），但是同时兼顾台湾学界的研究成果；进一步来讲，即使推及台湾学界，与域外韦伯法社会学研究的情况相比，汉语学界的法社会学研究也是法学界学人的研究占有主导性地位的；从这一点也可以看出，韦伯的法社会学研究在我国学界尚有很大的拓展空间。

〔6〕 这一点从在“中国期刊网”上搜索的文献可以看出，在20世纪90年代以前仅仅寥寥几篇介绍韦伯法律思想的文章，而在90年代末以来，介绍韦伯法律思想的文献逐渐增多，且范围有所扩展，不仅仅局限在介绍和比较韦伯的法律合理化的思想，而是扩展到了其研究方法方面；关于韦伯法社会学方面的研究国内学者一般是集中于韦伯的法律理性化来展开，或扩展至方法及与支配类型的关系，述评性文章较多，深入的辨析和比较从而推进这方面的研究之文献较少，故本文不再一一提及，可在“中国期刊网”查询，同类之文献只引介比较全面和有代表性的；另可参见陈景良：《反思法律史研究中的类型学方法——中国法律研究的另一思路》，载《法商研究》2004年第5期；尤其是近年来，还有一些法学专业硕士生和博士生以韦伯的法律社会学为题作毕业论文，例如较早的一篇博士论文是郑戈：《迈向一种法律的社会理论——马克斯·韦伯法律思想研究》，北京大学1998年法学博士论文；曹也汝：《法律的理性结构——“韦伯命题”中的法哲学意蕴》，南京师范大学2002年法学硕士论文；危文高：《法律的理性化及其困境——以韦伯法律社会学为个案》，西北政法学院2003年法学硕士论文；臧桂朋：《论韦伯的法律理性化进程理论》，南京师范大学2005年法学硕士论文；钱菲：《韦伯的法律类型与民族精神文化相互关系思想探悉》，南京师范大学2006年法学硕士论文；马可：《韦伯的官僚制与法律合理性理论》，湘潭大学2006年法学硕士论文；李强：《从法律文化研究的角度审视马克斯·韦伯的法律社会学》，吉林大学2006年法学博士论文等；尽管不少学位论文和国内发表的多数韦伯法律社会学的研究文献一样，通常是从比较宏观的角度进行的评述性工作，但是韦伯法律社会学对法学界的影响由此亦可见一斑。由于本文在此整理的是法学界研究韦伯时的问题意识，故索引文献基本限于法学界，但是在文中正式进行论述的时候将以韦伯法社会学领域的问题研究为中心。

〔7〕 当然，不可否认的是韦伯的法律社会学自身就构成了一个独立的研究领域，此处为了突出韦伯对法学领域的影响，故把法社会学和（狭义）法学对立而言，阐述之；随之下文则全面铺陈当下对韦伯法律社会学的各个方向的研究。

〔8〕 参见注〔5〕引文，以及郑戈：《迈向一种法律的社会理论——马克斯·韦伯法律思想研究》；陈聪富：《韦伯论形式理性之法律》；胡玉鸿：《韦伯的理想类型及其法学方法论意义——兼论法学中类型的建构》，广西师范大学学报2003年第2期；刘士国：《类型化与民法解释》，载《法学研究》2006年第6期以及蒋传光、杨文杰：《韦伯法社会学方法论探源》，载《辽宁大学学报》2007年第4期等。

方向[9];随着研究的积累,我国学者在这些方面研究的问题意识也逐渐与国际韦伯学界研究的问题意识相接近了。

可以说关于韦伯法律社会学研究领域的问题,当前已经全面展开。首先,就韦伯法律社会学的内在理路而言,研究者们从内、外两个层面重构了法律的理性化问题,探讨了法理理性化与资本主义的关系,还从中引出了"英国法问题"[10];也有学者把韦伯的法律理性化问题纳入到韦伯整个社会理论的核心关怀——理性化与自由的问题——中来研究,重构了韦伯社会理论中的"英国法"问题。[11] 其次,是从法律文化的视角研究韦伯的法律社会学。从事这方面研究的学者主要探讨了韦伯法律社会学研究对法律文化研究的启发和推动作用[12],但是更重要的是从法律文化视角进行研究的学者已经开始对韦伯的法律社会学研究进行反思性的批判(尤其是理想类型的研究方法),指出韦伯法律社会学研究的意义及其限度。[13] 再次,关于韦伯对中国法的定位问题引起了不小的争论,在一定意义上该问题是和上一个问题紧密相关的。[14] 最早引起的争论是在日美两国的中国法制史研究的学者之间进行的,涉及中国的传统法制在韦伯的诸法律理想类型中,究竟是实质的非理性的抑或是实质理性的?直

---

〔9〕 韦伯的法律社会学研究对法制史影响体现在两个方面,一是外国法制史领域(这方面的文章可以参见 R. C. Van Caenegem, "Max Weber: Historian and Sociologist," in *Legal History: A European Perspective*, Hambledon, 1991; Hrold Berman & Charles Reid, "Max Weber as Legal Historian," in Stephen Turner ed., *The Cambridge Companion to Weber*, Cambridge University Press, 2000),一是中国法制史领域,由于本文问题关怀所在,故此索引主要为中国法制史领域的相关著作。而且在中国法制史的影响也要追溯到前期日美学者之间的一场争论,以及近期的一次海峡两岸学者的争论,相关文献可参见:黄宗智:《民事审判与民间调解:清代的表达与实践》,中国社会科学出版社 1998 年版;〔日〕滋贺秀三等:《明清时期的民事审判与民间契约》,王亚新等编译,法律出版社 1998 年版;〔日〕寺田浩明:《清代民事审判:性质及意义——日美两国学者之间的争论》,载《北大法律评论》(第一卷第 2 辑),法律出版社 1999 年版;张中秋:《中西法律文化比较》,南京大学出版社 1999 年版;贺卫方:《中国司法传统的再解释》,载《南京大学法律评论》2000 年秋季号;陈景良:《反思法律史研究中的类型学方法——中国法律研究的另一思路》;张伟仁:《中国传统的司法和法学》,载《现代法学》2006 年第 5 期;高鸿钧:《无话可说与有话可说之间——评张伟仁先生的〈中国传统的司法和法学〉》,载《政法论坛》2006 年第 3 期等。尽管海外汉学研究中也不乏与韦伯影响相关的论述,由于其已经不是属于法学领域的研究了,而是从一般文化角度进行论述的,故本文暂不涉及。

〔10〕 参见注〔2〕,其中汉语学界的学者基于和西方学者价值关联的不同,对韦伯法律理性化问题的重构的侧重点也有所不同。

〔11〕 参见李猛,注〔2〕引文;王崇名(2004)(参见注〔4〕)也是把韦伯的法律理性化和伦理的理性化联系到了一起,不过其着眼点和李猛不同,参见下文。

〔12〕 参见〔意〕奈尔肯编:《比较法律文化论》,高鸿钧等译,清华大学出版社 2003 年版、〔日〕千叶正士:《法律多元——从日本法律文化迈向一般理论》,强世功等译,中国政法大学出版社 1997 年版,第 36—37 页。

〔13〕 参见林端:《韦伯论中国传统法律》,台湾三民书局 2003 年版;以及注〔6〕,李强博士论文。

〔14〕 因为在研究中国传统法律文化时,必然要涉及这一问题,而且从现有的研究来看,例如林端的研究,基本上是把社会学和史学的方法结合起来对中国传统法律文化进行研究的,鉴于中国法制史领域的争论,故此问题单列。

至最近的一次争论,即2006年11月在清华大学法学院进行的一场“中国传统法制座谈会”专门探讨此问题,以研究外国法制史起家的学者认为中国传统的法制是属于“卡迪司法”性质的实质非理性的类型,而专注于中国法制史和中国传统法律文化的学者则认为中国古代的法律并非如韦伯所界定的那般,甚至质疑韦伯在研究中国法律时“理想类型”方法的可适用性。[15] 最后,是在法学方法论方面。有研究者分析了韦伯的理想类型在法学方法论中的意义,以及比较了韦伯该研究方法对法学中类型化的方法应用方面的影响;甚至有学者从法学的视角出发研究了法学思维对韦伯方法论的启发。[16] 另外,还有一方面的研究刚刚兴起,即研究韦伯法律社会学理论中法律与经济的关系问题,这方面的文献比较少,可以参见波斯纳和斯维德伯格的论述。[17]

尽管目前韦伯法律社会学研究领域的问题已经全面展开,但是在方法论方面和法律社会学中所建构的主要理想类型方面的问题并没有完全厘清。这主要表现在以下几个方面:

首先,是在研究法律理性化或其实质社会学的问题时,如何处理韦伯的方法论问题?学者们一般的进路是把韦伯的概念和方法工具提列于前,作为正式入题的准备,然后就开始进入了韦伯法律社会学的实质部分,但是这并没有很好的注意到韦伯的方法论基础问题;后来尽管有研究者注意到了这一点,在对韦伯的法律社会学研究中不仅给出了韦伯法律社会学的方法论基础,而且给出了法律社会学的政治社会学基础,但是这并不意味着把韦伯的方法论和实质的社会学研究结合了起来,仍然存在方法论与实质社会学“两张皮”的现象。[18]

其次,是关于法律社会学中主要理想类型的内涵及其使用的语境问题。例如对理想类型所指的机械理解,尤其是对理性概念的运用分辨不清;另外还存在两个分歧的问题,即形式理性与实质理性和目的理性与价值理性之间的关系是什么:二者是前后不同时期的相同内涵的概念的不同名称的运用还是所指根本不同的概念?法律社会学中的形式理性和实质理性和经济社会学中形式理

〔15〕 参见注〔8〕引文。

〔16〕 前者参见注〔8〕,胡玉鸿文、刘士国文、蒋传光等文;后者参见注〔3〕,郑戈文(1998)等。

〔17〕 Richard Posner, “Weber Max (1864—1920)”, in Vol. 3 of Peter Newman ed., *The New Palgrave Dictionary of Economics and the Law*, Macmillan, 1998, pp. 684—686. Richard Swedberg, *Principles of Economic Sociology*, Princeton University Press, 2003. Swedberg甚至提出了“法律经济社会学”的说法。

〔18〕 这种情况在前期是普遍存在的,例如后来的台湾东海大学社研所(当前的台湾东海大学社会与经济研究中心)的学者尽管也注意到了这一问题,但是并没有在其研究中解决这一问题,可以比较参阅张维安、陈介玄、翟本瑞,注〔3〕引书;注〔6〕,李强博士论文。

性和实质理性的内涵相等同吗?[19] 由于人们在研究中没有认真对待这些问题,以至在研究中产生了不必要的混淆,那么一些分歧的产生就在所难免了。

最后,也是较为重要的一点,就是在关于中国法之定位的争论中浮现的问题,即理想类型的方法适用的范围和限度问题。与之相关的是,理想类型的方法是韦伯进行社会/文化科学研究时独具的方法吗?理想类型的方法和经济学中的构造模型相同吗?理想类型的方法和法学中类型化的方法又有什么关系?这些都是迫切需要厘清的问题。

面对上述的问题,本文不打算也没有能力全部解决之,只是想根据笔者的价值关联,通过对韦伯文本和一些重要二手研究文献的阅读,以中国法学界出现的“理想类型”[20]的“合法性”[21]危机为线索,来厘清以下两个问题:一是,理想类型的认识论基础及其应用的范围和限度问题;二是,韦伯在法律社会学中的理想类型之建构问题,主要侧重于厘清其所构造的四个核心的法律理想类型的内涵、区分在法律社会学中形式理性与实质理性和经济社会学中形式理性与实质理性的不同意涵,从而为解决当前关于韦伯的法律社会学研究中一些争论提供一个尝试性的前提条件。

为此,在展开论述前有必要界定一下本文所指的法律社会学的范围。尽管在学界流传的韦伯著作中,有《法律社会学》[22]一书,但在韦伯生前的著作中,是没有“法律社会学”的身影的;韦伯也没有打算把法律社会学专门成册,像宗教社会学那样进行著述。在韦伯生前和身后出版的有关法律的著作是颇为壮观的[23],但是真正称得上是法律社会学的则主要集中在《经济与社会》的“经济与法律”那部分[24],而本文的探讨范围也主要以此为限,同时参照宗教社会学、经济社会学和政治社会学部分,把涉及法律理想类型的相关论述纳入进来,一

〔19〕 例如,Brubaker(*The Limits of Rationality: An Essay on the Social and Moral Thought of Max Weber*, George Allen & Unwin, 1984)、陈聪富(2003)就把形式理性与实质理性的关系理解为目的理性与价值理性之间的关系了。

〔20〕 理想类型与理想类型方法,本文并没有一一详校,通常而言,如果理想类型没有特指,则可作理想类型的研究方法理解。

〔21〕 本文出现的“合法性”一词,是取其喻义,实指理想类型研究方法的妥当性和适当性问题。

〔22〕 这主要是韦伯1913到1914年的手稿(有学者,如林端,认为是1911—1913年的手稿,但是根据在该部分出现的埃尔利希的著作推测,至少有部分是1913年以后所写);在1960年曾出版德文单行本,1954年出版英文的注释版本;汉语的《法律社会学》(广西师范大学出版社2005年版),系译自德文版的《经济与社会》一书的“经济与社会”部分。

〔23〕 参见〔德〕克斯勒:《马克思·韦伯的生平、著述及其影响》,郭锋译,法律出版社2000年版,“参考文献:德文韦伯著述编年”,第280—332页。

〔24〕 即指以韦伯的构造的社会学的法律概念为准,进行论述的著作;这就不包括韦伯发表的那些纯法学的论文了。

并构成本文所称的"实质法律社会学"的范围。

一、法律社会学研究中理想类型的合法性问题

(一)理想类型方法的危机

韦伯的法社会学研究几乎都是以法制史的比较研究形式呈现出的,而且也并非是传统规范式的法制史研究,相反却是社会科学式的法制史研究〔25〕;尤其是韦伯在其法社会学研究中采取建构理想类型的方式,把法律制度的发展分为四种不同的理想类型和阶段,以至于林端教授称其为"法律发展的历史社会学"〔26〕。韦伯的这种研究进路对法律社会学和法制史学界都产生很大的影响,尤其是理想类型这一研究方法的运用,而当学者们对韦伯的学术遗产进行批判性反思时,最终的争论点也集中到了韦伯对理想类型的运用上。以韦伯社会理论中的中国法问题为例,就会发现在世纪之交的前后十年内的两次学术争论几

〔25〕 关于历史研究范式的转变可以参见〔美〕格奥尔格·伊格尔斯:《二十世纪的历史学:从科学的客观性到后现代的挑战》,何兆武译,山东大学出版社 2006 年版;伊格尔斯认为韦伯的历史研究是属于社会科学式的历史范畴的,但是社会科学式的历史还共享着某些共同的前提。针对韦伯,伊格尔斯认为:虽然韦伯否认了黑格尔和马克思把历史看做是一场通向合理社会这一观点,但他仍相信至少在西方世界的历史自从希伯来和希腊的古代以来就带有一场无法抹杀的知识化和理性化的标记。因而与历史具有连贯性和一贯性这一历史主义的信念相决裂,就变成了一点也没有决裂,哪怕是我们一笔勾销孔多塞、黑格尔、马克思的历史是在通向完美之境的乐观信仰,或是兰克和德罗伊森的历史已形成了一种人们可以在其中合理地生活下去的乐观信仰。因此,虽则有着他的悲观主义和怀疑主义,韦伯却拥护 19 世纪那种标志着历史或至少西方历史一贯性的观念。而且尽管对他来说,(自然)科学和社会科学不能提出哲学或伦理的问题来,然而他依然相信:遵循着与超文化的有效性的(自然)科学与社会科学的探讨的那种逻辑,是可能具有"客观的"性质的(第 43 页)。这一点似乎把韦伯给速描化了,而忽视了在韦伯的论述中各领域理性化之间的张力,仅仅以西方历史中的一贯性观念来纳入韦伯的理性化将会使我们看不到问题的所在;与此相关文中另一处提及的和吉尔兹、韦伯相联系的新史学却是和兰克史学迥然不同的,并且称该新史学同样支持着后现代主义对客观性和科学方法观念的攻击(第 11 页);那么此处的叙述似乎和前者对韦伯的指责相矛盾的。而在前者引文的最后,作者对韦伯的客观性立场表示怀疑,认为和韦伯的科学立场是矛盾的,其实并非如此,韦伯提倡客观性只是局限在经验科学的研究方法中,而并没有依据其研究的结果去主张某种实质的价值伦理,因此客观性的坚持和韦伯认为科学不能提出哲学或伦理的问题并不矛盾。

〔26〕 参见林端,注〔13〕引书,"自序与导论",第 5 页;在《由萨维尼的历史法学派到韦伯的法律社会学》一文中,林端引介了瑞宾德的相近观点,即韦伯的法律社会学乃是一种社会学式的法律史,in: Reibinder; Manfred: *Max Weber und die Rechtswissenschaft*, in: ders/Tieck(Hg.), Fußnote 77, S. 127—149, insbes. S. 148—149. 转引自林端,注〔13〕引书,附录一。

乎使韦伯理想类型的研究方法处于岌岌可危的局面了。[27]

1. 日美学者争论中的理想类型

第一场争论是发生在 1996 年日本镰仓市举行的“后期帝制中国的法、社会、文化——日美两国学者之间的对话”上。[28] 该争论主要围绕清代民事审判的性质及其意义进行的,其中争论的双方各执一端:东京大学的滋贺秀三教授认为清代的“听讼”乃调解的一种,其中滋贺秀三把中国的民事审判描绘成“父母官诉讼”和韦伯把中国的传统司法成为“卡迪司法”,以及滋贺秀三把民事审判中诉诸的情理称为“中国式的正义平衡感”和韦伯称为“实质的正义公道”都是具有根本的一致性。尤其是滋贺秀三在对比中西司法时采取的也是一种理想类型的方法,与韦伯构造的实质的非理性的和形式的理性的中西司法的理想类型定位相比滋贺秀三构造的是父母官诉讼和竞技型诉讼,可以说是进一步充实了韦伯的论证,使中国法的实质非理性色彩显得愈益明显了。而加州大学洛杉矶分校的黄宗智教授则认为清代的诉讼是“依法分清是非曲直,保护正当权利拥有者的审判”,黄教授认为其观点是针对包括日美两国“接触档案以前的旧

---

〔27〕 关于韦伯的理想类型,自其诞生之初就引发了许多争论,因为韦伯提出这个概念构造是要运用在各个社会科学领域的,所以对韦伯理想类型的批评在社会科学中的不同学科批评的视角和时间的先后上也有所不同。像早期的批评有米塞斯、朗奇曼、蒙森等,参见何蓉:《马克斯·韦伯的方法论:基于渊源的再研究》,载苏国勋主编:《社会理论》(第一辑),社会科学文献出版社 2005 年版。

由于韦伯理想类型的概念和法学中类型化的概念颇有渊源,所以在法学界对韦伯理想类型的反应也不甚强烈,直至近些年对韦伯理想类型的方法和类型化的方法的批判反思才在法学界呼声渐高,而且是从法学中的基础和交叉性质的学科法制史、法律社会学领域中兴起的。因为本文作为法学论文,所以对理想类型合法性论证和分析也主要是立足于法学界的问题意识和分析视角来进行的,在可能的情况下参酌其他学科的研究进度,这或许有悖韦伯的本意,但是限于学科之界分和个人学力之不逮,只有姑且如此了。

〔28〕 其中滋贺秀三的研究成果是自 20 世纪 60 年代以来陆续作出的,包括以下著作:《中国家族法之原理》,创文社 1967 年版;《清代中国之法与审判》,东京:创文社 1984 年版;《清代州县衙门诉讼的若干研究心得——以淡新档案为史料》,载刘俊文编:《日本学者研究中国史论著选译》(八),中华书局 1993 年版;滋贺秀三等:《明清时期的民事审判与民间契约》,王亚新等编译,法律出版社 1998 年版;而黄宗智的批评则始自 1993 年,其研究成果陆续可见:Philip. C. C. Huang, Between Informal Mediation and Formal Adjudiction: The Third Realm of Qing Civil Justise, *Modern China*, 19-3, 1993; "Codified Law and Magistrial Ajudication in the Qing", in Bernhardt and Huang ed., *Civil Justice in Qing and Republican China*, Stanford University Press, 1996; *Civil Justice in China: Representation and Practice in the Qing*, Stanford University Press, 1996(即《民事审判与民间调解:清代的表达和实践》,中国社会科学出版社 1998 年版)。出于行文逻辑的考虑,本文以 1996 年双方进行当面的争论为契机,把这样的争论归为从材料和结论方面对韦伯理想类型的研究方法的第一波挑战;相应地像美国学者哈罗德·J. 伯尔曼的批评可以归入第一波的挑战(参见〔美〕伯尔曼:《韦伯法律社会学的若干错误前提》,刘东译,载《比较法研究》1994 年第 3、4 期合刊;《法律与革命》,贺卫方等译,中国大百科全书出版社 1993 年版,第 653—654 页)。

说”的一种新说。[29] 同样黄教授也把自己的研究和韦伯进行了对话，认为韦伯本人实际上超越了实质的非理性的和形式的理性的简单的二元对立，提出了一个“实体理性”的尝试性命题[30]，因为这个词暗示了两个对立面的矛盾统一，接着黄教授创造性地转化使用了“实体理性”的概念构造用来分析中国传统法律，最后黄教授论证道，实体主义和理性主义以及官方审判和民间调解在清代民法中取得了矛盾的结合，也可以看做是对韦伯“实体理性”的理想类型的进一步发展。尽管双方结论相反，但是由于二人的出发点不同，滋贺是从规范性原理进行比较的，黄氏是从功能性角度比较的，所以很难说哪一方在争论中取得明显优势。可以明显地看出在该次争论中韦伯的观点始终是在场的，一方支持韦伯的观点和方法，另一方则依据新的司法案件和诉讼档案试图推翻韦伯的观点，但是对韦伯理想类型的研究方法有所保留[31]，这一点从后者对韦伯的“实体理性”的创造性运用可以看出来；也就是说尽管韦伯的法律社会学研究受到了挑战，即对建构理想类型运用材料的置疑，但是其理想类型的方法还没有遭遇根本性的危机。

2. 海峡两岸学者争论中的理想类型

在2006年在中国北京市举行的“中国传统法制座谈会”中，韦伯社会理论中的中国法的观点仍是讨论的核心，以海峡两岸的法学者为代表开启了新的争论。[32]

---

〔29〕 但是据寺田浩明论证得出的结论则是：上述对立的两种说法是根据同样事实得出的不同理解，由于二者的分歧主要是视角上的分歧，所以尽管双方结论对立，但是整个讨论却未让人觉得二人有正面交锋之感，寺田浩明似有遗憾之感。参见〔日〕寺田浩明：《清代民事审判：性质及意义——日美两国学者之间的争论》，载《北大法律评论》（第一卷第2辑），法律出版社1999年版。

〔30〕 此处黄教授之所以如此说是因为他误解了韦伯构造的四个理想类型的含义，他以为韦伯把形式主义等同于理性主义、把实体法等同于非理性了；关于黄教授对韦伯的个别误读之处，参见林端，注〔13〕引书，第105—115页，但是按林端教授的看法这并没有影响到黄教授“以韦伯之矛攻韦伯之盾”（mit Weber gegen Weber），最后得出清代司法既矛盾又统一的特性。此处的黄教授翻译的“实体理性”即本文所称的实质的理性（substantive rationality）。

〔31〕 黄教授并没有否认概念构造的必要性，只是他担心理想类型的建构容易普遍化、绝对化和意识形态化，他的概念构造要超越理想类型的缺陷，近年来他所提倡的实践历史的研究就是朝这个方向努力的，即从实践中来提炼概念，同时再回到实践中检验概念的有效性，而排斥西方学界一味的概念建构，这是黄教授在2007年11月28日在中国政法大学的讲座《中国法律的实践历史研究》中阐述的；同样对理想类型建构的绝对化和意识形态化也是林端教授所担心的，那么理想类型的建构能否避免绝对化和意识形态化吗？下文笔者将以法律社会学为例具体说明之。

〔32〕 当时参加座谈会的多是中国法制史学者，但是与台湾学者进行争论的则主要是外法史出身的贺卫方教授和高鸿钧教授；祖国大陆学者虽不尽然赞同中国传统法制属于“卡迪司法”的范畴，但是这个经韦伯和滋贺论证的观点毫无疑问占据了主导地位，例如除贺卫方、高鸿钧之外，还有郑秦：《清代司法审判制度研究》，湖南教育出版社1988年版；梁治平等：《新波斯人信札》，中国法制出版社2000年版，等皆持相近观点；而在汉语学界对韦伯观点和方法的质疑也基本上起自台湾地区学者，早在20世纪80年代张伟仁先生就已经发出了不同的声音，但是直到近些年国内学界的两种观点才进行正式的交锋。同样出于行文的逻辑，以及突出与1996年的那次日美学者之争的重点不同，本文把2006年的这次学术争论归结为主要是从方法上对韦伯的理想类型研究方法的第二波挑战。

祖国学者多依托着韦伯和滋贺秀三的论证，认为中国传统司法属于“卡迪司法”，而台湾地区的学者则提出了更多的证据来指正韦伯和滋贺在研究中的失误，并且从方法论的角度对韦伯理想类型的方法进行了批评。而且作为理想类型的批评者的出发点也是不同的，一是张伟仁先生从实证的历史科学出发，秉承傅斯年先生“史学便是史料学”的理念[33]，提出了一整套的研究法制史的方法，认为建构理想类型的方法研究中国法制史是根本不会得出真实恰当的结论的[34]；另一是林端教授的采用“以韦伯之矛攻韦伯之盾”(mit Weber gegen Weber)的方法，认为韦伯建构理想类型的方法，是非此即彼的研究方法，体现的是西方文化中

〔33〕 傅斯年先生认为“史学便是史料学，……史料学便是比较方法之应用……但史料是不同的，有来源的不同，有先后的不同，有价值的不同，有一切花样的不同。比较方法之使用，每每是‘因时制宜’的”，并提出了7种分析比较史料价值的方法。参见傅斯年：《史学方法导论》，雷颐点校，中国人民大学出版社2004年版，第2页以下。

〔34〕 关于中国法制史的研究方法问题，张伟仁先生在《中国传统的司法和法学》初步进行了表述，后来在2006年末的那场座谈会上又更全面地展示了一种“上穷碧落下黄泉”地找证据的研究分析方法，很好地诠释了“中研院”史语所的开创者傅斯年先生提倡的“史学便是史料学”的理念，这条路数是在傅斯年和胡适均服膺的观点德国史学大师兰克的“如实直书”(wie eseigentlich gewesen)的启发下提出的，并且产生了“有一分证据说一分话”的格言。但是正如何兆武先生所言“说话的不是证据而是掌握证据的人”，而且上述观点也是对兰克史学的严重误解。兰克及其学派虽然以资料博洽、考据精赅著称，然而他们进行研究的指导思想则是他们内心深处根深蒂固的世界观。参见“译者附识”，载〔美〕格奥尔格·伊格尔斯，注〔25〕引书。

在中国学界流行一时的这种兰克史学的观点和美国史学界对兰克的理解是非常相近的：在美国由于其历史学家不能够理解兰克历史思想的哲学意义，就把兰克对文献的分析批判（这是他们所理解的，也是适合于他们赋予历史以科学的尊严所需要的）和兰克的唯心主义哲学（这是他们不熟悉的）分裂开来了。然后他们把这种批判方法和讨论班的组织移植到19世纪末美国的思想园地。这样，兰克就被几乎所有的美国历史学家（包括科学派的历史学家、新史学家以及相对主义者）尊为“科学派”历史学之父，被认为只注意确认事实、特别是在政治和制度领域中的事实的一位非哲学家的历史学家。但是德国学者 Karl Lamprecht 却在实证主义的旗帜下大肆攻击兰克，说他是德国唯心主义的继承人……，对德国的历史学家来说，兰克变成了非哲学的经验主义的对立面。也许在美国本土最早摆脱美国传统兰克形象的是休斯的《意识与社会：欧洲社会思想的重新定向(1890—1939)》和斯特劳德的《美国历史学上的实用主义革命：贝克尔和贝尔德》（两书均出版于1958）中之兰克；正如斯特劳德所言：“‘如实直书’这一号召把美国的历史学家都聚集到德国的旗帜下面来了，但是他们所欢呼的这位领袖却和真实的兰克并没有什么相似之处。兰克是被哲学和宗教的兴趣所吸引着去研究历史的，他爱好讲述通史有甚于讲述狭隘的题目，并且他把历史事实认为是‘某种在外表上仅仅是一桩个别的事物，但在本质上却又是与某种意义或某种精神相同的东西’。兰克全部事业都在追求着一种理论，即把历史的力量看做是观念，而这些观念是汇集于起源于神明的种种道德能力的焦点上的。比起任何他的那些美国弟子们（他们是那样毫无批判地拜倒于科学的神坛之前）来，兰克是更为接近于那种总是向着实证主义精神的专横和狂妄在挑战的德国唯心主义的传统的。他的美国弟子们只不过是以他们自己的形象塑造了兰克而已。”然而对于大多数的美国历史学家（他们大都是我们的研究院系里培养出来的）来说，兰克却仍然是：要么积极地被认为是非哲学的、经验的经验科学之“父”，要么消极地被认为是卡莱尔笔下的“枯燥无味的教授”那样一个在搜求死事实的人。参见〔美〕格奥尔格·伊格尔斯，注〔25〕引书，附录：“美国与德国历史思想中的兰克形象”；美国史学界的这一科学式兰克形象和迄今仍为一些中国史学者坚持的兰克的印象是相吻合的，然而却恰恰并非“如实直书”的兰克。

占主导地位的二元对立的思考方式，这种方法将会停留在"一阶观察"的层次上：所有的东西被二分，要么是正值要么是负值；要么是形式的要么是实质的；要么是理性的要么是非理性的；要么是可预计的要么是不可预计的；要么是国法要么是人情；而排除了双方统一的可能性，这就限制了对中国传统法制的理解。所以相应的该批判者就引入了反省和修正韦伯停留在"一阶观察"层次的理想类型方法的新方法，即另一个德国（法律）社会学家鲁曼的"二阶观察"法。林端认为这样相对于一阶观察的单一脉络世界，在二阶观察里就会发现一个多元的脉络世界，而不同的多元脉络是无法被一个阿基米德式的观察点安排在一起进行比较的，每一个观察点都可以被另一个观察点进行观察批判，且每一个观察点都是一个偶联性的建构，在每一种区别之上的建构都是不同的结果，进而二值逻辑将被多值逻辑所取代，二元对立的思考被多元并存的想法所代替。[35] 可以看出这次争论不仅从研究材料上要证伪韦伯法律社会学中关于中国法的定位，而且提出了替代性研究方法，使韦伯运用的建构理想类型的方法遭遇了根本性的危机。

3. 小结

虽然韦伯的研究方法遭到了根本的质疑，但是对方对韦伯方法的批评并没有从认识论的角度进行详尽的批驳。例如在日美学者争论中，对韦伯研究方法批评的一方，并没有放弃理想类型运用的重要性，而是要建构新的概念，去克服韦伯理想类型运用之不足[36]；在我国海峡两岸学者的争论中，第一种对韦伯方法的批评可以说是基于不同的认识论，韦伯是立足于新康德主义的认识论，批评之观点则是从科学主义式的实证认识论（Correspondence Theory of Truth）出发，所以会断然否认理想类型方法在历史认识中的作用，但只是从史实材料的角度证伪或证实之，没有更进一步指出韦伯理想类型的方法在认识论上有什么缺陷或存在认识发生学上的错误；第二种批评从批评者自陈的立场："韦伯的比较法律社会学尽管对中国传统法律与司法有诸多误解，但它的概念和分析方法，却也提供了我们对后者做分析的一个借鉴作用，是不可或缺的预备性工作，我们可以凭借对它的分析、批判与修正等提出我们自己对中国传统法律和司法的分析来"[37]，可以看出批评者无意从根本上否定理想类型的方法，而只是指

〔35〕 参见林端，注〔13〕引书，第13—14页。

〔36〕 关于对韦伯理想类型的这一点批评，笔者主要是在下文法律社会学中理想类型的具体建构上进行辨析。

〔37〕 林端，注〔13〕引书，第3页。

出其中运用的不当和缺陷，以便进一步弥补修正之，不过在正文中似乎放弃了理想类型的运用。

那么在韦伯法律社会学研究中理想类型的方法是否就此失去了合法性呢？这将取决于对两个问题的回答：韦伯构造理想类型的认识论基础是否如科学主义式的实证认识论所批判的那样不能达致真实的认识？理想类型方法运用是否如林端先生批评的那样是二元对立式的概念建构？接下来笔者也将以韦伯的观点看待韦伯，分两步来回答这两个问题，首先是分析理想类型的认识论基础，指出韦伯理想类型的方法在该认识论基础上是如何进一步保证对经验世界认识的客观性的；其次以韦伯法律社会学中构造的几个主要的理想类型为例，厘清其各自内涵，并分析其在法社会学中的对理想类型的运用并没有陷入了二元对立的困境，从而论证理想类型在韦伯具体的法律社会学研究中的合法性；中间讨论理想类型与法学上类型概念的关系，为理想类型运用的范围划清一个大概的界限。

（二）理想类型的认识论基础

由于韦伯对理想类型的必要性首次作了全面的论证，所以尽管在韦伯之前已经有人使用过这一概念，但是每当提起这个概念的时候人们经常想起的却是韦伯。[38] 在韦伯的理想类型概念提出后，很快被学者们广泛讨论，而对理想类型的研究也更多的是理想类型的分类、建构和使用，以及追溯理想类型的源头[39]；但是一旦对理想类型的合法性进行质疑的时候，上述研究就难以应付

〔38〕 有学者曾指出在韦伯之前已经有13人使用过这一概念（Machlup，1978），但是其内在逻辑与意义直到韦伯时才认识清楚（翟本瑞，1989），笔者基本同意这一观点。因为从韦伯之后讨论理想类型的文献可以看出，尽管在韦伯之前有些学者已经使用过这一概念，但是后来学者讨论类型时多是围绕韦伯展开的；另外需要补充的一点是，在法学传统内的类型学概念和韦伯的并不完全相同，韦伯和法学概念的关系将在后文展开。但是不必须注意的一点是，与理想类型的方法相关联的某种方法论意义的程序想法在韦伯之前和之后的讨论中，其中一部分人并没有注意韦伯的设想和建议（克斯勒，2000，第218页）。

〔39〕 对韦伯理想类型的研究自20世纪二三十年代起至今一直有文章问世，例如Klüver 1926，Abel 1929，Von. Schelting 1934，Jordan 1937，Parsons 1936，Becker 1940，Goode 1947，Jonaska-Bendl 1965，Rogers 1969，Rex 1971/1998，Bruun 1972/2001，Burger 1976/1987，Prewo 1979，Hekman 1983，Mclemore 1984，Oakes 1988，Ringer 1997，Eliaeson 2002，etc。当然也有讨论韦伯方法论的哲学基础的，如Von. Schelting，Jordan，Parsons，Oakes等，但是此非本文重点所在，故本部分仅就理想类型孤线探究一下，或许有见木不见林的可能。

了，这就要求我们从认识论的角度来对理想类型的合法性进行考察论证。[40]

从认识论的角度对韦伯的理想类型进行论证，不仅可以化解对理想类型之合法性的质疑，而且可以有助于进一步的厘清韦伯理想类型的启发性源头和对理想类型的应用性研究。从韦伯自身的论述脉络中我们可以发现从康德到新康德主义者李凯尔特，中经耶利内克的启发作用再到韦伯，理想类型的概念几乎是必然性地产生了。

1. 康德——李凯尔特——韦伯

作为一名带有新康德主义色彩的社会学家，韦伯与新康德主义的代表李凯尔特之间的学术关系一直是韦伯研究中避不开而又说不清的问题[41]，但是韦

〔40〕 有学者指出："按照李凯尔特的观点，方法论的根据在认识论中，而韦伯却把方法论从这一联系中分离出来，创立一种独立的社会科学方法论。对于这种方法来说，客观可确认的事实表述于单纯主观的价值判断的区别是起决定作用的。以此新康德主义完成了认识领域与价值领域的界限划分。这一界限虽然看起来是康德理论理性和实践理性之区分的后续，但是在韦伯那里却为价值领域、为法律和道德放弃了对理性概念的强调。"〔德〕奥特弗里德·赫费：《康德：生平、著作与影响》，郑伊倩译，人民出版社 2007 年版，第 275—276 页；从韦伯的方法论中可以看出，认识论的痕迹从文章开头到结尾几乎处处存在，所以与其说韦伯把方法论从与认识论的联系中分离出来，不如说韦伯把方法论和认识论交融在了一起，而一旦对其方法论的合法性进行质疑的时候，我们还必须回到认识论的角度来为之辩护，这也是本文的出发点之一。

〔41〕 新康德主义兴起于 19 世纪下半纪，其中又分为两个学派：一是马堡学派，以科亨为代表；一是西南学派，以文德尔班和李凯尔特为代表，其中以李凯尔特对韦伯的影响最大，李凯尔特是韦伯在弗莱堡大学的同事，韦伯曾帮助他成功获得了大学教授的席位。在 1902 年韦伯给其妻子的信中说为了自己的方法论目的要在他最初和最具雄心的方法论作品中一试李凯尔特的观念的价值，一般人们说韦伯是新康德主义的社会学家时即指此而言。

由于韦伯在著作中毫不讳言地表明对李凯尔特观点的引用，并且不少核心概念也是直接移用李凯尔特的概念，尽管有些概念内涵已经不再相同了，例如现实的非理性、概念和现实的鸿沟、历史个体、价值关联等；此外韦伯经常依赖的一系列论据看起来也像是从李凯尔特的著作中借取的，例如韦伯对实证主义的批评、他区分文化科学和自然科学的方法、对价值观理念和价值判断的区分以及他自己方法论的观念都显得是立足于李凯尔特的作品之上，更使人觉得韦伯的方法论似乎仅仅是李凯尔特认识论的应用了。关于李凯尔特对韦伯影响的争论自韦伯一去世就爆发了，在韦伯去世后的五天，李凯尔特曾经对雅斯贝尔斯(K. Jaspers)说，韦伯是他的学生，并指出韦伯著作的影响和意义都是很有限的，雅斯贝尔斯则回敬说，如果在将来有人读李凯尔特的著作，那也不过是由于他曾出现在韦伯作品的脚注中，因为李凯尔特的逻辑睿见曾使韦伯受益。按照雅斯贝尔斯的说法，韦伯曾经提及他发展出的方法论立场，在李凯尔特的《自然科学概念形成的界限》一书中也有同样的看法，只是由于韦伯在论及相关论题时，大度地引用了李凯尔特的资料，以至于导致了"韦伯的讨论不过是李凯尔特的观念的逻辑结果与应用"的误解。李凯尔特后来针对雅斯贝尔斯 1920 年纪念韦伯的演讲驳斥说："只要你愿意，你当然可以自韦伯那里发展出一种哲学，但是称韦伯是一个哲学家则是荒谬的"(G. Ocakes/1977, p.43)。这一点不错，因为韦伯也曾坦言他无意成为一个哲学家，他的目标在对社会行动的关注和解释。不过雅斯贝尔斯却指出：对我们很多人来说，韦伯是被认为是哲学家的。如果韦伯是个哲学家，那么它将是我们时代唯一的哲学家(当然，这和通常我们对哲学家的界定方式不同)……在韦伯的人格中，有整个时代的变迁和问题的体现，在他身上时代的动力具有特殊的精神生命和独特的清明。他呈现了这个时代……而且在很大程度上他就是这个时代，我们在他身上看到的是存在式的哲学家道成肉身。……韦伯的呈现，使我们注意到即使今日，

伯的学术传承又不仅仅是新康德主义的，其背后还有英法实证主义、德国浪漫主义和德国古典哲学甚至尼采的遗产。[42]本部分显然无法一一辨析出韦伯对上述遗产的继承和转化，仅打算就理想类型这一概念而言，挖掘出韦伯从康德和李凯尔特那里借鉴到认识论基石。

李凯尔特对韦伯的影响人们是很熟悉的，可是很少有人探讨康德对韦伯有什么直接的影响，似乎康德影响只停留在了经新康德主义改造后的状态了。事实上，韦伯对康德的继承从其《社会科学和社会政策认识中的"客观性"》（以下简称《客观性》）一文中可以很直接地看出来，在该文的后半部分，他说："如果谁接受了源于康德的现代认识论的基本思想，即概念其实是并且只有它才能是达到有理性支配经验材料的这个目的的思想工具，那么清楚的发生学概念必然是理想类型这个事实，就不会使得它对于构造这样的概念裹足不前了……"[43]。当然仅有康德的认识论并不足以直接地让人们构造出理想类型的概念，这句话所要表明的首先是康德的认识论乃是韦伯理想类型的合法性根基所在。根据康德的认识论，人的认识开始于直观的表象（感性领域），然后从直观的表象过渡到知性（先天的概念或范畴的领域），最后归于理性（理念领域），理性是对直观表象材料进行的最高级的加工，把其纳入到思维的最高统一中去[44]；也就说认识的发生并非心灵被动的或主动的对外部世界的映象，相反是认识主体的心灵能动地组织和构造他所感知的各种印象并把自身固有的模式加于经验之上形成的。所以韦伯说，我们的观念体系不过是根据概念的构造来对无限丰富的混沌的实在带来秩序的尝试，其中思维机制是先验存在的，是对直接给予的实在的思维加工的产物。不过韦伯拒绝了康德"物自体"的概念，认为客观实在是可以为人们把握的，只是这种把握需要通过人造物"理想类型"的中介来进行。尽管通过理想类型的把握也是不全面的，但是否认了客观实在的根本不可知性，这一点韦伯是和李凯尔特相一致的。另外

精神也可以在最高秩序的形式中存在（Karl. Löwith, *Max Weber and Karl Marx*, London and New York: ROUTLEDGE. 1982/1993, pp. 23—24）。相关的讨论可以参见：Thomas Burger, *Max Weber's Theory of Concept Formation. History, Laws, and Ideal-Typus*, Durham, NC 1987, "Introduction"; Guy. Oakes, *Weber and Rickert: Concept Formation in the Cultural Sciences*, The MIT Press, 1988; Eliaeson Sven, *Max Weber's Methodologies*, Cambridge, Polity Press, 2002, pp. 5—14。韦伯与李凯尔特的学术关系成了学界的一桩公案，迄今仍是学者们讨论的课题之一。当然本文无法对此进行展开论述，就本文的价值关联而言，笔者是选取理想类型的逻辑线索进行论述。

〔42〕 参见苏国勋：《理性化及其限制》，上海人民出版社 1988 年版，第 51 页。

〔43〕 〔德〕韦伯：《社会科学和社会政策认识中的"客观性"》，载〔德〕韦伯：《社会科学方法论》，韩水法、莫茜译，中央编译出版社 2002 年版，第 55 页。

〔44〕 〔苏〕谢·伊·波波夫：《康德和康德主义》，涂纪亮译，人民出版社 1985 年版，第 34 页。

韦伯对康德的继承也体现在其对实然世界和应然世界的二分这一根本性前提的接受上，韦伯在《社会科学和社会政策认识中的“客观性”》一文的开篇就提及“存在的”和“应该存在的”知识之间的原则的区分，这样就把理想类型的范围限定到经验学科的实在领域，从而排除了理想类型中的价值判断，所以韦伯会强调“有关应当存在的‘模式’的思想在这里一开始就要与我们所讨论的纯逻辑意义的‘理想的’观念结构谨慎地区别开来”[45]。

与康德对韦伯的影响相比，李凯尔特的影响就显得明显多了，以至于人们很难分清韦伯的方法论是自己独创的成分居多还是仅仅是李凯尔特认识论在方法领域的运用。笔者在此打算避开这个“血统之争”的陷阱，仅从逻辑意义上说明李凯尔特的认识论在韦伯理想类型中的作用。上文中所说的韦伯对康德继承也基本体现在李凯尔特的认识论中，不过李凯尔特的认识论面临的主要问题是如何防止自然主义的全面扩散，划分出科学研究的不同领域和方法。因为尽管康德的认识论已经确立了一个对方法论具有规定性意义的作为事物的实存的自然概念，为自然科学奠定了广阔的哲学基础，但是相应的在文化生活领域却没有一个稳固的基础且存在模仿自然科学的倾向。为此李凯尔特给自己的认识论提出的任务就是：“阐明那样一个概念，它能规定非自然科学的经验学科的共同兴趣、问题和方法，并且能与自然科学家的共同兴趣、问题和方法划清界限。”[46]李凯尔特认为文化科学这个词最能表达这个概念[47]，但是李凯尔特是在遵循康德的认识原理的前提下，主要根据在现实之物的连续性原理和现实之物的异质性原理下，概念对现实不同改造来从方法上区分自然科学和文化科学的。[48]

---

〔45〕 参见〔德〕韦伯，注〔43〕引书，第41页。

〔46〕 〔德〕李凯尔特：《文化科学与自然科学》，凃纪亮译，杜任之校，商务印书馆1986年版，第5页。

〔47〕 同时李凯尔特驳斥了当时流行的另一个与自然科学相对的概念，即狄尔泰的“精神科学”概念。因为狄尔泰把心理学看做他精神科学的基础，李凯尔特指出虽然不可否认自然科学的经验科学与心理存在之间的关系，“但是，重要的是认识论的本质特征却没有由此描述出来。因为借助心理的概念，既不能使这两种不同的科学兴趣之间的原则区别得到阐明（这种区别市河对象的质料区别相对立的，它促使一组专门科学的代表认为自己相互联结的程度），也不能完全用所描述的方法推演出这两种相互不同的专门研究方法的任何有益的、逻辑的即形式上的对立”（不过，如果赋予“精神”这个词与“心理”以原则性区别的意义，李凯尔特则是愿意承认精神科学的说法的，只是这时候后，争论就变成了名词之争罢了）。参见同上书，第15、89页。为此，李凯尔特转而诉诸了质料分类原则和形式分类原则来区分两种经验科学。

〔48〕 尽管李凯尔特对自然科学和文化科学的划分是从质料（内容）分类和形式（方法）分类两方面谈的，但是最根本性的区别还在于形式（方法）的区别。因为李凯尔特并不绝对地排斥采用自然科学的概念对文化生活领域进行研究，他着重反对的只是用自然科学的概念无法认识文化事件独特性及其价值，所以必须有和自然科学相对立的领域来研究体现文化生活本质的领域，这就是他界定文化科学的目的所在；尽管可以采用自然科学的概念来研究文化生活，但是如此的研究并不属于文化科学领域，而是属于自然科学领域，相反的，文化科学的概念就无法用于与价值无关的存自然领域，所以说在李凯尔特的区分中形式（方法）的区别是根本性的。

李凯尔特首先依循康德的认识论重新描述了概念和现实的关系。他同样面对的是反映符合论的概念，不过此时他已无须像康德那样仔细地阐述认识的原理，只要直接的驳斥这种认识论就行了。这种反映论的观点可以分为两种：一种是柏拉图的认识论，认为理念就是实在，由于理念是一般的，是与个别的非真实的感性世界相对的，所以个别的东西是不真实的，只有一般的反映理念的表象才是真实的，所以只有在概念的普遍性中才能发现概念的本质；另一种是科学式的实证主义的认识论，认为我们对客观世界的把握必须一点一点地全面地收集证据，然后在全面真实的证据的基础之上才能得出对事物的真实和总体的把握，而对高度抽象概念的主观构造则会使人们难以全面地把握现实，得出的结论也是偏离现实的。后一个观点也是本文归纳的对韦伯理想类型方法进行质疑的一个很有力的论点。那么这种反映符合式的认识论本身是站得住脚的吗？李凯尔特分而析之，认为假设柏拉图式的认识论是正确的话，我们也不能直接认识现实背后的那个世界，不能直接断定映象和原型是相似的，因此即使从该认识论出发在逻辑上也不能一开始就把认识看做是反映，而只能看做是通过概念对直接接触材料的改造，因为研究超验世界的映象是通过这个改造过程形成的。同样的，如果按科学式的实证主义认识论，必须如实地描述和反映世界，而没有如实地全面地描述世界的方法是无法得出真实的认识的，那么这种认识论能否实现？现实之流是无限丰富的，把现实及其全部的细枝末节如实地纳入自己的认识之中，以获得真实的反映，是没有意义的。因为经验的现实自身是一种漫无边际的杂多，我们越是深入现实之中去收集这种证据，并把它分解为更细微的一部分来验证真伪时，我们就会发现杂多显得越是复杂和庞大了，即使我们采取比较的方法去采集证据或辨其真伪，但是如果没有事先的选择，我们仍将迷失在杂多之中，无从下手。那么按照这种方式获得的现实映象或证据采集也必然是经过选择之后的部分，而且这种纳入自己认识部分的东西和他放弃的东西相比至少从量上来说是微不足道的。举个例子来说，如果认为只有反映符合式的认识论才能认识现实，那么镜子是最能够清楚地“认识”了，或者说至少就事物的可见性来说是最接近真理了，采用这样一种精确再现的方法是否就是人们认识事物的有效途径呢？李凯尔特说：“只有当被反映的经验对象本身是我们所不能直接接近的时候，完满的映象才对我们有科学的价值；但是认识远远没有包含一种像这样的绝对完满的重现。”〔49〕由此看来，我们对事物的认识必然不是直观素朴的反映，而是需要通过概念的抽象中介；通过概

〔49〕〔德〕李凯尔特，注〔46〕引书，第29页。

念的认识也必然不是一种镜子式客观的反映，而是通过了人的主观的改造，因为“与现实本身相比，认识总是一种简化(Vereinfachen)”〔50〕。从这个论证不难看出，从科学式的实证认识论出发对韦伯理想类型的方法的驳斥是不成立的，相反，韦伯建构理想类型的方法却是与认识发生的根本原理相符的。但是，由于不能把现实如实地纳入概念之中而仅仅是出于认识主体对现实的概念构造才能发生认识就使得人们把经验的现实当作了非理性的，那么概念又如何对之理性的把握呢？这就引出了李凯尔特所说的“现实之物的连续性原理”和“现实之物的异质性原理”以及概念对现实的不同理性改造引出的自然科学和文化科学概念形成。

如果我们观察一下外部的世界，就会发现任何存在之间都找不到绝对的界限，而是相互之间处于渐进的过渡中。而这个自然界没有任何飞跃的古老原理同样适合于物理和心理存在及其特性，每一个占有一定空间和时间的存在物都具有这种连续性，这就是李凯尔特所谓的关于一切现实之物的连续性原理(Saze der Kontinnuität alles Wirklichen)；同样世界上也没有任何存在是和别的存在完全相等同的，而只是和别的存在之间有或多或少的相似；进而在每一个存在的内部，每一个组成部分之间也是具有很大差异的。这就是人们说的每个存在物都有一种特殊的、个别的特征，或者可以这么说，没有人可以在现实中看到绝对同质的东西。一切东西都是互不相同的，李凯尔特称之为关于一切现实之物的异质性原理(Saze der Heterogeneität)。这种原理体现在现实之物表现出的渐进的过渡上，我们就会发现一种连续的差异性(stetige Andersartigkeit)，而正是这种连续性和异质性的结合使得现实之物显得是“非理性”的，也就是说现实是无法如实地纳入概念之中的。也正是这种“非理性”使得科学式的精确再现的认识论变得不可能。〔51〕

那么作为科学的概念又是通过什么获得对现实的把握的呢？李凯尔特指出了两种方法，即只有通过在概念上把差异性和连续性分开，现实才能成为理性的，为概念所把握。通过同质的连续性和异质的间断性这两种改造方式，相应的就存在两种概念形成的方法，一是自然科学概念的形成方法，一是文化科学概念的形成方法。〔52〕但是，科学概念的改造又不是主观随意的，而是需要一

〔50〕〔德〕李凯尔特，注〔46〕引书，第30页。

〔51〕所以李凯尔特指出绝对的怀疑主义就是在反映论在认识论中占据统治地位的时候所产生的唯一的、当然的后果。同上书，第31—32页。

〔52〕在李凯尔特认识论中，科学的标准是对感性世界的真实存在作出真实的判断，概念指的是对现实的科学上的本质成分所做的任何一种概括。

种先天的原则或事先的判断的，也就是说需要一个选择的原则。这个选择的原则对两种不同的概念形成方式而言又是很不相同的。就自然科学而言，李凯尔特是不需要费过多功夫进行先天原则的论证的，因为康德已经基本上解决了这个问题，而且对自然的理解方面，李凯尔特也是追随着康德的界定的，即从形式的或逻辑的意义上去理解"自然"，而非把其仅仅当做物质世界。那么在这种前提下，认识自然就意味着从普遍因素中形成普遍的概念，甚至形成关于现实的绝对普遍的判断，即自然规律。这样，尽管概念和现实之间仍然存在一条鸿沟，但是这并不影响自然科学对现实的认识和现实中自然科学成果的应用，因为自然科学概念的普遍性以及在这些普遍概念和个别性现实之间的鸿沟正是自然科学概念实际运用的必要前提。自然科学的应用及其概念的界限，恰好说明了普遍化方法作为自然科学概念形成的特征，正如柏格森的妙喻一般：自然科学只缝制一套对保罗和彼得都同样适合的现成的衣服，因为这套衣服并非是按照这两个人的形体裁的。当然这并不是说自然科学不关注个别事物，只是在从个别事物中能发现那种可以把个别事物纳入普遍事物的情况下，自然科学才去关注个别事物的。相反，在文化生活领域科学概念形成的方式就和自然科学的同质连续性的方式就大不一样了，采取的是异质间断性的方式。因为文化科学的课题在于对特殊性和个别性存在的关注；如果把这种分离开来才有生命的东西生搬硬套地凑成一种僵死的普遍性，那么文化科学领域的这种关注也就变成了自然科学了。[53] 相应的，自然科学和文化科学的不同就体现在了认识论中两种不同的概念形成方式上了，即普遍化的方式和个别化的方式，同样需要提请注意的是这并不意味着文化科学家绝对地排斥了普遍性的东西。

那么在澄清了自然科学和文化科学的不同之后，就要论证个别的概念是如何形成的。首先和自然科学的概念形成一样，文化科学概念的形成也需要有一个选择原则，也就是要有个事先的判断，但是毫无疑问这个事先的判断已经不是康德论述的那个先天综合判断了，这一点也是李凯尔特认识论的用力之处。对研究文化事件的历史的文化科学来说，现实是分为本质成分和非本质成分的，即分为历史上有意义的个别性和纯粹的异质性，这样我们就可以找到一种

〔53〕 当然李凯尔特并不是绝对地反对用自然概念来表现文化生活，只是说要给文化生活领域保留鲜活的生命，注意不同科学的领域的研究课题，正如文化科学的研究无法代替自然科学的研究，自然科学的研究也无法代替文化科学的研究，为此李凯尔特专门讨论了"中间领域"的问题，参见〔德〕李凯尔特，注〔46〕引书，"十一"。需要注意的是李凯尔特在《自然科学概念形成的界限》一书中给出的（形式上）科学分类的基本逻辑是：当我们从普遍性的观点来观察现实时，现实就是自然；当我们从个别性和特殊性的观点来观察现实时，现实就是历史；而文化科学在李凯尔特的认识论中就是历史的文化科学。

识别的准则,通过这条准则我们可以在保持现实的个别性和特殊性的条件下改造现实的异质连续性,形成历史的文化科学概念,其中纳入概念中的是狭义的个别,即有历史意义的个别。[54] 这样文化概念就在历史的文化科学概念的形成中充当了选择的准则,因为在李凯尔特的价值理论中,一切文化现象都体现着某种为人所承认的价值,而关于价值,我们不能说它实际上存在与否,只能说它是否有意义;具体而言就是通过文化所固有的价值以及通过与价值的联系形成了可叙述的、历史的文化科学的个别性概念,这就是李凯尔特最初提出来的文化科学概念形成过程中存在的价值关联。[55] 进而李凯尔特指出,"只有借助价值的观点,才能从文化事件和自然的研究方法方面把文化事件和自然区别开来"。[56] 不过和自然科学普遍化的概念形成方法相比,文化科学这种个别性的和价值相关的概念形成方法如何能保证文化科学概念的客观性呢?李凯尔特是通过诉诸文化价值的普遍性来保证文化科学概念的客观性的,即文化价值要么实际上被普遍地评价为有效的,要么至少被文化集团的全体成员期望为有效的(gütig),这样通过文化价值的这种普遍性就排除了文化科学概念形成中的个人的主观随意性。最后在这种概念的客观性的基础上,就可以研究历史的文化科学所涉及的一次性、个别性的事件之间的因果联系了。

韦伯在读完李凯尔特的著作后曾经说,"……非常好;我在里面看到了我自己也有的大部分思想,尽管逻辑表达的方法并不完善。我对他的术语也有些保留"[57],在随后的《罗舍尔和克尼斯》一文和《社会科学和社会政策认识中的"客观性"》一文中韦伯都交代了作为文章理论基础的李凯尔特之概念形成逻辑。尤其是在《社会科学和社会政策认识中的"客观性"》一文中:可以看出韦伯基本上延续了李凯尔特这种概念构造的理论思路,尽管对其文化科学研究方法有

〔54〕 把本质成分和有意义联系起来是必然的,因为一旦我们认为一切存在物都没有意义而全与价值无关,那么世界上的任何事物都有自己的"历史",也就是具有自己的一次性形成过程,就变成了每一个事物都有自己的"自然"了,从而被纳入到普遍概念或规律之中了;这后一点正是李凯尔特所强烈反对的。

〔55〕 价值这个概念是李凯尔特所属的新康德主义西南学派的重要贡献。价值在李凯尔特看来既不是物理现实也不是心理现实,它的实质在于其有效性(Geltung),但是价值是与现实有密切联系的;其中的两种联系是:一是价值能够附着于对象之上,并使对象变为财富,一般在马克思主义的脉络中价值多指此意;另外是价值可以与主体的活动相联系,并由此使主体的活动变成评价,由此李凯尔特进一步说这一点是为了说明历史的文化科学虽然研究财富和研究进行评价的人,但是不能对这样的问题作出任何答案,所以他会说个别化概念在逻辑之所以可能,并不在于是否与价值理论相联系,而在于可以不要实践的评价。在此,李凯尔特已经明确区分了价值联系的方法和评价的方法,为韦伯的价值中立学说奠定了基础。

〔56〕 〔德〕李凯尔特,注〔46〕引书,第76页。

〔57〕 参见〔德〕玛丽安娜·韦伯:《韦伯传》,阎克文等译,江苏人民出版社2002年版,第297页。

所保留[58]，但是对韦伯来说，李凯尔特界定的历史个体的概念仍然显得不够精确，不足以进行充分的因果性解释，因为"有效的判断总是以对直观的逻辑加工，即运用概念为前提条件的"[59]。并且，在韦伯界定的文化科学的概念中，认为仅有个别性概念也是不足以进行因果性解释的，它还需要一种文化科学的普遍概念。按照韦伯的看法，作为文化科学的社会科学的因果解释不能像自然科学那样进行精密的实验，而只有依靠着"思想实验"（gedanklichen Experiments/imaginary experiment）的不确定方法，也就是持续地思考着动机联系的因素以及建构出可能的行动步骤，从而得出因果关系的判断[60]；不过现有的概念构造都达不到思想实验所要求的概念的精度，需要的是一种什么样的概念建构呢？而且由于价值的涉入在李凯尔特的概念建构中虽然保证了文化科学概念的某种客观性，但是对经由概念进行的个别化的因果解释的客观性却难以保证。为此，韦伯必须在李凯尔特概念构造理论的基础上再向前迈进。事实上，韦伯早在1891年的大学教师资格论文中，解释共同体财产和私人财产的关系时，就初步表述了如此一种概念建构的重要性[61]，在1903年的《罗舍尔和克尼斯》中描述了这样一种概念建构的初步形式，尤其是从李凯尔特的价值关联到理想类型这关键的一步[62]，但是如何确切地描述这一概念仍是一个问题。到了1904年韦伯接手编辑《社会科学和社会政策文献》（以下简称《文献》）时，这种要求清

---

〔58〕 韦伯在此重新引入了狄尔泰的理解的概念和意义学说，把它与李凯尔特的价值学说巧妙地结合了起来，形成了自己的文化/社会科学理论，参见：Thomas Burger, *Max Weber's Theory of Concept Formation. History, Laws, and Ideal-Typus*, Durham, NC 1987, pp. 115—140（该书作者认为韦伯的理想类型方法背后代表的是这样一种信念，即历史研究必须不能局限于个别性事件和行动，必须关注 历史进程中的结构特征和集体现象。相应的韦伯的社会学就是在个体主义方法的基础上，对历史真实的结构和集体方面的概念化，这是制度化的历史研究传统忽略的地方；但是在当下的社会学中韦伯一脉之构成挑战，而不是可行的替代。在该书中作者详细比较了韦伯对李凯尔特的继受和异同，认为就把基于价值关联的概念之形成和目的概念之形成紧密相关来说，韦伯和李凯尔特是一致的，单是就理想类型及把基于价值关联之判断和价值判断相区分来说，则是韦伯独具的；其中韦伯和李凯尔特及新康德主义的最大区别在于：韦伯不认为任何客观的"文化价值"能被视为真实存在，他认为价值是没有基础的，靠个人的主观选择来决定）；Guy. Oakes, *Weber and Rickert: Concept Formation in the Cultural Sciences*, pp. 1—17.

〔59〕 但是这种概念运用必须是精确、清楚的概念，韦伯指出在当时的经济政策和社会政策的讨论中，忽视构造清楚的概念已经是一件很危险的事情了，他以挑选出的"农业利益"中的农业为例说明了概念构造的混乱性，〔德〕韦伯，注〔43〕引书，第56—58页。

〔60〕 M, Weber, *Economy and Society: An Outline Interpretive Sociology*, transl. by E. Fischoff et al., California University Press, 1978, p. 10.

〔61〕 参见〔德〕克斯勒，注〔23〕引书，第42页。

〔62〕 See H. H. Bruun, "Weber On Rickert: From Value Relation to Ideal Type", *Max Weber Studies* Vol. 1, No. 2 (May 2001).

楚、明晰的概念为发现社会和文化现象的特殊重要意义铺平道路的愿望更迫切了[63]，可以说此时似乎是“只欠东风”了。这时耶利内克作为一个启发性的环节在理想类型的重构中发挥了关键作用。

2. 耶利内克的启发

也正是在1904年初，韦伯在新改版的《文献》第一期发表的《社会科学和社会政策认识中的“客观性”》一文中给这个新的概念建构命了名，即“理想类型”。毫无疑问，这个概念并不是韦伯独创的，在该年6月14日他致李凯尔特的一封信中，韦伯交代了概念名称的来源：“我很高兴你能接纳‘理想类型’的观念。为期能对价值判断与经由价值关联而建立的判断有所区分，我认为这样的范畴是绝对必要的。至于用什么样的词语来确切地说明此范畴则是次要的。我将之界定为与日常语言中，诸如‘理想的边际情况’(idealem Grenzfall)、某一典型的事件的‘理想纯粹性’(idealer Reinheit)或是‘理想的构造’(idealer Construktion)等词的用法一致，而不将之与任何规范性内涵(Sein-Sollendes)，即事理当为此途相联结；进一步说，在我心中所有的，是耶利内克所用的‘Idealtypus’一词，其完美性只能就逻辑基础上而言，绝不涉及规范性意味的规范。除此之外，此概念必须被更清楚地说明，它包含了许多在我的分析(Darstellung)中尚未厘清的问题。”[64]韦伯随之说明在不久以后，他将再次探究在历史判断及发展概念(Entwicklungsbegriff)中，客观可能性之范畴的意义(die Bedeutung der Kategorie der “objektiven Möglichkeit”)。

可以看出在韦伯的概念体系中，理想类型这一名称直接来源于耶利内克[65]，

---

〔63〕 参见〔德〕克斯勒，注〔23〕引书，第217页。

〔64〕 Mommsen1974：pp. 8—9. 转引自翟本瑞：《历史认识与类型学分析》，载张维安、陈介玄、翟本瑞，注〔3〕引书，第64页。

〔65〕 关于韦伯使用的理想类型这一名称的来源问题，学界也有不同的意见：我国台湾地区大法官吴庚采纳的是温克尔曼(Winckelman)的看法，即韦伯理想类型一词并非来自耶利内克而是来自C. Sigwart，认为Sigwart在其*Logic*一书中虽然没有将理念类型两字合用，但已经表明，其所谓类型就是理念的、纯粹的，而且就作为衡量个别事物来说，其用法和韦伯所赋予的理想类型的意义也较为接近。另外在时间上，Sigwart的著作是在1893年出版的，比耶利内克的《一般国家学说》1900年出版要早。笔者以为这种续家谱的方式太过于主观了，如果就使用理想类型的早晚来说，甚至在耶利内克使用之前就已经有12人使用过了这个名称；如果以使用的意涵来说，韦伯自身著作中的某种萌芽因素也要比Sigwart1893年出版的著作为早，例如上文中提到的韦伯1891年的大学教师资格论文。韦伯在对类型概念的使用上只不过是没有追寻更早的文献罢了，这一点早为韦伯研究学者证实(克斯勒2000，Gent Roth 1971)，他首先在耶利内克的著作中发现这一名称，并且发现耶利内克已经熟练地运用这一概念了，故此予以移植；笔者以为，重要的并不在于这种名分之争，而是在于分清韦伯理想类型后的认识论基础，因为当对理想类型的合法性产生质疑时，名分的来源是无法为理想类型辩护的，理想类型必须要有稳固的认识论基础，这也是本文为何要着力厘清从康德到李凯尔特经由耶利内克的启发作用而产生的韦伯意义上的理想类型的这条潜在根本线索。

不过似乎在韦伯看来这只不过是个名份问题,而没有提及实质性的借鉴;在韦伯夫人看来韦伯却是在和耶利内克同样的意义上使用这一概念的[66],同样相近观点也为其他一些包括法学界的学者所坚持[67],那么耶利内克是在什么意义上使用理想类型的呢?韦伯从耶利内克那里究竟受益几何呢?

耶利内克曾经是韦伯的大学同事和家中常客,韦伯对其人及其学说的熟悉自不待言。耶利内克在1900年出版《一般国家学说》(Allgemeine Staatslehre)中已经开始使用理想类型这一概念了[68],为了保持哲学思辨和经验观察的明显不同,他区分了理想类型和经验类型。理想类型不是知识的对象,而是信念的对象,因此与政治上对宗教狂热的教条性态度具有极大的相似性,相反,经验类型则是通过各个国家、组织及其功能的仔细比较归纳产生的。韦伯当然完全同意这种区分,但是他更倾向于称后者为“理想类型”,因为他想强调所有概念的抽象和选择性品质。耶利内克认为在国家理论中没有对类型方法的可行替代,他直率地表明了学者要么创造类型,要么孤单地描述特征,绝无第三种研究方法。耶利内克认为类型的方法具有很大的实践价值[69],但是建构类型时需要高度注意的是,如果类型过于抽象就失去了解释的价值,所以耶氏建议类型的建构应该从具有历史关系、具有普遍历史基础的现象入手,尽管他承认更进一步的比较具有某些价值。韦伯在一般意义上同意耶氏的告诫,但是他在从无直接历史联系的现象入手建立理想类型时已经超越了耶利内克。这一点在韦伯对迈尔的批评中阐述了他的理由,即如果相对来说,印加和阿兹台文明遗留的与历史有关的痕迹是很不起眼的,以至于迈尔意义上的当代世界文明发生史可以对此置之不理而无所失;那么由此“我们就它们的文化发展所了解的知识首先既不是被看做‘历史对象’,也不是被看做‘历史原因’,而是从本质上被认为是封建概念的‘认识手段’;例如,从肯定的方面来讲,作为封建主义概念构成的认识手段,这是它的一个非常特殊的事例,从否定的方面来讲,它有助于把一些我们用于研究欧洲文明

〔66〕〔德〕玛丽安娜·韦伯,注〔57〕引书,第360页。

〔67〕Terner(1994),陈介玄(1989),郑戈(1998),蒋传光(2007)等。

〔68〕Georg Jellinek, *Allgemeine Staatslehre*, 1st ed. 1900; 2d rev. ed., Berlin: Häring, 1905,该书是耶利内克《现代国家法》(*Das Recht des modern Staates*)的第一卷;参见〔德〕玛丽安娜·韦伯,注〔57〕引书,第360页。

〔69〕耶利内克认为“从实践者的角度来看,类型是一种解释工具,因为对各个国家生活而言,它是可行的……”Georg Jellinek, *Allgemeine Staatslehre*, 1st ed., 1900; 2d rev. ed., Häring, 1905, 40; Roth, *The Genesis of Typological Approach*, 1971, p. 261.

历史的概念与那些异质的文明的文明内容划分开，并因为凭借比较的方法从发生学的角度来确实地把握欧洲文明发展的历史特点”[70]。

韦伯之所以决定超越耶利内克对理想类型的建构并且把没有直接历史关系的现象归结到一起，是为了有助于当时一个时代问题的解决，即把概念运用到不同的语境和历史时期中，为此他还补充了一系列的概念以与在不同的地区和时期的相似现象进行联结。韦伯在《社会科学和社会政策认识中的“客观性”》一文中也提到了逻辑上的理想类型和实践意义上的理想类型，即模式类型，与耶利内克相反的是他把耶利内克语境中的“经验类型”上升为“理想类型”，舍弃了耶利内克意义上的理想类型，自己还提出相应的经验类型，即实践意义上的理想类型。[71] 不过韦伯竭力反对的就是后一种的实践意义上的理想类型，因为这种理想类型已经不再是纯粹逻辑的辅助手段、不是实在据以得到比较和衡量的概念，反而成了对实在作价值评价的根据，这恰恰是韦伯建构理想类型所要避免的。那么就理想类型一词而言，似乎韦伯在耶利内克处仅仅借得了名分，但是不能否认耶利内克类型建构的运用方式对韦伯的更大的启发作用，尤其是耶利内克所创造的“国家的社会学理论”对韦伯政治社会学中类型的影响。[72]

正如韦伯在信中所言，这只是开始，此概念还必须被更清楚地说明，这样韦伯在后期的著作中又进一步充实了理想类型的内容。不过至此，我们已经可以基本上看出从康德到李凯尔特，中间经由耶利内克的启发而产生的韦伯意义上的理想类型，这一条认识论上的线索了。韦伯的理想类型是有着稳固的认识论基础的，而对理想类型存在的合法性质疑并不能推翻理想类型的建构，质疑方的认识论基础反而是更需要辩护的。不过，尽管此时理想类型已无方法论基础不稳之虞了，但是由于理想类型更强的主观建构性，那么它又如何能够避免类

---

〔70〕 参见〔德〕韦伯：《文化科学逻辑领域内的批判性研究》，载〔德〕韦伯，注〔43〕引书，第104页。

〔71〕 〔德〕韦伯，注〔43〕引书，第47页。

〔72〕 例如，耶利内克的正当性之五个基本理论的区分对韦伯三种正当类型的影响，这些被Roth充分地注意到了，他在The Genesis of Typological Approach(1971)一文中就详细叙述了耶利内克对韦伯的影响，不过他在追究韦伯类型方法的起源时，更多地局限在韦伯自身的学术发展史上了，给人的整体感觉是韦伯已经开始运用类型学的方法了，耶利内克对韦伯的启发只是在政治社会学这一领域的具体类型构造上，甚至连韦伯自己强调的名分借鉴也给忽视了；相近的是克斯勒(2000)也倾向于从韦伯自身学术史出发来阐述(理想)类型的产生，而没有深究理想类型的认识论基础，诚然这有利于我们把握理想类型在韦伯自身学术发展中的位相，但是对我们把握理想类型的重要性似嫌不足。

型建构中的价值判断呢？这种主观性建构能保证社会科学[73]认识的客观性吗？如果这些问题不解决，理想类型的合法性仍无法最终完全证成。

（三）韦伯的方法论与理想类型

韦伯研究方法论的主要目的就是解决社会科学研究中的客观性问题，然而虽然理想类型是其方法论的核心，但为了阐明理想类型运用的合法性我们还需要进一步在方法论内探讨理想类型与价值中立和客观性这两个论题的关系。[74]

1. 价值中立与理想类型

在理想类型的建构中，由于更强的目的性涉入其中，那么此时如何保证理想类型的建构不流于主观随意的问题比普通概念的构造更尖锐地表现出来了。这个问题需要引入韦伯方法论中的另一个重要概念"价值中立"来解决。在社会科学研究中能做到价值中立吗？这本身就是中外的社会科学研究者争执不下的问题[75]，而韦伯的价值中立又是指的什么呢？

---

〔73〕 韦伯所使用的社会科学概念的范围比文化科学又缩小了些，这一点可以从《社会科学和社会政策认识中的"客观性"》一文中发现：开篇韦伯谈的是作为真理结果的科学认识的"客观有效性"，接着问的就是一般文化生活领域存在的是什么样的"客观有效的真理"？直到最后确定文本要讨论作为文化科学（韦伯定义为从文化意义的角度考察人类生活事件的学科）的社会科学的客观性；但是韦伯对何谓社会科学，也是语焉不详的，从他界定的"社会的"概念的不确定性可以看出。就《社会科学和社会政策认识中的"客观性"》一文而言，社会科学的领域仅指"对人类共同体活动的社会经济结构的一般文化意义和这个共同体组织的历史形式的科学研究"，再到后来韦伯把他的研究重心已经放到如何进行社会学的客观性研究上去了，这种客观性的探讨对社会科学甚至整个文化科学的客观性研究具有的更多的是启发意义，而不是直接的替代表达意义。

〔74〕 尽管诸学者对韦伯的方法论范围的核心概念没有达成一致，但是如何达到社会科学认识的客观性，却被不约而同地作为韦伯方法论的核心问题。至于韦伯的方法论的统一性问题，分歧则基本为二，一是以玛丽安娜为代表，认为韦伯的科学学说有同一的主题（该统一性是建立在李凯尔特的文化科学中概念形成的逻辑理论上的），其中包括 Schelting (1934), Hnrich (1952), Hennis (1986)，翟本瑞(1989)，Fritz Ringer (1997)等；另一方认为韦伯的方法论没有同一主题，其中包括德文版《经济与社会》编者温克尔曼，以及 Tenbruck (1986, 1989, 1994)；克斯勒(2000)等。然而笔者在本节韦伯的方法论和理想类型的论述中，并非关注于全面地分析理想类型在韦伯方法论中的地位及其和其他诸关键概念的关系，而仅是出于理想类型自身运用的合法性的需要，选取"价值中立"和"客观性"这两个关键范畴来证明之。

〔75〕 关于价值中立的问题，韦伯给出了自己独特的界定运用，但是并不能说韦伯已经把这个问题给解决了。因为不仅韦伯生前该问题已经引发了不少争论，而且韦伯去世后针对价值中立的讨论还是有增无减，最著名的要算 20 世纪 60 年代在德国爆发的实证主义论战了，一方认为社会科学的逻辑应该与自然科学研究的一样，即我们必须用很客观的方式去研究问题，保持一种价值中立的态度，不断地假设——检验——再假设，不断地逼近客观存在，从而推动知识的进步；另一方则认为尽管社会科学和自然科学在某些方面是相同的，但是它们也都是一套社会制度，不存在客观的价值中立，所以我们要用批判的眼光看待科学研究，也就是说科学的有效性不在于符合形式的逻辑，而在其对所谓事实的揭露，其间科学家必有立场。实证主义是双方共同的敌人，但是双方都觉得对方是实证主义的。关于这场争论可以参见顾忠华：《韦伯的社会科学方法论》，载顾忠华，注〔2〕引书，不过顾氏的论述太过简略，不大容易把握住

韦伯在其行文中并没有清楚地界定价值中立的含义，价值中立的内涵需要借助价值关联和价值判断的意思才能廓清。据研究韦伯的学者之考证，韦伯在德文中使用 Wertfreiheit 表示这个概念，但都是加上括号的，以示此词未能充分说明自己的意思，后来 Rene König 找到了一个更好的德文词 Werturteilsfreiheit 表达韦伯之意，翻译成英义是 free from value judgment，即免于价值判断或价值判断中立之意。[76]而价值判断韦伯则通常理解为"对受到我们影响的现象的令人满意或不满意的性质给予的实际评价"[77]。对此韦伯在另一篇文章中的进一步解释是："'价值判断'是说我以某种具体的方式对具有它自己特点的对象'取一种态度'，我决定这种态度以及我决定这种态度的'价值立场'的主观源泉，确实不是'概念'，也全然不是'抽象的概念'，而是一种完全具体的、高度个别化地形成和构造起来的'情感'和'愿望'，或者可能是关于某种仍旧具体地形成的'应当'的意识。"[78]或许仅从这一对比性的概念我们并不能掌握韦伯价值中立概念的独特意涵，因为实证主义也提倡价值中立，韦伯的价值中立和实证主义的价值中立有何区别呢？此时则需要引入价值关联的概念。实证主义

双方的方法进路及其和实证主义的区别；可以进一步阅读 Theodor W. Adorno(ed.), *The Positivist Dispute in German Sociology*, London, 1976。就国内情况来说，研究韦伯方法论的论著尽管只有很少的篇章，且多是介绍性的，但是其中讨论价值中立的却占据多数。据说还前后引起了两次小的争论：第一次是发生在20世纪90年代初，断断续续地争论了近十年，相关文献参见郑杭生：《关于我的社会学定义》，载《社会学研究》1989年第5期；郑杭生：《关于我的社会学定义——序董驹翔主编的〈社会学〉·答我的一些批评者》，载《社会科学研究》1991年第4期；周蔚华：《价值中立论批判》，载《中国人民大学学报》1991年第3期；李金：《为"价值中立"辩护》，载《社会科学研究》1994年第4期；赵一红：《浅论社会科学方法论中的价值中立问题》，载《暨南大学学报哲社版》1999年第1期；郭星华：《也谈价值中立》，载《江苏社会科学》2000年第6期；刁生富：《科学的价值中立与价值负载》，载《学术研究》2001年第6期；郑杭生：《究竟如何看待"价值中立"？——回应〈为"价值中立〉辩护》一文对我观点的批评》，载《社会科学研究》2000年第3期；周晓虹：《再论"价值中立"及其应用限度》，载《学术月刊》2005年第8期等。最近的一次争论是发生在社会学家和经济学家之间的，相关文献参见：罗卫东：《社会科学工作者的理性自觉：重返韦伯》，载《浙江社会科学》2006年第5期；冯钢：《"客观性"、"理想类型"与"伪道德中立"——评罗卫东的"重返韦伯"》，载《浙江社会科学》2006年第6期等。笔者无意在此对价值中立的问题发表意见，仅是借论述其与理想类型的关系之机，指出正确地理解韦伯的价值中立问题，必须要考虑到实然和应然领域二分的前提与价值判断、价值关联、价值中立这三个概念的关系，否则所理解的"价值中立"的含义很可能会偏离韦伯本人的原意。

〔76〕 See Bendix and Roth 1971, pp. 36—37. 此外关于 Wertfreiheit 一词的英译一般是 value-freedom (Parsons, Bruum, Ruciman)，另外还有两种译法：ethical neutrality (Shils), value-neutrality (Roth & Schluchter)；而翻译成汉语的也五花八门：价值自由、价值无涉、道德中立、价值中立等，但基本意思是免于价值判断，根据郑永流教授的建议，Wertfreiheit 译作"价值无涉"，Werturteilsfreiheit 译作"评价中立"，由于本文对 Wertfreiheit 进行了双重区分，所以在一般意义上译作"价值中立"，在严格意义上译作"价值无涉"。

〔77〕 Max Weber, *The Methodology of the Social Sciences*, Free Press, 1949, p. 1.

〔78〕 Ibid., p. 150.

为了使社会科学的研究符合自然科学的标准也谈价值中立，如此在实证主义那里价值中立就成了价值去除或价值免谈了，即不要价值，但是在韦伯的文化科学的概念中，必须有价值的参与，否则无法构造概念，也无法凸现文化科学的独特性。在韦伯的科学理论里，就是有价值存在的，“价值中立的目的，不但不排斥价值，反而要是价值变得更丰富，并使科学与价值各自取得一个合理的位置……”[79]这个目的是通过引入价值关联来协助实现的，价值关联这个概念是韦伯从李凯尔特的认识论中移植过来的，这一点是他明确提及的，所以在界定价值关联的时候他只是简单地提醒了一下说：“‘价值关联’这个短语只意味着关于特殊的科学的‘兴趣’的哲学解释，而这种兴趣支配着经验研究对象的选择和形成。”[80]由此可以看出价值判断—价值关联—价值中立在某种程度上构成了价值问题的连续共同体，其中价值关联处于一种过渡状态。而价值中立则通过引入价值关联达成了与价值判断的第一重区分，使理想类型的建构避免了主观随意性。

该区分是韦伯用了大量笔墨着重论证的[81]，即划定“存在的”和“应该存在的”知识之间的界限，区别认识和评价的能力，这就同时假定了在社会科学内，事实上存在一类无条件有效的认识，亦即对于经验实在的思考整理。此即价值中立和价值判断的第一重区分，价值中立和价值判断分属两个不同的世界，在经验科学领域排除了价值判断的余地，保持价值中立即意味着在作出的仅仅是事实判断，而理想类型的建构就是在这块已经除魅的经验领域进行了。但是要注意的是，尽管是在经验世界建构的理想类型，但它仍不是一个实践意义上的理想类型，而只是一个纯逻辑意义上的“理想的”观念结构，是一个乌托邦。与实证主义的价值中立不同的是，经验科学领域排除了价值判断并不意味着彻底排除了价值。因为我们对经验研究对象的选择还需要兴趣等价值因素的引导，这就使得价值关联和价值中立二者共存于经验科学领域了。根据韦伯对价值关联的界定，可以看出价值关联的功能不仅仅在于

---

〔79〕 张维安：《韦伯论社会科学之“价值中立”》，载张维安、陈介玄、翟本瑞，注〔3〕引书，第10页。

〔80〕 〔德〕韦伯：《社会科学和经济科学“价值无涉”》，载〔德〕韦伯，注〔43〕引书，第156页。在此韦伯指出：“经验学科提出的问题从学科本身这方面而言当然应以‘价值无涉’的方式予以答复。它们不是‘价值问题’。但是在我们的学科领域，社会科学问题的提出受到“价值关联”的现实的影响。有关‘价值关联’这个短语的意义，我必须援用海因里希·李凯尔特有名的著作。这里将不再重述。所要提醒的只是，‘价值关联’这一短语只意味着关于特殊的科学‘兴趣’的哲学解释，而这种兴趣支配着经验研究对象的选择和形成。”

〔81〕 主要是这三篇文章：《社会科学认识与社会政策认识中的“客观性”》、《社会科学和经济科学“价值无涉”》、《学术作为一种志业》。

研究对象的选择[82]，还和概念的构造紧密相关，也就是说在理想类型的建构过程中价值关联同样在发挥作用。除了选择经验研究的对象外，价值关联还可以使我们进一步细节化，即从大量的文献、现象中界定出问题的特殊性和历史的独特性；在上述问题的界定中，价值关联还可以对各种因素间的关系以及对我们赋予这些因素的意义提供理由；此外，价值关联还可以启发我们应该建立什么样的因果关系和多大程度妥当性的因果关系。[83] 正如哈贝马斯所言，价值关联是彻底地进入了文化科学领域，成为其方法的导引，而且不像自然科学那样可由理论观点引导和研究结果修正，它是不受研究结果修正的，以韦伯为例，他所做的历史社会学研究就受到"理性化"理念的引导，并从之推出了概念的建构和理论的形成。[84] 那么如此强的价值关联的理想类型不是更容易形成价值判断吗？这时需要回到前提，事实领域与价值领域的二分已经决定了在经验世界建构的理想类型并非应当存在的"模式"；而很强的价值关联性只是为了逻辑上的完善性，和对需要解释因素的强化，以便于与现实进行对比和归源判断。但是这里真正令人疑惑的问题却在于过强的价值关联的涉入——因为价值关联不仅仅在选择研究对象中起作用，而且在研究过程中也起着某种启发引导作用——如何保证科学认识中的客观性？这就要诉诸价值中立的第二重区分在理想类型运用中的作用了，不过我们首先需要了解一下"客观性"在韦伯文化科学的语境下究竟指的是什么？

2. 客观性与理想类型

韦伯的方法论是在和同时代的学者的论战中逐步浮现出来的，通过韦伯的论战线索了解韦伯的主张不是什么，或许能更好地理解韦伯的论点。在第一次世界大战前的20年内德国学界发生了一场长期的方法论论战[85]，其中韦伯在

---

〔82〕 通常对韦伯的价值中立和价值关联的理解是：价值关联止于研究对象之选取，研究过程则是完全的价值中立，这种典型理解见 Talcott. Parsons, "Value-freedom and Objectivity", in O. Stammer ed., *Max Weber and Sociology Today*, 1971；〔美〕科塞：《社会思想名家》，第六章"马克斯·韦伯"，上海人民出版社 2007 年版。

〔83〕 J. Freund, *The Sociology of Max Weber*, Routledge, 1969/1998, pp. 55—56.

〔84〕 Stammer, 1971, pp. 61—62. 转引自张维安：《韦伯论社会科学之"价值中立"》，载张维安、陈介玄、翟本瑞，注〔3〕引书，第 23 页。

〔85〕 当时的论战主要关涉以下二方面的内容：(1) 关于社会文化知识的争论；社会文化科学是否是因果之科学(nomological science)？是否应该建构一种"假设—演绎"或"演绎—因果"的自然法则系统，并由此推及所有的社会文化问题？(2) 关于社会文化现象的争论：社会科学的研究对象与其他科学的研究对象是否相同？是否要排除社会文化科学中的自然科学特性，例如假设人类有"自由意志"、人类的精神生活与自然世界有本质上的区别？(3) 关于方法的争论：是否每一个合理的科学研究都要遵守相同的方法？或者是社会文化科学必须使用其特有的方法？G. Oakes, "Introductory Essay," in *Max Weber: Roscher and Knies*, Free Press, 1975, pp. 1—50.

论战中确立了自己独特的文化科学概念,即文化科学是一门对文化事件的意义进行解释性理解,同时对事件进行因果性解释的学科;这样作为文化科学的社会科学的目的也包含了解释性理解和因果性解释。[86] 那么韦伯孜孜以求的社会科学认识的客观性是什么呢?

韦伯的"客观性"问题是借着接手《社会科学和社会政策文献》的编辑工作时提出的,《文献》声明要成为专门的科学杂志,唯科学研究方法是用,但是这种判断的标准是什么?在什么意义上,一般的文化生活科学领域中存在着"客观有效的真理"?显然韦伯要阐述的这种"客观性"不同于当时社会科学界流行的两大倾向伦理主义和自然主义科学认识。社会科学中的伦理主义倾向认为,必须从其材料中得出理想或者通过把普遍的伦理绝对命令用于他的材料从而制造出具体的规范,也就是说社会科学的研究具备指导人生价值的功能,它能使我们感到有"客观"价值的东西;而自然主义则认为社会科学也应该如自然科学一样通过一般化的抽象和根据有规律的联系分析经验的方式以一种数学形式的概念体系来达到纯粹"客观"的认识,这种认识与任何价值无关,同时排除了所有的偶然性因素,是关于实在的一元论认识。韦伯认为这两种观点都无法把握住社会科学认识的"客观性",他先是通过区分"存在"和"应该存在"领域,引入价值中立指出了科学无法在不同的价值之间进行裁决,对经验科学的任务作了界定,即"经验科学无法向任何人说明他应该做什么,而只能说明他能做什么和在某些情况下他想要做什么"[87]。接着韦伯又指出了自然主义的谬误,认为在把经验的东西还原为"规律"这种意义上"客观地"对待文化事件是没有意义的[88],并进而指出价值关联在社会科学认识中的作用,从而排除了那种纯粹的"客观性"。但是"无信念和科学的'客观性'之间毫无内在相似性",而任何个

〔86〕 解释性理解和因果性解释的关系,通常是以并列或递进两种关系来理解的,其实二者是相互促进的,解释性的理解有助于因果性的解释,而因果性的解释反过来又有助于解释性的理解,在这个不断的循环过程中,我们认识的客观性得到了增强。韦伯曾对历史学和社会学的不同因果关系进行了区分,历史学的因果关系是决定导致某一事件产生的独特环境(即各种往事的作用的规定性对某一事件的起因的影响),社会学的因果关系是要在两种社会现象之间确立一种固定的关系;但是二者的表现形式都是可能性的,这种关系的可能性大小会随着形式的变化而变化。而且历史学和社会学都需要对有意义之事件或行为进行解释性理解和因果性解释,参见〔法〕雷蒙·阿隆:《社会学主要思潮》,葛智强、胡秉诚、王沪宁译,华夏出版社2000年版,第342页。

〔87〕 〔德〕韦伯,注〔43〕引书,第6页,另请参见他的《社会科学和经济科学"价值无涉"》、《学术作为一项志业》。

〔88〕 同上书,第30—31页,其中韦伯指出的无意义的两个原因是:(1) 因为对社会规律的认识不是对社会现实的认识,而是对我们的思想为了达到这个目的所使用的种种手段的认识;(2) 除了始终个别发展的生活实在在一些个别关系中对我们具有的意义这个基础外,文化事件的认识是不可设想的。

别事件的认识如果不应用"规律学的"知识也都是不可能的,所以韦伯的客观性并没有完全地把价值和规律拒斥掉,而是把它们重新进行了安置。[89] 这就是引入了价值关联保留了价值因素在社会科学认识中的引导作用,以利于社会科学采用神入的"理解"方式参与涉及的精神事件;对自然科学意义上的规律进行了再改造,不是把其作为目的而是作为认识的手段,这样社会科学领域内因果关系就不是一个规律问题而成了一个归源问题。于是社会科学认识的客观性就落在了解释性理解和因果性解释的客观性上了,由于解释性理解和因果性解释的互相促进关系,而因果性解释又需要具备意义的妥当性和因果妥当性[90],那么从这个角度来看也可以说,如果社会科学的认识满足了意义妥当性和因果妥当性的要求,它就达到了"客观性"的标准。[91]

这种客观性的满足还需要遵循一定的逻辑步骤,即运用理想类型采取思想实验的方式。"为了对经验事件作出因果归源,我们正需要合理的、取决定于实际情况的经验—技术的结构或者逻辑的结构,它回答了下述问题:一种具有绝对合理的、经验的和逻辑的'正确性'和'无矛盾性'的事实情况,倘若它描述了行动或思维产物(例如一种哲学体系)的外在联系,将会(或已经)具有何种性质。从逻辑上来考虑,一种如此合理'正确的'乌托邦结构只是理想类型的种种可能形态中的一种。"[92] 但是这种逻辑意义上的理想类型已经脱离了经验实在,经验实在只能与它比较或发生联系。韦伯认为这种构造的关系在我们的想象看来是有充分动机的,它作为"客观地可能"在我们的"规律学"知识看来是适当的,因为这种构造的关系要求的并非是一种客观必然性。[93] 即使如此,但是由于价值关联在社会

〔89〕 当然这种重新安置,并不是一条韦伯所反对的"中间路线"。

〔90〕 意义妥当性是指关系中的各要素,根据我们感情和思考的习常模式,可以被认为构成了"典型的"意义关联;因果妥当性是指相对的事情前后序列的诠释,如果我们根据经验的规则发现它始终以同样的方式进行,便是因果妥当的。参见〔德〕韦伯:《社会学的基本概念》,顾忠华译,广西师范大学出版社2005年版,第14页。

〔91〕 有学者把韦伯的客观性理解为两个层次,一是就"对象性"(die Gegenständichkeit)而言,类似康德的用法,它是指经由价值关联的作用,对象具有经验的妥效性;二是就"客观性"(die Objektivitat)而言,指的则是对象间的关系是"客观的"。不过这种理解是和作者对价值关联和价值中立理解的误差相关的,参见翟本瑞:《历史认识与类型学分析——韦伯论目的论式底因果解析》,载张维安、陈介玄、翟本瑞,注〔3〕引书,第10页;阿隆则认为韦伯的客观性是指:从主观选择出发,用经过验证的、为所有的人接受的方法去获得科学成果,即科学研究方法或程序的客观性。〔法〕雷蒙·阿隆,注〔86〕引书,第341页。这种看法照顾到了意义的妥当性和因果妥当性,但是需要注意的是,这种程序或过程与自然科学是并不相等同的。

〔92〕 〔德〕韦伯,注〔43〕引书,第177页。

〔93〕 当然如果在持反映符合认识论的人看来,"理想类型"就没有任何价值了,因为他们要求的历史实在认识应该是对"客观"事实尽可能地"无条件"记录。参见〔德〕韦伯,注〔43〕引书,第41页。

科学认识过程中那样广泛地发挥着作用,这种客观可能性又如何能得到保证呢?这就需要诉诸价值中立的第二重区分。就价值中立的第一重区分而言,价值关联可以归属于广义上非应然领域价值判断的价值中立的范畴,但是由于价值关联的主观引导作用,如果没有一定的限制将会使社会科学的这种"客观可能性"成为不可能。第二重区分的价值中立主要在两方面发挥作用,一是就思想实验的逻辑步骤而言,必须保证严格的价值中立遵循之,再则是因果解释的因果妥当性方面必须保持价值中立,在这种彻底的排除了价值的领域中的价值中立,也可以称为"价值无涉",这样就不仅限制了价值关联的随意扩展,而且限制了因果解释的意义妥当性的多样性,给"客观可能性"留下了余地。〔94〕

从康德奠定的现代认识论基础出发,中经新康德主义对文化科学特性的认识,到韦伯手中对社会科学概念的精心锻造,理想类型就成了社会科学认识中的一件有力的思想工具,在价值关联的指引和价值中立的保障下,运用理想类型不仅可以对社会科学研究对象进行解释性理解,还可以对其进行因果性解释,并且达到"客观性"的认识;在社会科学研究,包括法律社会学和法制史学的研究中,采用理想类型的方法是充分具备其合法性的。不难看出,尽管韦伯没有构筑自己严密的概念体系,但是他的一些概念在其语境中都是有独特含义的。

如果我们要质疑其某个概念或方法不足以适用,就必须了解韦伯是在什么意义上使用的,进而才能在其逻辑构造和材料选取上对之进行有实质的辩驳。不过,这还没有结束,仅仅是在基础上对理想类型进行的合法性审查。

二、中间讨论〔95〕:理想类型与法学上的类型

马克斯·韦伯提出理想类型这一概念,是想以之作为社会科学研究中通用

〔94〕 有论者指出,韦伯在李凯尔特的基础上运用李凯尔特的术语形成了一些前提,但是韦伯并没有抓住问题的意义,也就是说韦伯并没有解决"客观性"问题(Guy. Oakes, *Weber and Rickert: Concept Formation in the Cultural Sciences*, p. 145);需要注意的是,韦伯所追求的并不是对客观必然性的解决,即使他的"客观性"中的因果关系也存在某种或然性,韦伯曾经说过,客观可能性判断按其本性允许有种种不同的程度(参见〔德〕韦伯,注〔43〕引书,第128页),也就说韦伯的"客观性"首先指的是一种客观可能性。

〔95〕 此中间讨论部分和韦伯在《宗教论文集》中的中间考察/讨论作用不同,并非对本文核心问题的重新提问,而是设置一个过渡环节讨论理想类型与法学上类型之共殊关系,和韦伯之用法关系更多的则接近于他对自己与耶利内克的启发关系的评介,否则难逃画虎类犬的嫌疑。

的方法[96],在法律教义学中也不例外[97]。韦伯似乎成功了,但是韦伯在法律社会学中使用的理想类型的概念和社会科学中的类型概念,尤其是法学中的类型概念是韦伯意义上的理想类型吗?进一步而言就是,如果无法在法律社会学或法制史的研究领域完全拒绝理想类型的研究方法,那么在传统的法学理论研究领域是否依然可以运用理想类型的研究方法?法律教义学中的类型概念是韦伯意义上的理想类型吗?为此,在对韦伯的理想类型进行实质社会学领域的考察之前,笔者打算先探讨一下韦伯在法律社会学中使用的理想类型之可能限度问题,以期对理想类型的使用范围有所勘定。[98]

(一) 韦伯之理想类型

研究者经常引用的韦伯的理想类型的界定是,"一种理想类型是通过片面突出一个或更多的观点,通过综合许多弥漫的、无联系的、或多或少存在和偶尔又不存在的个别具体现象而形成的,这些现象根据那些被片面强调的观点而被整理到统一的分析结构中"[99]。其实这只是理想类型的获取方式,韦伯对理想类型强调的重点是指其为康德认识论下的发生学概念,这种概念把历史活动的某些关系和事件联系到一个自身无矛盾的世界中,该世界是由设想出来的各种联系组成的,具有乌托邦的特征。[100] 从这一界定我们可以看出,此时韦伯主要构想的是历史的理想类型,韦伯在此意义上又辨析了理想类型与平均类型和类概念的差别。[101] 随着后来研究的扩展,韦伯的理想类型概念经过"理想类型一

---

〔96〕 正如使《社会科学认识和社会政策认识中的"客观性"》成为方法论领域的纲领性文献一般,〔德〕玛丽安娜·韦伯,注〔57〕引书,第319页。

〔97〕 韦伯曾说过,法律教义学的概念作为"理想类型",必须能够用于经验的法学史和法律社会学(〔德〕韦伯,注〔43〕引书,第178页);需要注意的是这并不是说在法律教义学中法学概念就是"理想类型",而是说只有规范的概念用于经验研究领域时,才可以发挥"理想类型"的功能。

〔98〕 这里需要注意的是概念的混乱性状况,韦伯一般指的相对于理想类型的概念是描述性概念,有时也指历史学派的作为目的的概念,这时就和概念法学以目的为依归的概念相近了;法学中概念一般指的则是黑格尔意义上的抽象概念,不过二者的论述也可取得一个相对统一的基础。

〔99〕 前引翟本瑞(1989),胡玉鸿(2003),何蓉(2005)等。

〔100〕 通常引者通过此说明的理想类型是什么?如果像帕森斯那样循着韦伯的暗指,从理想类型不是什么入手,会更容易理解些,即(1) 理想类型不是假设;同这种意义上的具体性相反,它是抽象的。(2) 理想类型不是对实在的一种描述,如果描述对应具体存在及过程,恰是相反即抽象的;(3) 理想类型不是普通状态(某种意义上的 Gattungsbegriff 属概念)(4) 理想类型不是男人区别女人的一类事物的共同的具体特性,这是第二种含义的 Gattungsbegriff 属概念。〔美〕T.帕森斯:《社会行动的结构》,张明德、夏遇南、彭刚译,译林出版社2003年版,第676页。

〔101〕 平均类型和类概念等的差别在韦伯的《社会科学和社会政策认识中的"客观性"》和何蓉(2005)的研究中都有详细的区分,在此不再重复。

标准模型—正确理性—纯粹类型”的发展，又涵括进了类别的理想类型[102]；但是在理想类型的获取方式上并没有改变，而且对历史的理想类型的坚持也保持着连续性。[103] 至此韦伯对理想类型已经完成了全面的阐述，然而在社会科学研究中不仅仅韦伯采取类型学的方法，其他一些社会学家、政治学者、人类学者，甚至法学家也频频地采用类型学的研究方式，那么韦伯的理想类型和其他

---

〔102〕 这个发展过程的简单描述参见何蓉(2005)，第145—146页；关于韦伯理想类型的分类，不同学者有不同的分法，蒙森、阿隆把理想类型分为三种类型：一是历史事件的理想类型，如资本主义或西方城市；二是确定历史实在性的抽象部分组成的理想类型，如官僚主义，三种统治形式；三是由具有独特性质的行为的理性化再现组成的，如韦伯认为经济理论的全部命题仅仅在于用理想类型重现主体据以处世为人的方法，如果这些主体是纯粹的经济主体的话。也有论者认为还有更重要的第四种类型，即“结构性的理想类型”，由行动的原因和结果而不是行动本身而形成的理想类型，如传统型/卡里斯马/法理型统治。特纳则认为是两种理想类型。同样早期研究韦伯的科学学说的谢尔廷也指出，韦伯理想类型包括一般化概念和个别化概念两个完全异质的范畴。个别化又包括两个次级范畴：一个作为进行因果分析的对象的具体历史个体，如理性的资本主义、印度种姓、中国的世袭官僚制；这里抽象的“不真实”成分，可以说基本是由科学兴趣所进行的选择造成的。它正好是对具体局势当中从阐释目的来说感兴趣的诸方面所作的概要表述。如果历史个体是能够进行因果分析的，那就必定是过分简化了的；简化为最基本的，略去不重要的。例如印度种姓结构在等级方面的复杂性被忽略了，只有同婆罗门之间的等级关系才纳入视野，具价值关联的意义，虽然片面但是确定的个别，有且只有一个印度种姓制。建构这样的历史个体，可以为因果分析做准备和组织具体材料；不是充分实在的，因此不是描述的；但是把它应用于具体实在并不能解释任何问题，而只说明要加以解释的是什么——从这个意义上说，它又是描述性的。另一方面，结合也涉及普遍概念。第二种个别化概念在逻辑功能上类似，而内容不同。第一种至少包含着实际现象(时间中的事物和事件)的诸成分，即社会事实的成分。后一种则包含着另外一类对象：观念。例如加尔文派神学、婆罗门的因果报应和轮回哲学……这些观念与实际过程是有关的，但是，如果没有黑格尔主义，就不会把它们等同于实际过程。它们的关系问题实际上正是韦伯在社会学方面具体研究的中心问题。一般化的概念(generalizing concept)，谢尔廷谓之“对于一项个别事件做因果解释，要回答这样一个问题：在某些假设的、因而是不真实的但却仍然是‘可能的’设想情况下，会发生什么的事情”。一般理想类型就是这种对假想的事件过程的建构，特点有二：(1) 抽象的一般性；(2) 对经验实在加以理想类型的夸张。如果没有第一个，该概念可能仅仅是一个共同的特征或统计上的平均数。它不是这两个中的任何一个，而是一种对行动的典型过程的理想化的建构，或是能适用于不确定数量的若干实例的关系形式，这些关系形式用抽象的、逻辑上融贯的形式，阐明某些与理解那些具体情况有关的成分。因为这些概念是经验论证的逻辑中必然涉及的一般概念，所以在方法论中占重要地位。韦伯喜欢把正统经济学理论中的一般概念作为范例使用；但是帕森斯认为，韦伯和谢尔廷博士似乎都没有看到经济学理论中的这些概念在方法论中所处地位的一个中心问题。参见〔美〕T. 帕森斯，注〔100〕引书，第676—678页中的论述。从上不难发现谢尔廷基本采纳了李凯尔特的概念观，谢尔廷和特纳对理想类型的分类都是二分的，本文基本是在这个脉络进行论述的，三分法也可以从中明辨韦伯的理想类型，唯四分颇为勉强，有重叠归类的嫌疑。

〔103〕 在《经济与社会》第一章韦伯提出的建构理想类型的观点和《社会科学和社会政策认识中的“客观性”》一文具有很大的连续性，例如“……建构一个纯粹理性的行为过程就可以为社会学家提供一种类型(理想类型)，它的好处就是清楚易懂，不会模棱两可。相形之下，也就有可能理解这样一些情况，即实际行为受到了种种非理性成分——比如情绪、错误——的影响，导致它们偏离了根据行为是纯粹理性的这一假设所预期的行为路线”。并非像有的学者(Rex, 1971/1998)指出的，韦伯的理想类型研究方法出现了新的转变，只是在外延上有所扩展而已。

本学科或不同学科的研究者使用的类型概念又有什么区别呢？而且学者也经常引用韦伯的理想类型泛化之言，即社会科学中的所有概念都可以当做理想类型来看待[104]，那么韦伯是在什么意义上下如此断言的？

德国法学家恩吉施曾在其《具体的理念》一书中，专辟一章“法秩序及法学之转向于类型”，指出虽然各学科在类型的使用细节上有很大的差异，但是“现代关于类型的见解”以及“所有将类型与一般概念对立以观的想法”，均以下述想法为基础：“类型或者以此种方式，或者以彼种方式，或者同时以此种及彼种方式，较概念为具体”[105]；诚然韦伯所指有部分符合恩吉施的总结，但是考诸韦伯本人的言论，恐怕他要说的重点并不在此。韦伯在《社会科学和社会政策认识中的“客观性”》一文中曾说，“我们在讨论时有意避免涉及对我们极其重要的理想类型：马克思的理论……所有马克思主义的特殊‘规律’和发展结构——只要它们无理论缺陷——当然都有理想类型的特点”[106]。显然我们不能说马克思的理论是理想类型，因为在根本上马克思的认识论是和韦伯所继承的康德主义认识论传统相悖的，韦伯在此说马克思的理论具有理想类型的特点更多的是指一种非实在性和对认识的启发性，他所指称其他学科或学者的理想类型也更多是在这个意义上使用的[107]，形式意义大于实在意义。如果进一步把韦伯的理想类型和法学上的类型相对比，将会发现还存在更大的差异。

（二）法学上的类型思想

韦伯的时代乃是概念法学引领潮流的时代，追求的乃是严谨精密的概念、完整全面的体系，自然韦伯的理想类型极力排斥的也是这样一种概念，因为对他来说这种概念和历史的关系恰好是相反的，这一点他在对历史学派的概念批

〔104〕 参见注〔18〕引书，第78页；阿隆认为韦伯的理想类型说，困难在于这个概念可用来泛指文化科学的所有概念（倾向），也可以用来确指某些特定的概念，应该和韦伯明确划分过的各种已经确定的理想类型加以区别；〔法〕雷蒙·阿隆，注〔86〕引书，第348页。有的学者则是根本混淆了韦伯理想类型的含义，甚至在论及柏拉图时，认为“出自其理念论的有效方法论概念，即理想类型”；“由单一文化规范所决定的人格便是理想类型；因为现实人更为复杂……人们总是某种混合类型式变化类型”，〔英〕H. P 里克曼：《理性的探险：哲学在社会学中的应用》，姚休等译，商务印书馆2006年版，第44、51页。殊不知柏拉图的理念论在进路上恰恰和韦伯意义上的理想类型是相反的。

〔105〕 Im Studium Gennerale, Bd. 5, S. 195，转引自〔德〕拉伦茨：《法学方法论》，陈爱娥译，商务印书馆2003年版，第337页。这里需要注意的是恩吉施所说概念是指抽象的普遍的概念，与韦伯所指的描述性概念不同，下文笔者将明确给与区别。

〔106〕 〔德〕韦伯，注〔43〕引书，第52页。

〔107〕 关于其他学者对类型的典型运用，以及后来学者对韦伯理想类型的继承和发展可以参见〔法〕让·卡泽纳弗：《社会学十大概念》，杨捷译，上海人民出版社，第四章：类型学，第59—74页。

判中就已经提到了,“历史学派的最终目的在他看来是不可能的,概念不是目的,而是手段,服务于认识那些因个别观点而有意义的联系的目的”[108]。然而自耶林转变,利益法学派及评价法学创立以来,法学中除抽象概念外已经开始逐渐地应用类型、主导思想、须具体化的原则和规定功能的概念。[109] 但是这种类型化的思想也有两种极其不同的论证来源方式,一是拉伦茨教授旁借黑格尔的“具体概念”引入的类型,一是考夫曼教授赓续康德认识论得出的“事物本质”类型。

1. 拉伦茨的类型思想

尽管法学界内的两位名家以极其不同的理论基础在法学中导入了类型,但是二者提倡类型之思考方式的敌人是共同的,即概念法学高度抽象的概念(体系)。拉伦茨从抽象概念式的体系形成的根基入手进行批判,认为由——作为规整客体的——构成事实中分离出若干要素,并将之一般化形成类别概念,同时在增减不同因素形成不同抽象程度的概念,以上位概念涵摄下位概念形成一个完整的体系,尽管该体系具有逻辑的完美性,但是在该体系内评价问题将会受到涵摄问题的排斥,形式逻辑也将因之取代法伦理学的地位,这样抽象化的思考中必将出现意义的空洞化,并且这种涵摄也将常常阻碍认识法的意义脉络。由此拉伦茨探讨了引入类型化思考的可能性。他首先从黑格尔对抽象及具体概念的区分出发,指出在黑格尔的逻辑学中除“抽象概念”外,还有与之对立的“具体的”或“具体一般的概念”,而类型及规定功能的概念,这两种思考方式尽管与黑格尔的“具体概念”并非同一物,但是它们有共通的特征[110],从“具体概念”出发,就会发现概念绝非缺乏内容的形式,那么法学要克服意义空洞化

---

〔108〕 〔德〕韦伯,注〔43〕引书,第55页;虽然这不是直接针对概念法学的批评,但是他所批评的概念观是和继承历史法学派而来的概念法学相一致的,故可以看出韦伯对概念法学派概念在社会科学研究中的误用性的批评,在此亦无须比较二者的异同,正如韦伯对描述性概念不够清楚和明确一样,概念法学派的概念则过于精密和抽象了。

〔109〕 参见〔德〕拉伦茨,注〔105〕引书,第317页,考夫曼也提出了类型方法的起源,不过他几乎和拉伦茨相反把方法的最初起源追溯到了Puchta的身上,这一点是和他的“事物本质”的类型紧密相关的,参见〔德〕考夫曼:《类推与“事物本质”——兼论类型理论》,吴从周译,颜厥安审校,台湾学林文化事业有限公司1999年版,第3页。需要注意的是,尽管耶利内克早就在国家学的研究范围内采用了类型学的方法,而且韦伯理想类型概念的建立也得益于耶氏的使用,但是由于耶氏主要的影响在公法的国家理论上,对传统法学的民法和刑法领域的影响有限,这一点从作为民法中的大家拉伦茨和作为刑法中的大家考夫曼各自对类型缘起的讨论中(没有提到耶氏的重要影响,尽管拉伦茨曾提到耶氏使用过类型的方式)可以看出。

〔110〕 拉伦茨根据“类型”的不同意义,对之进行了一般非穷尽性的区分,参见〔德〕拉伦茨,注〔105〕引书,第337—339页。

的趋势就不仅仅只要运用抽象的一般概念，也要采用包含意义的概念和类型，而这种经由“具体概念”转化而来的包含意义的概念和类型同样不是类别的或种属的概念。接着拉伦茨在对“类型”思考形式进行一般的说明之后[111]，就归纳出了法学中存在的几种类型：一是法规范指示应参照交易伦理或商业习惯时，涉及的就是经验性的经常性类型，但是这种经常性类型所指的参照标准是可变动的，经常会被提升为规范的经常性的或平均的类型；二是那种自始就包含规范性因素的类型，这个在规范性法学中也是更为重要的，例如动物占有人、占有辅助人等。尽管这种类型描述的“表现形象”是取之于经验的，但是其选择和界分时机是与规范的观点进行的，所以在类型归属时，经验性和规范性的因素都参与其中了，故可称之为“规范性的真实类型”；然而法学中大量存在的却是“法的构造类型”，即法律关系的类型（特别是契约类型），这是法学中的第三种类型，“它所涉及的正是法律性创作的特殊构造”。这种类型的特征源于生活之中，但是立法者无须原样汲取现实类型，而是可以进行“类型性的规整”，即构造，在其诸要素“协作”下规整有意义的脉络关联，而这种法的构造类型更是天然具有规范性的。[112] 随即拉伦茨教授就讨论了法的构造类型对于形成体系的意义，因为他引入类型的目的是要构造法学的内部体系，不过和以往体系不同的是该内部体系具备的“开放”和“不完全”的特性。从拉伦茨教授论述的法学中的类型概念可以看出，第三种“法的构造类型”最接近韦伯意义上的类型了，但是其天然的规范性又和理想类型明显地区别开了，可见在拉伦茨的类型思想中并没有韦伯意义上的理想类型的一席之地。

2. 考夫曼的类型思想

现在我们可以接着总结一下考夫曼教授的类型概念，考夫曼是从对法学上类推之困境入手的：作为近代理性主义坚定拥护者的法律实证主义是不允许存在类推的，他们确信存在可以“几何学式的”、数学般的精确的知识，只有单义的、明确的概念，供逻辑地进行涵摄操作，而不承认类推概念、意义概念、功能性概念、次序概念、类型概念；康德则粉碎了这种形而上学的方式，但是康德仍然坚持针对科学应该用理性主义的认识概念；尽管康德不把类推的本质掌握称为“知识”，但他却认为这是可能的，不过在康德之后，存在的类推理论与认识类推

〔111〕 参见〔德〕拉伦茨，注〔105〕引书，第 338 页。

〔112〕 当然法学中并非就这几种基本类型，在某些情况下，还是存在“混合类型”情况，参见同上书，第 341 页。

理论却被完全遗忘了，考夫曼教授就是在康德认识论停留的这一点上继续前进的。[113] 而按照考夫曼教授对法的定义：法是当为与存在的对应，相应把法律实现分为三个阶段：法律理念—法律规范—法律判决，那么在这个过程中就需要一个是规范与事实获得一致的"第三者"的存在，即在当为和存在之间有一个调和者，这个调和者就是"意义"，"在该意义中法律理念或者说法律规范与生活事实必须同一"[114]，它们能彼此相对应（意义关系的同一性），考夫曼称该意义为"事物本质"，这是类推的关键点，正是基于此康德意义上的类推知识的可能性才成为现实。不过考夫曼教授把"事物本质"归结为一种特殊中的普遍，事实中的价值现象，由此就打通了事实与价值间的樊篱。这样说从"事物本质"产生的思维就是类型式的思维就很清楚了；类型构成了普遍与特殊的中点，一方面与个别事物相区别，一方面与抽象普遍的概念相区别。作为特殊中的普遍与个别事物相区别是很容易理解的，"类型"与抽象概念的区别则体现在：概念（考夫曼教授一般指的是抽象普遍的概念，例如"种类概念"、"分类概念"）是封闭的，类型是开放的；概念认识是只能明确地"非此即彼"，概念式的思维是"分离式的思维"，类型（次序概念、功能性概念、意义概念）可以适应复杂多变的现实，类型是有意义的关联，普遍的事物在其自身中直观地、"整体地"被掌握。考夫曼教授指出，如果把类型用于法律，其所指的是规范类型，而非平均类型或频率类型，也不是韦伯意义上的理想类型，规范正义和事物正义就是在这个中间点上贯通的。[115] 尽管拉伦茨教授和考夫曼教授从不同的视角论述了法学中类型思考的必要性及其本质，但是二者对类型的论述还是具有不少共同点的，这主要体现在以下六点，即意义性、中层性、非替代性、规范性、开放性、同一性[116]，这几点既有类型学的共性又具有法学类型的特性。如果与韦伯的理想类型进行对比，我们就可以更清楚地得出这个结论。

（三）理想类型与法学上类型之比较

首先在共性上，韦伯的理想类型和法学上的类型具有三点共同之处：

---

〔113〕 前文称考夫曼教授"赓续康德认识论得出的'事物本质'类型"，即指此而言的，但是接下来考夫曼教授欲打通事实与价值的二分，却是离康德越来越远了。

〔114〕 〔德〕考夫曼，注〔109〕引书，第43页。

〔115〕 同上书，第113页。

〔116〕 关于法学上类型的特点，有学者曾归纳如下：开放性、意义性、直观性和整体性（参见吴从周：《论法学上之"类型思维"》，载《法理学论丛——纪念杨日然教授》，台湾月旦出版社股份有限公司1997年版，第319—328页），这些特点和本文的归纳并不矛盾，只是角度有别。

一是意义性，韦伯在强调文化科学的概念之所以区别于自然科学概念的时候，重点强调的就是在文化科学概念的形成有一种意义在里面，具有很强的价值关联；而法学上的类型，无论是拉伦茨还是考夫曼也都注意到了这一点，指出抽象概念中意义的空洞，所以拉伦茨的类型要引入伦理的考量来增加内容的意义，考夫曼的"事物本质"则直接体现着一种价值——意义；可以说法学上的类型其意义性甚至比韦伯的理想类型对意义的蕴涵的程度更大。

二是中层性，这一点在恩吉施教授的总结中曾经提到，类型"较概念具体"，另一方面就是较个别事物普遍；韦伯之所以提出理想类型很大程度上就是因为全面的描述性概念的无力性和过于个别的历史概念的独特性都无力支撑起文化科学某种因果性解释和价值性区分，所以他提出了一个介于二者之间的理想类型，当然理想类型之间也可以有程度不同的区分，例如韦伯构造出资本主义的类型之后，又区分了三类六种资本主义的类型。相比之下这一点在法学中体现得更清楚，拉伦茨教授在通过黑格尔的具体概念引入类型的时候就强调了，这是一种在抽象程度上要低于抽象普遍概念的具体概念，而且"概念的一般性不只是代表一种——与独立自存的特殊部分相对立的——共同之点，它毋宁是本身亦日益分殊者，在个别特殊的事物中仍明朗地保持着自身"[117]。这就是说类型是特殊中的普遍，在此就和考夫曼教授达成一致了。

三是非替代性，即提出类型的目的并不是要全面地取代概念，而是要对概念进行改造并结合概念共同发挥作用，尽管其改造和结合的方式是不同的。韦伯的理想类型运用有一个基本的假设，这个假设中就安置了概念的地位，即"历史真实的理想类型秩序之建构成功，取决于给定的社会本文环境中的行动者之类型及概念组成形式、与考察研究这些事情的科学家之类型与概念组成形式之间的协调符合的程度"[118]。法学上的类型之引入通常是认为，其目的在于补助抽象——一般概念及其逻辑体系不足以掌握的一些生活现象及其意义脉络的多种表现形态，拉伦茨教授即持该观点；考夫曼教授则走得更远了，他将事物本质、类型与类推完整地结合在整个法律适用（立法和法律发现）的过程中，认为三者是相互反映的关系，重构了法律发现的新思维，所以他对概念和类型关系的调适是："概念没有类型是空洞的，类型没有概念是盲目的"[119]。理想类型和法学类型的这三点共性或多或少也是类型学的共性，接下来论述它们的差异，

〔117〕 参见〔德〕拉伦茨，注〔105〕引书，第 334 页。

〔118〕 参见〔德〕比尔编：《解释社会学》，第 39 页。转引自〔德〕克斯勒，注〔23〕引书，第 222 页。

〔119〕 〔德〕考夫曼，注〔109〕引书，第 119 页。

从中将可以看出其各自的特性和各自构造的目的及运用的界限。

而它们的区别也可以用三点来概括：

一是逻辑性 v. 规范性。韦伯的理想类型只是纯粹逻辑上的构造，尽管包含某些现实性因素但是在现实中却没有对应之物，是一个完美的乌托邦，但是该乌托邦又不是假设，仅仅是启发假设的，这种非实在性就决定了它与规范性的根本对立；因为韦伯构造理想类型是为了对历史事件或社会行动进行因果性解释，而不是从中引出规范性的东西，一旦因果性解释目的达到，理想类型的使命也就结束了；法学上的类型则是天然的带有规范性的烙印，因为它要解决的就是沟通规范和事实的问题，所以无论拉伦茨还是考夫曼的类型所引出的都是一种当为和应然，这和韦伯所理解的经验科学杜绝价值判断是截然相反的。

二是封闭性 v. 开放性。为了保证社会科学上思想试验的进行，必然要求理想类型的构造是封闭的，否则将无以达致理想类型作为乌托邦的完美性，使思想试验的逻辑受阻；而法学上的类型所针对的就是概念法学体系的封闭性，认为这不足以涵盖生活的丰富性，故此引入了保有开放性的类型思考方式，这样法学的类型就不再是一种精确的形式逻辑的思考方式了。

三是多样性 v. 同一性。由于理想类型的建构源于很强的价值关联，人们根据不同的文化观念可以构造不同理想类型，甚至相反的理想类型，所以说文化科学是个历久弥新的领域；相比之下，尽管法学类型的建构也是出于一种价值关联，甚至更强，但是作为规范学科的法学内，有一些基本的正义界限，几乎贯穿着古今中外的法律之中，例如民法上的公平交易、公序良俗原则，刑法上的罪刑法定原则，诉讼法上的程序正义原则等，这就从根本上规定了法学类型构造的界限，即必须在这些基本价值的引导下，针对同一的现实生活部分规整出同一的类型，而绝不允许相反的类型存在。

从上面的对比中，可以看出理想类型与法学上的类型尽管都属类型学的范畴，但是与其说其共性是主要的，毋宁说其差异更具有决定性。这主要原因在于理想类型和法学上的类型所处语境以及运用目的不同，理想类型是立足于经验学科，法学类型则扎根于规范的世界。尽管二者都需要解释性理解，但是理想类型的理解对象主要是事实，法学上的类型则要在事实与规范之间进行目光的往返流转，而且最终的目的在于对现实进行恰当的规范性调整，其落脚点在于规范而非事实。在此也就不难看出理想类型对法学的借鉴作用是极其有限的，因为它们有不同类型构造的方式。如果按照法学的一般分类：法律教义学（狭义上的法学）、法哲学、法律社会学、法制史学等，那么并不排斥理想类型在法律社会学和法制史学等领域的适用，而且这种适用也是韦伯很好地论证和进行过经验研究的领域。

三、法律社会学中理想类型的运用

在对理想类型的合法性基础以及理想类型的可能限度和运用范围进行初步的探讨后，我们就要进入法律社会学这一具体的领域了。一如前文所示，我们对韦伯法律社会学的考察，主要解决的问题是：理想类型方法的运用是否为二元对立式的概念建构？这种理想类型式的概念建构是否会导致普遍化、绝对化和意识形态化？由于问题是通过"以韦伯之矛攻韦伯之盾"(mit Weber gegen Weber)的方式提出的，笔者也拟"以韦伯(的观点)看待韦伯"的方式分三步来审视这些问题，首先是廓清法律社会的研究目的及理想类型在其中的作用，其次是具体分析理想类型的构造因素，最后是对比不同语境中形式理性和实质理性的相异内涵，并指出其对我们理解韦伯构造理想类型的启发。

(一) 法律社会学中的法律观及其理想类型构造

大抵人们论及韦伯的法律社会学时，必然会首先区分韦伯笔下社会学的法律观和法学的法律观[120]，然后进入韦伯的法律理性化之脉络，很少有学者去注意韦伯在具体的法律社会学研究中是否存在偏差，不过在一些学者看来这点"偏差"是我们必须重视的，或许韦伯的法律社会学没有受到重视的原因就在于其在法律立场上的自相矛盾。[121] 即韦伯的"法律实定主义"[122]立场在"法律社

---

〔120〕 法学视角下关心的是：法律的内在效力是什么？即对于一种具有法律命题形式的文字模式来说，应当以正确的逻辑赋予它什么含义？换句话说，就是赋予它什么规范意义？而社会学视角下关注的则是，由于一个群体中的许多人，都有可能参与社会行动，那么这个群体中实际发生了什么？尤其是对那些行使具有高度社会意义的权力的、主观上认为这些规范有效并且据此采取实际行动的人来说，换句话说，就是他们也很在乎让自己的行为符合这些规范，但是实际上又发生了什么？Weber, *Economy and Society*, supra note〔60〕, p. 311.

〔121〕 参见林端，注〔13〕引书，第189页。

〔122〕 即概念法学意义上的实证法学立场，荷兰法学家 Nico Roos 和法国法律社会学家 Georges Gurvitch 和林端先生持这种观点，其中林端先生在其书中对韦伯方法上共提了五点批判理由，除了韦伯在法律观上的矛盾外，还有四点，即韦伯的理念型对比是一种刻意的建构，而且韦伯经常混同于历史实在；过度强调类型对比之间的差异会使之趋向两极化；过度强调司法审判会忽视中国传统司法的法律约束性/安定性一面；二元对比式的建构类型无法切中要害。参见林端，注〔13〕引书，第41—44页。其实这五点批判可以归结为三点：一是理想类型方法运用本身二元对立的极化倾向；二是韦伯本人的理论等同于实在的倾向；三是韦伯法律观上的矛盾。余下两点只是方法运用的结果表现而已，本部分即是围绕这三点进行尝试性考察的。

会学”[123]中的主导使得韦伯把“法律社会学”仅仅当作了西方的法律发展史，对国家制定法的强调使他忽略了社会学的法律观，与他把家法、行规等社会中的规范也看成是法律的另一种形式的法律多元主义相矛盾，然而据笔者的阅读，韦伯在其“法律社会学”研究中并没有背离他的社会学法律观的立场，即“如果它是由这一或然性从外部予以保证的话——通过一个班子来实施有形的或者心理的强制，以保证它得到服从或惩治对它的违反”[124]。那么该秩序就是法律。在这个社会学的法律定义中，也包括了实证法学意义上的法律，只是它们二者的观察角度不同（法学偏重的是内在视角，社会学偏重的是外在视角），而在“法律社会学”中韦伯之所以以对国家实定法的论述为主，这是和他的论证主题相关的，即为什么在西方出现了朝向一个首尾一贯的法律逻辑化现象呢？他要对这种现象进行一种社会学的考察，尽管他考察的是西方社会主导的形式—理性的法律形态，但是他并没有因此否认自己的法律观，像在“法律社会学”中出现的“天启法”、“初民法”、“宗教法”、“自然法”，都是在他的社会学法律观下才能被视为法律的，如果按韦伯的批评者所说的韦伯采纳的“法律实定主义”立场，那么上述提到的几种法律根本就不会被冠以法律的称呼，而只是习俗、惯例或道德而已。[125] 而另一方面之所以在法律社会学中把家法行规和国家制定法以及宗教法区别开来是为了理想类型建构的缘故，韦伯想通过理想类型的构造来推演出西方形式—理性法律的发展过程，必然要取各个时期和地区主导性的法律形态来构造，如果对每个时期和地区的各种法律形态全部兼顾之，固然会在研究中完美地体现韦伯的社会学法律观，但是这种全景敞式的描述却恰恰是韦伯建构理想类型反对的方法，这将使历史性的社会学考察变得不可能。澄清这一点后，我们就可以进入韦伯的法律社会学，一窥其堂奥了。

韦伯的法律社会学主题是为什么在现代西方社会占主导的是一种形式理

---

〔123〕 文中法律社会学加上引号是特指《经济与社会》中“经济与法律”一章，即单行本以《法律社会学》为名出版的部分。

〔124〕 Weber, supra note〔60〕, p. 34.

〔125〕 但是笔者此说并不排斥韦伯在“法律实定主义”的立场上对法律进行的社会学考察，可以说韦伯在法社会学中对两种法律观的区分，使得韦伯的法律社会学呈现了双重的面目：一方面，从社会学的角度来说，可以从社会出发，把国家制定法相对化，进而探讨国家法与其他社会中具体存在的法律规范之间的冲突与合作的关系（即“法律多元主义”立场）；另一方面，也可以从法学的立场，把社会学研究方法当作协助法律获得与发现的法学方法（即所谓“社会学的法学”立场）的可能性，正是在后一立场上，凯尔森认为韦伯法律社会学中的法律概念，以规范法学界学的法律概念为前提标准（参见〔奥〕凯尔森：《法与国家的一般理论》，沈宗灵译，中国大百科全书出版社 1996 年版，第 200 页）。不过韦伯的这种立场，在林端教授看来却恰恰使得韦伯的法律社会学面临双重的限制，详见林端，注〔13〕引书。

性的法律形态？[126] 这种形态的法律在西方的出现意味着什么？[127] 韦伯同样是从当时所处主导法律环境的法学思维入手考察的，即法创制（立法）与法发现（司法）两大范畴；他把当时欧陆的高度形式化的理性的法律，分为两个标准：形式的/实质的（formal/substantive），理性/非理性（rationality/irrationality）；把各个时期和地区的法律进行初步的类型划分，进而合并两个标准为四个纯粹类型，即形式理性的法律、实质理性的法律、实质非理性的法律、形式非理性的法律[128]；韦伯理想类型地建构出来的西方法律发展史大体上就是从形式非理性的法—实质非理性的法—实质理性的法—形式理性的法的历程[129]；其中最关键的则是分析参与法律形成的力量是如何影响法律的形态的、一种理想类型的法律如何被另一种理想类型的法律取代的。

在这个基本构架上人们对韦伯法律理想类型的运用及其法律社会学主题的研究又按两种进路分流了[130]：一是韦伯法律社会学的传统分析进路，即法律的理性化；在韦伯的四个法律理想类型的前提下，重构韦伯法律理性化过程，一般是分内外两个层面，根据不同论者的不同价值关联从而各自的侧重点有所不同，其中在法律理性化与经济理性化的关系，尤其是法律与资本主义关系中的

---

〔126〕 关于韦伯为什么从法律之形式理性入手，陈聪富从韦伯之理性观内部推出了一个说明，可供参考，陈聪富，注〔3〕引书，第 36 页。

〔127〕 通常人们关注的是第一个问题，即为什么西方出现了这种独特的法律形态？但是如果把韦伯的法律社会学放置到他的整个研究中就需要进一步的追问，这种法律对生活在那个社会中的人意味着什么？与经济生活、政治生活以及人们的伦理实践又有什么样的关系？这也是目前一些研究者把韦伯的法律社会学放置到支配社会学中或与经济社会学联系起来的原因。

〔128〕 关于各个时期和不同地区的法律分属于何种理想类型的法律，一个简单的比较归纳请参见白中林：《韦伯社会理论中的“中国法”问题》，载《政法论坛》2007 年第 3 期。

〔129〕 按韦伯自己的说法就是：“法律与诉讼的一般发展，按照理论上的‘发展阶段’整理的话，是从‘法先知’的卡里斯玛法启示，发展到法律名家的经验刑法创造与法发现（预防法学与判例的法创造阶段），进而发展到世俗的公权力和神权政治的权力下达指令的阶段，最后则为接受法学教育者（专门法律家）体系性的法制定、于奠基于文献和形式逻辑训练的专门的‘司法审判’阶段。以此，法的形式性质的发展阶段，则是从原始的诉讼里源于巫术的形式主义和源于启示的非理性的结合形态，进而途经源于神权政治或家产制的实质而非形式的目的理性的转折阶段，发展到愈来愈专门化的法学的、也就是逻辑的合理性与体系性，并且因而达到——首先纯由外在来看——法之逻辑的纯化和演绎的严格化，以及诉讼技术越来越合理化的阶段。”〔德〕韦伯：《法律社会学》，康乐、简惠美译，广西师范大学出版社 2005 年版，第 319—320 页。但是韦伯强调这只是理论的建构并非历史现实即是如此，包括西方的法律发展史亦然，这里只是确定一般的发展趋势而已；这个趋势是韦伯在其设定理想类型后，经过综合考察得出的，由于人们引用时常置于前，切不可以为这是韦伯的一个先验假设。

〔130〕 也有国外学者（Swedberg, 2003）开始关注韦伯的法律社会学和经济社会学的关系，但基本上注重的是法律在经济社会学中的作用，可以纳入下面的第一种进路之中，因为第一种进路是在“经济与社会”的脉络中论述的，尽管从内在层面看突出了法律自身的独立性，但是整体而言更多关注的是法律与经济的关系。

英国法问题就是从这个进路中引发的;也有论者从韦伯的法律理性化中引出了中西法律传统的对比,进而对韦伯的方法进路产生批判。[131] 另一个进路是把韦伯的法律社会学放置到支配社会学中去研究,从韦伯理想类型的角度看法制型权威在支配社会学中的地位,这种进路突出的是现代社会中法制型支配的意义;也有学者从这一角度出发重构了韦伯法律社会学中的"英国法问题",把该问题放置到韦伯的整个社会理论中处理,希望能借助"英国法问题"的启示在"诸神之争"的除魔世界中,为个人自由和社会秩序理性化之间的紧张关系的良性化寻求一条妥当的途径。[132] 其中韦伯构造的法律的理想类型只是在最一般的意义上被指明[133];而根据不同的需要,学者们认为韦伯的理想类型的建构的重点也是不同的,有的研究者提炼出实质非理性和形式理性作为对比类型[134],有的学者提炼出实质理性和形式理性作为对比类型[135],那么韦伯建构的四种法律理想类型重点是在于这种二元对比吗,进而理想类型的方法是否容易产生二元化的倾向?为此笔者想在分析与综合韦伯法律社会学中理想类型的构造因素的基础上,进一步说明这个问题。

(二)理想类型构造因素的分析与综合

本部分的考察原则是把理想类型的四个构造因素:理性(的)、非理性(的)、形式(的)、实质(的)拆分开来一一进行文本式勘定,然后在综合观之,分析其在子因素层面和综合层面的不同意涵。整个考察的基础则是建立在韦伯的法律社会学文本和已有学者的研究之上的。

1. 理性(的)——非理性(的)

(1)理性(的)

理性是韦伯社会理论的核心概念[136],这也是历来研究韦伯的学者争论最

〔131〕 法律理性化的内在层面是法律心态和法律的担纲者;外在层面是法律理性化和经济理性化、政治理性化的亲和性关系;参见陈聪富,注〔3〕引文、林端,注〔13〕引书等。

〔132〕 这条进路的研究有〔美〕本迪克斯:《马克斯·韦伯思想肖像》,1960/1971;Toby E. Huff, "On Weber, Law, and Universalism, Comparative", 1989; Stephen Feldman, "An Interpretation of Max Max Weber's Theory of Law: Metaphysics, Economics, and the Iron Cage of Constitutional Law", 1991;李猛,注〔2〕引文。

〔133〕 就是把韦伯自己的陈述列上。

〔134〕 林端,注〔13〕引书。

〔135〕 李猛,注〔2〕引文。

〔136〕 有学者曾考察说,韦伯的(合)理性(rationality)概念作为一个社会学范畴来自他的法学思想,与哲学的理性(reason)既有联系又有区别。哲学中理性是指逻辑推理的能力和过程,在康德的批判哲学中,理性通过统摄原则把知性提供的概念体系综合为统一体。康德的提供先验原则的纯粹理性与和行动相关的实践理性是有别的,韦伯的理性最初指的乃是基于实践理性的近代西方法律体系的本质属性。参见苏国勋,注〔42〕引书,第218页。

多的地方[137],Schluchter 概括了韦伯著作中存在三种合理主义,然后从中安排理性的概念[138];Kalberg 则区分了韦伯著作中四种理性的概念[139];Eisen 则认为理性的概念有六种意涵[140];Brubaker 却总结了不下于十六项的理性的含义[141];具体到法律社会学领域一般提及的主要是四种理性的含义,即法律由规则或原则加以规范、法秩序之体系化、法律之意义的逻辑解释以及法律由心智加以掌控。[142]

而韦伯自身对这个概念的复杂性也早有认识,他曾经说"如果《新教伦理与资本主义精神》这篇文章还有一点真知灼见,但愿这点真知灼见能用来说明看似简单的'理性'这一概念的复杂性"[143]。所以本部分不可能也不拟全面考察韦伯的理性这一概念,仅是在法律社会学的范围内就和法律相关的理性内涵作一澄清[144],相应的其他三个法律理想类型的构造因素也是局限在同一文本范围内。具体到法律社会学领域一般提及的主要是四种理性的含义:第一,表示受一般性规则或原则的约束。第二,是指系统性,一种理性的法律"是由所有经分析导出的法律命题组成的一个整体,在其中,这些法律命题构成了一个逻辑清晰、内部一致、而且至少在理论上天衣无缝的规则系统,根据这种法律,所有可以想象到的事实情境都能够找到相应的法律规则,从而使秩序得到有效的

---

〔137〕 下面仅列出几类有代表性的解释,此外还有本迪克斯总结的三种理性的含义(Bendix 1960),陈介玄归纳的理性的类型分析框架(陈介玄 1989)。

〔138〕 参见〔德〕施路赫特:《理性化与官僚化》,顾忠华(节译),广西师范大学出版社 2004 年版,第 5 页。

〔139〕 See Stephen Kalberg, "Max Weber's Types of Rationality: Cornerstones for the Analysis of Rationalization Process in History", *The American Journal of Sociology*, vol. 85, No. 5 (Mar., 1980).

〔140〕 See Arnold Eisen, "The Meanings and Confusions of Weberian 'Rationality'", *British Journal of sociology*, Vol. 29, No. 1, 1978.

〔141〕 参见 Brubaker, *The Limits of Rationality: An Essay on the Social and Moral Thought of Max Weber*。

〔142〕 该说法主要源自 Kronman(1983),后来被不少学者接受,例如郑戈(1998/2001/2006)、陈聪富(2003)等。

〔143〕 韦伯对布伦塔诺批评的回应中提到了这一点,但是韦伯始终认为,可以而且有必要使用"理性"这一概念来表达这些复杂性,转引自李猛,注〔2〕引文;这种复杂性在下文的考证中也可以看出来,韦伯在法社会学中理性的含义,可主要通过这几个概念的用法来考察,即合理性(rationality)、理性的(rational)理性化(rationalization)。另外理性主义也是韦伯经常使用的一个概念,由于理性主义有其所指:"理性主义是一个历史概念,是一个由各种反题组成的一个完整的世界",所以本部分就不具体拆分以考察理性一词在其中的含义了,否则效果是适得其反的。

〔144〕 韦伯在建构理想类型时主要针对的是"法创制"与"法发现",但是在进入历史的考察时,他又建构了一些小的理想类型,并且把理想类型的构造因素运用到了和法律发展相关的更广泛的对象上了,故此文中的考证也相应地把对象扩大到了法律教育、法律思想等和法创制、法发现密切相关的对象上了,这也充分地说明了理性的复杂性;其他几个子构造因素也随着韦伯的运用对象而有扩展,下文不再说明。

保障。"第三,是指"建立在对意义的逻辑解释的基础上"。通过对法律事件之意义的逻辑解释,我们可以把各种与法律有关的事实特征建构成一个逻辑命题;同样,通过对法律条文之意义的逻辑解释,我们可以找出某一特定法条与上述事实命题之间的相关性,随后,通过演绎推理的方式,我们可以得出一个法律上有效的结论。第四,是指可以为人类的智力所把握。[145] 还有一种三分法,认为韦伯所谈的法律的理性有三个方面:法律规则体系的逻辑一贯性;法律规则在法律实践中的实际有效性以及法律规则的正当性(即法律规则和其他社会规范的一致性)。[146] 除去两种对韦伯法律社会学中理性用法的总结重合之处,可以看出目前学界对韦伯在法律社会学中理性的界定,大致可总括为六种意涵,即规则性或原则性;系统化;意义的逻辑解释;可理解/掌控性;实效性;正当性;下面我们就把韦伯在《法律社会学》中关于理性的用法归纳如下,一一审视[147]:

① 我们所特别关注的毋宁是法律的合理性(rationality)的质与量的问题。(第26页)

② 法律之为"理性的"(rational),有种种意涵,全视法律思维是往哪个方向的理性化(rationalization)而定。(第26页)

③ "理性的"(rational)法创制和法发现,可能是形式的或实质的。(第28页)

④ 所有形式的法,至少在形式上,相对而言是理性的(rational)。(第28页)

⑤ ……理性化(rationalization)成为一个毫无内在矛盾的、抽象法命题的综合体。(第29页)

⑥ 当今的法学研究,就其形式而言已达到了最高度的方法论理性(rationality)与逻辑理性(rationality)的法学研究,……[148](第29页)

---

〔145〕 苏国勋(1989)先生在其书中也考察了韦伯法律社会学中理性的四种意涵,即(1)合理性(rationality)表示由法律或法则所支配的事物,在这个意义上事物的实质内容和程序状态是合理性的;(2)指法律关系的体系化特征;(3)指"基于抽象阐释意义的法律分析方法";(4)指可以为理智所控制。基本上和Kronman的解释框架相同,所以没有单列。

〔146〕 Michel Coutu, Max Weber et les rationalites du droit, Paris: L. G. D. J & Quebec 1995,转引自郑戈(2001),不过有些悖谬的是,原引文章作者前文接受了克鲁曼的四种法律理性的总结,在随后的章节论述"宗教与法律的内在关联"时却又采用了一种新的迥异于前者的法律理性的三分法的总结;不知该作者究竟赞同哪一种法律理性的归类总结?

〔147〕 检索标准是:一页中重复出现的一种用法只列出一次;作为没有指称具体含义的核心概念,只是在前文列出一次,下文尽可能地忽略不计;下面几种检索也是如此。即使这样,笔者所列也有可能显得较为繁琐,或者是有漏掉的检索之处,甚至存在误解之处;由于笔者不谙德文,此次检索以中文和英文文献相参校,文中所列页码以广西师范大学出版社推出的韦伯作品集的《法律社会学》和《中国的宗教》为主,英文参照的是M, Weber, supra note〔60〕。由于是初次检索很不完善,而且主要是以英译和汉译本为准,所以只是作为一个初步的梳理,权当抛砖引玉之用。

〔148〕 即法学研究就是从五项假定出发的,而这五项假定乃是现代法律体系需要具备的特性。

⑦ 法律在经济上的理性化(rationalization)助长了以下观念的形成……(第57页)

⑧ 在法律保障下的、合理的(rational)法律技术模式,首先必须要被"发明"出来……(第69页)

⑨ ……尽管从逻辑的观点而言,罗马法比中世纪的法律要素要来得理性化(rationalization)得多……(第69页)

⑩ 比起在逻辑上和技术——政治上更加理性化(rationalization)的罗马法,……(第70页)

⑪ 在某些情况下,法律的理性化(rationalization)事实上意味着:繁复形式的"穷困化"(Verarmung an Formenreichtum)……(第70页)

⑫ 就像罗马法一样,现今的理性化(rationalization)的法律那里……(第80页)

⑬ 这与过去允许特别法相对立于一般法律规则的方式明显不同,其实是法律的统一化与理性化(rationalization)……的产物。(第81页)

⑭ ……要求具有普遍性适用性的、理性的(rational)法律和既已存在的、地方性的(民族的)法律之间作调整。(第144页)

⑮ 一切尚未于形式上按法律途径加以理性化(rationalization)的法发现里,……(第151页)

⑯ 在对付内外敌人以确保安全的迫切需求影响下,法创制与法发现显示出走向理性化(rationalization)的倾向。(第175页)

⑰ 对与法实务家在经验和专门知识上的这种逐渐升高的要求,以及因此而使法的理性化(rationalization)全面地向前推动……(第181页)

⑱ 后者则随王室法庭里诉讼程序的理性化(rationalization)——陪审程序的导入、诉讼记录的证明力获得承认——而出现。(第183页)

⑲ 随着理性(rational)程序的进展,旧有的 prolocutores 终于消失,而被称为"counsels/advocates"的贵族法律名家就此登场。(第184页)

⑳ 法律实务本身也志不在于理性的(rational)体系化,而是唯实务上有用的契约与诉讼的范型是求……(第185页)

㉑ ……专以经验的方式使法律适用于各种不同需求,以及阻碍法律在立法或学术上的理性化(rationalization)。(第186页)

㉒ ……这些规范至少在原则上是严格形式性地、理性地(rational)经有逻辑性的意义诠释而建构起来,并且相互间有着严格规定。(第188页)

㉓ 理性的……教士(及近乎教士之流者)之于法律所追求的并不是法律的形式理性化(formal rationalization)而是其实质理性化(material rationalization)。

（第189页）

㉔……罗马法从最初强烈的经验性格（尽管概念精微），逐渐发展成技术越来越富于合理化（rationalization）且具有学术精纯性的法律体系。（第209页）

㉕ 在英国，由于未有官僚体制化的发生，所以法律的体系性的合理化（rationalization）也只是在原地踏步。（第214页）

㉖ 这也将使非理性的诉讼方法被排除，而实体法也越来越体系化，通常即意味着朝向理性化（rationalization）的方向发展。（第217页）

㉗……非法学成分一来随着法律思维的逐渐理性化（rationalization），二来随着结合体关系的各种形态的渐次理性化，可产生多样的结果。（第218页）

㉘……理性的（rational）证明手段和合逻辑的判决基础必然取而代之……（第222页）

㉙ 尤其前者（经济的利害关系者）更是视形式的、理性的（rational）裁判为"自由"的保障。（第223页）

㉚……市民阶层往往对理性的（rational）法实务表现出最强烈的关注，也就是关心是否有一种体系化的、明晰的、合于目的理性所创造出来的、形式的法律，这种法律不仅能排除传统的束缚和恣意，并且主观的权利也因此只能以客观的规范为其唯一的根源。（第225页）

㉛ 印度的法发现呈现出巫术性要素与理性（rational）要素的一种独特的形态的混合：一方面对应于宗教信仰的性格，另一方面对应于神权政治家父长制的生活规制。（第230页）

㉜ 其结果除了前面提到的欠缺法律思维的形式理性（formal rationality）外，也使得为达法律之内在外在统一性所必需的系统性法创制成为不可能的事。（第237页）

㉝（犹太神圣法）作为一种特别法，作为一种不尽然合理地体系化、理性化（rationalization），且以决疑论加以整备却又不全然依循逻辑的完成的法律……（第251页）

㉞（基督教）教会法比其他神圣法要来得理性（rational），形式上也有较高度的发展。（第251页）

㉟ 此外，在教会本身的行政里，罗马法的理性（rational）传统依然存活着。（第252页）

㊱ 君侯用于维持治安的禁制权，最初所创制出来的产物之一，便是合理性（rationality）的刑法。（第261页）

㊲ 官吏之所以在实体法上有如此创新，共同的因素是他们迫切需要一套比

较理性的(rational)诉讼程序……(第263页)

㊳ ……最重要的就是发展出一套比较理性化(rationalization)的证明程序,并清除尚带有巫术色彩以及人民法庭审判意味的形式主义的残余。(第264页)

㊴ 虽说家父长制的司法裁判,由于遵守确定的原则,确实可在某种意义上被视为理性的(rational),但就其思考模式的逻辑理性而言,则并非如此,因为其追求目标的实质性。(第268页)

㊵ 上述典型家产制法律的特质,在近代西方世界,终究为理性——形式的(rational-formalistic)要素所取代……(第272页)

㊶ 君主和市民阶层的利害关系的结合,成为促进法之形式——理性化的(formal legal rationalization) 最重要动力之一。(第273页)

㊷ 因此君主的法典编纂在体系性方面比其受托者或先知们最为包容广泛的法制定更具有理性的(rational)性格。[149] (第278页)

㊸ 虽然如此,以上这种编纂必然意味着某种程度的体系化,在此意味下,也就是:法素材的合埋化(rationalization)。(第279页)

㊹ ……通过专门的训练而取得的能力,凭此能力可将复杂的事实加工整理成法律上明确而无二的问题的陈述方式,更加一般地说来,即是将诉讼程序加以合理化(rationalization)的必要性。(第284页)

㊺ 能够成功地透过学术和法典编纂而达成体系化、又不失其实际合适性的,其实仅限于……被理性化(rationalization)的特别法(Rechtspartikularitäten),具体则指票券法与商法。(第294页)

㊻ 在一个理性的(rational)、实定的法秩序里,“法律的正义”(Recht des Rechres)的观念……(第299页)

㊼ 另一方面,就自然法而言,什么是正当的?评判的实质基准是“自然”与“理性”(Vernunft/Reason)。[150] (第304页)

㊽ ……从他们所制定出的法的“合理性”(Vernünftigkeit/Reasonableness)里,广泛推导出这种法的特殊的正当性。(第310页)

㊾ 对商业行为的这种定义,完全根据理性化(rationalization)的法而下的,所指涉的并非形式的性质,而是具体的商业行为之想要达成的、目的理性的意

---

〔149〕 此处所提及的法律理性,即“体系和法的‘理性’(ratio),起先是通过法律专家的实务工作而导入的……”参见〔德〕韦伯,注〔129〕引书,第278页。

〔150〕 严格说来这种理性(Vernunft/Reason)已经不属于 rationality 的内涵了,但是这又是在论述自然法时必然要涉及的,况且有 rationality 的意涵和这种理性(Vernunft/Reason)相连,故在汉语的总结论述中添列之。

涵……(第 317 页)

㊿ ……也就是逻辑的合理性(rationality)与体系性,并且达到了……诉讼技术越来越合理化的阶段。(第 320 页)

51 对财货市场的利害关系者而言,法的理性化(rationalization)与体系化,一般而言,并且在保留后述种种诸限定的条件下,意味着审判机能的计算可能性的扩大……(第 321 页)

52 除了财货交易的领域外,法的理性化(rationalization)也将心智凸显为固有的重要因素而全面取代了按外在判准的事务评量。(第 323 页)

53 ……恰是法思考的学术的理性化(rationalization)和无前提的自我省察之弄巧成拙的结果。(第 331 页)

54 ……例如在德国,不受理性的法律束缚的英国法律家的"高贵"地位会屡屡被提及的道理所在。(第 332 页)

55 (英国法)和欧陆法比起来,不只法的合理性(rationality)程度显得拙劣,法的合理性(rationality)形态也是另一回事。(第 333 页)

56 然而,民事陪审制度已为合理性(rationality)定下界限,……总之,这意味着司法裁判的合理性(rationality)的削弱。(第 335 页)

57 因此,在资本主义自身中,根本就不存在决定性的动因,足以促进法的合理化——自中世纪的罗马法大学教育以来即为欧陆之特征的那种形态的合理化(rationalization)。(第 336 页)

《中国的宗教》[151]:

① 产业发展所必须的理性的(rational)、可计算的行政与法律机能并不存在。(第 157 页)

② 举凡在中国、印度、伊斯兰或一般而言理性的(rational)法律创制与裁决未能获胜的任何地方,"自由裁量高于一般法"(Willkür bricht Landrecht)的命题是通用的。(第 157 页)

③ 带有现代西方印记的自然法的发展,除了其他因素外,主要是以既有的法律之理性化(rationalization)为前提的……(第 215 页)

④ 我们西方近代的法律的理性化(rationalization),是由两股力量并肩运作而造成的。(第 216 页)

⑤ ……否则官僚体系便会从实质上将法律理性化及系统化,并且会摧毁比国内不在乎实质"公道"的形式法律技术。(第 217 页)

〔151〕〔德〕韦伯:《中国的宗教》,康乐、简惠美译,广西师范大学出版社 2004 年版。

⑥ 因此，不仅形式的法律学未能发展，并且也从未设想过要有一套系统的、实质的、且彻底理性化的法律。（第 217 页）

针对上述已经总结出来的六种理性的内涵，我们可以做一个简单的区分，例如克鲁曼总结的四种理性内涵基本是针对理性形态自身的，而且四者之间构成一种递进关系[152]，以可理解/掌控性为最根本。又根据克鲁曼的区分，意义的逻辑解释则可以连接规则性或原则性和系统化，故此对系统化这一理性的内涵来讲必然包含了可理解/掌控性、规则性或原则性及意义的逻辑解释三个理性的阶段。所以接下来的文本归类中凡是归诸递进关系链后者的理性，必然是包含了前期理性阶段的高级阶段的理性，而不再一一注明该理性同时具有哪几种意涵[153]。而 Michel Coutu 提炼的三种理性的意涵，除了第一种和克鲁曼总结的第三种理性的意涵大体吻合外，余下两种（实效性、正当性）基本上是从外在的视角来判断理性与否的，不存在逻辑上的联系，是以承接者前四种有某种逻辑关系的理性意涵一并列出。

在上文关于理性用法的初步归纳中，排除韦伯在一般意义上没有具体所指的理性用法外，如②[154]，大体如此归类：

ⅰ. 规则性或原则性：④、⑦、⑮、⑯、⑱、⑲、㉙、㉛、㉜、㉝、㊱、㊳、㊴；《中国的宗教》①、②；

ⅱ. 系统化：①、③、⑤、⑥、⑫、⑬、⑰、㉑、㉒、㉓、㉕、㉖、㉚、㉞、㊵、㊶、㊷、㊺、㊾、53、54、55、57；《中国的宗教》③、④、⑤、⑥；

ⅲ. 意义的逻辑解释：⑧、⑨、⑩、⑭、⑳、㉔、㉗、㉟、㊸、㊹、㊿、51、52、56；

ⅳ. 可理解/掌控性：㉘[155]；

ⅴ. 实效性：

ⅵ. 正当性：㊻、㊼、㊽；

可以看出，现有的有关理性的六种意涵的总结并不全面，因为还有⑪和㊲

---

〔152〕 关于不同理性化程度的递进关系，韦伯也有初步表述，即从通则化到体系化。参见〔德〕韦伯，注〔129〕引书，第 26—27 页。

〔153〕 如果存在理性化程度的用法，除非韦伯指明在该语境中，具体的理性化程度，否则一律归为最高程度的理性化，即系统化；因为这种差别对本文归类的目的并无根本的影响，归类检查的目的在于看现有的已有的研究成果是否总结出了韦伯在法律社会学中有关法的理性的全部内涵，所以精确地把理性的用法归入其现有对应的类别中不是本部分的主要目的，尽管需要尽可能地精确。

〔154〕 此处当然不排除“理性”包含人类智力的可理解/掌控性，但是毫无疑问，韦伯在此并非专指此意，故没有把该类项列入“iv. 可理解/掌控性”中，②中后一个“理性化”指的则是系统化。

〔155〕 Kronman 和苏国勋先生则是从非理性反推理性的这种含义的，本部分则是从其理性的最基本内涵入手界定，因为不难发现，韦伯常用的规则性或系统化这几个理性的含义首先皆以人类心智的可理解性或可掌控性为前提。

没有找到恰当的归宿,而且从我们所列举的韦伯在法律社会学中关于理性的用法中,也没有发现韦伯从"实效性"的角度去界定理性,那么就现有的材料来看我们需要剔除一种理性(实效性)的意涵同时增加一种新的理性的内涵,即简洁性,⑪、⑰所指的繁复形式的"穷困化";那么如此经重新考察后,理性就具有以下六种意涵:ⅰ. 可理解/掌控性;ⅱ. 规则性或原则性;ⅲ. 意义的逻辑解释;ⅳ. 系统化;ⅴ. 简洁性;ⅵ. 正当性。其中最基本的含义是人类心智可以理解的,而在法社会中韦伯最常用意思的则是系统化。

(2) 非理性(的)

非理性(的)并非仅仅是理性的一个反面的简单映象,相反也是有自己的形态和复杂性的,在韦伯笔下非理性甚至有时候是一种创造性的力量[156];下面我们就来考察一下在《法律社会学》中非理性的意涵:

① 法创制和法发现可能为理性或非理性的(rational/irrational)。在形式上其为非理性的(formally irrational)情况是:为了顺当处理法创制和法发现的问题而使用理智所能控制之外的手段……(第28页)

② 在实质上其为非理性的(substantively irrational)情形是:全然以个案的具体评价——无论其为伦理的、感情的或政治的价值判断——来作为决定的基准,而非一般的规范。(第28页)

③ ……即使本身已超越了神判的阶段,个案的非理性(irrationality)仍然极为明显。(第151页)

④ 诉讼的形式性格本身正相对应于裁判手段的全然非理性的(irrational)性格。(第157页)

⑤ ……当事人也就舍弃了服膺令状裁判(assisa)或古老非理性(irrational)程序的结果而自愿接受12名宣誓者的评判(很快就变成被迫),"陪审"制也就产生了……(第158页)

⑥ 换言之,陪审团对法律问题的决定被认为是具有非理性(irrational)性格的缘故。(第159页)

⑦ 英国的诉讼法里,裁决手段的非理性(irrationality)因此也就是"现行法"本身的非理性(irrationality),一直维持到现在。(第160页)

⑧ 在非洲,非理性的(irrational)证明手段的意义……(第171页)

⑨ 基于秘传技艺的神官的法宣誓,以及法务官的诉讼训令,最初极具非理

[156] 非理性作为创造性的力量在韦伯的宗教社会学中体现得尤为明显,关于韦伯非理性的相关研究可以参见 Martin Albrow, *Max Weber's Construction of Social Theory* (1990), pp. 129—131。

性的(irrational)性格。(第173页)

⑩ ……而摆脱其原始的形式主义的非理性(irrationality)……(第217页)

⑪ ……此种诉讼程序恪守形式地期待,经由决定性的诉讼手段之非理性的(irrational)、超自然的性格来获得实质"公道"的判决。(第222页)

⑫ 在中国,裁判的非理性(irrationality),是家产制的结果,而非神权政治的结果。(第232页)

⑬ 在波斯官方宗教什叶派里,神圣法的非理性(irrationality)又更上一层楼……(第239页)

⑭ 干预旧有司法集会人集团之形式主义(formalism)与非理性主义(irrationalism)的第二种权威力量,则为君侯、行政长官与官员的公权力(Imperium)。(第258页)

⑮ 同时废除了许多市民阶层无法忍受的非理性的(irrational)证明手段,尤其是决斗。(第264页)

⑯ 司法与立法若属于身份制的类型,则法秩序可说是相当的讲究形式,但却又是非常具体的,换言之,是非理性的(irrational)。(第267页)

⑰ 从程序正义或是经济的期待角度看,这显然是一种强烈的非理性的(irrational),具体"权衡"裁判的类型。(第270页)

⑱ ……正是在这些制度里,源自非理性的(irrational)、身份制的法秩序的要素,换言之,反形式的要素。(第294页)

⑲ 首先宣扬此公理的(逻辑"完整性"),恐怕是边沁,用以抗议习惯法的判例主义与非理性(irrationality)。(第312页)

⑳ 法利害关系者的"期待"是以法命题之经济的或几近功利的实际"意义"为取向;但是这在法逻辑看来则是非理性的(irrational)。(第324页)

㉑ ……承认具体的价值判断,亦即不止是非形式的,而且是非理性的(irrational)法发现。(第328页)

㉒ 今日,非理性的(irrational)"卡地审判"大幅地接着陪审团的"民众的"审判被演练着。(第336页)

《中国的宗教》:

① 不过,从资本主义的角度来看,这个国家的行政与司法,为什么会停留在这么非理性的(irrational)一种状态呢?(第160页)

② ……可以看到司法裁判上的非理性(irrationality)是建立在这样的信仰上,受冤屈者的哭号会引来鬼神的报复。(第243页)

首先我们可以从韦伯理想类型中的"非理性"的意涵入手,即形式非理性与实质非理性中非理性的意思是否相同，根据韦伯的界定，在形式非理性这个理想类型中，非理性指的是"为了顺当处理法创制和法发现的问题而使用理智所能控制之外的手段，譬如诉诸神谕或类似的方式"[157]，即人类理智的不可理解性或不可掌控性；而在实质非理性这一理想类型中，非理性指的是"全然以个案的具体评价——无论其为伦理的、感情的或政治的价值判断——来作为决定的基准，而非一般的规范"[158]，即基于具体个案考量的；这样至少就有两种非理性的意涵了，下面我们可以从这两种非理性的意涵出发作一个简单的归属：

ⅰ. 形式之非理性：①、④、⑤、⑧、⑨、⑩、⑪、⑮；

ⅱ. 实质之非理性：②、③、⑥、⑦、⑫、⑬、⑭、⑯、⑰、⑲、㉑、㉒；《中国的宗教》：①、②；

通过上述归属，可以发现除了⑱、⑳非理性作为反形式的意涵，无法归结之外，非理性的两种含义大体包括了韦伯的通常用法，韦伯更多是在实质之非理性的层面使用这一概念的；关于⑱、⑳反形式作为非理性的内涵，并不能通过"形式的一定程度也是理性的"这一桥梁来化约，因为形式中还包括与实质对立的一面，这是实质也可以理性化的理性中所不能含括的一面，所以非理性也就具有了第三种意涵，即实质考量的（同样这种实质包括无论其为伦理的、感情的或政治的价值判断）。那么非理性在韦伯的法律社会学中的三种意涵即是：不可理解/掌控的；具体个案考量的；实质考量的[159]。

2. 形式（的）——实质（的）

（1）形式（的）

相比之下，"形式（的）"这一概念的含义尽管不如理性那么频繁地出现，但是也并非那么单纯[160]，这需要诉诸韦伯频频用到的"形式主义"，不同的形式主义则包含着不同的形式特性。

《法律社会学》：

① 在形式上它为非理性的（formally irrational）情况是……（第28页）

② 所有形式的（formal）法，至少在形式上，相对而言是理性的。法律之为"形式的"（formal），是指无论在实体法上或在诉讼上，唯有真确无疑的一般性

---

[157] 〔德〕韦伯，注〔129〕引书，第28页。

[158] 同上注。

[159] 此处实质考量主要是指理性之实质方向，尽管此为理性的方向之一，但是在法逻辑之形式的烛照下，则表现为非理性的，此种用法韦伯仅偶尔用之。

[160] 有研究者认为：相比之下，"形式性"这一概念的含义则比较单纯，主要指决策标准的内在性；参见郑戈：《韦伯论西方法律的独特性》，注〔3〕引书；其实并非如此。

的事实特征才会被计入考量。不过这种形式主义(formalism)可能具有双重性格。(第28页)

③ ……代表着法律形式主义(formalism)最为严苛的一种。(第28页)

④ ……在这种逻辑理性下,直观式的形式主义(formalism)的严格性被削弱了,因为其在表征上已经失去了绝无二义的明确性。[161] (第28页)

⑤ 法律之所以可能达成现代意义上的那种特殊专门的、法学上的提升纯化,只是因为它那种形式的(formal)性格。(第28页)

⑥ 参与法律形成的各种力量是如何影响法律的形式特质(formal qualities)的发展。当今的法学研究就其形式(form)而言……(第29页)

⑦ ……再也见不到任何巫术形式主义(formalism)的踪影,然后这才慢慢地以市场法的方式受到宗教保护。(第42页)

⑧ 交换之具有形式主义(formalism)性格的真正法学建构,起始于某些财货……(第43页)

⑨ 此种法律状态与市民法诉讼的形式主义(formalism)相关联……(第58页)

⑩ ……结果是所有原始的法律程序皆典型带有严格的形式(formal)性格。(第156页)

⑪ 在诉讼法里作为法律形式主义(formalism)先锋的是拘泥于形式的(formal)证据法(Beweisrecht)。(第157页)

⑫ 形式的(formal)诉讼指挥和法宣誓两相分离的原则,亦同样行之于罗马。(第172页)

⑬ 法和法发现的形式主义(formalism)性格之得以维持,正是根基于此。(第178页)

⑭ 在形式上(formal)已有某种程度发展的"法",亦即作为有意识地决定的准则的复合体……(第181页)

⑮ 法的这种形式性质到底会朝着哪个方向发展,直接取决于所谓"法学内部的"种种状况……(第181页)

⑯ 法国的诉讼史里,用语形式主义(Wortformalismus/verbal formalism)与司法集会人团体的诉讼之严格的辩论主义相结合后……(第183页)

⑰ 此种法教育自然产生出一种形式主义(formalism)的法律处理方式——拘泥于判例和拟制。(第185页)

⑱ 司法集会人团体的诉讼的形式主义(formalism)确让"辩护人"的援助成

〔161〕 此处意指与直观式的形式主义相反的逻辑理性形式主义。

为必要之事……（第188页）

⑲ ……这些规范至少在原则上是严格形式性地（formally）、理性地竟有逻辑性的意义诠释而建构起来，并且相互间有着严格规定。（第188页）

⑳ ……那么在以下这种特殊的意义下，即为形式主义的（formalism），亦即：此种决疑论必然要借着重新诠释，让神圣不可侵犯的传统规范在实际适用于法利害关系着变化的需求时，仍能保持游刃有余的状态。不过，以创造出理性能够的法律体系的意义而言，则非形式主义的。（第189—190页）

㉑ 不管是诉讼上的问题提出，乃至于法律行为上的形式主义（formalism），都被置于逻辑上"最为单纯"事实里加以分解。（第204页）

㉒ ……而摆脱其原始的形式主义（formalism）的非理性……（第217页）

㉓ 若无此种联结，则法的世俗化，以及严格形式的（formal）法律思维之出现分化等现象，要不是停滞于萌芽阶段，就是完全逆转。（第218页）

㉔ 如此一来，伦理义务与法律义务、道德训诫与法律命令之间，即将形式（formalized）模糊地纠结在一起，形成一种独特的非形式（non-formal）的法律。（第219页）

㉕ 他们全都面临，法律逻辑的抽象的形式主义（formalism）与他们欲以法律来充实实质主张的需求之间的矛盾。（第220页）

㉖ 这真是我们迄今所知最古老的、具备明确形式的（formal）法发现（相互斗争的氏族之间以神谕或神判为手段的赎罪程序和仲裁程序）的性格。（第222页）

㉗ ……形式的（formal）裁判，以其不可避免的抽象性格，处处伤害了实质公道的理想……也在非形式的裁判里，发现了绝对的恣意和主观主义的非恒常性之所以出现的机缘。（第223页）

㉘ ……裁判受制于形式的（formal）法律规则的程度，仅止于法律程序在技术上直接受到强制的情况。（第223页）

㉙ 形式上（formally），犹太的神圣法并没有比其他的神圣法更具有特殊性。（第251页）

㉚ 教会法是所有神圣法中最以严格形式的（formal）法律技术为取向的法律体系。（第254页）

㉛ 干预旧有司法集会人集团之形式主义（formalism）与非理性主义（irrationalism）的第二种权威力量，则为君侯、行政长官与官员的公权力（Imperium）。（第258页）

㉜ 一直要等到司法裁判完全走上家父长制的发展途径后，这种严格的形式

主义(formalism)逐渐被一种较为弹性(有时是完全恣意)的量刑方式取代。(第262页)

㉝ ……清除尚带有巫术色彩以及人民法庭审判意味的形式主义(formalism)的残余。(第264页)

㉞ 整体而言,公权法的技术手段具有纯粹经验性与形式主义(formalism)的性格,特别是经常地应用拟制……(第265页)

㉟ ……法律专家接受形式主义(formalism)的训练……也使得西方的裁判在当时高度维持了法的形式(formal)性格,该性格与其他多数家产制的法律行政相较之下,凸现为西方裁判的特色。(第284页)

㊱ ……撇开法利害关系者的具体愿望及训练有素的法思考的形式主义(formalism)。(第289页)

㊲ 这些一般倾向所造成的结果,在如此创造出来的法的形式(formal)性质当中显现出来。(第291页)

㊳ 法国民法典(作为理性立法的产物)……即由于这些形式的(formal)性质。它使得法典的规定事实上拥有(或看起来拥有)异常的明晰性和精确的了然性。(第298页)

㊴ 这些公理的非理性主义,与法律理性主义的自然公理正相反,唯有后者能够创造出具有形式(formal)性质的规范。(第301页)

㊵ ……完全纯形式(formal)的自然法根本不可能存在……(第302页)

㊶ 自然法之中的形式主义(formalism),因种种方式而缓和下来。(第304页)

㊷ 契约自由的形式(formal)理性主义的自然法,与唯有根据劳动的收益方具有正当性的实质的自然法,两者都具有强烈的阶级关系性。(第306页)

㊸ 借此(理性,reason)概念之助,从伦理—法律的形式(formal)性质转化为功利—技术的实质性质,很容易地就发生了。(第310页)

㊹ ……不只是由于形式的(formal)自然法公理与实质的自然法公理之间有着无法协调的斗争关系……(第312页)

㊺ ……形式的(formal)法律平等代表人的角色。(第313页)

㊻ 这意味着从实质的利害关心出发,从而导致法形式主义(formalism)的削弱。(第317页)

㊼ 以此,法的形式(formal)性质的发展阶段,则是从原始的诉讼里源于巫术的形式主义(formalism)和源于启示的非理性的结合形态……(第317页)

㊽ 近代法的发展(包括某种程度上的罗马法)包含了助长法形式主义(formalism)之弱化的各种倾向。(第321页)

㊾ 一方面,任何一种形式的(formal)法思考皆具其逻辑的固有法则性……(第 324 页)

㊿ 不过这意味着,对法的形式主义(formalism)提出根本的质疑。(第 325 页)

51 ……承认具体的价值判断,亦即不只是非形式的(non-formal),而且是非理性的法发现。(第 328 页)

52 同样,这对法形式主义(formalism)也提供了安全阀……在其实际的处理中程度相当地展现为"形式主义的"。(第 334—335 页)

53 ……在具体事件上他们面对法形式主义(formalism)必然倍感困扰……(第 337 页)

54 ……劳动阶级,是否期待从非形式的(non-formal)司法审判上,取得法律家意识形态随设定的、对他们有利的结果。(第 338 页)

55 总之,随着法的形式(formal)性质的发展,因此而显示出独特的各种对立特征……法律是严格形式主义的(non-formal)……法律是非形式的(non-formal)。(第 339 页)

《中国的宗教》

① 以伦理为取向的家产制,所寻求的总是实质的公道,而不是形式(formal)法律。因此,尽管是传统主义,却没有任何官方的判例集成,因为法律形式主义是被拒斥的,并且特别是因为没有像英国那样的中央法庭。(第 158 页)

② ……家产制的理想是实质的公道(materiale/substantive Gerechtigkeit),而非形式的(formal)法律。(第 215 页)

③ ……这类问题(自然法下的个人主义式的社会伦理关怀)乃是起源于西方近代形式法(formal law)与实质公道之间的紧张关系(Spannung)。(第 215 页)

④ ……中国福利国家的家产制特色及其微弱的官方职权,并不在乎世俗法律之形式的(formal)发展。(第 215 页)

⑤ (英国)是一个缺乏严格逻辑—法理的结合体,但却是由一个律师阶级所创造出来的形式(formal)法律。(第 217 页)

⑥ ……否则官僚体系便会从实质上讲法律理性化及系统化,并且会摧毁不在乎实质"公道"的形式(formal)法律技术。(第 217 页)

⑦ 因此,不仅形式的(formal)法律学未能发展,并且也从未设想过要有一套系统的、实质的、且彻底理性化的法律。(第 217 页)

韦伯对法律之为"形式(的)"界定是:"无论在实体法上或是在诉讼上,唯有真确无疑的一般性的事实特征才会被计入考量。"即诉诸法律逻辑自身的考量,而非诉诸法律自身逻辑之外的具有特质内涵(如伦理的、经济的等)规范的考量。一般研究者们对韦伯形式(的)内涵的归纳也顺着韦伯给出的思路分为两种:一是严格形式主义上的形式,即以事实的外在特征,例如签名、某种语言的表达、某种具有固定意义的象征性行为,作为判断的标准。另一种是法律相关的事实特征,经由逻辑意义分析而阐明并形成明确的、高度抽象的、以规则面目出现的法律概念,然后进行应用;后一种形式的含义是韦伯的形式理性高度倚重的,这种形式的含义在一定程度上和理性是相通的。下面我们就以韦伯指明的这两种形式的含义来对上列材料进行归类:

ⅰ. 严格(直观式)形式主义的[162]:③、⑦、⑧、⑩、⑪、⑫、⑯、⑱、㉑、㉒、㉖、㉛、㉜、㉝、㉞、㊼;

ⅱ. 逻辑理性形式主义的:④、⑤、⑨、⑬、⑭、⑰、⑲、⑳、㉓、㉕、㉗、㉘、㉚、㉟、㊱、㊲[163]、㊳、㊴、㊵、㊶、㊷、㊸、㊹、㊻、㊽、㊾、㊿、52、53、54;《中国的宗教》:③、④、⑤、⑥、⑦;

ⅲ. 一般意义上的形式(指韦伯运用时可以包括上述两种意涵的情况):①、②、⑥、⑮、㉔、㉙、㊺[164]、51、55;《中国的宗教》:①、②;

通过以上归结,不难发现韦伯经常在逻辑理性的意义上使用“形式(的)”这一意涵,同时需要注意的是,韦伯对“形式(的)”运用并非在任何时候都具体指涉形式主义的两种意涵之一,而是在一般的意义上同时指涉两种可能的情况,或者指二者共同的含义,即与实质内容相对立的法律自身的一套标准;这时我们可以发现“形式(的)”一个基本的意涵,即与实质内容无涉的出于法律自身的标准,这种标准是在法律的外在形式和构造上体现出来的,其中逻辑理性的形式主义和理性化共同依托的是所谓的逻辑“完整性”原理。[165]

(2) 实质(的)

实质(的)这一概念是历来学者争论最少的了,其在韦伯著作中现身的次数也比较少,是以没有承担过于繁复的任务,内含较为固定。主要体现在以下几处:

---

〔162〕 这种形式主义,不仅包括巫术的形式主义(例如原始裁判中的形式主义),也包括僵硬的形式主义(例如早期罗马法中的形式主义),但是前者可以向后者转变。而且僵硬的形式主义也可以向逻辑理性的形式主义转变,关于罗马法中的形式主义的变化,可以参见贺大为:《论罗马法中的形式主义》,中国政法大学2004年法学硕士论文。

〔163〕 如此创造出来的这种法的形式性质有些特殊,因为它是运用逻辑理性创设的,但是其中又和纯粹的法律逻辑自身之外的实质正义相关,所以这种形式性质也具有实质的要素了。

〔164〕 此处形式的(formal)更多的是指表面上的、外在的意思,而与“形式的”两种具体内含无关,但是就韦伯对形式的界定来说,它们是一致的,即与实质内容无关。

〔165〕 韦伯曾提到这一点,参见〔德〕韦伯,注〔129〕引书,第312页,但是自从“哥德尔不完全性定理”提出后,该基础还牢固与否就需要反思了。

① 在实质上它为非理性的(substantively irrational)情形是:……(第28页)

② 实质理性(substantive rationality)正意味着:特制别具的规范——有别于透过逻辑化(亦即经抽象的意义解释)而得来的规范——对法律问题的解决应该具有影响力。(第28页)

③ 教士(及近乎教士之流者)之于法律所追求的并不是法律的形式理性化而是其实质理性化(material rationalization)。(第189页)

④ 相对于世俗诉讼基于形式主义与辩论主义的证据法,所有神权政治的裁判无不致力于追求实质的(substantive)、绝对的、而不仅止于形式的真实……(第256页)

⑤ ……法秩序……最显著的特色则是体系性的理性主义——不是形式的,而是实质的(substantive)理性主义。(第290页)

⑥ 事实上,家产制的实质(substantive)理性主义无论何处都不可能给形式法学思考提供鼓舞。(第293页)

⑦ ……与取得方式的实质经济标记相联结,原则上形式的自然法便会转化为实质的(substantive)自然法。(第305—306页)

⑧ 契约自由的形式理性主义的自然法,与唯有根据劳动的收益方具有正当性的实质的(substantive)自然法,两者都具有强烈的阶级关系性。(第306页)

⑨ 借此(理性 reason)概念之助,从伦理—法律的形式(formal)性质转化为功利—技术的实质(substantive)性质,很容易地就发生了。(第310页)

⑩ ……不只是由于形式的自然法公理与实质的(substantive)自然法公理之间有着无法协调的斗争关系……(第312页)

《中国的宗教》

① 以伦理为取向的家产制,所寻求的总是实质的公道(materiale/substantive Gerechtigkeit),而不是形式法律。(第158页)

② ……家产制的理想是实质的公道(materiale/substantive Gerechtigkeit),而非形式的(formal)法律。(第215页)

③ ……这类问题(自然法下的个人主义式的社会伦理关怀)乃是起源于西方近代形式法与实质(substantive)公道之间的紧张关系(Spannung)。(第215页)

④ ……否则官僚体系便会从实质上(substantive)讲法律理性化及系统化,并且会摧毁比国内不在乎实质(substantive)"公道"的形式法律技术。(第217页)

⑤ 因此,不仅形式的法律学未能发展,并且也从未设想过要有一套系统的、实质的(substantive)且彻底理性化的法律。(第217页)

韦伯在实质非理性和实质理性中对实质的界定大体是相同的,即非逻辑通则化的基于伦理的、感情的或政治的价值判断的考量;无论其在法创制还是在法发现上。就法创制而言,实质指涉的是没有把法的内容和道德、伦理等区分开来;就法发现而言,考量的标准不是在于一般性的法规范,而是在于和价值判断相连的伦理、情感等。和形式(的)意涵相比,形式(的)更侧重法的外在层面,目的在于建立起法律自身的标准;实质则侧重于法律的内在方面,希望把法律和法律之外的社会规范或政治、经济、情感、伦理等沟通甚至纳入进来,这样法的实质性总是以损害法的形式性为代价的,反之亦然;但是这并不影响实质法的理性化,例如教会法。如果我们对上述检索的实质的用法,进行一一核对,将会发现这些用法并没有超出韦伯界定的范围。

3. *形式理性、实质理性与形式非理性、实质非理性*〔166〕

通过对法律社会学中理想类型的构造因素的分析,我们明确了其各自的具体意涵,如果我们把这些构造因素综合观之,那么各自的意涵又有什么变化呢?综合而成的理想类型的意涵又是什么呢?

首先来看形式理性——这是由形式(的)和理性(的)两个因素组成的。根据排列组合计算至少有 12 种的形式理性含义,但是由于形式的在一定程度上也是理性的,而且韦伯在形式理性的对象上仅限于法创制和法发现,使得形式理性的含义局限在以下三个层次:即两种形式主义和理性的第二、三、四层含义相结合(ⅱ. 规则性或原则性;ⅲ. 意义的逻辑解释;ⅳ. 系统化),但是并非全部的结合,在韦伯的描述形态中,只存在三种法律状态是形式理性的:罗马法是逻辑理性的形式主义和意义的逻辑解释相结合形式理性之法,这是由早期罗马法的严格的形式主义和规则性的理性相结合的形式理性发展而来的;英国法是逻辑理性的形式主义和意义的逻辑解释相结合的形式理性之法,但是这种意义的逻辑解释又不同于罗马法,罗马法是通过对规则的意义的逻辑解释,英国法则是对先例意义的逻辑解释,在诉讼改革之前英国法并未体现这种形式理性,相反表现的是一种形式非理性之法,即严格的形式主义和不可理解或掌控的非理性相结合的形式非理性之法,但是就法发现而言,由于英国陪审制的存在使得英国法仍然带有非理性的烙印(这个非理性是第二层次的非理性,即具体的实质的考量);以德国法为代表的欧陆法是逻辑系统化的形式理性之法,这是最

〔166〕 还有一种关于韦伯法律理想类型的理性和形式的说法,即法律的理性与否主要指涉的是在法律实践(司法判决)时,其判准的相互主体的可检测性,即是否根据普遍承认的规则来作判决;而法律的形式与否则主要指在法律实践(司法判决)时,其判准系统化的特性,即其相关审判机制所具有的技术和特性,法律技术是否系统化抽象化发展出来。参见 Alberto Febbrajo, “Kapitslismus, moder Staat und rational-formales Recht”,转引自林端,注〔13〕引书,第 106 页。

高程度的形式理性之法，在韦伯构造的四个理想类型的西方法律发展史中，形式理性的法指的就是欧陆法。

实质理性，如果按照排列组合的原则，至少也会有六种意涵，同样韦伯也只是有限制地使用，即把实质上理性的标准提高到了理性的第四个层次：系统化，这样就把实质理性之法限定在教会法和自然法制上了。如果扩大理性的标准至另外几个层次，那么其他宗教的神圣法、家产制君主之法都将是实质理性之法，而且从ⅰ.可理解/掌控性和ⅵ.正当性层次来讲中国法也将是实质理性之法，这样将无从凸现实质理性之法在欧洲形式理性法出现过程中的特殊作用，所以韦伯从理性化的高度把实质理性也在其法律的理想类型中作了一个基本的界定；需要注意的是韦伯在阐述实质理性的时候，是从理性的ⅲ意义上的逻辑解释来进行的，即基于价值判断的规范对法律问题的解决具有无可非议的影响力，教会法和自然法正是从这个层次的理性出发，进一步推进理性化的，所以在韦伯所列的实质理想类型与形式理想类型相对，体现的是实质规范的系统化。

实质非理性即使按排列组合的原则进行界定，也仅仅存在三种情况。由于非理性有一种意涵即是实质的，所以排除一种同义反复的组合，则仅剩两种含义，即价值判准的不可理解性和价值判准的个案衡量性。通过考察韦伯的用法就会发现，前者非理性的意义，通常是出现在形式非理性的情况下，后者是韦伯对实质的非理性的较为稳定的用法，尤其是应用在“卡迪司法”上的非理性意涵，即司法裁判是运用的不是基于法律自身逻辑的一般性标准而是诉诸价值判准进行个案式的衡量。这样伊斯兰“卡迪司法”、英国的治安法院、古雅典的人民审判大会、世俗统治的家产法律则归属于后一种意义上的实质非理性的法，其中既包括中国的传统法律，也包括西方中世纪的世俗统治的法律，不过这仅仅是在最一般的意义上韦伯在纯粹理想类型的高度上讲是成立的，切不可把中国的传统法和西方中世纪的世俗统治的法律都归于实质非理性的名下而相等同了；因为韦伯在具体的论述中更多的说的是它们与各自发展环境的关系以及彼此之间的不同，例如他曾如此强调“这些形式的性质，也正是使西方的家产制君主的裁判并未像其他地方那样，走上与真正家父长制的福利政策和实质正义政策合流之道的关键”[167]。

形式非理性这个理想类型如果按排列组合的原则则可以得出四种意涵，但是这里无需我们一一地进行排除即可得出韦伯的用法，因为韦伯仅在一种意义上指涉这种类型，即为了妥当地解决法创制和法发现问题而使用理智所控制之

〔167〕〔德〕韦伯，注〔129〕引书，第284页。

外的手段。这种形式非理性的法多指原始阶段的法,包括初民法、卡里斯马的法、天启法;另外在诉讼改革之前的英国法也是属于这个类型的法,其中形式通常情况下指的都是严格形式主义意义上的。

从上面的对各理想类型构造因素的综合中可以看出,韦伯笔下的理想类型并非是干巴巴的仅有那一种颇为教条化的含义,只有在最一般的意义上韦伯进行表述的时候才对理想类型在纯粹的层次上把握,一旦进入具体的历史论述中,他会马上把理想类型展开同时构造出一些层次较低的理想类型去展现历史的丰富性,但又不至于迷失在琐碎的细节当中。我们在对韦伯的理想类型进行把握时,如果仅仅为了一种类型论述上的便利,而是丰富的内容和形式"穷困化"了,显然那将是另一种形式的"非理性"。

(三)不同语境中的形式理性与实质理性〔168〕

1. *法律社会学中的形式理性与实质理性*

韦伯在《法律社会学》中谈及法律的理性时,曾说道:"法律之为'理性的',有种种意涵,全视法律思维是往哪一个方向理性化而定。"〔169〕随后韦伯在法律社会学的展开论述中,不仅构筑了法律的四种理想类型,而且指明了法律理性化的两大方向,即形式理性化和实质理性化。形式理性化指的是法律的逻辑系统化,实质理性化指的则是法律的价值系统化;其中韦伯的形式理性的法律就含有目的理性在内〔170〕,而实质理性也不仅仅指涉的就是一种"价值理性"的系统化,因为在韦伯的实质中所包含内容远远超过道德/伦理的价值内涵,它囊括了伦理的、功利的、政治的乃至情感取向的一切非逻辑通则化的内容。这样在韦伯建构的法律的四种理想类型中又可以提炼出一对概念:形式理性和实质理

---

〔168〕 如欲明了形式理性与实质理性这对概念的所有可能的用途,不仅需要对韦伯在不同实质社会学领域内的使用作 梳理,而且需要有目的地参校目标理性和价值理性这一对概念,这样我们才能较为深入地理解这对概念在韦伯理论中的相位及其应用的潜能。限于篇幅,本文仅初步尝试地做一个十分有限的比较。

〔169〕 〔德〕韦伯,注〔129〕引书,第 26 页。

〔170〕 即"……市民阶层往往对理性的(rational)法实务表现出最强烈的关注,也就是关心是否有一种体系化的、明晰的、合于目的理性所创造出来的、形式的法律,这种法律不仅能排除传统的束缚和恣意,并且主观的权利也因此只能以客观的规范为其唯一的根源。"〔德〕韦伯,注〔129〕引书,第 225 页。

性，而不是形式理性和实质非理性。[171] 这一对概念范畴也是韦伯在其分支社会学领域建构理想类型中广为运用的，尤其是在经济社会学和政治社会学中，而人们经常混淆的就是把法律社会学中的形式理性和实质理性等同于经济社会学中的形式理性和实质理性。[172] 尽管韦伯的"法律社会学"一章的题名是"经济与法律"，但是两个不同领域中的形式理性和实质理性还是迥然有别的。

2. 经济社会学中的形式理性与实质理性

在韦伯的经济社会学中，形式理性（formal rationality）指的是"在经济行动中，不仅经济行动中技术上的可能性且实际上真正运用的计算程度"，实质理性（substantive rationality）指的则是"一定群体（不论其范围多小）通过经济取向的社会行动进行的财货供给总是从某种价值判准（wertender Postulate，无论其性质为何）出发的，而且受此一判准检验"[173]。按照韦伯的解释，我们说一项经济行动是形式理性的，就在于它能够以计量的、可计算的权衡考虑，表现出来任何理性经济所固有的"事前准备"；而实质理性的表述就比较含混了，但是它要说明的是：光是对明确的事实（目的理性的、在技术上的最优方法以被计算在内）进行纯粹形式上的考察是不够的，我们还需要设定诸如伦理的、政治的、功利主义的、身份的、平等主义的和其他无论怎样的一种要求，并以之衡量经济行动的后果是否为价值理性的或实质目的理性的。这种价值的判准和法律社会学中的

---

〔171〕 林端先生在其《韦伯论中国传统法律》一书中，提炼的就是这两个范畴。他收集了韦伯关于中西法律的对比，指出韦伯的理想类型的建构对比法，犯了把文化间的比较混同于文化内的比较的错误，并且理想类型方法的运用还导致韦伯犯了和帕森斯同样的把普遍和特殊极端化的错误。笔者以为这种指责并不是完全妥当的，因为韦伯对中国法的论述并不是重点，在"法社会学"仅是连带地提了一下，即使在《中国的宗教》一书中，韦伯化的篇幅也是微乎其微的，并没有像对儒教与清教那般阐述；我们把视角放到"法社会学"就会发现韦伯并没有过多强调中国传统法和西方中世纪世俗统治法的相同，相反强调了西方中世纪世俗法和其他地区传统法的差别，及其在西方自身法律史上的连续性；再则，指责韦伯犯了帕森斯的错误也是不妥的，韦伯构造多元的理想类型就是为了避免绝对化，而且学界一直要去除的就是帕森斯化的韦伯的形象；如果从"法律社会学"的整体角度观察，人们很难提炼出形式理性和实质非理性这一对立范畴是作为韦伯论述中心出现的，当然如果从中国的问题意识出发，这样做也未尝不可，只是注意不要把韦伯复杂的论述"穷困化"了。

〔172〕 从上文的论述中可以看出，形式理性与实质理性的对立和目的理性与价值理性的对立是不同的，此处则要澄清的是这一对范畴在法律社会学与经济社会学中的不同意涵。苏国勋教授在其《理性化及其限制》一书中充分注意到了这一概念，并且进行了区分，不过可惜的是苏教授没有比较这对概念在经济社会学的语境下和在法律社会学的语境下有何不同，尽管他也详细分析了法律理性的四种意涵。接着他的发现追问下去：如果理性这一概念是韦伯从其法学影响下提出来的，那么他是如何提出形式理性和价值理性这一对概念的？如果韦伯赋予最初表现在经济行为中的可计算性以合理性（rationality）的普遍内涵，那么又如何理解韦伯法律社会学中的形式理性？顺着这个线索走下去，或许会有更大的收获。

〔173〕 〔德〕韦伯：《经济行动与社会团体》，康乐、简惠美译，广西师范大学出版社 2004 年版，第 36 页。

价值判准几乎像重合，可以说都是无可限量，但是意涵还是不同的，在此经济社会学的实质理性指的是经济行动的后果合乎设定的价值判准与否。

3. 小结

这样就不难看出，形式理性和实质理性在法律社会学和经济社会学的不同语境下的差别。首先二者适用的对象根本不同，法律社会学中形式理性/实质理性适用于法创制和法发现；经济社会学中不仅和法社会学的对象有别而且形式理性和实质理性也各有所指，一是指涉经济行动，另一则指涉经济行动的结果。其次，各自语境下理性的内涵也不同，法社会学中那对概念范畴之理性，指系统化；经济社会学中，则又是各有所指，一是指行动的可计算性，一是指行动结果和价值取向相符。当然，在形式上的差别就更明显了，无需再一一列举了。不过需要注意的一点是，法社会学中的形式理性之"理性"的含义，即使运用到细微处，也没有"可计算性"这样的含义；关于法律的可计算性，韦伯只是强调"对财货市场的利害关系者而言，法的理性化(rationalization)与体系化，一般而言，并且在保留后述种种诸限定的条件下，意味着审判机能的计算可能性的扩大……"[174]也就是说，可计算性只是法律的一项功能，而且对于法律的理性化来说也不是其必然的内涵，仅仅是通过这种理性化可以体现或增加这种"可计算性"。

从上面我们对韦伯理想类型构造的分析与综合中，可以看出韦伯并非是帕森斯那样二元对立式进行概念建构的。而且即使韦伯对其概念范畴进行提炼，用于不同的研究领域时，也不会把自己的理想类型绝对化、普遍化，这从我们对形式理性/实质理性主义这对概念范畴在法律社会学和经济社会学中的不同意涵的分析中得到证实。"以韦伯之矛攻韦伯之盾"的方法，很可能是"正确的箭并没有射到正确的靶子上"[175]。

结语：作为开端的尾声

尽管在上文，我们从理想类型的认识论基础到理想类型在法律社会学中的构造的学术跋涉中，重新确认了理想类型稳固的认识论基础，深入辨析了理想类型在法律社会学中的具体意涵，但是这并不意味着韦伯对中国法的研究就一劳永逸了。韦伯曾经坦言自己资料掌握的匮乏，有待日后学者研究的修正，而

〔174〕〔德〕韦伯，注〔129〕引书，第321页。

〔175〕李猛先生在对伯尔曼对韦伯的批评的批评中是这样说的，本文例引之；参见李猛，注〔2〕引文，第152页，注134。

后来的中国法的研究者对韦伯的中国法研究进行的批判无疑是这一主题的继续[176];这种后续的研究既可以是在韦伯的研究基础上根据新发现的资料来建构新的理想类型,以进一步明确中国法在韦伯理想类型中的定位;也可以根据研究者的价值关联,去建构新的理想类型,重新检视不同理想类型建构之下的中国法的复杂多样的面目。[177] 这种研究是在承认理想类型运用的合法性基础上进行,如果完全否弃了韦伯的研究方法无疑是走得太远了,而且对之否弃也需要接受认识论上的考察批判和在实际研究中的证明。当然本文无意介入韦伯对中国法定位的具体争论,而只是在认识论和法律社会学的实际运用中澄清和重申韦伯理想类型研究方法的合法性及其限度问题。

虽然在方法论上还有不少问题有待澄清,但是"方法论始终只能是对在实践中得到检验的手段的反思;明确地意思到这种方法论几乎不是富有成效的工作的前提条件,就如解剖学的知识几乎不是'正确'走路的前提条件一样"[178],我们只有在阐明和解决实践的问题中才能更好地把握和推进这种研究方法。在这个前提下,下一步需要做的就是以本文澄清的理想类型为基础去逡巡以往对韦伯法律理性化及其与资本主义关系问题的研究,归纳韦伯在法律理性化的立场,并把法律理性化和现代人的伦理实践相联系,也就是在已有研究的基础上把法律社会学放到韦伯的整个社会理论中进行新的勘察。当然这也可以以关于韦伯法律理性化立场的争论为契机介入问题,即如果像哈贝马斯所言韦伯站在了法律形式理性化的一端[179],那么在实定法时代形式理性法与各种实质理性的冲突如何去化解?如果是像王崇名所反驳的哈贝马斯的立场那样,即韦伯一直对法律的实质理性化抱有暧昧的立场[180],那么在"诸神之争"的时代,法律的实质理性化如何可能?如果再进一步探讨的话,这将不可避免地把问题引向法律论证的理论,那么在韦伯理性化理论观照下的法律论证理论的发生学问题和法学自身内在的法律论证理论的发生学问题是同一的吗?……这些问题都是本文作为正式学术航程的前提准备阶段结束后,要迈过的一个个新起点。

---

〔176〕 这种研究包括黄宗智、林端和 Robert M. Marsh("Weber's Misunderstanding of Traditional Chinese Law," The *American Journal of Sociology*, vol. 106, No. 2. Sep., 2000, pp. 281—302.)等人的研究成果。

〔177〕 林端先生的"以韦伯之矛攻韦伯之盾"的方法,其实还没有完全否弃韦伯理想类型的方法,只是从另一个角度重构了韦伯社会理论中的中国法问题,这主要是由于林端教授进行研究的价值关联不同于韦伯;关于他用韦伯的方法来研究中国传统法的一个证明可以参见林端,注〔13〕引书。

〔178〕 〔德〕韦伯,注〔43〕引书,第 65 页。

〔179〕 〔德〕尤尔根·哈贝马斯:《交往行为理论》(第一卷),曹卫东译,上海人民出版社 2004 年版。

〔180〕 王崇名:《法律与社会:西方法律文明与未明的韦伯》,台湾扬智文化事业股份有限公司 2004 年版。

破产法的经济分析

徐光东

对市场经济的健康发展而言,破产法具有十分重要的意义。当企业经营失败时,破产法可以将资源解放出来,重新配置到具有更高价值的用途上去。如果没有适当的破产程序对那些无生命力的企业进行处理,而任由其发展,将会引发严重的经济衰退甚至危机。在更深的层面上,破产法是实现适应性效率的重要手段(North, 1992)。适应性效率意味着规则能够为获取知识和学习提供激励,诱导创新,鼓励冒险和创造性的活动,并消除错误的实验。破产法就是用于消除错误,进而实现适应性效率的规则。

一、债务与破产

要理解破产法,首先需要认识债务的含义。按照阿吉翁(Aghion, 1998)的定义,破产是指公司不能支付当期债务(current debt obligations);破产法或者破产程序规定了公司不能支付当期债务时如何处分公司资产,以满足债权人和债务人的请求。在一个 MM 定理的世界里,我们无法回答这一问题。按照 MM 定理的认识,如果投资者都是理性的,并且存在一个有效的资本市场,企业的价值与其资本结构没有关系(Modigliani, Miller, 1958)。也就是说,无论企业是通过债务融资，还是通过股权融资，其资本成本都不会受到影响。显然，MM 定理意味着，企业是否拥有债务以及拥有多少债务是无关紧要的，这种认识实际上取消了债务存在的意义。要解释债务的存在，我们必须将 MM 定理所忽略掉的那些因素，包括税收、信息、代理成本等纳入分析的框架中。

税收优势是解释债务存在的理由之一。对贷款人的利息支付一般作为费用列支，从而减少了公司的应纳税额，但是对股东的支付却只能在缴纳公司所得税后进行。这种优势使债务具有更大的吸引力。但是债务并不能无限地扩大，因为随着债务数量的增加，企业破产的概率也会相应提高，破产会给企业带来直接和间接的成本。当企业债务水平较低时，税收的好处会超过破产概率上升带来的损失；当企业债务水平很高时，破产概率上升带来的损失将会超过税收的好处。也就是说，存在一个最优的债务水平，在这个债务水平上，税收的好处与破产概率上升导致的损失在边际上相等。这就是公司财务中所谓的"权衡理论"(trade-off theory)。

债务的水平也可以传递企业价值的信息(Ross, 1977)。在信息不对称的情况下，投资者难以区分好企业和差企业，结果出现逆向选择问题。为了将自己与差企业区别开，好企业可以通过某种机制向投资者传递有关其价值的信息，可以向投资者发送信号(signaling)。债务水平就是这样一种信号。好的企业可以选择较高的负债水平，差企业则不会选择类似的债务水平。其中的逻辑在于，负债水平与破产的可能性是直接相关的，如果差企业选择了一个与好企业类似的高债务水平，它所面临的破产可能性会大大增加。为了避免破产以及随之而来的损失，差企业将会选择一个较低的债务水平。结果，企业的类型被区分开，投资者可以根据企业的类型确定投资的水平和索取的价格。

债务还被视为一种解决代理问题的机制(Jensen, Meckling, 1976)。假设企业家初始时拥有企业 100% 的股权，此时不会存在代理问题，企业家将承担其决策的全部成本。如果企业需要额外的资金，可以采取两种融资方式，即股权融资和债务融资。采取股权融资意味着企业家的股权将被稀释，外部投资者将拥有一部分股权。这时企业家决策成本的一部分将由外部投资者承担，企业家节约成本的积极性就会减弱，偷懒的动力大大增强，结果企业的价值降低。相反，如果采取债务融资，企业家仍然拥有完全的股权，避免了股权融资所导致的代理成本。但是债务融资也会产生自身的问题。企业家有激励用企业的资产进行赌博，投入高风险的项目。如果项目成功，偿债后的收益全部归企业家所有；如果项目失败，在有限责任的情况下，企业家只需以自己的出资为限承担责任。也就是说，债务融资会产生自身的代理问题。因此，最优的资本结构将由股权的代理成本和债务的代理成本之间的平衡关系决定。

总之，税收优势、信号作用和代理问题都为债务的存在提供了理由。但这仅仅是一种需求角度的分析，要全面认识债务的性质，我们还应当进入供给层面，考察债权人向企业提供债务融资的激励。正如詹森和麦克林（Jensen, Meckling, 1976）指出的，债务融资也会产生代理成本。当债权人向企业提供资金后，他们所面临的最严重的风险，就是企业的内部人（经理人员和控股股东）对其权利的剥夺[1]，从而导致投资回报无法兑现（La Porta, Lopez-de-Silanes, Shleifer, Vishny, 2000）。显然，债权人只有在获得必要的保护手段，从而确信自身的利益可以得到充分的保护后，才会向企业提供资金。

债权人保护自身利益的方式可以分为两类，即事前的方式与事后的方式。所谓事前是指债务人企业发生违约风险前，事前的方式包括：(1) 利用多样化来分散风险，也就是将资金贷放给多个债务人，从而减少非系统性风险；(2) 要求债务人提供必要的信息，如经过审计的财务报表等，以减少债权人和债务人之间的信息不对称，缓解逆向选择问题；(3) 要求债务人提供担保，从而使债权人在债务人违约时可以基于特定的资产受偿；(4) 针对债务人的违约风险购买保险；(5) 通过契约条款限制债务人可能采取的机会主义行为。无疑，如果事前的方式，特别是通过契约的设计可以完全约束债务人的机会主义行为，那么就无须采取任何事后的方式。然而，像任何契约一样，债务契约也是不完全的，也就是说，债务契约不能准确地描述所有未来可能出现的状态，以及每种状态下契约各方的权利和责任。在债务契约不完全的情况下，必须存在一种事后的解决方案，在债务人违约后可以切实保护债权人的利益。这种事后解决方案的核心就在于，一旦债务人违背了债务契约，就由债权人获得企业的控制权。

从控制权转移角度认识债务问题的努力可以追溯到阿吉翁和博尔顿（Aghion, Bolton, 1992）。阿吉翁和博尔顿研究的是面临财务约束的企业家和投资者之间的缔约问题，其中投资者仅对货币收益感兴趣，企业家除了关注货币收益外，还对因为控制企业而获得的私人收益感兴趣。由于契约是内在不完备的（inherent incompleteness），因此事前并不能确定那些需要在未来作出的决策，但是在事前可以进行控制权的分配，拥有控制权的人有权在未来作出决策。

〔1〕 剥夺的主要形式包括：窃取利润；低价转移产品和资产；转移有利的投资机会；对不合格成员的任用；以及对经理人员支付高薪。在极端的情况下，内部人会有意识地使企业陷入破产的境地。阿克洛夫和罗默（Akerlof, Romer, 1993）以智利金融危机、美国储贷危机、达拉斯的房地产泡沫和垃圾债券市场为例，说明了所有者通过破产进行掠夺（looting）的情况。

最优的控制权分配应当是:(1) 当企业家的私人收益与总收益(货币收益+私人收益)一同增长时,企业家的单方面控制是有效率的;(2) 当投资者的货币收益与总收益一同增长时,投资者的单方面控制是有效率的;(3) 如果上述双方的收益都不随总收益同时增长时,控制权的相机配置(contingent control allocation)是有效率的。阿吉翁和博尔顿进一步指出,控制权的相机配置可以解释为一种债务融资条件下的控制权配置。也就是说,只要履行偿债义务,企业家就拥有控制权;当企业家无力偿债时,投资者将拥有控制权。

在阿吉翁和博尔顿之后,德瓦特里庞和泰勒(Dewatripont, Tirole, 1994a)进一步分析了控制权相机配置的含义。德瓦特里庞和泰勒的主要观点是:(1) 在不完全契约的情况下,仅仅基于企业业绩的激励方案并不足以约束经理的道德风险,应当赋予外部人以控制权,他们可以根据企业业绩的好坏采取相应的政策;(2) 应当使外部人拥有企业的证券以激励他们进行干预;(3) 在企业业绩良好时,应当由股东获得企业的控制权,此时股东对企业的干预较少,当企业业绩欠佳时,应当由债权人获得企业的控制权,债权人对经理的态度更为强硬,干预更为积极主动。

总之,控制权是根据企业经营的状况而相机转移的:在企业经营良好时,股东获得企业的控制权;在企业经营欠佳时,债权人获得企业的控制权。也就是说,并不是在任何情况下都应当由股东获得控制权,并不是在任何情况下都应当要求经理人员服务于股东的利益。在企业正常经营的情况下,债权人将会获得固定的合同收益,股东作为剩余索取者,承担着边际上的风险,他们有积极性作出最优的决策,因此将控制权授予股东是有效率的。相反,一旦企业不能履行偿债义务,股东不再获得任何收益,他们不再是剩余索取者。此时,债权人成为新的剩余索取者,承担着边际上的风险,由他们获得控制权可以保证决策的效率。这也就是企业理论中所说的剩余索取权与控制权相对应(match),以及状态依存所有权(state-contingent ownership)的含义(张维迎,1996)。

二、破产法与事后效率

企业进行债务融资后,由于各种因素的影响,可能陷入无力偿债的状态。如果债权人数量较少,无力偿债并不会引发严重的问题:有担保的债权人可以直接获得作为贷款担保的资产;无担保的债权人可以求助于法庭,由法庭对债务人的资产进行处置。但是当债权人数量众多时,债权人可能面临着集体行动问题。无疑,为了应对集体行动问题,我们需要破产程序。破产法主要包括两类程序，即清算程序和重组程序。清算程序的典型代表是美国《破产法》的第7章。当企业按照第7章的要求申请破产时，法院将会指定一名财产管理人(trustee)，负责关闭企业并出售资产。典型的重组程序是美国《破产法》的第11章。在重组程序下，企业继续经营，并以未来收益支付部分或全部债务，而非出售财产支付。

破产法对经济效率的影响主要包括两个方面，即事前效率(ex ante efficiency)和事后效率(ex post efficiency)：事前效率关注的是企业进入破产状态前各方当事人的激励问题；事后效率关注的则是企业破产后如何处置破产企业以实现价值的最大化。从规范的意义上说，一个好的破产法应当同时实现事前效率和事后效率两个目标，使各方当事人在事前具有正确的激励，从而降低资本成本，减少企业陷入破产状态的可能性，并可以在企业破产后实现事后价值最大化。破产法被认为还应当包括其他目标，如债务人的免责(discharge of the debtor)(Cabrillo, Depooter, 1999)，为经济提供安全网(a safety net for economies)(Bufford, 1994)，以及对企业家创业活动的影响(Claessens, Klapper, 2002)，但事前和事后效率这两个目标基本上得到了学者的一致认可。

当企业进入破产状态后，破产法必须将企业的资源配置到最高价值的用途上，同时使破产持续时间和在此期间发生的直接和间接成本最小化。不能偿付债务的企业分为两种，一种是没有存活价值(nonviable)的企业，也就是说，企业作为一个整体所能创造的价值(未来收入流的现值)小于企业的资产分别出售的价值。显然，对于这种企业来说，最优的选择是关闭企业并出售企业的资产，从而将资源转移到更有价值的替代性用途上。另一种是有存活价值(viable)的企业，也就是说，企业作为一个整体所能创造的价值大于企业的资产分别出售的价值。这种情况下的最优选择是保持企业的资产并维持企业的运营，以企业未来所产生的收入对债权人进行偿付。上述分析意味着，不同类型的企业需要不同的破产程序，进行不同的处置。正是基于这种逻辑，现实中的破产法一般会规定清算和重组两种程序，与没有存活价值的企业相对应的是清算程序，与有存活价值的企业相对应的是重组程序。破产法通过规定两种程序，可以淘汰那些没有存活价值的企业，保留那些有存活价值的企业。这样看来，破产法似乎完全可以实现资源的有效配置。

但是上面的分析忽略了一个重要的因素，也就是信息问题。在现实世界中，债权人往往难以获得关于企业真实价值的信息，这些信息更多地掌握在债务人手中，也就是说，存在着信息不对称。在信息不对称的情况下，没有存活价值的企业会力图表现得像一个有存活价值的企业以避免清算，而有存活价值的企业则努力使自己显得价值较低，以便在重组计划中要求债权人削减债务，债权人难以对两种类型的企业加以区分，结果破产法面临着过滤失败（filtering failure）的风险（White，1994）。过滤失败可能导致两种类型的错误：第一类错误是运用重组程序拯救了没有存活价值的企业，也就是存伪的错误；第二类错误是通过清算程序关闭了有存活价值的企业，即去真的错误。存伪错误的成本意味着经济停滞（economic stagnation）：由于没有存活价值的企业通过重组程序得到了拯救，资源受到束缚，无法配置到更高价值的用途上。去真错误的成本主要是企业存续价值（going concern value）的损失。破产法不得不在这两种类型的错误之间进行权衡（trade-off），难以实现资源的最优配置。

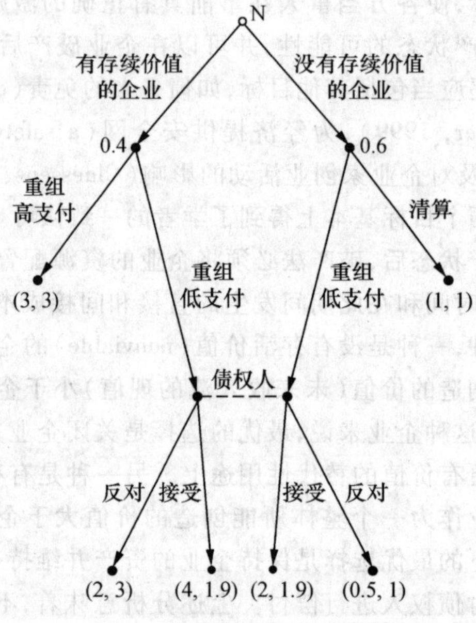

图 1　破产法中的过滤失败

资料来源：White，1998.

下面以一个不对称信息博弈的模型讨论过滤失败的情况（见图 1）。假设有存续价值企业的比例为 0.4，无存续价值企业的比例为 0.6。企业的管理者知道企业的类型，但债权人并不知道。有存续价值企业的管理者总是申请重组，他们可以在两种重组方案中选择，也就是对债权人进行高支付的方案和对债权人进行低支付的方案。没有存续价值企业的管理者也面临两种选择，要么对企业进行清算，要么选择重组并且提出与有存续价值的企业相同的低支付方案。债权人总是会接受高支付的重组方案，但他们有可能接受也有可能反对低支付的重组方案。如果债权人接受低支付的重组方案,博弈结束。如果债权人反对低支付的方案,企业的类型将被披露。管理者和债权人的收益分别表示在图中括号里,前面的数字为管理者的收益,后面的数字为债权人的收益。

如果有存续价值企业的管理者提出高支付的方案,他们肯定可以获得 3 个单位的收益。但是如果他们提出低支付的方案,他们可能获得 4 个单位的收益,也可能获得 2 个单位的收益,取决于债权人的态度。如果没有存续价值企业的经理对企业进行清算,他们肯定可以获得 1 个单位的收益,但是如果他们提出低支付的方案,他们可能获得 2 个单位的收益,也可能获得 0.5 个单位的收益。如果债权人接受低支付的方案,他们肯定可以获得 1.9 单位的收益,但是如果他们反对低支付方案,他们可能获得 3 个单位的收益,也可能获得 1 个单位的收益,取决于企业的类型。在上述的收益结构下,债权人将总是选择接受低支付的方案。因为债权人接受低支付方案的预期回报是 1.9,而拒绝该方案的预期回报是 $0.4 \times 3 + 0.6 \times 1 = 1.8$。由于债权人总是接受低支付的方案,结果企业的管理者也总是提出低支付的重组方案。所有的企业,无论是否具有存续价值,都根据重组程序的规定进行了重组。也就是说,出现了一个混同均衡。

破产法不仅无法实现价值最大化的第一个要求(资源的最优配置),也难以实现价值最大化的第二个要求[2](成本最小化)。清算程序相对而言十分简捷,因而可以节省时间,但是会造成相当的价值损失。从瑞典的经验来看,清算将导致大约 23%—39% 的价值损失(Stromberg, 2000);美国的破产企业在出售资产时,与正常经营的企业相比,将面临 14%—46% 的价格折扣率(Pulvino, 1999)。与清算程序相比,重组程序的情况同样不能使人满意。实证研究发现,重组程序会造成司法和管理成本、耗费大量时间并引起价值损失:据估计,重组程序的司法和管理成本占到公司价值的 3.1%(Weiss, 1990);企业如果进入重组程序,平均耗时 2—3 年(Gilson, John, Lang, 1990; LoPucki, Whitford, 1993);在几个著名的公司重组案件中都存在严重的价值损失,其中东方航空公司(Eastern Airlines)破产案的价值损失接近 16 亿美元,而 Texaco 破产案中的损失更高达 30 亿美元(Cutler, Summers, 1988)。

〔2〕 清算程序难以令人满意的原因实际上就是我们需要重组程序的理由,也就是前述的资产专用性、市场的不完善性以及宏观经济冲击等因素。重组程序的主要问题在于重组后的企业缺乏一个客观的价值。与清算相比,在重组程序下,企业的资产并没有被实际出售,因而不存在一个关于资产价值的可以验证的(verifiable)客观标准。这种客观标准的缺乏容易诱发各方当事人的策略行为和利益冲突。随着企业规模的增大,索取权持有人的增加,利益冲突会更加严重,从而导致时间的耗费和价值的损失。

三、破产法与事前效率

破产法具有重要的事前激励效果。如果破产法不能充分保证债权人的利益,债权人预期到他们可能面临的损失,会在事前作出调整,提高为借贷资本索取的价格(或者说利息率),从而增加企业贷款的成本。企业贷款成本的增加会进一步增加企业陷入无力偿债状态乃至破产的可能性。为了解决这种问题,破产法应当对债权人的权利提供有力的保护。通过保护债权人的权利,破产法可以有效地降低债权人事后面临的风险,进而降低了债权人事前要求的利息率。利息率越低,企业的资本成本越低,企业的收益水平就越高,陷入无力偿债乃至破产状态的可能性就越小。从更宽泛的意义上说,破产法对债权人权利的保护,将会促进社会资本成本的降低,金融市场的发展,以及随之而来的经济效率的提高。

破产法的两种基本程序在保护债权人利益上的倾向并不相同。一般来说,清算程序能够比较有效地保护债权人的利益,因为在清算程序下,财产出售的收益在债权人之间的分配将会遵循绝对优先权原则(Absolute Priority Rule, APR)。也就是说,只有在债权人得到足额偿付后,股东才能得到偿付,而且只有高等级的债权人得到足额偿付后,低等级的债权人才能得到偿付。但是重组程序往往会导致对APR的违反,事实上,在美国大型公众公司的重组过程中,大约有2/3的案件都存在对APR的违反。之所以出现这种情况,是因为在重组程序下,股东拥有投票的权利,他们可以通过投票延迟重组过程,而且经理仍然保持着对公司的控制,由于经理往往代表股东的利益,这会进一步增加股东讨价还价的能力。结果,债权人为了避免重组的延迟和相应的价值损失,不得不允许对APR的违背,债权人的利益受到侵害。

破产法还会对企业的经理人员产生重要的事前激励效果。一般来说,企业破产的可能性在很大程度上取决于经理人员的努力程度。为了减少企业陷入破产状态的可能性,破产法应当惩罚那些对企业破产负有责任的经理人员,从而为他们在事前努力工作提供必要的激励[3]。这种惩罚不仅表现为经理人员因为企业破产而失去工作,而且破产作为经理人员管理失败的信号,将影响其未来的雇主对其能力和品质的评价。此外,如果经理人员已经投资于企业专用

〔3〕 事实上,为了有效地威慑债务人,历史上债务人曾经因为破产而遭受刑事处罚,而在欺诈性破产的情况下,债务人甚至可能会被送上绞刑架(Cabrillo, Depooter, 1999)。

性的人力资本,这种投资将因企业的破产而无法回收(Posner, 2002: 417)。破产法对经理人员的惩罚越严重,经理人员在事前为了避免这种惩罚而努力工作的积极性就会越高,因此而导致的企业经营业绩就会越好,企业破产的可能性就会越低。

但是,破产法对经理人员的惩罚可能具有负面影响。这种负面影响首先表现为投资决策的扭曲,包括自我保护(entrenchment)问题、过度投资(over-investment)问题和投资不足(under-investment)问题(Bowers, 1999)。自我保护问题的含义是,如果经理人员预期企业破产后将会失去工作和专用性的人力资本,他们就会进行自我保护,投资于那些使他们变得不可或缺(indispensable)的项目,尽管这些项目并不具有最高的净现值。过度投资问题意味着,当企业接近破产状态时,经理将会乐于将公司的资产投入高风险的项目进行赌博;如果他们赢了,就可以支付债务并获得利润,如果他们输了,所有的损失将由债权人承担。投资不足问题是指,当企业接近破产状态时,如果出现了一个有价值的投资机会,经理可能会放弃这一机会,因为由此而带来的收益可能会完全被债权人获得。经理人员还会扭曲申请破产的决策(Povel, 1999)。在企业无力偿债时,尽早启动破产程序是有效率的:如果企业应当被清算,可以减少价值损失;如果企业具有保留价值,可以及时对企业进行拯救。但是如果经理人员在进入破产程序后将会失去工作,他们就有推迟申请破产的动机,并浪费资源阻止企业进入破产程序。推迟申请将会增加对企业进行拯救的成本,导致企业价值的损失,甚至可能完全丧失拯救的机会。

在对经理人员的激励上,清算程序和重组程序再次表现出了鲜明的不同。清算程序一般会导致对原企业经理人员的解雇,由法庭任命的管理人主导破产过程。这意味着在清算程序下经理将有事前努力工作以避免企业破产的积极性,因为一旦破产他们就将失去工作,但是清算程序可能导致投资决策和申请破产决策的扭曲。反之,在重组程序下,一般会由经理人员继续控制企业,在这种情况下,经理人员事前努力工作的积极性减弱了,但是他们会倾向于作出正确的投资决策和申请破产的决策。总之,破产法会产生不同的事前激励效果。一方面,清算程序会有效地保护债权人的利益,对经营失败的经理人员进行惩罚,有助于降低资本成本和促使经理人员事前努力工作,但是有可能导致错误的投资决策和申请破产决策。另一方面,重组程序会损害债权人的利益,降低经理人员事前努力工作的积极性,但是有助于经理人员作出正确的投资决策和申请破产决策。

四、改革破产法的建议

可以说，破产法面临一种内在的困境。为了拯救有存活价值的企业，我们需要重组程序，但是重组程序可能拯救没有存活价值的企业；为了关闭没有存活价值的企业，我们需要清算程序，但是清算程序有可能关闭有存活价值的企业；为了保护债权人的利益和激励经理人员努力工作，我们需要清算程序，但是清算程序又会导致经理人员作出错误的投资决策和申请破产决策；为了鼓励经理人员作出正确的投资决策和申请破产决策，我们需要重组程序，但是重组程序又会侵犯债权人的利益，并且削弱了经理人员努力工作的积极性。为了使破产法突破这种困境，学者提出了一系列的改革建议。

杰克森(Jackson, 1986)和拜尔德(Baird, 1986)建议对所有陷入破产中的企业进行拍卖。如果企业还在经营，那么就应当被整体拍卖(auctioned as going concern)，如果企业被关闭了，他们的资产就应当被零星(piecemeal)拍卖。拍卖所得在债权人和股东之间根据 APR 进行分配。这种建议从根本上消除了破产中重组与清算的区别。拍卖的胜利者，而不是原来的经理，将作出是关闭企业还是重组的决策。这种做法会增加效率，因为与经理总是偏好重组不同的是，购买者将自己的资金投入到企业中去，因此有激励作出价值最大化的决策。在拍卖的建议下，可能会有更少的企业被拯救而更多地被清算。罗伊(Roe, 1983)则提出了一个拍卖方式的变体。按照罗伊的设想，重组后企业的资本结构应当完全由股权资本组成，重组企业的一小部分股份在重组期间将在市场上出售。股份出售的价格将会提供一个评估整个企业价值的基础，该价值将会被用来根据 APR 在各方之间分割企业的资产。

与拍卖方式相比，贝布查克(Bebchuk, 1988)提出的期权方式显得更有创造性。假设破产企业有 100 个高级债权人，每个人拥有 1 元的债权，100 个低等级债权人，每个人拥有 1 元的债权，以及 100 单位的股权。按照期权方法，假设重组后的企业同样拥有 100 单位的股权。按照期权方法，每一个低等级债权人获得一份期权，凭此期权可以支付 1 元后获得一位高等级债权人的利益，每一个股东获得一份期权，凭此期权可以支付 2 元后获得一位低等级债权人的利益。所有的期权都必须在某个特定的时刻行使。一个可能的结果是，低等级债权人和股东都不行使期权，这意味着股份价值低于 1 元，结果每一个高等级债权人获得价值低于 1 元的新企业股份，低等级债权人和股东一无所获。另一种可能是低等级债权人行使期权但是股东不行使期权，这意味着股份价值在 1 元和 2 元之间。每一个高等级债权人获得 1 元的偿付,每一个低等级债权人在支付完 1 元后获得价值低于 2 元的股份,股东一无所获。第三种可能是低等级债权人和股东都行使了他们的期权,因此每股价格超过 2 元。结果高等级债权人和低等级债权人都得到 1 元的偿付,每一个股东在支付 2 元后得到新企业的股份。在这个过程中,APR 得到遵守。

阿吉翁、哈特和穆尔(Aghion, Hart, Moore, 1992)进一步扩展了贝布查克的思路,他们的建议包含了一个新股东决定如何使用企业资产的投票程序。AHM 模式的基本框架是,首先,撤销公司的债务,将公司的股权售予债权人,由债权人决定如何处理企业,是出售还是重组。同时任命破产管理人,管理人负有两项职责,即征询对公司的投标和监督股权的分配。对公司的投标可以是现金投标,也可以是非现金投标。非现金投标包含了对企业进行重组的设计。股权的分配则遵循贝布查克的方案。其次,投标结束后,根据贝布查克方案分配股权,新的股东对不同的投标方案进行表决。最后,公司退出破产。这种方式的优点是,通过将所有的索取权持有人(claimants)变为股东,避免利益冲突,有利于实现经济效率。

施瓦茨(Schwartz, 1997)则主张以契约方式解决破产问题。他指出与强制性(mandatory)的破产法相比,如果允许债权人和债务人在对债务契约进行谈判时可以选择其破产程序的某些性质,效率可以得到改进。施瓦茨首先考察了强制性破产程序的情况。陷入财务困境的企业被分为两种类型,类型 1 如果重组会更有价值,类型 2 如果清算会更有价值。但即使企业属于类型 2 债务人也会偏好重组而不是清算,因为重组可以使他们继续控制企业。因此在强制性的破产程序下,某些甚至大部分的企业被重组,尽管对他们清算会更有效率。在契约方式下,施瓦茨假设债权人和债务人可以在事前签订契约,从而在债务人选择清算而不是重组时使债权人向债务人支付清算价值的一定份额。这种形式的贿赂(bribe)会导致有效率的过滤。类型 2 企业的经理将总是选择清算而类型 1 企业的经理将总是选择重组。因为类型 2 的企业在选择清算后他们将会受到奖赏而不是惩罚。因此他们将乐于清算。当然奖赏不能太高,否则类型 1 企业的经理也将选择清算。

参考文献

1. 张维迎,1996,《所有制、治理结构和委托—代理关系》,载《经济研究》1996 年第 6 期。

2. Aghion, Philippe, 1998. "Bankruptcy and Its Reform", in *The New Palgrave Dictionary of Economics and Law*, Macmillan Reference LTD.

3. Aghion, Philippe, and Patrick Bolton, 1992. "An Incomplete Contracts Approach to Financial Contracting", *Review of Economic Studies* 59: 473—494.

4. Aghion, Philippe, Hart, Oliver, and John Moore, 1992. "The Economics of Bankruptcy Reform", *Journal of Law, Economics, and Organization* 8: 523—546.

5. Baird, Douglas G., 1986. "The Uneasy Case for Corporate Reorganization", *Journal of Legal Studies* 15: 127—147.

6. Bebchuk, Lucian A., 1988. "A New Approach to Corporate Reorganization", *Harvard Law Review* 101: 777—804.

7. Bowers, James W., 1999. "Security Interests, Creditor's Priorities and Bankruptcy", in *The Encyclopedia of Law and Economics*, Chelthenham, Edward Elgar.

8. Bufford, Samuel L., 1994. "What's Right about Bankruptcy and Wrong about It's Critics", *Washington University Law Quarterly* 72: 829—848.

9. Cabrillo, Francisco, and Ben W.F. Depooter, 1999. "Bankruptcy Proceedings", in *The Encyclopedia of Law and Economics*, Chelthenham, Edward Elgar.

10. Claessens, Stijn, and Leora F. Klapper, 2002. "Bankruptcy Around the World: Explanations of its Relative Use", *World Bank Policy Research Working Paper*, No. 2865.

11. Cutler, David M., and Lawrence H. Summers, 1988. "The Costs of Conflict Resolution and Financial Distress: Evidence from the Texaco-Pennzoil Litigation", *RAND Journal of Economics* 19: 157—172.

12. Dewatripont, Mathias, and Jean Tirole, 1994a. "A Theory of Debt and Equity: Diversity of Securities and Manager-Shareholder Congruence", *Quarterly Journal of Economics* 109: 1027—1054.

13. Gilson, Stuart, John, Kose, and Larry Lang, 1990. "Troubled Debt Restructurings: An Empirical Study of Private Reorganization of Firms in Default", *Journal of Financial Economics* 27: 315—354.

14. Jackson, Thomas H., 1982. "Bankruptcy, Non-Bankruptcy Entitlements, and the Creditor's Bargain", *Yale Law Journal* 91: 857—907

15. Jackson, Thomas H., 1986. *The Logic and Limits of Bankruptcy Law*, Harvard University Press.

16. Jensen, Michael, and William Meckling, 1976. "Theory of the Firm: Managerial Behavior, Agency Costs, and Capital Structure", *Journal of Financial Economics* 3: 305—360.

17. La Porta, Rafael, Lopez-de-Silanes, Florencio, Shleifer, Andrei, and Robert W. Vishny, 2000. "Investor Protection and Corporate Governance", *Journal of Financial Economics* 58: 3—27.

18. LoPucki, Lynn M., and William C. Whitford, 1993. "Corporate Governance in the Bankruptcy Reorganization of Large Publicly-held Companies", *University of Pennsylvania Law Re-*

view 141: 669—800.

19. North, Douglass C., 1992. "Institutions, Ideology, and Economic Performance", *Cato Journal* 11: 477—488.

20. Povel, Paul, 1999. "Optimal 'Soft' and 'Tough' Bankruptcy Procedure", *Journal of Law, Economics, and Organization* 15: 659—684

21. Pulvino, Todd C., 1999. "Effects of Bankruptcy Court Protection on Asset Sales", *Journal of Financial Economics* 52: 151—186.

22. Roe, Mark J., 1983. "Bankruptcy and Debt: A New Model for Corporate Reorganization", *Columbia Law Review* 83: 527—602.

23. Ross, Stephen, 1977. "The Determinants of Financial Structure: The Incentive Signaling Approach", *Bell Journal of Economics* 8: 23—40.

24. Stromberg, Per, 2000. "Conflicts of Interests and Market Illiquidity in Bankruptcy Auctions: Theory and Tests", *Journal of Finance* 55: 2641—2692.

25. Schwartz, Alan, 1997. "Contracting about Bankruptcy", *Journal of Law, Economics, and Organization* 13: 127—146.

26. Weiss, Lawrence A., 1990. "Bankruptcy Resolution: Direct Costs and Violation of Priority of Claims", *Journal of Financial Economics* 27: 285—314。

27. White, Michelle J., 1994. "Corporate Bankruptcy as a Filtering Device: Chapter 11 Reorganization and Out-of-court Debt Restructurings", *Journal of Law, Economics, and Organization* 10: 268—295.

28. White, Michelle, 1998. "Corporate Bankruptcy", in *The New Palgrave Dictionary of Economics and Law*, Macmillan Reference LTD.

Section 4

综　　述

法律与语言*

［英］蒂莫西·恩迪科特 著　戴一飞** 译

政治哲学家一般不关注语言哲学问题，法哲学家却并非如此。

语言的运用对于任何法律制度而言都至关重要——政治方面抑或具体法律实践，概莫能外。因此，法哲学家有必要在哲学层面完整地理解语言的意义和运用。他们也试图运用语言哲学的洞见解决所面临的其他问题。法哲学正身处无法辨别何为语言问题的紧张关系之中，这种紧张关系影响着心灵哲学与形而上学，乃至哲学的一切核心领域。

哲学家对法律与语言的兴趣有二：一是法律中的语言运用，二是运用语言哲学解决法律本质问题。本文将对二者作大致梳理，但首先会简要回顾法哲学家对语言学的关注历程。

一、历史回顾

系统运用语言哲学视角解决法哲学问题是晚近才出现的，却一跃成为现代

---

* 选自《法律与语言》，《斯坦福哲学百科全书》，http://plato.stanford.edu/entries/law-language/，最后访问于2008年3月5日。

** 戴一飞，中国政法大学2007级法理学博士研究生。

英语世界法理学研究的招牌。边沁(Jeremy Bentham,1748—1832)也许是最早尝试运用这一思路的学者,他提出词义的极端经验主义理论,并以此支撑其功利主义思想和法律理论。

边沁将无强制性的道德权利和义务视作无谓的虚构,拒绝承认自然权利和义务的概念。他通过寻找"可感知"者("sensible" phenomena)来祛除对法之本质的虚幻解释。在边沁看来,语言行为不仅是典型的经验事实,而且是法律理论的核心要素,其"法律实证主义"正是建立在对词语意义和词语运用的认识之上的。自然法学家们则不那么重视语言,他们将法律看做某种理性,并因此遭到了边沁的鄙视。由此看来,语言哲学在解释法之本质方面并无特殊贡献,一如其对于实践理性哲学之功能。语言哲学无法解释理性的本质,仅有助于解释理性之表达或交流是否可能。相比之下,出于诉诸经验现象解释法之本质的目的,边沁则需要这种得以察觉且易理解的语言行为"可感知"者。

边沁似乎是从因果角度来考虑词义问题的,可感知的事物或情感通过在头脑中形成图像作用于主体,用他的话说,此图像即词语,即名称。"通过这些普通的术语或名称,事物、人、行为等才得以进入我们的视野……"(边沁,1782:82;另请参阅边沁,1776:28,108n)。倘若词语无法将可感知者带入观察视野,便毫无意义可言。唯其如此,词语才能借"释义(paraphrasis)"解释清楚——此乃边沁变词所构成之整句为唤起可感知者之印象的分句的方法。

正如哈特(H. L. A. Hart,1907—1992)所指出的,对于许多法律理论家而言,那种进路"极富启发性,它使令人难以捉摸的观念重归现实,并重申它是一种清晰、严谨如科学用语的经验性语言"。(哈特,1994:84)。该理论既支持了边沁的经验主义,也服务于他的功利主义,因为它强调在哈特看来根本就是显而易见之"情(affections)",即被功利主义奉为价值和道德理论基础的苦与乐。"众所周知,苦乐的含义至少是无须求助于法律人便能懂得的。"(边沁,1776:28)

在边沁的法律理论中,这种语言观成为将法律创造性地描述为政治社会中主权者意志表达的基础。他是这样阐述的:"法律是国家主权者提出或采纳之意志表述符号的集合,涉及在一定情况下受主权者权力管辖之个人或团体必须遵守的行为。"(边沁,1782,1)

他随后说明了意志的含义必须由主权者提供的苦乐"动机"(motives)所支持。

该理论有两个特征,一是方法论上的,二是内容上的,二者联系了法哲学与语言哲学。首先,边沁通过定义提出自己的理论(请参阅"法哲学中的定义方法"部分)。进而,他将法律定义为某种符号的集合(请参阅"法律和符号"部分)，并认为一项法律就是一次言说，而法哲学就是语言哲学的某种形式。定义法律话语中的特定术语(特别是法律这个词，其他类似词语亦然)乃是法律理论家的语言学任务。

一言以蔽之，此为在法哲学领域使用语言哲学的巅峰。边沁的观点超越了他所处的时代。他关于语义和语用的理论预言了20世纪语言哲学的各种趋势(包括弗雷格和维特根斯坦的“语境原则”，逻辑实证主义者的某些观点以及言语行为理论的发展)。到了五六十年代，哈特继续运用20世纪语言哲学的发展成果去“阐释”法本质问题。他怀着极大的热情研习了维特根斯坦(Ludwig Wittgenstein，1889—1951)和以奥斯丁(J. L. Austin，1911—1960)为代表的牛津学派的“日常语言”哲学家们的作品，也因而取得了比边沁更大的成就。维特根斯坦在其《哲学研究》中曾反对把词义看做是该词语作为名称所表征的事物(一种对边沁词义理论的曲解和误读)。奥斯丁对于日常话语的态度不同于边沁，后者认为哲学必须撕掉日常语言为一切研究对象罩上的“神秘面纱”(边沁，1782：251)。维特根斯坦的态度则更为复杂：他认为哲学家们从语言角度发现哲学问题和清晰地理解语言的运用都为备受哲学问题折磨的人们开了一剂良药。在维特根斯坦和奥斯丁基础之上，哈特试图把语言哲学引入法哲学来解决后者的问题，而不是制造一些在他看来是边沁式的大而无当的谬误(例如：认为如“权利”一词只是某个“虚构实体”的名称——边沁，1782：251)。

1962年，哈特的《法律的概念》一书引发了之后充斥法哲学领域的各种问题。他借用了奥斯丁“运用对语言的深刻认识来加深对现象的感知”的方法(哈特，1994：v，14)。这一方法正是第二部分将要简要叙述的两个问题“语言和法律的规范性”和“语义之刺”的背景。哈特对于法律语言运用的观察是创造性解释法律规范性这一进路的基础——在哈特眼中，边沁虽曾执著于此，在解释法律规范性语言时也头头是道，但他的解释无疑存在漏洞。自哈特写作《法律的概念》以来，他解决这一问题的新路径便成了讨论法律规范性问题的起点。

德沃金(Ronald Dworkin，1931—)则反对哈特的法律理论。他指出哈特的整个法哲学进路都被其语言方法削弱或“刺痛”了——并指出哈特错误地认为：“法律人遵循某种语言标准判断法律命题”(德沃金，1986：45)。这便是德沃金描述的“语义之刺”(见下文)，一个为当下许多法哲学争论设定时间表的语言哲学上的论据(可请参阅科尔曼所编文集，2001)。

最后应当注意的是，同边沁一样，许多20世纪的法律理论家都在试图通过检讨法律语言的含义来揭示法律惯常观点的真面目。斯堪的纳维亚法律现实主义者们认为诸如“权利”之类的法律术语“缺乏语义上的所指”，“所指为零”，故而他们认为那些断言权利、责任和其他法律关系存在的陈述无法辨认真假(奥利维克罗纳,1971:246,255,261)。他们将这些陈述的运用解释为施咒(perform magical incantations)或是心理调控的工具,这种心理调控令官员和市民们一旦听到这种陈述便会以这样或那样的方式为某种行为(请参阅奥利维克罗纳的斯堪的纳维亚现实主义纲要,1971:174—182;罗斯,1956;另请参阅词条“法哲学中的自然主义”[1]第五部分)。

颇具影响力的美国经济分析法学运动的各种具体研究思路同边沁对于“权利”和“义务”等核心概念寻根究底的态度是一致的。那些经济分析学家在以下两者之间摇摆不定(或闪烁其词):一是道德理论,它将规范性术语降格为描述人类满意最大化的术语;另一种理论则基本上抛弃了道德概念,只描述人类的动机,把“权利”和“义务”这类术语看做是主体追求其意愿的修辞学上的描述(请参阅词条“经济分析法学”[2]2.2部分)。

并非所有法律怀疑论者都受到了边沁和斯堪的纳维亚学派经验主义的影响。许多其他形式的法律怀疑论也找到了怀疑语言意义的理由。近来对法治理念的融贯性(coherence)、法律话语意义的批评大量运用了各种语言哲学观念,一如同克里普克(Saul Kripke,1940—)对维特根斯坦关于规则遵守之观点的解释,除此之外,解构理论也为检讨提供了武器(关于克里普克,请参阅词条“法律推理的解释与融贯性”[3])。

二、法律中的语言运用

(一)导论:法律和符号

我们也如边沁那样认为法律是符号的集合吗?反对之声一定不绝于耳。法律(在此取相关之意)是某种社会生活的系统性规范,这种规范依赖于一系列约束该社会成员及其制度的标准。一项法律就是一种标准,是系统性规范中的一部分。许多这类标准缺乏权威的语言表达方式(即缺乏根据法律决定标准内涵的文字形式)。普通法法系的法律人熟知这样的规范:杀人可能是刑事案件(诽谤可能构成侵权,合意可成为具有可执行力的合同等),这并非个人或机构裁判的结果,而是法律体系制度习惯于这样处理。因此,普通法法系与纯由语

[1] http://plato.stanford.edu/entries/lawphil-naturalism/,最后访问于2008年3月5日。

[2] http://plato.stanford.edu/entries/legal-econanalysis/,最后访问于2008年3月5日。

[3] http://plato.stanford.edu/entries/legal-reas-interpret/,最后访问于2008年3月5日。

言行为构成的法系并无二致。在大陆法系国家,刑法典规定杀人是犯罪行为(民法典规定诽谤为侵权行为,合同应该履行等……)。两部法典的法律效力源自成文宪法的规定,而宪法自身的效力则取决于那种非符号的规范。

边沁与其高徒奥斯丁(John Austin,1790—1859)都清楚存在不由语言规定的法律规则,为了保全法律意志说,他们将这类法律规则解释为主权者的默示命令。这种令人费解的策略缺乏解释规范存在的依据。在某些情况下,我们可以脱离符号交流(尤其不必用口头或书面明示表达某种以威胁为后盾的意志)。当然,沉默仅在某些场合才能作为交流手段。我们认为,默示交际应与单纯的无实质内容的交际行为区别开来,唯其如此才能辨别前者的特征,默示命令才得以发出(哈特,1994:45—48)。此类特征并非总是与习惯规则相伴(其实多半与习惯规则无关)。

说法律不是符号的集合还有另一原因。立法机关的确使用语言来制定法律,但所立之法并非符号的集合。交际行为乃是运用符号集合来达到某种效果的行为,这个关于交际的一般性事实构成上述结论的理由。立法者利用文字制定法律(如在权限内经合法程序制定并通过某项法律),这一法律因而成为某种标准(或一些标准),此项标准的存在与否以及它的内容都由该项法律通过词语运用欲取得的法律效果决定。法律通过符号的运用被制定出来,但它本身并不是符号的集合而是某种行为标准。

由此看来,法律并非符号之集合,制定法律也并非一定使用语言,任何法律体系都需要规范,但规范却不是由语言制定出来的。法律不是语言行为,甚至算不上是交际行为。它们不过是能够通过使用语言传达或制定的行为标准罢了。

(二)语言和解释

那么,用于制定法律标准的语言同法律本身有何关系呢?如果法律规定词语的形式决定着法律标准的内容(例如合同条款,刑事犯罪和遗嘱执行人的责任),那么词语本身有什么作用呢?回答这一问题亟须有关法律语言含义和解释的一般性理论——对如何将法律(合同、遗嘱或宪法)语言应用于个案事实的一般性解释。如果此种理论不存在,该问题便无法获得一般性解答。其实,法律语言的含义与解释理论并不比语言含义与解释的理论更具体,而且这类理论难免沦为维特根斯坦之辈公认的"哲学错误"。

有关法律推理的解释与融贯的词条是对解释理论本身的探讨(请参阅词条

"法的本质"[4]与"法哲学中的自然主义"[5])。在此,我将只阐述法律语言的两个特征,这两个特征向法哲学与语言哲学发起了一系列挑战:一切对法律语言意义与解释的正确描述都需要论述法律语言在应用时依赖于(1) 使用的语境,以及(2) 评价性考量。

以加纳诉伯尔(Garner v. Burr)[1951]案为例,法律规定未安装充气轮胎的"车辆"不得在公路上行驶,否则即违法。伯尔(Lawrence Burr)因把铁轮安装在鸡笼上,挂在拖拉机后方拖行遭到起诉。治安法官认为鸡笼不是"车辆",判决被告不必承担法律责任,而上诉法院则作出相反判决。首席大法官认为:

> 这一规则达致许多目的,保护路面状况是其中之一;被告安装的是普通铁轮而非充气轮胎,故应对公路的损坏负责。我认为,治安法官对"车辆"的理解过于狭窄,有悖于立法目的。根据字典,所谓"车辆"是指装有车轮或滚动装置的运输工具,用于载人或载物;治安法官可以认定鸡笼不是车辆,但法律目的却是指向任何靠轮子运行的装置,不论是被拖拉机还是被其他车辆拖行。因此,被告的行为显然违法。治安法官应认定鸡笼是1930 年公路交通法第一条意义上的车辆。([1951]1KB 31 at 33)

初审与上诉审法官对"追求立法目的"和"罪刑法定"的作用之理解似有分歧。倘若二者是法律原则,那么必须在遵守它们的前提下进行审判。解决原则之间的当然冲突可以通过两种途径。尽管我们并不知道治安法官的审判依据,但可以假设他们是依据是 1,而上诉法院则是依据 2 来应对冲突的:

(1) 严格解释禁止性规定才能尊重立法目的,倘若某事物不在立法术语的明确含义内,则不构成违法。

(2) 尽管主张装有铁轮的鸡笼不是"车辆"是可能的,但当事人仍应承担责任,唯其如此才能彻底地实现立法目的。

这一法律理解上的歧义并未揭示任何语言问题,至多反映了语言解决不了法律问题。两级法院就语言问题本身似无争议,而仅就认定责任能否实现立法目的和对被告人伯尔是否公正两方面有分歧。从对这一判决结果的解释来看,上诉法院似乎忽视了对"车辆"这一词语的界定,将任何在轮子上移动的东西都看成充气轮胎规则适用的对象。

首席法官则作另一番解释。他认为议会之所以如此规定是为了保护公路

[4] http://plato.stanford.edu/entries/lawphil-nature/,最后访问于 2008 年 3 月 5 日。

[5] http://plato.stanford.edu/entries/lawphil-naturalism/,最后访问于 2008 年 3 月 5 日。

免遭铁轮破坏，因而无论如何理解“车辆”一词，被告都应承担责任，治安法官应该认识到鸡笼是道路交通法意义上的车辆。或许治安法官也认为自己应赋予该项法律语言以效力。毋庸置疑，腐败、衡平法管辖权的行使以及为追求公正而偏离语言的越权行为常常会使法官背离有效的立法（或遗嘱、合同）语言。加纳诉伯尔一案中，初审或上诉法院的法官认定语言的效力自有其道理。这类分歧（有关词语使用的法律效果分歧）普遍存在，以至于我们会发现某种矛盾：英语大师们对于“车辆”一词含义的理解似乎没有冲突，却会就如何使用该词持大相径庭的主张，尽管这种分歧显然是一本正经的。

解决这一矛盾的办法是承认讲英语的人们共同具备根据语境使用“车辆”一词的能力。然而一旦有法律规定不得在叉路口停泊“车辆”，或对“车辆”课税时，鸡笼问题又会变得十分棘手。首席法官认为“车辆”的字典定义并不能界定鸡笼是否为“车辆”，因为字典是面向读者的，通过不同程度的类比提供词语在各种语境下的重要用法。将“车辆”定义为运输工具只是向读者提供了一个使用该词的折中方案，并非告诉读者该词语的内涵能否被类比延伸到安装车轮的鸡笼上。说明这一方案的另一路径是将词义（初审和上诉审法官共知的）同如何解释使用词语这一交际行为（在他们无法达成共识的方面）区别开来。加纳诉伯尔案中，法院对“车辆”含义的认知是一致的，却对法律效果没有达成共识。

语境的重要性要求论述加纳诉伯尔案时通过评价性判断来使用“车辆”这一描述性术语。实施某种旨在保护公路路面的刑事禁令是该案的语境。在此语境下决定是否将“车辆”的内涵扩展到装车轮的鸡笼需要论证（以及解决）维护法令之目的和保护人民免于承担不明确的刑事责任二原则的紧张关系。基于语境的这种重要性，欲回答法律语言的含义及应用问题，必须对如何遵守原则这一规范性问题作出判断。

法律语言的语境依赖性和对评价性与规范性考量的依赖性特征对语言哲学有一定暗示：法律也不免具有上述两个依赖性。语境依赖性导致语言使用的（部分）冲突，法律体系需要解决这种冲突的审判制度和程序。加纳诉伯尔案的问题让语言哲学家回忆起许久以前不同程度意识到的某个问题（请参阅亚里士多德在《欧德谟斯伦理学》Ⅶ，2 中对“友谊”内涵的讨论）。词义的语境依赖性要求对与另一些人类能力相关的语言能力的描述，这类能力是用来判断语境重要性和进行类比的。将精通语言与掌握人类理性的其他部分隔离开来是语言哲学中描述语言的错误方式。语境依赖性还向区分词义知识和应用能力（或者解释关系）的理论提出挑战。最后，评价性考量在应用“车辆”这样日常描述性术语时扮演的角色向彻底的价值怀疑论提出了质疑：到底是持意义的彻底怀疑论呢，还是持普遍价值怀疑论所要求的描述语言观呢？

对于法哲学，这类语言评价性考量的依赖性还引起了一些特殊问题。

评价性考量和法律的本质

倘若脱离评价性推理便无从判断何为“车辆”，那么也就无法判断公路交通法通过明晰物理性事实（如在鸡笼上安装车轮）与社会事实（如议会在法案中使用“车辆”一词）制定出了怎样的法律。无评价性推理则无法律识别（即不能判断人们应享有哪些权利和履行哪些义务）。这一结论（如果是的话）对于解决法律事实与价值以及法律与道德关系的争论有重要启示。同时，它与法理学中最具争议的“渊源命题”相左，拉兹提出：“法律皆以渊源为基础。在不诉诸评价性辩论的前提下，仅参考社会事实识别法律的存在与内容，则该法律以渊源为基础。”（拉兹（1994）第194—195页；请参阅词条“法律的本质”）

唯有明确公路交通法所追求的价值，才能判断鸡笼是否应被认定为“车辆”；唯有进行评价性判断，在符合刑事责任确定性要求的前提下才能认定“车辆”的内涵是否可应用于对鸡笼的理解。因此，无评价性推理则无法律识别。

挽救渊源命题的途径之一是主张法官仅需对边缘性案件的法律语言作评价性判断，并享有自由裁量权（即法律没有提供判案标准）。然而，车辆之所以能够毫无争议地被当作公路交通法意义上的“车辆”，是因为其所处的语境和对其评价都在证成其被理解为“车辆”的合理性。依描述语言观，渊源命题连这种最清楚的法律适用案例都解释不通。法律内容的确定有赖于对法律目的作出评价性判断。也可以说唯有借同样的推理形式，评价形式才得以开展，尽管这种推理形式在拉兹的理论中并不适用于法律。

欲确定渊源指向的对象（用拉兹的概念，识别/确定法律的存在和内容）需要辨明在什么层面上使用“车辆”这类词语，这样说固然正确，但是，在未对被告的行为或者对不使用充气轮胎的驾驶是否违法作出判断之前，违法行为的存在和内容仍能被识别。渊源命题清晰地表达了这一重要的洞见：根据英国法，除非议会制定相关法律，否则驾驶未安装充气轮胎的车辆并不违法。若议会未制定相关法律，而且法律制度不把鸡笼当作车辆的话，那么基于这一社会事实认定在公路上拖着装有铁轮的鸡笼违法就是错误的（在作出有判例效力的判决之后）。法律具有体系性（在法律赋予法律制度确认法律的权威方面），法院判决决定了法律的权利和义务。

评价性判断对于确定法律内容是必要的，但这却无害于拉兹对法律本质的解释，只要法律指示仍具有其所主张的排他性强制力便无妨，而他的权威理论恰恰持这种看法。在加纳诉伯尔案中,只要法院在回答"驾驶未安装充气轮胎的车辆是否违法"之前就能够决定拉着未安装充气轮胎的鸡笼是否违法,渊源命题就没有被削弱。事实上,法院是完全可以做到的。然而,仍需要问一个相关的问题,即"在这一立法目的中,'车辆'的相关含义是什么"。正是议院的所作所为决定了被告人的责任;也许我们需要评价性推理来回答"议院禁止了什么呢"这一社会事实问题。

(三)语言的模糊性和法律的模糊性

高速公路限速是项明确的法律规定:多数情况下,司机是否遵守该规定一目了然。但高速公路交通法同样需要(典型地使用)针对粗心或危险驾驶的具体规则——作为无法用统一行为特征来衡量(如时速限制)的抽象标准。

禁止粗心大意驾驶这类模糊性法律给法哲学提出了新问题,这些问题同语言和逻辑哲学在关于多少粒谷子才算谷堆(paradox of the heap)的争论中所阐述的问题相关。若依据法律规定,使用严重磨损的轮胎算是粗心大意驾驶的话,一旦法律给出衡量轮胎是否严重磨损的精确厚度标准,法律就是(或多或少是)精确的,同时也是符合立法目的的,那么轮胎是否被严重磨损就只有非此即彼两种答案了。可如果缺少精确的标准,对轮胎的判断就会呈现似是而非的"边缘性状态"。我们在此建构一个复合三段论(sorites)反映如下矛盾:

1. 新轮胎没有被严重磨损。

2. 如果轮胎没有被严重磨损,那么行驶过程中有任何轻微磨损(losing one molecule of rubber from its tread)也不能认定为严重磨损了。

3. 因此,轻微磨损的轮胎并没有被严重磨损。

4. 重复2

5. 因此,轻微磨损的轮胎并没有被严重磨损。

6. 重复2

N. 因此,轮胎永远不会被严重磨损。

N+1. 因此,任何人都不可能因驾驶轮胎严重磨损的汽车而违反禁止粗心大意驾驶的法律。

……

依据显然为真的前提经过有效的推理却得出了荒谬的结论。解决这一难题的哲学进路似乎在向法律理论暗示:有关模糊性术语是不连贯的以及含有此类术语的推理是不可能的论据都可用来支持模糊性法律是不连贯的观点。鉴于模糊性法律是每个法律体系的重要组成部分(恩迪科特,2001),这些暗示更是意义深远。

解决这一悖论的唯一办法是否定第二步的真值(因此模糊性其实是衡量标准的忽略问题,即忽略衡量轮胎是否被严重磨损的界线),这种“认知性(epistemic)”观点意味着用模糊性语言陈述的法律适用总会有一个正确答案。而另一种观点则认为模糊性表达的运用在边界情景中(或在某些边界情景中)具有不确定性,这意味着在一些案件中,用模糊性语言表达的法律适用具有不确定性。然而,这种理论对于法哲学具有何种意义尚存争议(希弗,2001;格里纳沃特,2001)。

尽管法哲学家对如何解决这一哲学悖论并不关注,但却对边界情景的本质、某一社会的法官角色以及法治的可能性争论不休。倘若在某些情况下适用模糊性法律是不确定的,那么此时司法人员(或其他公职人员)便不能适用该法(其实,无人能够用法律指导其行动)。

某些法哲学家认为法官没有(或者说本质上没有)选择权,因为法律权利问题始终存在唯一正解(德沃金,1986a;1991)。而另一些法哲学家则认为,法律赋予了法官处理所有或部分边缘问题的自由裁量权,允许他们对法律的空缺作出判断(哈特,1994:第七章第一节)。也就是说,体系标准给法官留下了解决这类问题的选择空间。争议产生之时,法官须将当事人看做是有责任、义务或权利的,尽管这些责任、义务或权利不一定是(肯定不是)他们的。法官的这种权力与法治原则相悖,因为法律(至少是法律负担)不应当具有溯及力。

法哲学中的这些问题似乎比逻辑哲学中的谷堆问题更为复杂。原因有二:

其一,立法者避免采用日常的模糊性表达,如“开得太快”,而更倾向采用精确的语言,如限速(血液中酒精含量限制,轮胎的尺寸等)。法律使用模糊性语言其实是在使用抽象的评价性表达。通常情况下,立法者不会绝对禁止驾驶“轮胎已严重磨损的汽车”而是规定精确的尺寸标准,或把问题纳入普遍性禁止的范围,如“粗心大意”的驾驶。后者要求主体承担注意义务,在这一法律中,欲使驾驶者承认自己的过失,只衡量轮胎磨损情况的标准是不够的。这类标准非常普通,却是立法技术极为重要的组成部分。过失标准要求“合理注意”;宪法有权将某项程序性权利定义为要求“正当程序”的权利;合同可要求在“条件良好”的情况下运输货物。这些术语与被逻辑哲学家用来描述关于秃头悖论(the sorites paradox)[如“堆(heap)、“薄(thin)、“严重磨损(bald)、“红色的(red)”等]的模糊描述性术语大不一样。你或许会去考虑,那种认为抽象标准并不提供明确的区分界线乃是由于它们根本不是来用于区分界限的看法没有抓住问题的要害。立法者把这一问题留给必须运用法律建构必要标准(有关注意的、程序的或条件的)的人们。德沃金认为抽象表达并不模糊——它们的语义不同于“堆”这样的模糊词(德沃金,1986a,17)。

其二,用法律用法表达会与用日常用法表达大不一样。法律解释原则(例如,带有模糊性的刑事法律的法律构成被解释为仅在明确情形下才能适用)也许能让词语的法律效果比其在日常使用时更为明确。对禁止粗心大意驾驶的法律规则进行解释必须考查将何种情况视为粗心大意才能实现法律目的。

法律的这两个特点使得逻辑学家对于“堆”和“严重磨损”的讨论显得离题万里,更令法律推理摆脱了逻辑上的矛盾及语义上诡辩之嫌。在哲学家眼中,抽象表达法律当然是模糊的,因为易受复合三段论的影响。“粗心大意的驾驶”在法律含义上远比“驾驶轮胎已严重磨损的汽车”复杂,要理解前者,必须理解相应的评价性和语境性因素,唯其如此才能说明驾驶车胎已严重磨损的汽车只是粗心大意驾驶的一种情形。然而,“粗心大意的驾驶”之所以易受复合三段论的影响是因为那些评价件和语境性因素支持驾驶车胎严重磨损的汽车是粗心大意的行为这一结论。这些因素具有复杂性(它们与公民权利的深层问题的关系,与某个社会正当地施加公民责任的关系),它们并未提供比使用如“严重磨损”这类模糊性的日常表达更精确的标准。换句话说,它们没有明确前一个复合三段论中的某个轮胎和下个三段论中的某个轮胎的界限。同样,可以建构复合三段论来应用更抽象的法律标准,如美国宪法上禁止残酷的、非正常的惩罚或主张正当程序的权利——评估那些仅在整个法律体系语境中才能理解的特殊法律含义(参考普通法体系的先例如何被详细描述和发展的)。

回顾加纳诉伯尔案(见上文),依实现公路交通法目的之要求,一旦存在边界情景(即无法明确术语是否适用于某种客体),“车辆”一词便是模糊的。“车辆”似乎不比安装轮子的鸡笼有更清晰的界限。但是,必须清楚(如果2.2部分的讨论成立)术语的正确应用取决于与立法目的相关的法律原则和明确刑事责任。如果原则对使用该术语的限定不清晰,对结论的确定性不做要求,那么装有轮子的鸡笼便是一种边界情景,该术语的使用也就不确定。当然,上诉法院认为有必要认定被告承担责任在我们看来就等同于该术语决定性地应用于对装有轮子的鸡笼的判决。治安法官和上诉法院的分歧本身并不意味着术语的使用确定与否,因为后者似乎认为将该术语明确运用于鸡笼问题并不能说明其使用就是确定的。

治安法官特别强调责任认定时的确定性原则,而上诉法院则强调立法设计所追求的效率目的,二者都将法律置于自由裁量权之下。但如果两种进路都不是法院(取决于法律义务(责任))必须采用的法律推理的复杂依据所要求的,那么该术语的使用就是不确定的(在上诉法院的判决形成先例之前),上诉法院的判决与法律也就不矛盾——但认定不承担责任的判决同样也不与法律冲突。加纳诉伯尔案的类似情形说明在处理法律冲突时法官拥有广泛的自由裁量权。而这种主张究竟是削弱了法治理想还是反映了法治的根本要求,法哲学家们早已对此争论不休了:法律体系期待一定的方法来解决那些法律无法确定的法律问题(请参阅恩迪科特,2000:第九章)。

三、法哲学中的语言哲学运用

(一)引言:法哲学中的定义方法

边沁的理论是种定义理论。他与奥斯丁重点关注主要法律术语含义的做法显然超前于他们所处的时代。在法律理论界更多学者认为(尽管还有所争议)他们显然是被误导了,否则不会去尝试定义这些术语。例如,20 世纪 60 年代,哈特否定定义在法哲学中的有用性(哈特,1994:14—17)。到了 80 年代德沃金又指责哈特只是把奥斯丁的"更明确的定义"方法重新包装而已(德沃金,1986:32—33)。而到了 90 年代,波斯纳(Richard Allen Posner,1939—)则对哈特和德沃金均加以批判,认为他们在毫无意义地"试图定义'法律'"(波斯纳,1996:vii)。

将哈特或德沃金所做的工作看成是在定义"法律"的观点站不住脚。定义解决不了法理学中的任何问题(正如哈特所指出的),根本原因在于定义只对需要学习该词语的人有用,而法哲学家是了解"法律"的含义的。语言哲学家和法哲学家无法通过分别给"语言"和"法律"下定义来解决各自的问题。

菲尼斯(John Finnis,1930—)和德沃金以不同方式解释更深层的原因是"法律"可以在不同意义上使用:丛林法则,万有引力定律,思维定律(laws of thoughts),墨非定律(Murphy's law)等(菲尼斯,1980:6;德沃金,1986:104)。定义包含各种意义。从文化和人类思维的角度去研究那些意义的相似之处固然非常有趣(却又十分艰难),但对于理解一个社会的法律却没有特殊贡献。

(二)语言和法律的规范性

法哲学家试图解释法律的规范性——一个社会的法律是,或自我体现为,对该社会成员行为的指导。法律这一抽象特征可简单地通过制定规范性陈述而述明(例如,使用"责任"、"权利"、"必须"、"可以")。通过解释陈述法律时使用的规范性语言的含义和用法来试图说明这一点颇为有趣。换句话说，法律规范（责任，权利等）的本质问题能够通过解释法律规范性词语（“责任”，“权利”等）的含义或用法来阐释。拉兹（Joseph Raz, 1939—）曾指出“法律规范性问题是通过描述法律或法律条件来解释规范性语言使用的问题”（1990:170）。

边沁的规范性语言理论认为，由于无法指称可感知的事物或情感，“权利”这类词语必须通过释义包含该词语的句子才能得到“解释”，而这些句子中包含的词语必须是能够指称一定实体或感觉的。边沁认为如果不存在这样的释义，规范性语言就是无意义的。因此，“自然权利”是“无意义的：自然的和不受时效限制的权利，是修辞学上的无稽之谈和谬论（nonsense upon stilts）”（边沁，1843：第二章）。他还认为，虽然语言没有意义，但可以解释它的用法——以作为的方式。使用这样荒谬的言论不过是说话者表达个人喜好的方式罢了。

在边沁和奥斯丁看来，尽管自然权利没有意义，但法律权利则不然。命令理论找到了令法律使用的规范性表达具有意义的途径。他们解释了“义务”的含义——和由此而来的法律规范性——参考了服从上级意愿的苦乐机制：“我有义务这样做，否则根据法律，我就会受到惩罚：这就是义务一词原始的、通常的以及适当的含义”（边沁，1776：109；奥斯丁，1832：14）。

哈特运用20世纪的哲学资源，尤其是奥斯丁的学术成就，挑战规范性语言的进路。作为一名语言哲学家，奥斯丁坚持认为哲学领域的许多问题都可以通过以言行事来化解。他曾指出“陈述‘法律’”是行事陈述，而非“事实陈述”（奥斯丁，1962：4n.2）。陈述法律就是实施行为（而非作出有真假的陈述）。奥斯丁主张用以言行事的方式描述法律规范性。这引起了哈特的注意，他的法律理论就是建立在“规则的实践理论”之上的。他通过指出在叙述规则时人们如何使用规范性语言来做事阐明其理论。

哈特认为尽管边沁和奥斯丁解释了规范性语言的含义和使用，却尚未对它在日常话语中的作用作出描述。哈特指出，他们对于“义务”含义的描述无法区分持枪者的命令（无人会认为这是在施加一项“义务”或“责任”）和法律规定，尽管平时二者在使用时不难区分。

之所以有人会认为抢匪情境有“义务”的意味，是因为我们确实会把这个情境描述为：如果B服从的话，他就是“被强迫”交出钱的。但是，同样确定的是，如果我们把这些事实描述为：B“有义务”或“有责任”将钱交出，那么我们就错误地描述了这个情境。所以，从一开始就很清楚，为了理解“义务”观念，我们尚需要其他的东西。我们必须区分以下两种说法的差异，即说某人被强迫去做某事与说他有义务去做（哈特，1994：82）。

边沁与奥斯丁本该有现成的答案:由于无法通过指称可感知者解释“义务”一词的含义,人们通常会错误地使用它。边沁和奥斯丁(与奥斯丁不同)不是日常语言的哲学家。他们寻求支撑其经验主义和功利主义的语言使用方式,并为这种方式需要重组日常语言而欣慰:他们正在揭示被偏见和伪善之言遮蔽的东西。

哈特研究语言的进路与众不同,他并不需要谈论语言本身,分析不同观点或是“我们认为”什么就可以阐明他的立场。他或许只是简单地将不必上升到语言就可得出的结论放进语言学模式中去:这种观点认为无制裁也有义务存在。尽管如此,该论据的语言形式对于哈特而言还是很重要的。哈特希望避免自然法学家所作的那种义务与强制的区分(认为义务是理性的特殊情况)。这也难怪他把重点放在“义务”一词上。他并没有指出我们对该词的用法只是用我们共有的智慧来探寻义务一词真意的间接方式。对他而言,重要的是指出我们如何使用“义务”一词。他对法律规范性的解释取决于使用这类词语来表明一种态度。

哈特认为法律体系是赋予权力和施加义务的规则体系,这些规则通过承认规则得以生效。有一类规则不因其他规则而失效,这类规则就是“社会规则”。为阐述社会规则的关键内容,他转而通过词语的运用解释法律的规范性。他认为社会规则是由一定“独特规范性态度”伴随的行为模式,它“表现为个体的一种长期心态,这种心态将该行为模式作为未来行为的引导和批判标准”(哈特,1994:255)。为了描述这种心态,或“内在观点”,哈特把重点放在言语行为理论——人们在习惯中如何利用规范性语言。他并没有采用奥斯丁所认为的法律陈述是行事性的而不是非真即假的观点。他所关注的是人们作出规范性陈述时如何行为而不关注他们究竟说了些什么。

必要的条件是,对于特定行为模式被视为共同标准应持反思批判的态度,而这个态度应在评论中(包括自我批判)表现出来,以及对遵从的要求,和承认这样的批判与要求是正当的;而所有这些我们在以下规范性术语中都可以找到其独特的表达,即“应当”(ought)、“必须”(must)与“应该”(should),“对的”和“错的”(哈特,1994:57)。

哈特对规范性语言中的兴趣重点在于人们使用时所持的态度,而非探寻含义。对于他的非规范性和规范性主张之区别(用他的概念,即在某人被强迫做某事和他有义务做某事两种主张之间)的解释不过是后者被用于表明一种独特的态度罢了。

正如边沁的规范性语言进路离不开他的经验主义和功利主义一样,哈特也离不开自己的哲学方法论及其关于法律与道德关系的观点。他的方法论在于描述人类实践,试图在法律与道德之间维持概念上的区分——法律义务与道德义务之间的区分(请参阅哈特,1994:239—240)。规则的实践理论作为实现这一目标的工具吸引了哈特,因为它通过指向可描述的且不背负道德负担(在他看来)的行为提供描述法律规范性的方式。通过说明人们使用规范性语言表达对行为规则的态度,他便无需研究道德哲学和道德评估被描述的实践,甚至无需把道德评估归因于实践参与者,因为在他看来,人们使用规范性语言表达的态度与他们的可能存在的道德观念是相一致的。

如果在道德和法律中规范性语言的运用没有差异,问题就更简单了。尽管某人认为你必须红灯停时也许在表明不同的态度,但此人所说的便是存在(推定地)止步的决定性理由。他无论是在表达法律要求如何行为还是依据正当理由以及多方面考虑何种行为有待作出,其实都在说同一件事。这一进路不仅更为简明,而且弥补了哈特理论中遗留的漏洞。尽管哈特认为规范性语言的含义在道德和法律方面是不同的,却未指出差异在哪里。关于"应该"和"必须"或"义务"、"权利"这样规范性表达的含义问题(除了在法律和道德方面它们的含义不同外),哈特其实只字未提。他仅指出人们通过使用它们表达了某种态度。

拉兹反对哈特的观点,认为规范性术语在法律陈述中有独特含义。在他看来,规范性陈述的表达,如"红灯停"意味着有理由做此行为。当适用于法律陈述,它表达的即是根据该项法律,有理由停下来。与哈特的理论不同,拉兹的法律理论是一般意义上的实践推理理论的一部分,他认为规范性陈述在法律和道德上具有相同意思。哈特一开始便认为那种进路定会导致某种极端的自然法理论,法律的任何真实陈述同时也是真实的道德陈述,有效的法律义务也一定是道德义务。但拉兹指出在坚持分离命题的情况下也可作出规范性陈述,从而消除了哈特的疑虑。人们并非一定要承认其所提出的规范有效才能作出规范性陈述(请参阅拉兹,1990:175—177)。即便如此,哈特仍然无法接受拉兹的思路,后者认为要在法律与道德之间创造某种概念性的联系。作为回应,他坚持认为"对主体法律义务的陈述与主体行动的根据没有直接关系"(哈特,1982:267)。哈特后期在一次接受西班牙 *Doxa* 杂志采访时指出,"法律义务和道德义务在概念上是不同的",即对义务的陈述在法律和道德上有不同含义(De Paramo:1988)。

(三)语义之刺

哈特试图将法律的规范效力建立承认规则之上,这些规则为法律的规则体系提供了检验规则体系效力的标准(tests of validity)。承认规则是社会规则,是两种事实的结合:一是官员习惯性地通过检验确认有效的法律规则;二是官员对这种行为持"批评反思态度"。由此可见,某一社会的法律内容依赖于某种惯例(或一组惯例),这种惯例是其成员共同采用的承认法律规则的方式之一。那么,如果这种方式确实存在,他们又怎会对彼此熟悉的法律产生分歧呢,又怎会对法律是什么持不同看法呢?

真正让该问题成为法理学争论焦点的人是德沃金。他把问题定性为反对有关语言的以及法律与语言关系的有误导性的认识。《法律帝国》一书开篇他就坚持认为许多理论家(包括哈特本人)都在经受"语义之刺"的折磨:他们"坚持法律人都遵循某种语言学标准来判断法律命题"(德沃金,1986:32,45)。他怀疑那些法律理论(比如哈特的)不能解释法律实践中的理论分歧,因为它们认为法律人共有源于"法律"一词惯常含义的无争议的标准(哈特用承认规则"检验"整个规则体系的效力,德沃金的对应概念是"标准")来实现法律命题的真实性。语义之刺是指只有当法律人共享某种标准时法律语言才能有意义,这其实是种误解。这一点对于一种法律理论来说至关重要,因为它会误导学者认为不能对法律有任何深层次的("实质"或"真正")分歧,而仅能就如何解决边缘性案件,或法律是否应该变化等经验性问题(如在制定法中使用什么词语)产生分歧。对法律语言应用标准存有分歧就如同使用具有不同含义的同一类词语一样。因此而产生争议的人们不过是在自说自话。下文是德沃金针对那些经受语义之刺折磨的理论家所阐述的观点:

> 他们认为,因为"法律"一词的真实含义使法律取决于某种特定标准,故而关于法律依据的理论分歧必定成为一种托词,他们还认为任何否定或反对这些标准的法律人只是在说自相矛盾的无稽之谈。
>
> 他们认为在使用任何词语时,我们都在遵守共同的规则,这些规则提供了词语含义的标准。我们使用"法律"一词的规则是把法律与明显的历史事实联系起来。这并不能因此而使所有法律人意识到这些规则并以简洁的、综合的形式表达出来。因为我们都在遵守这个未完全意识到的共同语言所制定的规则。……我们在构想、接受和否定关于法律内容是什么的陈述中,使用同一个现实标准,但我们却忽视这些标准是什么。法哲学家必须通过敏锐地研究讲话方式来解释这些标准。他们彼此的观点尽管会有所不同,但并不会导致对其共同假设的怀疑,这一共同假设就是对于如何使用"法律"确实存在某种共同的标准。

那些坚持认为所有法律人都应遵循某种判断法律命题的语义学标准的哲学家已提出了识别这些标准的理论。我把这些理论统称为法律语义学理论……

语义理论假定律师和法官主要使用同样的标准（虽然这些标准是潜在的且未被识别的）来判断法律命题的真伪；假定法律人实际上对法律依据有共识……（德沃金，1986:31—33）

德沃金虽然认为我们对于词语使用的标准并非完全没有共识：在词语的应用方面存在共同的、没有争议的标准，如对“书”的理解，但却主张“法律”（或许对大多数的法律术语）这类词语代表了“解释性概念”。解释性概念的正确使用不取决于应用性的共同检验标准，而在于给出实践中使用这一概念的最好解释。语义之刺认为哈特将语义标准大量运用于法律（偶然也用在法理学的）概念的方式使有关法律的真正分歧变得不可能。

他还主张法律是解释性的概念，并以此作为其法律理论基础的一部分：法哲学需要一个全新的起点以应对解释法律不同意见的挑战，而他的理论就是应对这种挑战的最好武器。在他看来，任何法律理论都需要在法律实践中进行“建构性解释”，具体是指自觉地符合实践事实（或者解释的其他对象）以及为达到某种目的的实践。根据这种观点，但凡未对法律作建构性解释的实践理论，盖不能称之为一个完整的法律理论，因为它必将遭受语义之刺的折磨。

对于任何法律人而言，语义之刺都是可怕的宿命，因为受其折磨的人们不得不承认对于一项法律的理解不同人之间并没有真正的差异。任何时候对于如何确认法律人们都会持不同意见，这本就说明并不存在有争议的东西：如果公认的确定法律的方法无法解决这个存疑的观点，那么依此观点，岂不是根本无法律可言了。因此，一旦遭受了语义之刺，忠诚而称职的法律人彼此是不会产生分歧的。当出现明显分歧时，他们就会举手投降，然后说在这一点上没有法律。当你被语义之刺刺痛，就会思考至少一方对于任何法律内容上的冲突是束手无策的，在哲学上也是遭受误导了，或者他根本就是在撒谎。

对关于哈特理论遭受语义之刺的质疑简单而有力：哈特从未说过人们共享着完整且无争议的法律语言适用标准，尤其是使用“法律”一词的标准。因为如此一来便会阻碍他利用维特根斯坦的《哲学研究》（哈特，1994:280,297）。哈特否认他遭受了语义之刺（哈特，1994:246）。尽管他的确主张法律体系建立在承认规则基础上，却没有说那些规则是语言规则，更没有说由于它为“法律”一词的运用设定了语言规则所以他的理论才是真实的。他和其他法律理论家们并不认为，当且仅当法律命题通过无争议的且符合人们对于"法律"一词的理解的效力检验时才为真。

一些法学家认为纯粹的法律分歧并不存在，但是他们要比哈特对整个事业有更多怀疑。也许语义之刺仅让怀疑论者遭受了痛苦，他们认为不可能同意或不同意某种法律，只有当"法律"一词的惯常含义提供了关于法律内容共通的无争议的标准时，才有可能对该法律持一致意见。因此，语义之刺并不损害某些法律理论，例如哈特的，但它却以前所未有的方式向那些理论提出了挑战，德沃金曾对所有法律理论就解释法律内容的分歧提出过这种挑战，而哈特却从未这样。如果某个法律概念的解释具备这样的洞见，即每个法律体系都有承认规则，我们或许会问人们关于法律内容的分析是如何可能的。哈特的正式回答是承认规则不需要非常完整；正如其他规则，它也可以具有模糊性（哈特，1994：147—154，251）。在德沃金看来，这根本不是答案：如果承认规则的任务是提供识别法律的途径，那么这一标准则必须完整且无争议，否则就不存在确认法律的共通方式。

然而，哈特并不指望自己的理论要提供完整的答案来回答法律的所有问题。假如承认规则确认立法者拥有立法权，对于哈特而言，这就足以成就一个承认规则。它是非常普通的，会留下许多有待解决的问题（关于如何解释某个行为，关于权力的限制）。但在德沃金看来，承认规则根本不存在。社会内部要存在承认规则除非（至少）（1）其成员也共享无争议的可回答如何解释一定行为的法律解释方法；（2）立法权的任何限制都没有争议。而在许多法律体系中立法权的界定并不清晰，任何社会都不可能具有一套毫无争议的共通的制定法解释规则来回答解释中的一切问题，因此按照德沃金的理解，不存在承认规则的说法似乎是合理的。倘若此乃对承认规则的最佳解读，那么德沃金的观点和哈特的法律理论相比就略胜一筹了。它的胜出不是因为哈特承受了语义之刺（尚不能从哈特的理论推出承认规则乃是因"法律"一词的语言学标准而产生的），而是因为哈特的理论无法解释什么使得法律陈述有真伪之分。

然而，如果把普通规则赋予立法权看做是确认法律的社会惯例的话，德沃金的理由就说不通了。承认规则要求法律人应用充满争议的标准来解释法律内容的分歧：他们必须决定（尽管仍有争议）如何解释立法行为，而在某些情况下，立法者究竟有无其所声称的权力之解释却含混不清（并有争议）。如果这种实践是以确认有效的法律为目的，以规则支配为内容的实践，那么哈特就证成了自己的基本主张，即存在承认规则。

然而，在德沃金看来，把承认规则看做是回答法律问题极不完整的方式还是不能充分解释分歧的:简单地说,大多数法律问题都是没有答案的。为了回应德沃金的质疑,哈特不得不表明不仅承认规则(和其他规则)是模糊的,而且对于这些规则的运用存在分歧也是合理的。

回到加纳诉伯尔一案中治安法官和上诉法院的争议。对于哈特而言,在回答被告人的鸡笼是否应当根据公路交通法被认定为“车辆”时,仅指出缺少确定性法律是不够的。欲回应德沃金的质疑,还必须解释合格的、(假设会是)忠诚的和理智的裁判者在回答法律允许什么和禁止什么的问题时会有怎样的差异(正如他们经常表现得那样)。

德沃金的质疑表明语义之刺同一切法律争议都有唯一正解这种观点之间存在某种联系。遭受语义之刺的人们定会依据错误的理由思考当法律语言应用存在争议时法律存在不确定性。德沃金的观点为其唯一正解命题留下了空间。综上所述:在解释性概念应用不清晰的情况下,最能适用于和证成解释对象的论据才能解答概念应用与否的问题。问题不能通过武断地认为概念的模糊性问题必然没有答案来回避。值得注意的是,即便德沃金的攻击是成功的,语义之刺也不能构成我们接受德沃金正解命题的理由。除非无争议的共通标准能够解决问题,否则就不存在回答法律问题的正解,这其实也是辩驳正解命题的错误方式。避免这种错误并不意味着承认任何法律问题都有唯一正解。

语义之刺与语义学有关吗?

德沃金的语义之刺旨在反对在法律和政治哲学中运用语言哲学的企图(在他看来是哈特制造的)。但是,我们注意到,如果完全不提语义学和语言,德沃金对哈特理论的反驳思路就会有所不同:哈特错误地认定法律体系中的参与者共享某种承认规则,并以公认的方式决定所在社会的法律中哪些规则是有效的。德沃金将不会反对只有法律人共享法律陈述的真实性判断标准时法律语言才是有意义的误想,而是反对社会成员只有在他们共享法律效力时才能作出法律判断,这种效力详细阐述了这种判断在法律上是合理的。

斯塔夫罗普洛斯(Nicos Stavropoulos)将语义之刺重述为反对被他称作“判准模式(Criterial Mode)”的“传统语义理论”的论点(斯塔夫罗普洛斯,1996)。这种判准理论是在法律实践中使用的一部或全部概念的内容,如“合同”(包括法律的概念),通过概念使用者的共通信念确定下来,为概念的应用提供“标准”(取德沃金的概念)。他提供了另一种对这一概念内容的理解,折中地借用了德沃金、克里普克、普特南(Hilary Putnam,1926—)和波吉(Tyler Burge)的理论。他将法律话语的主要概念视为不动产,确认财产既是理论家的也是律师的任务,财产的本质存在发生“实质分歧”的空间。正如用“亚里士多德”指称亚里士多德本人,用“水”指称水这种物质,用“关节炎”指称关节炎这种病(而非指称被说话者认为是亚里士多德、水或关节炎的包含一套特质的事物),如“合同”一词的法律概念指称合同(而非指称说话者相信是合同的一套特质)。这些概念的内容被赋予词语指称的具体事物的不动产性(例如亚里士多德、水、关节炎和合同的特质)。这些概念内容不是由词语使用者对于那些特质的共同观点决定的(或多或少是错误的,或多或少是共享的)。

同德沃金一样,斯塔夫罗普洛斯也使用了语言学或“语义学”模式,把类似合意是不是合同的法律争议看做“合同”这一概念是否应用于合意的问题。他还认为哈特(和其他一些学者)对瑕疵合同概念坚持了语义学理论的视角,因为它使概念的内容由共同信念或“标准”决定。但是,哈特无疑会把涉及争议合同的争论看做合同格式里在一定管辖权范围内某个时期的规则,或者涉及虚假陈述,误解或合同落空的法律效果;在哈特派学者眼中,合同的内容仅为被法律体系规则赋予强行性(或者目的上有效而非执行上有效)的合意。这类学者也许并不认为概念内容存在分歧(社会成员都承认“合同”是根据法律具有强制力的合意),然而,关于概念的合意则会就特定事项是否算作有强制力的合意产生诸多分歧。

参考文献

1. 奥斯丁(1962):《如何以言行事》(*How to Do Things with Words*, Oxford: Clarendon Press)。

2. 奥斯丁(1832):《法理学的范围》(*The Province of Jurisprudence Determined*, H. L. A. Hart ed. London: Weidenfeld & Nicolson, 1954)。

3. 边沁(1776):《政府片论》(*A Fragment on Government*, J. H. Burns and H. L. A. Hart ed., Cambridge: Cambridge University Press, 1988)。

4. 边沁(1782):《法律概要》(*Of Laws in General*, H. L. A. Hart ed., London: Athlone Press, 1970)。

5. 边沁(1843):《无政府主义的谬论》(*Anarchical Fallacies*, Coleman, Jules (ed.), *Hart's Postscript*, Oxford: Oxford University Press, 2001)。

6. De Paramo, "Entrevista a H. L. A Hart", *Doxa*, 5 (1988) 340.

7. 德沃金(1986a):"疑难案件真无正解吗?"("Is There Really No Right Answer in Hard Cases?" in *A Matter of Principle*, Oxford: Clarendon, 1986)。

8. 德沃金(1986b):《法律帝国》(*Law's Empire*, Cambridge: Harvard University Press)。德沃金(1991):"论法律的漏洞"("On Gaps in the Law," in Neil MacCormick and Paul Amselek, eds., *Controversies about Law's Ontology*, Edinburgh: Edinburgh University Press)。

9. 恩迪科特(2001):"法律必定模糊"("Law is Necessarily Vague," *Legal Theory*, 7: 377—383)。

10. 菲尼斯(1980):《自然法与自然权利》(*Natural Law and Natural Rights*, Oxford: Clarendon Press)。

11. 肯特(2001):"模糊性与司法答复的法律不确定性"("Vagueness and Judicial Responses to Legal Indeterminacy," *Legal Theory* 7: 433—445)。

12. 哈特(1994):《法律的概念》(*The Concept of Law*, 2nd ed., Oxford: Clarendon Press)。

13. 哈特(1982):《论边沁》(*Essays on Bentham*, Oxford: Clarendon Press)。

14. 波斯纳(1996):《英国与美国的法律及其理论》(*Law and Legal Theory in England and America*, Oxford: Clarendon Press)。

15. 拉兹(1990):《实践理性与规范》(*Practical Reason and Norms*, 2nd ed., Oxford: Clarendon Press)。

16. 希弗(2001):"朋友帮的小忙?"("A Little Help from Your Friends?" *Legal Theory* 7: 421—431)。

17. 斯塔夫罗普洛斯(1996):《法律的客观性》(*Objectivity in Law*, Oxford: Clarendon Press)。

本辑作者名录

List of the Authors

1. 罗伯特·阿列克西,德国基尔大学法学院法哲学和公法教授,博士,24118,德国基尔市奥尔斯豪森大街 40 号

   Alexy. Robert, Prof. , Dr. , Christian—Albrechts-Universitä zu Kiel, Juristischess Seminar, Olshausentr. 40, 24118 Kiel

2. 乌尔弗里德·诺伊曼,德国美因河畔法兰克福大学法学院刑法、刑诉法、法哲学和法社会学教授,博士,60054,德国美因河畔法兰克福市森肯山公园 31—33 号

   Neumann, Ulfrid, Prof. , Dr. , Professor für Strafrecht, Strafprozessrecht, Rechtsphilosophie und Rechtsoziologie, 60054, Frankfurt am Main, Senckenberganglage 31—33

3. 张青波,德国美因河畔法兰克福大学法学院博士生

   Zhang Qingbo, Candidate Doctor, School of Law, Germany Frankfurt University

4. 黄伟文,硕士,华南师范大学增城学院法律系教师,广州市华南师范大学增城学院法律系办公室,511363

   Huang Weiwen, Master, Law School, Zengcheng College of SCNU, 511363, Guangzhou, China

5. 杨贝,对外经济贸易大学法学院博士生,北京市朝阳区惠新东街 10 号,100029

   Yang Bei, Candidate Doctor, Law Faculty University of International Business and Economics, 10 Huixin East Street, Chaoyang District, 100029, Beijing, China

6. 刘叶深,中国政法大学法学院 2005 级博士生,北京市海淀区西土城路 25 号,100088

Liu Yeshen, Candidate Doctor, School of Law, China University of Political Science and Law, 25 Xitucheng Road, Haidian District, 100088, Beijing, China

7. 弗雷德里克·绍尔,哈佛大学肯尼迪政府学院教授

Frederick Schauer, Professor, John F. Kennedy School of Government, Harvard University

8. 白中林,中国政法大学法学院 2005 级硕士生,北京市海淀区西土城路 25 号,100088

Bai Zhonglin, Master, School of Law, China University of Political Science and Law, 25 Xitucheng Road, Haidian District, 100088, Beijing, China

9. 徐光东,博士,中国政法大学法和经济学研究中心,讲师,北京市海淀区西土城路 25 号,100088

Xu Guangdong, Dr., Lecturer, Law and Economics Center, China University of Political Science and Law, 25 Xitucheng Road, Haidian District, 100088, Beijing, China

10. 蒂莫西·恩迪科特,牛津大学贝利尔学院法学教授

Timothy A. O. Endicott, Professor, Balliol College, Oxford University

引证体例

Citation Rules

一、引证的基本规则

1. 引证以必要为限。
2. 引证应是已发表之文献。引证未发表文献应征得相关权利人之同意。
3. 引证应保持被引证话语之原貌。
4. 引证应注释准确地显示被引证作品之相关信息。

二、引证体例示例

1. 著作引文注释

(1) 专著或编辑作品

作者著/编:《书名》(卷或册),出版社出版年,页码(括注部分可省)。

① 郑永流:《法治四章》,中国政法大学出版社 2002 年版,第 369 页。

② 梁治平编:《法律的文化解释》,生活·读书·新知三联书店 1994 年版,第 36 页。

③ Ronald Dworkin, *Taking Rights Seriously*, Harvard University Press, 1977, pp. 6—7.

④ Ronald L. Cohen (ed.), *Justice: Views from the Social Sciences*, Plenum

Press, 1986, p. 31.

(2) 译著

〔国别〕作者:《书名或文章名》(卷或册),译者,出版社出版年,页码。

①〔法〕孟德斯鸠:《论法的精神》(上册),张雁深译,商务印书馆 1961 年版,第 91 页。

2. 文章引文注释

(1) 期刊/报纸中的文章

作者:《文章名》,载《书名或杂志名》年代和期数。

① 张千帆:《从管制到自由》,载《北大法律评论》(第 6 卷第 2 辑),北京大学出版社 2005 年版。

② 贺卫方:《"契约"与"合同"的辨析》,载《法学研究》1992 年第 2 期。

③ 黄松有:《宪法司法化及其意义——从最高人民法院今天的一个〈批复〉谈起》,载《人民日报》2001 年 8 月 13 日。

④ Robert J. Steinfeld, " Property and Suffrage in the Early American Republic," 41 *Stanford Law Review* 335 (1989).

(2) 编辑作品中的文章

作者:《文章名》,载编辑作品主编:《编辑作品名称》,出版社出版年,页码。

① 陈弘毅:《从福柯的〈规训与惩罚〉看后现代思潮 》,载朱景文主编:《当代西方后现代法学》,法律出版社 2002 年版,第 223 页。

② H. L. A. Hart, "Positivism and the Separation of Law and Morals", *in H. L. A. Hart (ed.)*, *Essays in Jurisprudence and Philosophy*, Clarendon Press, 1983, pp. 57—58.

3. 网络资源注释

作者:《文章名》,网址,最后访问时间。

① 朱苏力:《司法制度的变迁》, http://law-thinker. com/show. asp? id = 2926,最后访问于 2005 年 11 月 9 日。

② The Council of Australia Governments, *Water Reform Framework*, available at http://www. disr. gov. au/science/pmsec/14meet/inwater/app3form. html, last visited 21/07/2003.

4. 翻译作品引证体例保留原文体例

